초대
기독교와
복음서

초대 기독교와 복음서

초판 1쇄   2016년 2월 22일
    2쇄   2021년 3월 29일

김득중 지음

발 행 인   이   철
편 집 인   한만철

펴 낸 곳   도서출판kmc
등록번호   제2-1607호
등록일자   1993년 9월 4일

03186 서울특별시 종로구 세종대로 149 감리회관 16층
기독교대한감리회 도서출판kmc
TEL. 02-399-2008 FAX. 02-399-4365
http://www.kmcpress.co.kr

인   쇄   리더스커뮤니케이션

ISBN 978-89-8430-702-5 93230

값 17,000원

이 도서의 국립중앙도서관 출판시도서목록(CIP)은 서지정보유통지원시스템 홈페이지(http://seoji.nl.go.kr)와
국가자료공동목록시스템(http://www.nl.go.kr/kolisnet)에서 이용하실 수 있습니다.(CIP제어번호: CIP2016002742)

초대 기독교와 복음서

김득중 지음

kmc

　　기독교인이라고 자처하는 사람들 중에도 기독교가 언제 어떻게 시작되었는지 제대로 알고 있는 사람은 그리 많지 않은 것 같다. 관심을 가지지 않아서일 수도 있지만, 실은 그것에 대해 제대로 알려주는 자료가 별로 없기 때문일 것이다. 기독교인이 초대 기독교에 대해 알 수 있는 문서자료는 주로 "바울 서신"과 "복음서"이다. 그런데 바울 서신의 경우는 예수가 십자가에 달려 죽으신 후 20여 년이 지난 대략 기원후 50년과 60년 사이에 기록되었고, 복음서의 경우는 그보다 훨씬 뒤인 기원후 70년과 100년 사이에 기록된 문서들이다.

　　초대 기독교가 예수의 부활을 믿었던 그의 제자들에 의해 시작되었다고 볼 때, 기원후 30년부터 50년경 사이 초대 기독교에 무슨 일이 있었는지를 아는 것은 중요하다. 그런데 유감스럽게도 그 시기에 기록된 기독교 문서는 아직까지 알려진 것이 하나도 없다. 그래서 학자들은 그 시기를 "터널 시기(tunnel period)" 혹은 "암흑시대(dark age)"라고 부른다. 그나마 그 시기의 초대 기독교에 대해 조금이라도 알게 해주는 문서 자료가 있다면 사도행전이 고작이다. 그런데 문제는 기원후 100년경에 기록된 사도행전의 목적이 초대교회의 역사를 정확히 기록하려는 데 있지 않다는 것이다. 이 점에서는 복음서들도 마찬가지이다. 따라서 초대 기독교의 기원과 발전에 대한 지식은 상당히 제한적일 수밖에 없고, 결과적으로 우리는 그것에 대해 어느 정도 무지할 수밖에 없는 것이 사실이다.

예수는 유대교인이었지 기독교인이 아니었다. 예수는 새로운 종교인 기독교를 시작하려고 한 사람도 아니었다. 그는 다만 당시 유대인들을 향해, 다가오는 하나님 나라에 대해 준비하도록 회개 운동을 일으켰던 마지막 때의 예언자 중 한 사람이었다. 우리가 알고 있는 기독교는 예수가 십자가에 달려 죽은 후에 생겨났다. 예수가 죽은 지 사흘 만에 부활했다는 확신을 가진 그의 제자들에 의해 초대 기독교가 시작된 것이다. 그런데 이때의 초대 기독교는 우리가 생각하는 것처럼, 한 마음으로 한 뜻으로 통일된 그런 신앙공동체가 아니었다. 처음에는 유대인들을 중심으로 예루살렘에서 시작된 초대 기독교 안에 곧바로 이방 땅, 즉 이방 문화권에서 살던 많은 디아스포라 유대인들, 곧 헬라파 유대인들이 들어오게 됨으로 이들 사이에 갈등이 시작되었다(행 6:1의 "불평" 혹은 "원망"). 나중에는 이방인과 이교도들이 기독교로 개종하면서 문화적·종교적 배경의 차이로 유대인과 또 다른 갈등이 생겨나게 되었다(행 15장 참조). 이러한 갈등 속에서도 초대교회는 발전을 하지만, 리더십조차 열두 제자와 주의 형제 야고보 그리고 바울과 바나바 등으로 나뉘며 신앙적·신학적인 면에서 많은 차이점을 노출하기도 했다.

한 마디로 초대교회는 갈등과 혼돈을 겪으며 다양한 모습으로 발전한 신앙공동체였다고 할 수 있다. 왜 그런 갈등과 혼돈을 겪어야만 했느냐 하면, 모든 것을 하나로 통합할 수 있는 예수와 같은 절대적인 지도자가 없었을 뿐아니라, 기독교 신앙의 기준이라 할 수 있는 "정경(the canon)"도 아직 마련되지 않았던 때였기 때문이다.

필자는 이 책의 전반부에서 그런 초대 기독교가 언제 누구에 의해서 시작되고, 어떻게 발전하였는지, 그 과정에서 어떠한 신앙적인 문제가 드러났는지, 또 갈등은 얼마나 있었는지 등을 다루어 보고자 한다. 특히 필자가 관심을 가졌던 문제는 다음과 같다. 예수의 뒤를 이어 예루살렘을 중심으로 초대교회의 지도자로 활동했던 베드로와 요한 외 열두 제자의 활동이 얼마 되지 않았을 때, 갑자기 예수의 형제인 야고보가 초대교회 사도회의(행 15장)에서 사회권을 장악할 만큼 지도자로 급부상하게 된 배경은 무엇인가? 초대교회 역사의 무대 한가운데 갑자기 등장한 야고보가 얼마 지나지 않아 곧바로 퇴장해 버린 이유는 무엇인가? 예수를 만나보지도 못했던, 오히려 초대 기독교 초기에 예수 믿는 사람들을 박해하는 데 앞장섰던 바울이 그토록 단시일 내에 매우 중요한 사도의 한 사람으로 떠오르게 된 배경은 무엇인가? 그런 와중에서 초대교회의 안과 주변에서는 어떤 일들이 있었는가? 이런 질문들의 대답을 찾아가는 가운데 초대 기독교가 신앙적으로 혹은 신학적으로 얼마나 다양한 모습을 가지고 있었는지도 밝혀보려고 한다.

우리는 흔히 초대 기독교회가 "한 마음 한 뜻"으로 시작하여 통합된 하나의 교회를 이루었다고 믿으면서 초대 기독교 신앙의 통일성에 길들여 있지만, 실제로는 그 신앙의 다양성에 대해서 잘 알지 못할 뿐 아니라, 그런 다양성이 나중에 교회에 어떻게 수용되어 해결되었는지에 대해서도 잘 모르고 있다. 그래서 문제와 갈등이 많았던 초대교회의 상황에는 눈을 감아버린 채, "초대교회로 돌아가자!"라는 구호만을 외치는 사람들이 더러 있다. 그러나 우리는 도리어 그런 다양한 문제와 갈등을 하나로 묶었던 신앙의 "정경"인 "신약성서로 돌아가자"는 구호를 외치는 것이 더 옳을 것이라고 생각한다.

또 필자는 이 책의 후반부에서 네 복음서에 소개된 몇몇 본문에 대한 연구를 통해 그 저자들이 자신에게 전해진 예수에 관한 전승 자료들을 자신의 기록 목적이나 신학적 관심사에 따라 얼마나 다양하게 해석하고 있는지를 밝혀보고자 한다. 왜냐하면 네 복음서 기자들은 예수에 관한 전승을 정확한 사실 그대로를 전하는 역사가가 아니라, 자신이 처한 상황에서 자신이 믿고 이해한 바를 자신이 상대하던 기독교인 독자들에게 해석해 준 설교자요, 신학자들이었기 때문이다. 그래서 같은 전승 자료에 대한 해석이 서로 다를 수밖에 없었고, 다양한 해석이 나올 수밖에 없었던 것이다.

이 책이 신약성서, 특히 복음서를 깊이 연구하고자 하는 평신도나 신학도는 물론 목회자에게도 "초대 기독교와 복음서"의 역사적 배경과 다양성에 대해 눈을 뜨게 하는 데 조금이나마 도움이 되기를 바란다.

2016년 2월

김득중

제1부 초대 기독교회와 그 신앙의 다양성

제1부

초대 기독교회와
그 신앙의 다양성

제1장

초대 기독교회의 기원과 발전

1. 초대교회는 언제 어떻게 시작되었는가

예수는 기독교인이 아니었다. 예수는 유대교인 중의 한 사람이었을 뿐이다. 예수는 스스로 "(모세의) 율법을 완성하러 왔다"(마 5:17)고 말한 분이고, "나는 오직 이스라엘 집의 잃은 양을 위해서만 보내심을 받았다"(마 15:24)고 말한 분이다. 예수가 십자가에 달려 죽을 때까지 이 세상에는 기독교란 종교가 아직 생겨나지도 않았다. 예수는 새로운 종교를 시작하려고 했던 사람이 아니라 유대교인으로서 하나님의 율법을 가르치는 "랍비"였고, 유대교 안에서 회개 운동을 벌이면서 유대 백성들로 하여금 다가오는 하나님 나라를 맞이할 준비를 하도록 노력한, 마지막 때의 "선지자"였다. 그렇다면 기독교는, 초대교회는 언제, 누구에 의해서, 어떻게 시작되었는가?

초대교회는 예수가 십자가에 못 박혀 죽은 후에 예수가 부활했다고 믿은 그의 제자들에 의해서 시작되었다. 예수가 체포되고 심문을 당한 후 십자가에 처형당했을 때 그를 따르던 제자들은 이미 모두 다 도망을 쳤다(막 14:50).

죽음의 손길이 자기들에게까지 미칠까 두려워 예루살렘 성내에 있는 자신들의 집에 들어가 문을 걸어 잠갔던 것이다(요 20:19). 어부였던 베드로는 그 후에 "나는 고기를 잡으러 가겠소" 하면서, 자신의 과거 생업으로 돌아갔다(요 21:3). 이런 제자들에게 예수께서 사흘 만에 다시 살아나셨다는 소식이 전해졌다. "주님께서 확실히 다시 살아나셔서 시몬에게 뿐만 아니라"(눅 24:34), "열두 제자들 및 오백 명이 넘는 형제들과 야고보와 모든 사도들에게 나타나셨다"(고전 15:5~7)는 소식이 전해진 것이다. 이런 소식을 통해 예수가 부활했다는 확신을 갖게 된 제자들은 다시 모여들었고, "예수와 그의 부활"(cf. 행 17:18)을 믿는 신앙 공동체를 형성하게 된 것이다.[1]

사도행전에 의하면, 예수는 부활하신 이후 40일 동안 제자들에게 나타나셔서 하나님 나라에 대한 일들을 말씀해 주셨다(행 1:3). 그 후 예수가 하늘로 승천하신 직후에 제자들이 예루살렘 성 안의 한 다락방에 모여 "다 함께 마음을 합하여 기도에만 힘썼다"(행 1:14; 행 2:44~45; 행 4:32~34)고 했는데, 이 기도 모임이 초대교회의 모체가 된 것으로 알려지고 있다. 이 기도 모임의 참석자들은 예수의 공생애 활동 중 예수로부터 부름을 받아 계속 그를 따르면서 그와 함께 동행한 "열두 제자들과 여인들," 그리고 "예수의 어머니 마리아와 예수의 동생들"[2]이었다고 전해진다(행 1:13). 그러니까 초대교회는 예수의 죽음 이후, 그의 부활을 확신했던 그의 제자들과, 그의 최후 순간까지 그를 동행했던 여인들과, 그의 친족들에 의해 시작되었다고 말할 수 있다. 후에 이들은 "사도들의 가르침을 받고 서로 사귀며 함께 떡을 떼고 기도하는 일에만 힘쓰면서"(행 2:42), "모든 물건을 공동으로 소유하고 재산과 물건을 팔아서는 모든 사람에게 필요한 대로 나누어 주는"(행 2:44~45) 공동의 생활을 하

---

1) 이런 의미에서도 "부활은 기독교란 종교의 연대기적 시작이다"라고 말한 Luke Timothy Johnson의 말은 옳다고 생각된다. Cf. *Living Jesus: Learning the Heart of the Gospels*(New York: Harper Collins Publishers, 2000), p. 11.
2) 마가복음 6:3과 마태복음 13:55에 의하면, 예수의 네 동생의 이름은 "야고보, 요셉, 유다, 시몬"이고, "누이들"도 있었지만 그 이름은 알려져 있지 않다. 예수의 동생들 중 "야고보"는 사도행전 15장의 첫 번째 사도회의에서 초대교회의 중요한 지도자 가운데 한 사람으로 등장하고 있다.

면서 "모든 사람에게서 호감을 샀고"(행 2:47), 그래서 믿는 사람들이 날마다 늘어나게 되었다고 했다.

그러나 중요한 사실은 이런 일들이 모두 팔레스틴 안에서, 주로 예루살렘 안에서, 유대인들 가운데서 일어났다는 점이다. 다시 말하자면, 초대교회 구성원들은 모두 유대인, 즉 팔레스틴의 유대교인들로 구성되어 있었다. 그래서 그들이 비록 예수의 부활을 믿으면서 예수를 메시아로 믿고 추종하였지만, 그리고 바로 그 점에서 다른 유대인들과 분명히 다르기도 했지만, 그들은 여전히 유대교인들이었다. 사도행전 3:1에서 "오후 세 시 기도하는 시간이 되어 베드로와 요한이 성전으로 올라가고 있었다"라는 기록에서도 알 수 있듯이, 초대교회의 지도자들조차 아직까지는 여전히 유대교의 신앙생활의 중심지인 예루살렘 "성전"을 신앙생활의 본거지로 삼고 있었으며, 유대교인들의 "기도하는 시간"을 그대로 따라 행하고 있었다.

이런 사실들로 미루어볼 때, 아직 초대교회는 외형적으로는 유대교와 별다른 차이를 보이지 않는 듯하였다. 어떤 의미에서는 유대교 내의 한 종파처럼 보였을 수도 있다. 초대교인들은 다른 유대교인들과 똑같이 성전과 회당을 중심으로 신앙생활을 계속하였다. 다만 성전과 회당 내에서 다른 유대교인들과 달리 "예수가 메시아, 즉 그리스도"라고 믿고 있었다. 이처럼 이들은 예수를 메시아로 믿기 시작하기는 했지만, 아직 스스로는 자신들이 유대교인임을 부인하지 않고 있었다. 오히려 자신들이 "참 이스라엘"[3]이라고 생각한 것으로 보인다. 이런 유대인들, 곧 유대인으로서 예수를 메시아로 믿고 따르기 시작한 사람들을 가리켜 일부 학자들은, 예수를 메시아로 믿지 않은 가운데 전통적인 유대교 신앙만을 신봉하는 다른 유대인과 구별하여 "기독교적 유대인들(Christian Jews)"이라고 부른다. 유대인들 중에서 예수를 메시아, 곧 그리스도로 믿는 일부 유대교인들(Jews)이라는 의미이다.

3) W. Trilling은 그의 마태복음 연구서인 *Das Wahre Israel*(Studien zum Alten und Neuen Testament 10, 2nd ed., Leipzig, 1961)에서 하나님의 나라가 'old Israel'로부터 'new Israel'로, 'false Israel'로부터 'true Israel'로 옮겨지고 있다고 말한다.

그런데 이들이 점차 "유대적 기독교인들(Jewish Christians)"로 바뀌어 갔다. 더 이상 예수를 그리스도로 믿는 "유대교인"이 아니라, 비록 유대교 출신이기는 하지만 이제는 스스로를 유대교인과는 다른 "기독교인(Christians)"으로 자처하게 된 것이다. 점차로 유대교와의 차별화가 분명해지면서, 초대교회는 유대교 당국으로부터 많은 박해를 받기 시작하였다.[4] 유대교 당국이 초대교회를 박해하게 된 이유는 주로 두 가지 때문이었을 것이다. 하나는 실제적이며 현실적인 이유이고, 다른 하나는 교리적이며 신학적인 이유였다.

첫째로 현실적이며 실제적인 이유는 초대교회의 놀라운 성장이 유대교 자체에 심각한 위협이 되었기 때문이다. 초대교회의 활발한 선교 활동의 일차적인 대상이 주로 주변의 유대교인이었고, 따라서 초대 기독교인들의 수적 증가는 곧 유대교인들의 수적 감소를 뜻하였다. 초대교회 지도자 가운데 한 사람인 베드로의 설교를 듣고 초대교회의 신도가 된 사람이 "약 삼천 명이나 더 늘었다"(행 2:41)라는 기록이나, "사도들의 말을 들은 사람들 중에 많은 사람이 믿어 남자의 수효만도 오천 명이나 되었다"(행 4:4)라는 기록이 비록 초대교회 기독교인들의 좀 과장된 표현이라고 하더라도, 이 같은 초대교회의 놀라운 성장은 결국 다수 유대교인들의 개종으로 인한 것이었기에 유대교 당국으로서는 긴장하지 않을 수 없었고, 그냥 방관만 할 수는 없었을 것이다.

그러나 초대교회가 유대교 당국으로부터 받은 박해에는 이런 현실적인 이유 이외에 교리적이며 신학적인 중요한 이유가 있었던 것으로 생각된다. 물론 유대교 성전이나 회당 내에서 예수를 메시아로 믿는다는 것 자체도 기독론과 관련된 신학적인 이유라고 볼 수 있지만, 그보다도 유대교 당국으로서 더욱 긴장할 수밖에 없었던 것은 초대교인들이 신론과 관련하여 다른 유대인들과는 달리 유대교의 유일신론(monotheism)을 부정하고 이신론(二神論,

---

4) 사도들에 대한 박해(행 5:17~18), 스데반의 죽음(행 7:54~8:3), 요한의 형제 야고보의 죽음(행 12:1~5)에 대한 기록을 통해 초대교회 운동에 가해진 유대교 당국의 박해 사실을 확인할 수 있다.

ditheism)을 믿는 것으로 생각되었기 때문일 것이다.

요한복음 5:18에 보면, "유대인들이 이로 말미암아 더욱 예수를 죽이고자하니 이는 안식일을 범할 뿐만 아니라 하나님을 자기의 친 아버지라 하여 자기를 하나님과 동등으로 삼으심이라"는 말씀이 나오는데, 이뿐만 아니라, 요한복음 10:30에서는 예수 자신이 "나와 하나님은 하나니라"고 하신 말씀이나온다. 바울은 빌립보 교인들에게 보낸 편지에서는 "그(=예수)는 본래 하나님의 본체이셨고 하나님과 동등한 분"(빌 2:6)이라고 가르치기도 했다. 이런 말씀들은 유대교 당국자들이 보기에 기독교인들이 예수를 "하나님과 동등한분"으로, 따라서 기독교인들은 여호와 하나님 이외에 예수를 또 다른 하나님으로 믿는 이신론자들로 생각되었을 것이고, 그래서 예수와 더불어 그의 추종자들을 유대교의 유일신론을 부인하는 이단자들처럼 죽이고자 했다는 말이다. 유대인들이 "선한 일로 말미암아 우리가 너를 돌로 치려는 것이 아니라, 신성모독으로 인함이니 네가 사람이 되어 자칭 하나님이라 함이로라"(요 10:33)고 말한 것도 예수는 물론 그를 믿는 기독교인들이 유대교 당국자들이볼 때에는 예수를 하나님과 동등시하거나 동일시하는 신성모독죄를 범하는것으로 생각되었기 때문이다.

이처럼 초대교회는 본래 예루살렘 성전과 유대교 회당 안에서 시작되었지만, 다른 유대인들과는 달리 예수를 메시아로 믿었기 때문에, 그리고 예수를 하나님의 아들, 아니 하나님으로 믿었기 때문에, 즉 근본적인 신앙적 차이 때문에 유대교 당국으로부터 또 유대 사회로부터 파문당하는 것과 같은조치를 당하였다. 실제로 유대교 당국은 유대교로부터 기독교로 개종해 가는 유대인들을 막기 위한 조치의 하나로 기원후 85년경에 랍비 가말리엘 2세가 최고 지도자로 있을 때, 랍비 총회의 결의를 거쳐서 회당 예배에 〈18 기도문〉을 새로이 도입하기로 결정하였다. 〈18 기도문〉 중에서도 특히 우리에게관심이 있는 것은 열두 번째 기도문이다. "박해자들에게는 소망이 없게 하시고, 오만의 지배를 우리 시대에 당장 근절시키오며, 기독교도들과 미님(=

이단자들)들을 일순간에 멸하시오며, 그들의 이름을 생명의 책에서 도말하시사, 의인들과 함께 기록되지 않게 하옵소서." 이것을 흔히 "이단자들을 위한 저주 기도문(Birkath ha Minim)"이라고 부른다. 유대교 회당 당국이 이 기도문을 회당 예배에 도입한 목적은 두 가지였다. 하나는 유대인들 가운데 기독교로 개종하려는 사람들의 생각을 아예 사전에 봉쇄하려는 목적이었고, 다른 하나는 이미 기독교로 개종했으면서도 회당 예배에 숨어서 참석하는 사람들, 이른바 "숨어 있는 기독교인들(the cryptic Christians)"을 색출하여 회당에서 축출하려는 의도와 목적이었다.

그런데 놀랍게도 이런 역사적 사실들이 요한복음 본문에 그대로 반영되어 있다. 우리는 먼저 "회당으로부터의 축출(ἀποσυνάγωγος)"이란 단어가 사용된 요한복음의 세 본문에 주목할 필요가 있다.[5] 첫 번째 본문인 요한복음 9:22의 말씀, 곧 "예수를 그리스도라고 하는 사람은 누구든지 회당에서 쫓아내기로(ἀποσυνάγωγος) 유대 사람들이 이미 결의해 놓았기 때문이었습니다"는 기원후 85년경, 랍비 가말리엘 2세가 랍비 총회에서 유대교인들 중 예수를 메시아로 고백하며 기독교로 개종한 사람들을 회당에서 파문 조치시키기로 한 결정을 반영해 주고 있다. 두 번째 본문인 요한복음 12:42의 말씀, 곧 "의회원 중에서도 예수를 믿는 사람들이 많이 있었으나 바리새파 사람들을 꺼려 고백은 하지 않았습니다. 그들이 회당에서 쫓겨날까(ἀποσυνάγωγος) 두려워했기 때문입니다"란 말씀은 〈18 기도문〉을 회당 예배에 도입함으로써, 그리고 큰 소리로 함께 기도함으로써 "숨어 있는 기독교인"들을 색출해내기 위한 목적을 반영하고 있다. 마지막 세 번째 본문인 요한복음 16:2의 말씀은 "사람들이 너희를 회당에서 쫓아낼 것이다(ἀποσυνάγωγος). 그리고 너희를 죽이는 사람들이 그 죽이는 행위가 하나님을 섬기는 일이라고 생각할 때가 올 것이다"라는 말씀은 유대교 회당 당국이 회당에서 기독교인들을 축출하

---

5) 요한복음을 중심으로 "회당으로부터의 축출" 조치를 연구한 대표적인 참고도서로는 J. Louis Martyn, *History and Theology in the Fourth Gospel*(Nashville: Abingdon, 1979), pp. 37~62를 참조하라.

는 조치를 취했을 뿐 아니라 더 나아가 기독교인들을 죽이기까지 했던 사실을 반영하고 있다.

이런 성서 본문들은 결국 초대교회가 신학적이며 교리적인 중요한 차이 때문에, 당시 유대교 당국으로부터 극심한 종교적 박해를 받고 있었다는 사실을 잘 보여준다. 이런 이유로 초대교회와 유대교 당국은 서로 적대적일 수밖에 없었고, 그래서 초대교회는 유대교와는 완전히 다른 종교적 집단으로 인식되기 시작하였다. 그러나 초대교인들이 "기독교적 유대교인들(the Christian Jews)"로부터 "유대적 기독교인들(the Jewish Christians)"로 옮겨지면서도 여전히 그들은 "유대인들"이었기 때문에 어쩔 수 없이 유대교적인 신앙의 전통을 완전히 벗어날 수는 없었다. 그래서 역사상 최초로 그 모습을 드러낸 초대 기독교는 어쩔 수 없이 유대교식, 혹은 유대교적 기독교(the Jewish Christianity)일 수밖에 없었다.

하지만 이 유대적 기독교는 유대적 기독교로만 머물러 있을 수만은 없었다. 팔레스틴의 본토 유대인들에 뒤이어 곧바로 그리스 로마 세계에 흩어져 살던 많은 디아스포라 유대인들 가운데서 기독교로 개종한 사람들이 많이 생겨났기 때문이다. 이들은 본래 유대인들이고, 그래서 모세 율법과 유대교의 종교적 전통을 지키며 살기는 했지만, 이들은 이방인 지역에서 살면서 히브리어보다는 헬라어에 더 익숙한 사람들이었고, 따라서 헬라 문화에도 많이 젖어 있던 사람들이다. 따라서 이들은 본토에 살고 있는 유대인들과 몇 가지 점에서 다른 신앙적 경향을 보였다. 가장 중요한 차이는 이들이 이방 지역 출신이라는 점에서 본토 유대인들과는 달리 하나님이 예루살렘 성전에만 계시다는 생각을 하지 않았다. 이방 지역에서도 하나님을 섬기며 살아온 사람들이기 때문이다.

다음으로 이들은 이방인들에 대해 마음이 열려 있었다. 이방인들 속에서 이방인들과 더불어 살던 사람들이었기 때문이다. 그래서 이들은 본토 출신 유대 기독교인들이 이방 선교에 대해 부정적이거나 소극적이던 것과는 달리 이방인들에 대한 선교에 대해 보다 긍정적이며 적극적인 태도를 가졌다. 이런 점들 때문에 이들을 가리켜 유대 기독교인들과는 달리 헬라적 혹은 디아스포라 유대 기독교인들이라고 구별하여 부르기도 하다. 즉 팔레스틴 유대 기독교(the Palestine Jewish Christianity)와 헬라적 혹은 디아스포라 유대 기독교(the Hellenistic or Diaspora Jewish Christianity)를 구분한다는 말이다. 팔레스틴 유대 기독교의 실질적 지도자가 열두 사도를 대표하는 베드로였다면, 헬라적 혹은 디아스포라적 유대 기독교의 실질적 지도자는 스데반과 빌립이었다고 말할 수 있다. 이 두 기독교 간의 차이를 우리는 아래에서 별도로 다루게 되는 "예루살렘 교회의 두 파별"이란 글에서 확인할 수 있다.

그러나 초대교회는 바울이 이방 지역에서 벌인 활발한 선교 활동의 결과로 그리스 로마 세계로부터 많은 이방인 개종자들을 받아들이기 시작했다. 바울 자신이 헬라 문화가 꽃을 피운 길리기아의 다소 출신이다. 그를 통해 복음을 받아들인 이런 이방인 개종자들이 유대인 출신 기독교인들과 신앙적이며 신학적인 면에서 많은 차이를 보이리라는 점은 쉽게 짐작할 수 있다. 이들은 유대교를 전혀 모르는 사람들이었고, 유대교 전통과는 아주 다른 그리스 로마 세계의 문화와 종교적 전통에 젖어 있던 사람들이다. 이들이 예수를 믿기 시작했지만, 유대인 개종자들이 예수를 믿는 것과 모든 면에서 똑같을 수는 없었다. 바울이 그들에게 전해준 복음 자체도 유대 기독교의 대표자 격인 베드로와 야고보가 전해준 복음과 똑같은 것이 아니었다. 이방 기독교의 신학적 특징이 유대 기독교의 신학적 특징과 많은 점에서 차이를 보이고 있는 것도 마찬가지이다. 이 문제에 대해서는 아래에서 별도로 다루게 될 "바울이 말하는 다른 복음" 부분을 참고할 수 있다. 이렇게 바울을 중심으로 주로 이방인들로 구성된 기독교 공동체를 가리켜 일반적으로 "헬라적 이방 기독교" 혹은 "헬라적 이방인의 기독교(the Hellenistic Gentile Christianity)"라고 부른다.

우리는 초대교회가 예루살렘에서 열두 제자들을 중심으로 발전하면서,

그러나 이방 선교를 통해 많은 이방인 개종자들을 받아들이는 가운데서, 신앙적으로 혹은 신학적으로 얼마나 어떻게 변모해 갔는지에 대해 살펴볼 필요가 있다. 복음이 전파되는 지역에 따라서, 복음을 전하는 사람들과 그 복음을 받아들이는 사람들이 누군가에 따라서 복음이 그리고 기독교 신앙이 다양한 모습을 보이기 때문이다. 여기서는 크게 초기 예루살렘을 중심으로 발전된 유대 기독교(the Jewish Christianity)와 그 이후 바울에 의해 크게 성장한 이방 기독교(the Gentile Christianity) 그리고 나중에 사도 이후 시대에 공교회로 발전한 초기 공교회(the Early Catholicism)로 나누어 초대교회가 어떻게 발전했는지, 그리고 그 발전 과정에서 신학적인 특징이 어떻게 다양하게 드러나고 있는지를 알아보기로 하겠다.

2. 초대교회는 어떤 형태로 어떻게 발전했는가

초대 기독교가 형성된 이후 발전하는 과정에서 그 구성원의 인종적 혹은 지리적 배경에 따라서, 즉 신앙 공동체가 주로 유대인들로 구성되었는지 아니면 이방인들로 구성되었는지, 그리고 신앙 공동체가 유대 땅 팔레스틴에 뿌리를 두고 있는지, 아니면 이방 땅에 뿌리를 두고 있는지에 따라서 초대 기독교는 서로 다른 형태의 모습을 보이는 것이 사실이다. 특히 그 발전 과정에서 신앙 공동체의 구성원들이나 지도자의 종교적 배경 혹은 전통에 따라서 신앙적이고 신학적인 특징까지도 서로 다르게 나타났다. 우리는 신약성서 문서들을 토대로 초대 기독교가 누구에 의해서 어떤 형태로 시작해 어떤 형태로 변화되어 갔는지, 그 과정에서 신학적인 특징이 어떻게 다르게 나타났는지를 살펴보고자 한다. 이와 관련하여 초대 기독교가 발전해 나가던 과정의 초기 단계에서는 어떤 문서들이 나타났고, 그 문서들의 신앙적 혹은 신학적 특징은 어떤 것들이며, 또 초대 기독교가 더욱 발전해 가면서는 어떤 문서들이 나타났고, 또 그런 문서들에는 어떤 다른 신앙적 혹은 신학적인 특징이 드러나고 있는지를 알아보고자 한다.

우선 우리는 초대 기독교의 역사적 발전을 헤겔의 변증법에 따라 해석한 바우르(F. C. Baur)의 이론을 좇아 크게 세 단계로 나누어 살펴보고자 한다.[6]

1) 유대 기독교(the Jewish Christianity)
2) 이방 기독교(the Gentile Christianity)
3) 초기 공교회(the Early Catholicism)

물론 많은 학자들이 바우르의 이론이 초대교회의 역사적 발전을 너무 단순화시켰다고 비판하고는 있다. 그래서 유대 기독교 자체도 팔레스틴 유대 기독교(the Palestinian Jewish Christianity)와 헬라적 혹은 디아스포라 유대 기독교(the Hellinistic or Diaspora Jewish Christianity)로 더 세분해야 한다는 주장도 제기되었다. 다른 한편 타이센(Gerd Theissen)은 이방 기독교도 "바울의 기독교"와 "요한 기독교"로 구분되어야 하며, 유대파 기독교에서도 야고보를 중심으로 한 좌익적 유대 기독교와 베드로를 중심으로 한 우익적 유대 기독교로, 그리고 바울의 기독교에서도 좌익 바울주의와 우익 바울주의로 구분되어야 한다고 주장한다.[7] 그러나 여기서는 일단 큰 틀에서 초대 기독교가 유대인 기독교로 시작해서 이방인 기독교로 발전했다가 나중에 초기 공교회로 통합되어 성장한 과정과 그 과정에서 신약성서 27권 중 어떤 문서들이 초기 유대 기독교 공동체에서 기록된 것들이고, 어떤 문서들이 이방 기독교의 산물이며, 또 어떤 문서들이 초기 공교회의 문서들인지, 그리고 그런 문서들

---

6) 독일 튀빙겐(Tuebingen) 학파의 창시자로 알려진 F. C. Baur는 헤겔(Hegel)의 변증법을 초대 기독교의 역사적 발전에 적용하여 초대 기독교(the earliest Christianity)가 베드로 계통의 유대 기독교와 바울 계통의 이방 기독교 간의 갈등 속에 발전한 것으로 보고 있다. James D. G. Dunn도 "초대 기독교 성격에 대한 연구"(An Inquiry into the Character of Earliest Christianity)라는 부제가 붙어 있는 그의 저서 *Unity and Diversity in the New Testament*(SCM Press, 1977)에서 바우르의 견해를 따라서 초대 기독교의 발전을 유대 기독교와 이방 기독교와 초기 공교회로 구분하고 있다(cf. pp. 235~366).

7) 게르트 타이센, 박찬웅·민경식 옮김, 「기독교의 탄생: 예수 운동에서 종교로」(*Die Religion der ersten Christen: Eine Theorie des Urchristentums*)(서울: 대한기독교서회, 2009), pp. 459~471.

의 신학적 특징이 어떻게 서로 다른지를 나누어서 살펴보기로 한다.

1) 유대 기독교(the Jewish Christianity)

여기서 말하는 "유대 기독교"란 인종적으로는 주로 유대인 출신의 기독교인들로 구성되고, 지리적으로는 주로 팔레스틴을 중심으로 발전한 초기의 기독교회를 가리킨다. 최초의 기독교인들은 주로 유대인 출신이었다. 그들은 본래 유대교를 믿는 유대인들이었는데 나중에 예수를 메시아로 믿기 시작하면서 유대교를 떠난 사람들이다. 그럼에도 불구하고 이들은 항상 자신들이 유대교와는 구별된 새로운 종파라는 생각을 갖지 않은 채, 계속 유대인으로 생각하고 행동했다. 따라서 기독교는 맨 처음 유대적 기독교의 형태로 출발했고 유대적 혹은 유대교식 기독교의 모습을 보일 수밖에 없었다. 이런 유대 기독교의 신앙적 혹은 신학적 특징으로는 일반적으로 다음과 같은 세 가지가 지적되고 있다.

(1) 율법을 철저히 지키며 고수하려는 경향

초기 유대 기독교인들은 구약의 모세 율법의 계속적인 타당성을 주장하면서 율법을 철저히 지키려고 노력하는 경향이 강했다. 이들에게서 기독교는 유대교의 완성이며, 기독교의 복음도 율법의 성취에 지나지 않았다. 이런 점에서 유대 기독교인들이 믿고 전하는 복음은 "할례자의 복음"이라고 말할 수 있으며, 이 때문에 초기 유대 기독교인들은 여전히 율법주의자들의 모습을 보여주기도 했다. 이 같은 유대 기독교적 신앙을 가장 잘 반영하고 있는 문서가 마태복음과 야고보서일 것이다. 구약 율법에 대한 마태복음의 입장이 무엇인지는 예수의 산상설교에 나오는 말씀에서 잘 드러난다. 즉 마태복음 5:17~18에 보면 "내가 율법이나 예언자들의 말을 폐하러 온 줄로 생각하지 말라. 폐하러 온 것이 아니라 완성하러 왔다. 내가 진정으로 너희에게 말한다. 천지가 없어질지라도 율법은 일점일획도 결코 없어지지 않고 다 이루어질 것이다"라는 말씀이 나온다. 그런데 이 말씀은 신약성서 중 오직 마태복음의 이곳에서만 나온다. 따라서 우리는 이 말씀이 마태의 사상에 맞는, 그래서 마태복음에서만 강조되는 말씀이라고 생각하게 된다. 율법의 계속적인 타당성을 강조하는 마태의 이런 주장은 "그리스도가 오심으로 율법은 끝장났다"(롬 10:4)라고, 그래서 우리가 이제는 더 이상 "율법의 지배 아래 있는 것이 아니라 은혜 아래 있다"(롬 6:14)라고 강조하는 이방인의 사도인 바울의 주장과 반대된다. 이처럼 율법의 계속적 타당성을 강조하면서 계속 행함을 강조하려는 입장을 보이는 마태는 분명히 유대 기독교의 주류에 속하는 사람임에 틀림없다.

그런데 신약성서 중 가장 유대적인(the most Jewish) 문서이며, 기독교적인 특징이 가장 적은(the least Christian) 문서는 야고보서로 알려져 있다.[8] 야고보서 1:1과 2:1에서 "예수 그리스도"란 이름이 사용된 것을 제외하면 야고보서는 기독교적 문서라고 볼 수 있는 근거가 거의 없고, 오히려 유대교의 지혜문학에 가장 가깝다고 생각되는 문서이다. 그런데 이 문서에서도 "온전한 율법"(약 1:25), "자유의 율법"(약 1:25; 2:12), "최고의 율법"(약 2:8) 등 율법에 대한 강조와 함께 야고보서 2:10에서는 다음과 같은 주장이 강조되고 있다. "누구든지 율법 전체를 지키다가도 한 조목에 실수한다면 전체를 범하는 것이 되기 때문입니다. 간음하지 말라고 말씀하신 분은 살인하지 말라고도 말씀하셨습니다. 그러므로 여러분이 간음하지 않았다고 하더라도 살인을 한다면 결국 여러분은 율법을 범하는 자가 되는 것입니다." 이런 것들은 야고보서가 율법에 대한 철저한 순종을 얼마나 강조하는지를 잘 보여주며, 이런 점들이 야고보서 역시 유대 기독교의 문서임을 잘 입증해 주고 있는 셈이다.

(2) 바울을 배격하고 베드로와 야고보를 숭상하는 경향

---

8) James D. G. Dunn은 "The letter of James is the most Jewish, the most undistinctively Christian document in the NT"라고 말한다. Cf. *Unity and Diversity in the New Testament*, p. 251.

유대 기독교의 중요한 특징 가운데 하나는, 유대인의 관점에서 볼 때, 이방인의 사도가 되어서 이방인들에게 복음을 전하는, 그리고 계속 율법의 타당성을 부정하는 바울을 무시하거나 배격하면서, 도리어 팔레스틴 출신의 초대교회 지도자들인 야고보와 베드로를 높이 숭상하는 것이다. 초기 유대 기독교인들은 다른 유대인과 마찬가지로 이방인에 대해서는 긍정적이거나 호의적인 태도를 거의 갖고 있지 않았다. 유대 기독교 문서인 마태복음에서만 예수께서 열두 사도를 세우신 후에 그들을 선교 파송하면서 "이방 사람의 길로도 가지 말고 또 사마리아 사람들의 도시에도 들어가지 말라"(마 10:5)고 명하신 말씀이 나오는 것도, 그리고 오직 마태복음 15:24에서만 예수가 가나안 여인을 향해 "나는 오직 이스라엘 집의 잃은 양을 위해서만 보냄을 받았다"라고 하신 말씀이 나오는 것도 모두 이방인에 대한 부정적 태도를 갖고 있는 유대인의 사상을 반영해 준다.

이런 유대 기독교인들의 관점에서 볼 때 이방 지역(길리기아 다소) 출신이면서 이방인의 사도로 이방 지역에서 이방인들을 위해 선교 활동하는 바울이 호의적으로만 생각될 수는 없었을 것이다. 더구나 바울은 전에 초대 기독교인들을 박해하는 데 앞장섰던 자가 아닌가. 계속 율법을 중요시하면서 철저히 지키려고 애쓰던 유대 기독교인들이 보기에 바울은 율법의 중요성을 완전히 부정하는 자이기도 했다. 따라서 유대 기독교인들은 바울을 반대하고 배격하면서, 대신에 유대 땅 팔레스틴 특히 예루살렘에서 초대교회의 지도자로 널리 인정받고 있던 베드로와 야고보를 높이 숭상하는 경향을 보여주고 있다.

이런 경향을 가장 잘 보여주는 대표적인 문서가 역시 유대 기독교의 대표적 문서로 알려진 마태복음과 야고보서이다. 야고보서는 그 편지의 서두에서 저자 야고보를 가리켜 "하나님과 우리 주 예수 그리스도의 종"(약 1:1)이라고 못 박고 있다. 아마도 이 문구는 바울의 편지들에서 바울이 늘 자신을 가리켜 "그리스도 예수의 종이며 부르심을 받은 사도로서 하나님의 복음을 위하여 성별된 자"(롬 1:1)라고 소개하는 것에 대한 일종의 반박일 수도 있다. 야고보야말로 "하나님과 우리 주 예수 그리스도의 종"이라는 점을 강조하려고 했을 것이다. 더구나 야고보는 주님의 형제로 알려진 인물(막 6:3)이며, 예루살렘 사도회의를 주도한 인물(행 15:13)이고, 또 예루살렘 교회에서 "기둥처럼 여겨지던 사도" 가운데 한 사람(갈 2:9)이다.

다른 한편으로 마태복음에서는 베드로야말로 예수의 가장 중요한 대표적 제자로 강조되고 있다. 예수의 열두 제자들의 명단들 가운데서 오직 마태복음 10:2에서만 베드로의 이름 앞에 "첫째로(first)"란 단서가 붙어 있다.[9] 베드로를 가리켜 "수(首)제자"라고 부를 수 있는 유일한 성서적 근거가 바로 마태복음 10:2이다. 이 밖에도 마태복음에서만 베드로의 신앙고백에 이어서 예수가 베드로를 축복한 것, 그리고 베드로에게 천국의 열쇠를 맡기고 그를 교회의 기초 반석으로 명하고 그에게 하늘과 땅의 매고 푸는 모든 권세를 주신 것이 강조되고 있다(마 16:17~19). 이것은 초대교회가 발전하면서 베드로만이 예수의 뒤를 잇는 유일한 권위 있는 사도라는 점을 강조하려는 마태의 의도를 반영하는 것으로 생각된다. 이런 경향은 아마도 이방 교회들에서 바울이 "사도 중의 사도"로 알려지고 있는 것에 대한 일종의 반발일 수도 있다. 마태복음에서 바울에 대한 의도적인 공격적 발언들이 나타나고 있는 점도 같은 의도에서 나온 것으로 보인다. 가령 마태가 "누구든지 이 계명 중 가장 작은 것이라도 어기거나 어기도록 가르치는 자는 하늘나라에서 지극히 작은 자라 일컬음을 받을 것이라"(마 5:19)고 말한 것도 초대교회 일각에서 율법을 지키지 않아도 된다고 가르치는 바울을 빗대어 공격한 것이라는 해석도 있다("바울"이란 이름의 뜻이 "지극히 작은 자"란 의미를 갖고 있기 때문에).[10] 이처럼 유대

---

9) 우리말 성서 개역개정에서는 "첫째로"라는 헬라어 "πρῶτος"가 정확히 번역되어 있지 않으나, 복음서들과 사도행전에 나오는 열두 제자들의 명단에서는 오직 마태만이 베드로의 이름 앞에 "첫째로"란 부사를 첨가하여 베드로가 "the first among equals, the chief of the apostles"임을 강조하고 있다. Cf. W. D. Davies and D. C. Allison, *Matthew: A Shorter Commentary Based on the Three-Volume International Critical Commentary*(T & T Clark International, 2011), p. 148.

10) 마태복음 5:19가 바울을 겨냥한 말씀이라는 가설은 본래 J. Weiss가 주장한 가설인데, H. D. Betz도 같

기독교인들이 베드로를 높이고 바울을 배격하는 경향은 곧 유대적인 것을 중시하고 이방적인 것을 배격하는 경향의 또 다른 면이라고 볼 수 있다.

(3) 예수의 인성을 더 강조하는 경향

유대 기독교인들은 예수의 신성(神性, divinity)보다는 그의 인성(人性, humanity)을 더 강조하는 경향을 보인다. 예수 그리스도에 대한 정통 기독교의 신앙고백은 "예수는 참 하나님이며 동시에 참 사람"이라는 고백이다. 이것을 가리켜 그리스도의 양성론(兩性論)이라고 말한다. 그런데 유대 기독교인들은 창조주와 피조물 간의 질적인 차이를 중요시하는 유대교적 인식 때문에, 나사렛 예수 또는 역사적 예수를 신적인 존재로 생각하기보다는 오히려 인간적인 혹은 역사적인 존재로 생각하고 믿는 경향을 보인다. 그래서 예수에 대한 그들의 신앙은 하나님의 아들, 선재하신 하나님 등 신적인 또는 하늘의 존재에 대한 신앙이기보다는 도리어 "랍비," "선지자," 혹은 "메시아"로서의 예수에 대한 신앙이다. 이런 기독론적 관심을 가리켜 일반적으로는 "에비오니즘적 기독론(the Ebionic Christology)" 혹은 "양자(養子) 기독론(the Adoptionistic Christology)"이라고 부르며 간혹 "저급 기독론(the lower christology)"이라고 부르기도 한다. 즉 예수는 본래 우리와 똑같은 인간이었는데 나중에 하나님으로부터 아들로 인정을 받고 하나님의 양자로 입적되었다고 믿는 신앙이다. 이런 양자 기독론은 요한복음이나 바울 서신 등에서 나타나는 "선재(先在) 기독론(the pre-existent Christology)" 혹은 "성육신(成肉身) 기독론(the incarnation Christology)"과 대조된다. 선재 기독론이나 성육신 기독론은 예수가 태초부터 하나님과 동등한 분이요 하나님으로 존재하는 분이었는데 인간을 구원하기 위해서 사람의 몸으로 이 땅에 내려오신 분이라고 믿는다는 주장이다(요 1:1~18; 빌 2:6~11).

은 주장을 내세우고 있다. 불트만(R. Bultmann) 역시 "지극히 작은 자"가 바울을 가리키는 것일 수 있다고 지적한다[Cf. *Theology of the New Testament*(NY: Charles Scribner's Sons, 1954). p. 54.].

그런데 대표적인 유대 기독교 문서 중 하나인 마태복음에서 예수의 족보가 소개되고 있는 것이나, 예수의 탄생 이야기가 소개되고 있는 것은 예수의 인간적인 혈통이 아브라함과 다윗의 혈통임을, 그리고 우리와 같이 역사적 시공간 속에서 탄생하셨음을 말하는 것으로 생각된다.[11] 그리고 이 예수가 공생애 활동에 나서면서 세례 요한에게 세례를 받을 때, 하나님으로부터 "너는 내 사랑하는 아들이라"고 인정을 받으면서, 하나님의 아들 곧 하나님의 양자로 입적되었음을 말하는 것으로 보인다. 이런 관심이 바로 "양자 기독론"의 관심이다. 그리고 예수의 인간적인 면, 곧 그의 인간성에 집착하는 이와 같은 유대 기독교의 신앙적 혹은 신학적 특징은 그 구성원들이 주로 유대인 출신이라는 사실 때문에 나타나는 것들이며, 그래서 상당히 유대적인 특징이라고 말할 수 있다.

2) 이방 기독교(the Gentile Christianity)

이방 기독교의 주요 구성원들은 주로 유대교와 아무런 관련이 없이 이방인 혹은 이교도로 있다가 예수의 복음을 듣고 기독교로 개종한 이방인들이다. 이방 기독교는 인종적으로는 유대인이 아닌 이방인들로, 지리적으로는 팔레스틴이 아닌 이방 지역, 특히 소아시아나 고린도, 빌립보, 로마 등에 퍼져 있던 헬라적 교회들로 구성되어 있었다. 이 교회들은 대부분 사도 바울의 이방 선교의 결과로 세워졌으며, 이방 지역에서 주로 이방인들로 구성된 교회이기 때문에 자연히 이방적인, 즉 헬라적인 사상과 더 밀접히 연관되어 있는 편이다. 이방 기독교 신앙의 주요 특징으로는 다음의 것들이 지적되고 있다.

(1) 반유대교적이며 반율법주의적인 경향

---

11) 물론 마태의 예수 탄생 이야기에는 "동정녀 탄생"과 "성령 잉태"라는 주제를 통해서 예수의 신성에 대한 관심이 드러나 있는 것이 사실이다.

이방 기독교는 유대교 혹은 유대주의로부터 탈피하려는 경향을 보이며, 따라서 반(反)유대교적이며 반(反)율법주의적인 경향을 드러낸다. 이방 기독교인들의 입장에서 볼 때, 기독교인이 되기 위해서 먼저 유대교인이 될 필요는 없으며, 또는 기독교인이 되기 위해서 유대교를 거쳐야 할 필요가 없었다. 그들에게는 유대교의 율법, 혹은 모세의 율법[五經]이 구원의 절대적인 요소가 될 수 없었고, 오직 예수 그리스도를 믿는 신앙만이 중요했다. 그래서 율법의 "행함"보다는 오히려 예수에 대한 "믿음"이 우리의 구원에 더 중요한 것으로 강조되고 있다.

바울이 이방 지역에 있는 기독교인들을 향해 "그리스도가 오심으로 율법은 끝장났다"(롬 10:4)라고, 그래서 이제는 더 이상 "율법 아래 있지 아니하고 은혜 아래 있다"(롬 6:14)라고 선언한 것도 이방 기독교의 탈(脫)유대주의, 탈(脫)율법주의로부터 나온 것이라고 말할 수 있다. 아마도 이런 경향은 기독교가 유대교로부터 독립하여 더 이상 민족 종교로서가 아니라 세계적인 종교로서 독자적으로 발전하던 시기에 기독교 신앙의 독자성 혹은 정체성을 확립하기 위해서 더욱더 필요한 것이었는지도 모르며, 더욱이 이방인 독자들을 대상으로 기록된 문서들에서는 어쩔 수 없는 선택이었을 것으로 보이기도 한다.

요한복음에서 나타나는 반유대교적 경향도 요한복음이 어느 정도 이방 기독교적인 문서임을 반영하고 있다. 요한복음에선 유대교와의 논쟁이 강하게 드러나고 있고, 그 가운데서 유대교인들은 아브라함의 자손이 아니라(요 8:39 이하) 마귀의 자손(요 8:44)이라고 공격하고 있다. 또 예수의 수난 이야기를 통해서는 예수를 죽인 자들이 유대교인들임을 강조하고 있다. 오히려 이방인 빌라도 총독이 예수의 무죄를 거듭 선언했음에도(요 18:38; 19:4, 6) 백성들을 선동하여 빌라도에게 예수를 십자가에 못 박으라고(요 19:6), 없애버리라고(요 19:15) 압력을 행사한 것이 유대교 지도자들임을 지적하고 있다. 유대교인들은 오히려 "가이사가 자신들의 왕이라"(요 19:15)는 신성모독적인 발언을 하면서까지 예수를 없애려고 애쓴 자들이라고 비난하고 있다. 이런 것이 바로 이방 기독교의 반유대적 경향 가운데 하나로 지적되고 있다.

(2) '믿음'을 강조하는 경향

이방 기독교에서는 행함, 특히 율법의 행함보다는 믿음이 강조되는 경향이 짙다("오직 믿음," 혹은 "오직 은혜"). 이것 역시 반유대교적인 경향에서 나온 것임에 틀림없다. 바울이 그의 서신들에서 계속 "우리가 하나님 앞에서 의롭다 함을 받는 것은 율법의 행함으로가 아니라 오직 믿음으로이다"라고 외친 것은 유대교 혹은 유대인 출신 기독교인들의 율법주의를 넘어서기 위한 노력의 일환으로 생각된다. 주로 바울 서신들에서 볼 수 있는 이런 "믿음"에 대한 강조는 "우리가 의롭다 함을 얻는 것은 행함으로이지 믿음으로만 아니다"(약 2:14~26)라고 말하는 야고보서나 "주여, 주여 하는 자가 다 천국에 들어가는 것이 아니라 오직 하늘 아버지의 뜻을 행하는 자라야 들어간다"(마 7:21)라고 말하는 마태복음과 대조된다.

믿음에 대한 이러한 강조는 이방 기독교 문서 중의 하나로 여겨지는 요한복음에서도 나타난다. 즉 "누구든지 저를 믿으면 멸망치 않고 영생을 얻으리라"(요 3:16), "내 말을 듣고 또 나를 보내신 이를 믿는 사람은 영원한 생명을 얻고 심판을 받지 않으며 이미 죽음에서 생명으로 옮겨져 있다"(요 5:24) 등등의 말씀을 통해 율법이나 그 행함에 의해서가 아니라, 오직 믿음에 의해서 생명을 얻을 수 있음이 강조되고 있다. 바울이 믿음이란 명사형을 자주 사용하는 데 비해서 요한은 "믿는다"라는 동사형을 사용하는 것이 두 사람의 차이일 뿐 바울과 요한은 모두 믿음의 중요성을 강조하는데, 이것은 바울과 요한의 문서가 모두 이방 기독교의 산물이기 때문일 것이다.

(3) 이방 선교에 대한 적극적인 관심

유대 기독교 문서 가운데 하나인 마태복음에서 예수는 오직 이스라엘의 잃은 양에게로만 보냄을 받은 것처럼(마 15:24), 그리고 예수의 제자들도 이방 땅이나 사마리아 고을로는 보냄을 받지 않고 오직 이스라엘의 잃은 양에게로만 보냄을 받은 것처럼(마 10:5~6) 강조되고 있다. 그러나 이방 기독교 문서인 바울의 서신에서는 오히려 "하나님은 유대 사람만의 하나님이십니까? 이방 사람의 하나님도 되시는 것이 아닙니까? 물론 이방 사람의 하나님도 되십니다"(롬 3:29)라는 말씀이 강조되고 있다. 바울은 자신이 헬라 사람들에게 빚진 자라고 고백하면서 "복음은 유대 사람을 비롯하여 헬라 사람에 이르기까지 모든 믿는 사람에게 구원을 얻게 하는 하나님의 능력"(롬 1:16)이라고 말한다. 이 점에서 이방 기독교의 복음은 분명히 "무할례자의 복음"이었으며, 이방 선교는 실제로 이방 기독교의 주요 관심사였다.

이방인과 이방 선교에 대한 관심은 사도행전에서도 분명하게 드러나고 있다. "땅 끝까지 이르러 내 증인이 되리라"(행 1:8)고 말한 부활하신 예수의 말씀이 이방 기독교 문서의 하나인 사도행전에서 강조되는 것은 결코 우연이 아니다. 그리고 사도행전에서 맨 처음 이방 선교가 이방 지역 출신의 처음 지도자들인 "일곱 사람"("일곱 집사"가 아니라), 특히 스데반과 빌립에 의해 이루어진 사실에 주목하는 것이 중요하다.12) 이 "일곱 사람"들은 "헬라 말을 하는 사람들, 이방 지역 출신들" 가운데서 선택된 사람들이며(행 6:1 이하), 사도행전에서 첫 이방인 개종자는 빌립에 의해 세례를 받은 에디오피아 여왕 간다게의 내시였다(행 8:27 이하). 유대교가 본래 유대인들의 투철한 선민의식 때문에 그렇게 선교적인 종교가 아니었던 것과 마찬가지로 유대 기독교도 처음에는 그렇게 선교 지향적이지 못했다. 오직 예루살렘을 중심으로 신앙생활을 하면서 기독교를 유대교의 완성으로 이해하는 데 만족하였다.

---

12) 스데반과 빌립을 포함한 "일곱 사람들"은 이방 기독교(the Gentile Christianity)를 대표하는 인물들이라기보다는 도리어 "헬라적 혹은 디아스포라 유대 기독교"(the Hellenistic or Diaspora Jewish Christianity)를 대표하는 사람들로 보아야 할 것이다. 그러나 이들이 모두 디아스포라로서, 즉 이방 지역에서 태어나거나 성장한 유대인들로서 헬라 문화의 영향을 받은 사람들이란 점에서 "이방 기독교"(the Hellenistic Gentile Christianity)와 비슷한 점을 많이 갖고 있다.

이방 기독교는 하나님이 유대인만의 하나님이 아니며, 거룩한 땅 팔레스틴이나 예루살렘 혹은 그 성전에만 계신 분이 아니라 이방 땅에도 계신 분임을 강조하고 있다. 이런 이방 기독교의 신학사상을 대변하는 것이 사도행전에 나오는 스데반의 설교이다. 스데반의 설교에서 엿볼 수 있는 이방 기독교 신학사상의 두 가지 특징 중 첫 번째는, 스데반이 이방 땅에 현존해 계신 하나님을 강조하는 점이다. 하나님이 아브라함에게 나타난 곳은 이방 땅 "메소포타미아"(행 7:2)였고, 요셉이 형제들로부터 팔렸을 때 하나님이 그와 함께 계신 곳은 "애굽"(행 7:9)이었으며, 가시나무 떨기 불꽃 가운데서 모세에게 나타나신 곳은 "시내 광야"(행 7:30)였다. 하나님이 나타나신 곳이면 어디든 누구나 신발을 벗어야 할 "거룩한 땅"이었다. 이방 기독교인들에게서 거룩한 땅은 팔레스틴이나 예루살렘만이 아니라 하나님이 나타나시는 곳, 그 모든 곳이 거룩한 땅이었다.

스데반의 설교에서 나타나는 두 번째 이방 기독교 사상의 특징은, 예루살렘 성전에 대한 공격적 태도이다. 스데반은 그의 설교에서, 이스라엘 백성들이 광야에서 "손으로 만든" 금송아지를 우상으로 섬겼음을 공격한 후에, 다시 말해서 "손으로 만든" 것이 "우상"임을 언급한 후에, 곧바로 하나님은 "손으로 만든" 곳에 계시지 않는 분임을 강조하면서, 예루살렘 성전을 가리켜 "손으로 만든" 것이라고 말함으로 예루살렘 성전을 우상과 동일시하였다. 예수 자신도 손으로 지은 성전을 허물고 손으로 짓지 않은 성전을 3일 만에 세울 것이라고 말하지 않았던가?(막 14:58; 요 2:19) 그렇다면 예루살렘 성전에 대한 이방 기독교의 사상은 예수의 사상을 그대로 이어받은 것으로 생각될 수밖에 없다. 이처럼 이방 기독교는 예루살렘 성전에만 하나님이 현존하신다고 믿는 것을 일종의 우상숭배로 보고 배격하는데, 이것은 곧 유대교의 편협한 제의적 민족주의 및 지역주의의 탈피를 뜻하는 것이기도 하다.[13]

---

13) "in fact a sharp-edged criticism of the narrow cultic nationalism of his fellow believers in Jesus Christ." Cf. James D. G. Dunn, *The Unity and Diversity in the New Testament*, p. 272.

(4) 예수의 신성(神性)을 강조하는 경향

이방 기독교는 당시의 헬라 사상, 특히 영지주의의 영향을 많이 받았다. 영지주의는 영과 육, 정신과 물질을 이원론적으로 구분하면서 오직 영과 정신만을 선으로 보고 육과 물질은 악으로 보는 사상이다. 이방 기독교가 이 사상에 영향을 많이 받은 관계로 특히 기독론과 관련해서 이방 기독교인들은 육신을 가진 인간적인 예수(랍비, 예언자 혹은 메시아)보다는 영적인 그리스도, 곧 예수의 신적인 면에 더 관심을 갖고 예수를 "주님"으로, 혹은 "하나님의 아들"로, 또는 "하나님"으로 믿었다. 요한복음에서 예수는 태초부터 계셨던 분, 그리고 하나님과 함께 계셨던 하나님으로 증거되고 있는 것도(요 1:1~3) 모두 헬라 사상에 뿌리를 두고 있다. 바울의 서신들 가운데서 특히 빌립보서 2장에서 "예수는 본래 하나님의 본체이셨고, 하나님과 동등된 분이지만… 이 땅에 내려왔다"라고 강조된 것도 바로 영지주의자들이 말하는 소위 "구세주 신화(the Redeemer Myth)"의 영향으로 해석되고 있다. 이렇게 예수의 신성을 강조하는 이방 기독교의 "선재 기독론"이나 "성육신 기독론", 즉 "고급 기독론(the higher christology)"은 예수의 인성을 강조하는 유대 기독교의 "에비오니즘적 기독론" 혹은 "양자 기독론" 같은 "저급 기독론(the lower christology)"과 좋은 대조를 이루고 있다.

3) 초기 공교회(Early Catholicism)

2세기에 들어서면서 초대 기독교는 이미 유대 기독교와 이방 기독교 간의 차이를 어느 정도 극복하고, 초기의 카리스마적 운동의 성격도 많이 탈피한 채 점차로 하나의 통일된 공교회 모습을 갖추게 되었다.[14] 이 시기에 초대 기독교는 점점 제도화된 기독교, 조직화된 기독교로 변모하기 시작했다. 교회가 이처럼 제도화 혹은 조직화되기 시작하면서 초기 공교회의 신앙과 신

---

14) Gerd Theissen은 "초기 공교회 회중 기독교"란 명칭을 사용하고 있다. Cf. 박찬웅·민경식 옮김, 『기독교의 탄생: 예수 운동에서 종교로』, p. 462.

학은 시간이 흐르며 초대교회의 상황이 변하면서 초기 유대 기독교나 이방 기독교의 신앙이나 신학과는 상당히 다른 특징을 보여주게 되었다. 신약성서 문서들 중 이 시기에 나타난 것은 주로 목회서신과 일반 서신, 그리고 누가복음과 사도행전이다. 이 문서들에 나타나는 주요 특징으로는 일반적으로 다음의 것이 지적되고 있다.[15]

(1) 임박한 종말 기대가 눈에 띄게 퇴조 혹은 약화된 점

초기 공교회의 중요한 특징 가운데 하나는 초대교회 시절에 그토록 강렬했던 임박한 종말 기대가 눈에 띄게 퇴조 혹은 약화된 것이다. 예수 당시에는 그리고 초대교회의 초기 단계만 하더라도 유대교인들이나 기독교인들은 모두 자기들의 시대가 이 세상의 마지막 때라고 믿었다. 하나님의 나라가 "곧" 임할 것으로 믿었고, 초대 기독교인들은 특히 자기 시대에 주께서 재림하실 것으로 기대했다. 이런 임박한 종말 사상은 예수 자신의 다음과 같은 말씀에 근거한 것으로 생각된다. "여기 섰는 자들 가운데 죽기 전에 인자가 혹은 하나님의 나라가 임하는 것을 볼 자도 있다"(막 9:1과 그 평행구절들). 신약성서 문서들 중 가장 최초의 것으로 여겨지는 데살로니가전서에 보더라도 바울은 "주의 날이 마치 밤중에 도둑같이 온다"(살전 5:2)라고, "사람들이 평안하다 안전하다고 말할 그때에 갑자기 그에게 멸망이 덮칠 것입니다"(살전 5:3)라고 말하고 있다. 초기 기독교인들이 갖고 있던 임박한 종말 사상을 그대로 반영하는 말씀들이다.

그러나 예수께서 돌아가신 후 수십 년이 지나면서, 즉 종말이 마냥 지연되고 세상은 여전히 어제와 마찬가지로 계속되는 상황에서 임박한 종말 기대는 점차로 약화될 수밖에 없었다. 임박한 종말 기대의 퇴조 현상은 이미 바울의 생애가 끝나기 전에 나타난 것으로 보인다. 왜냐하면 곧 주의 재림이 있을 것을 그토록 강조하던 데살로니가전서와는 달리 이미 데살로니가후서

15) Cf. James D. G. Dunn, *Unity and Diversity in the New Testament,* pp. 344~362.

에서는 종말이 곧 오는 것이 아니라는 암시가 나타나고 있기 때문이다. 바울은 데살로니가후서에서 다음과 같이 말한다. "누가 영으로나 말로나 또는 우리에게서 받았다고 하는 편지로나 주의 날이 벌써 왔다고 하더라도 여러분은 마음이 쉽게 동요되거나 당황해서는 안 됩니다. 누가 어떤 방법을 쓰든지 간에 여러분은 그들에게 속지 마시오. 먼저 배교하는 일이 있겠고 또 불법자곧 멸망의 자식이 나타날 것입니다"(살후 2:2~3). 주의 날이 오기 전에 멸망의 자식이나 불법자들이 출현할 것이라고 언급하는 것이나, 주의 날이 왔다고 말하는 것에 속지 말라는 훈계는 임박한 종말 기대에 빠져서는 안 된다는 경계의 말씀이 아닐 수 없다. 나중에 누가복음의 저자는 한 발자국 더 나아가 "임박한 종말 사상"을 전하는 자를 오히려 거짓 예언자로 정죄하면서 "너희는 그들을 따르지 말라"(눅 21:8)고 가르치기도 하였다.

"지연된 종말 사상"이라고 일컬어지는 이런 경향은 1세기 후반부터 나타나기 시작한 것으로 보인다. 복음서 중에서는 누가복음이 대표적이다. 예를 들어 마가복음에서는 거짓 선지자의 특징이 "내가 곧 그다"(막 13:6)라고 말하는 것인데, 누가는 거기에 "때가 가까이 왔다"(눅 21:8)라는 선포의 말을 첨가함으로써, 때가 가까웠다며 종말의 임박성에 대해 말하는 사람이야말로 적그리스도요, 거짓 예언자라고 지적하고 있다. 목회서신 중 에베소서에서는 임박한 종말의 기대는 전혀 찾아볼 수 없을 뿐만 아니라 주의 재림에 대한 언급도 전혀 없다. 사도행전에서 "마라나타" 곧 "주여, 어서 오시옵소서"라는 간구문이 전혀 나타나지 않는 것도 사도행전이 어느 정도 초기 공교회의 문서임을 반영해 주고 있다.

이처럼 종말의 지연이 전제되면서 초대교회는 한편으로 종말을 점차 먼 미래로 미루어 놓았고, 다른 한편으로는 미래에 있을 종말을 현재적으로 해석하여 현재화하는 경향도 나타났다. 이런 경향은 누가복음과 요한복음에서 잘 드러나고 있다. 누가복음에서는 예수의 말씀의 형태로 "내가 하나님의 손을 힘입어 귀신을 쫓아낸다면 하나님 나라는 이미 너희에게 임한 것이다"(눅

11:20)라고, 즉 하나님 나라가 미래적인 사건이 아니라 이미 임한 사건 곧 현재형 혹은 현재완료형의 사건임을 말하고 있다. 임박한 종말론이 지연된 종말론을 거쳐 "실현된 종말론" 혹은 "현재적 종말론"으로 바뀌어 가고 있음을 보여주는 것이다. 요한복음에서도 "믿는 사람은 이미 죽음에서 생명으로 옮겼고"(요 5:24) "믿지 않는 사람은 이미 심판을 받았느니라"(요 3:18)는 메시지를 통해 영생과 마지막 심판이 장래의 사건이 아니라 이미 현재 속에 실현된 사건임을 증거하고 있다.

(2) 교회가 점차로 제도화되는 경향을 보이고 있는 점

제도화 경향은 초기 공교회의 가장 분명한 표식이다. 시간과 상황의 변화는 초대교회로 하여금 점차 제도화의 길을 걷게 만들었다. 초대 기독교가 처음에는 제도와 조직에서 출발한 교회는 아니었다. 어떤 의미에선 일종의 카리스마적인 신앙운동이었고, 믿는 자들의 "모임"에 지나지 않았으나, 점차로 교회가 제도 혹은 조직과 동일시되기 시작했다. 그리고 권위가 지도자의 카리스마나 인품과 관련된 것이 아니라 도리어 교회 내의 성직(聖職) 혹은 교회의 직무와 연결되기 시작했으며, 은혜가 성령의 활동이나 카리스마적 지도자와의 만남과 관련되기보다 예배식 혹은 성례전과 같은 교회의 예식 행동에 국한되기 시작했고, 점차로 성직자와 평신도의 구별도 분명히 나타나기 시작했다.

이미 교회라는 개념에도 다음과 같은 변화가 분명히 드러나고 있었다. 즉 초기 바울에게서 "교회(ἐκκλησία)"는 거의 항상 여러 지역에서 모이는 기독교인들의 모임을 의미했다. 그래서 로마, 고린도, 갈라디아 등 여러 지역에서 모이던 "교회들(churches)," 즉 개체 교회들이 관심의 주요 대상이었다. 그런데 에베소서와 목회서신에서는 "교회"가 거의 예외 없이 보편적인 교회를 의미하는 뜻으로 사용되었다(예: 엡 1:22; 3:10, 21; 5:23~25, 27, 29, 32; 골 4:15 등). 이런 경향은 분명히 예수 시대는 물론 사도행전에 묘사된 초대교회 시절에는 찾아볼 수 없는 것들이다.

교회 안에서 "감독," "장로," 그리고 "집사"의 직분이 중요시되기 시작한 때가 바로 이때였으며, 그런 직분의 자격 규정이 중요한 이슈로 등장하게 된 것도 바로 이때였다. 목회서신에서 감독, 장로, 집사의 구체적 자격 규정이 제시되고 있는 것도 교회가 그런 직분을 통해 발전해 가고 있었고, 그런 직분을 원하는, 그리고 맡을 만한 사람들의 숫자가 증가했다는 것을 뜻한다. 특히 군주적 감독의 역할도 보다 구체적으로 밝혀지고 있는데, 예를 들어 교인들의 신앙을 보다 순수하게 유지하도록 하는 일(딤전 1:3 이하; 4:6 이하, 11~16 등), 공동체의 삶과 관계를 정돈할 책임(딤전 5:1~16, 가령 디모데는 다른 사람들에게 아무런 구애를 받지 않는 가운데 과부를 명부에 올리거나, 명부 기재를 거부할 권위를 갖고 있었다. 딤전 6:2, 17; 딛 2:1~10, 15), 그리고 장로들의 송사에 있어서 공정을 기하고 징계할 책임(딤전 5:19 이하), 또 안수하고(딤전 5:22), 장로들을 임명할 책임(딛 1:5)도 갖고 있었다.

다른 한편 사도행전도 이런 제도화된 교회 개념을 반영하고 있는 것으로 보인다. 사도행전이 초대교회의 발전을 예루살렘 교회 중심으로 설명하는 것이 바로 중앙집권적 교회 개념 때문으로 생각되기 때문이다. 누가는 예루살렘과 그곳의 교회를 복음의 근원지, 기독교회의 확실한 발생지, 그리고 기독교의 모교회로 제시하기 원했던 것으로 보인다. 사도행전 6장에서 열두 사도들이 "일곱 사람"의 이방 지역 출신 지도자들을 선택하여 임명하는 것이나, 사도행전 15장에서 나타나듯이 유대 기독교인과 이방 기독교인 간의 신학적 차이에 관한 의견 조정을 위해 야고보가 예루살렘에서 사도회의를 주도한 것 등이 그러하다. 뿐만 아니라 사도행전 14:23에서 바나바와 바울이 자신의 모든 교회에서 장로들의 임명권자로 묘사되고 있는 것도 성직 임명 및 사도전승의 계승이란 초기 공교회의 특징을 잘 드러내주는 점 가운데 하나이다.

(3) 신앙이 점차로 교리화되는 경향을 보이고 있는 점

초기 공교회의 주요 특징 가운데 또 하나 두드러진 사실은, 신앙이 점차 교리화 혹은 신조화(信條化)되기 시작했다는 점이다. 지금까지 신앙 혹은 믿음은 오직 예수 그리스도에 대한 개인적인 헌신과 신뢰를, 또는 예수의 부름을 받고 그를 따르는 결단 등을 의미했다. 그러나 교회가 제도화되기 시작하면서부터는 신앙이 더 이상 개인적으로 예수를 믿고 따르는 것을 의미하지 않고, 오히려 교회의 가르침이나 교리를 믿고 받아들이기로 결단하는 것이 바로 신앙이요 올바른 믿음으로 여겨지게 되었다. 정통의 시금석으로서 "신앙(faith)," "바른 교훈," "맡긴 바 된 그것" 등 교회의 전승에 충실하는 것 등이 중요시되고 있다. 유다서 1장 17절에서 "사도들이 예고한 그 말을 기억하시오"라고 말한 것이나, 베드로후서 3:2에서 "거룩한 예언자들을 통해서 예언해 둔 말씀과… 사도들을 통해 주신 계명"이란 말이 강조되거나 디모데전서 1:11 등에서 "건전한 교훈"이란 말이 많이 나오는 것은 바로 이런 경향을 잘 나타내 주는 것이다. 신앙이 "예수를 따르는 것("나를 따르라")"과 관련되기보다는 교회의 가르침, 즉 교회의 신조나 교리를 받아들이고 믿는 것과 관련이 되기 시작한 것이다.

이런 경향은 시대의 흐름과 상황의 변화에 따라 어쩔 수 없이 나타나게 된 특징으로 생각된다. 여하튼 이전의 유대 기독교나 이방 기독교에서는 볼 수 없는 또 다른 신앙적 혹은 신학적 특징임에는 틀림없으며, 초대 기독교가 얼마나 다양한 형태를 갖고 발전했는지를 보여주는 증거가 아닐 수 없다.

제2장

초대 예루살렘 교회의 두 신앙 그룹
베드로를 중심한 히브리파와 스데반을 중심한 헬라파

사도행전의 기록이 모두 역사적으로 정확한 것은 아니라 하더라도 초대 기독교의 기원과 발전에 대해 알려주는 주요한 문서 가운데 하나라는 점에는 이론의 여지가 없을 것이다. 사도행전의 기록에 의하면, 초대 기독교가 당시 팔레스틴의 정치·사회적인 생활로부터는 다소 격리된 신앙 운동이라는 인상을 갖게 하지만, 일반 유대 백성들로부터는 좋은 평판을 들었던 것으로 보인다(행 2:37~47; 4:4; 5:12~16, 26, 42; 6:7; 9:31). 물론 사두개파에 속하는 제사장 계급층에서는 처음에 적대적인 태도를 보이기는 했으나(행 5:17~28) 큰 영향은 없었다. 오히려 백성들로부터 존경을 받고 있던 바리새파의 지도자인 가말리엘이 초대교회 지도자들에 대해 옹호하는 발언을 함으로써 십자가에 달린 예수의 추종자들이 어느 정도 평화롭게 지낼 수 있었던 것으로 보인다. 가말리엘의 호의적인 태도와 언급에 대한 기록뿐만 아니라, 많은 바리새인이 초대교회의 신앙 운동에 참여하였다는 기록도 사도행전에서 찾아볼 수 있다(행 15:5 등).

그런데 초대교회가 이처럼 팔레스틴 안에서 비교적 평화롭게 발전하는 듯한 양상은 곧바로 두 번에 걸친 초대교회를 향한 박해, 곧 스데반 때의 박해(행 8장)와, 야고보 사도가 순교하고 베드로가 투옥되던 때의 박해(행 12장)로 인해 깨지고 있다.[1] 최초의 박해는 스데반을 중심한 "일곱 지도자들"과 관련된 박해로 매우 격렬했다. 그런데 이 박해와 관련된 사도행전의 기록에서는 몇 가지 믿기 어려운 모순이 발견된다. 첫째로, 스데반을 비롯한 "일곱 사람들"은 "구제하는 일(to serve tables)"을 위해 임명된 것으로 기록되어 있으나, 실제로 스데반이 행한 중요한 일은 헬라파 유대인이 갖고 있는 신앙을 지지하기 위한 설교와 논쟁이었다(행 7:2~53). 빌립의 경우 역시 스데반과 마찬가지로 설교하며 병 고침의 이적을 행하는 일이었다(행 8:4~7). 실제로 그들이 "구제하는 일"을 했다는 언급은 전혀 찾아볼 수가 없다. 둘째로, 스데반 때에 있었던 박해와 관련해 매우 중요한 것은 스데반이 논쟁적인 설교를 통해서 "성전 제사에 대한 반발의 정점에 이르는 유대인들에 대한 신랄한 공격(a bitter polemic against the Jews, culminating in a denunciation of the Temple cultus)"이다.[2] 이것은 예루살렘의 초대교회가 유대교의 신앙과 실행에 집착하는 것처럼 보인 모습과는 전혀 어울리지 않는다고 말할 수 있다.

그러나 이와 관련해서 또 우리가 주목해야 할 중요한 사실은, 스데반과 그의 일행으로 인해 예루살렘 교회가 박해받았음에도 이상하게 '사도들'은 박해의 대상에서 제외되었다는 사실이다. 사도행전 8:1에 보면, "사울은 스데반의 죽음을 마땅하게 여겼습니다. 그날에 예루살렘 교회가 크게 박해받기 시작하여 사도들 이외에는 모두 유대와 사마리아 지방으로 흩어졌습니다"라고 기록되어 있다. 문제는 어떻게 박해의 주체인 유대 당국이 스데반

---

1) 두 박해 가운데서 첫 번째 것은 종교 지도자들, 특히 제사장 계급에 의한 것이고, 거기에는 분명히 신학적인 동기가 있는 것으로 보이지만, 두 번째 것은 헤롯 아그립바에 의한 것으로 종교적인 동기보다는 오히려 정치적인 동기에 의한 것으로 생각된다. 헤롯 아그립바가 야고보를 죽인 후에 "유대사람들이 그 일을 좋아하는 것을 보고 그는 베드로까지 잡으려 했다"(행 12:3)라고 한 말에서 그 점을 엿볼 수 있다.

2) S. G. F. Brandon, *The Fall of Jerusalem and the Christian Church*, p. 89. James D.G. Dunn도 스데반의 설교가 "성전에 대한 거리낌 없는 공격"이었고, "편협한 제의적 민족주의에 대한 예리한 비판"이었다고 지적한다. Cf. *Unity and Diversity in the New Testament*, pp. 271~272.

의 일로 초대교회를 박해하면서, 정작 초대교회의 대표적인 지도자들인 '사도들'은 박해의 대상에서 제외시켰는가 하는 점이다. "박해를 가하는 당국이 금지된 운동의 지도자들을 방관하고 다수의 추종자들에게 집중한다는 것은 납득하기 어렵고 또 정상적인 박해 전략에도 어긋나는 것"[3]이 아닌가? 그래서 브랜든(Brandon)은 이 박해를 가리켜 "이상한 억압 조치(a strange measure of suppression)"라고 말한 바 있다.[4]

이처럼 납득하기 어려운 일이 기록된 이유는 무엇일까? 박해가 열두 사도들에게는 미치지 않고, 주로 스데반을 비롯한 헬라파 기독교인들에게만 치중된 이유는 무엇일까? 우선 박해 당국자의 입장에서 보자면 팔레스틴 출신의 사도들은 박해를 당할 만큼 반유대교적이거나 반성전적이지 않았기 때문이다. 그에 비해 스데반을 비롯한 일행은 반유대교적이며 반성전적이었기 때문이라고 보아야 할 것이다. 브랜든도 다음과 같이 그 이유를 설명하고 있다. "유대인 기독교인들은 그들의 민족이 믿던 신앙에 굳게 밀착해 있었고, 정기적으로 성전에서 예배를 드렸다. 결과적으로 그들은 유대인들이 갖고 있던 민족주의(Jewish nationalism)의 활기찬 열정으로부터도 아무런 방해를 받지 않았는데, 그것은 실제로 유대교와 별다른 차이가 없는 동의어와 같다."[5]

따라서 이것은 곧 초대교회 안에 이미 두 그룹 혹은 두 파벌, 즉 열두 사도들을 중심한 제자 그룹과 스데반과 빌립 등을 중심한 제자 그룹, 달리 말한다면, 유대 땅 안에서 보다 유대적인 전통에 얽매어 살아오던 팔레스틴 유대 기독교인들과 이방 지역에 살면서 헬라 문화의 영향을 받아 유대적인 전통으로부터는 벗어나려는 헬라파 기독교인들이 서로 구분되어 있었다는 것을 의미한다. 더 중요한 것은 그 두 그룹 사이에는 신앙적으로나 신학적으로 분명한 차이가 있었다고 하는 점이다. 제임스 던(James D. G. Dunn)이 스데반

---

3) James D. G. Dunn, *Unity and Diversity in the New Testament*, p. 274.
4) S. G. F. Brandon, *The Fall of Jerusalem and the Christian Church*, p. 89.
5) *Ibid.*, pp. 100~101.

에 대한 박해를 가리켜 "교회사에 나타난 최초의 신앙고백상의 분열(the first confessional schism in church history)"6)이라고 하면서 "처음부터(예루살렘의) 초대 기독교 공동체는 어느 정도 상당히 동떨어진 두 개의 그룹을 포용하고 있었다"7)라고 말한 것도 이처럼 신학적인 혹은 신앙고백적인 차이를 보이는 서로 다른 두 그룹을 염두에 둔 것이라고 생각된다. 브랜든은 스데반을 중심한 기독교인 그룹에 대해 "본래(예루살렘)의 공동체와는 분리되어 있고 유대 기독교에 대해 어느 정도의 적대감(hostility)을 가진8) 새로운 운동(the new movement)"이라고 보았다.

따라서 우리는 초대 예루살렘 교회 안에 아주 이른 시기부터 베드로의 지도 아래 신앙생활을 하던 제자 그룹과 스데반 등의 지도 아래 신앙생활을 하던 제자 그룹이 구분되어 있었다고 말할 수 있다.9) 물론 두 그룹의 구성원들은 모두 유대인 출신 기독교인들(the Jewish Christians)이다. 그러나 베드로를 중심으로 모이는 제자 그룹은 팔레스틴 본토 출신 유대인들이 대부분이었으므로 그들이 사용하는 언어는 당연히 히브리어였다. 그러나 스데반 등을 중심으로 한 제자 그룹은 대부분 그리스 로마 세계에 흩어져 살던 디아스포라 출신의 유대인으로서 주로 헬라어만을 사용할 수밖에 없는 제자 그룹이었다. 같은 유대인이며 같이 예루살렘에 거주하였지만, 언어 소통의 문제로 인해서 디아스포라 유대인들은 본토 출신 유대인들과 예루살렘 안에서도 다른 지역에서 따로 떨어져 살아야만 했던 것으로 보인다. 이렇게 서로 격리되어 살았기 때문에 매일 시행되는 구제금 분배에서 헬라파 유대인들은 히브리파

---

6) Dunn, *Unity and Diversity in the New Testament,* p. 268.
7) Dunn, *Unity and Diversity in the New Testament,* p. 269. Martin Hengel도 이것이 "The first division, between the two groups of the Hellenists and the Hebrews"라고 말한다. Cf. *Between Jesus and Paul: Studies in the Earliest History of Christianity*(Fortress Press, 1983), p. 3.
8) Brandon, *The Fall of Jerusalem,* p. 89.
9) Dunn은 "two fairly distinct groups"란 표현을 쓴다. Cf. *Unity and Diversity in the New Testament,* p. 269. Martin Hengel도 "일곱 사람들"은 "열두 사람(제자)들"에 속하지 않는 사람들로서 "the leading group of an independent community, the 'Hellenists'"라고 말한다. Cf. *Between Jesus and Paul: Studies in the Earliest History of Christianity*(London: SCM Press, 1983), p. 13.

유대인들에 비해 소홀히 여김을 받았던 것이라고 제임스 던은 지적한다.[10]

　이 두 그룹 사이에는 언어와 문화적인 차이만 있었던 것이 아니라, 분명히 신학적인 차이도 있었다. 팔레스틴 본토 출신인 히브리파 유대인 기독교인의 입장에서 보면 헬라파 유대 기독교인들은 헬라 문화권인 이방인 지역에서 생활하면서, 모국어인 히브리말도 잊어버렸을 뿐만 아니라 율법을 준수하는 일에도 상당히 해이해져 종교적으로 자신들에 비해 좀 열등하고 이완된 사람들이라[11] 생각했을 것이다. 반대로 헬라파 유대 기독교인들의 입장에서 보면, 히브리파 유대 기독교인들은 스스로를 유대교와 구별된 새로운 신앙 운동에 속한 기독교인으로 생각하기보다는 오히려 유대적 메시아주의자들로서 계속 유대교 전통을 고수하면서 모세의 율법과 예루살렘 성전에 집착하는 사람들로만 보였을 것이다. 헬라파 유대 기독교인들이 신학적으로 히브리파 유대 기독교인들과 무엇이 얼마나 달랐는가 하는 점은 사도행전 7장과 8장에 소개되고 있는 "스데반의 설교"와 "빌립의 행적"을 통해서 보다 구체적으로 분명하게 드러나고 있다.

　사도행전 7장에 소개된 스데반의 설교에서 가장 중요한 부분은 한 마디로 유대교인이나 심지어 팔레스틴 유대 기독교인들에게서 그토록 신성시되고 있는 예루살렘 "성전에 대한 거리낌 없는 공격(an outspoken attack on the temple)"[12]이다. 스데반은 이스라엘 백성들이 광야에서 만든 금송아지 "우상"을 가리켜 "손으로 만든 것"(행 7:41)이라고 말한 후에, 예루살렘 성전을 가리켜서도 "손으로 만든 것"(행 7:48)이라고 말함으로써 감히 예루살렘 성전을 금송아지와 똑같은 우상(="손으로 만든 것")으로 매도하고 있다. 그런

---

10) Cf. *Unity and Diversity in the New Testament*, p. 269.
11) 마카베오 시대로부터 "헬라파 유대인" 하면 "깔보는 뉘앙스"가 내포되어 있었다. "헬라파 사람들이 헬라어를 말하고 유대인들이라서 그 용어가 품격을 떨어뜨리는 의미(derogatory connotations)를 갖고 있으며 헬라적, 즉 이교도적 사상을 가리키는 것이고, 그래서 팔레스틴 유대교인들과 또한 후대의 기독교 정통파는 그 용어를 이교도화(化)되었다는 의미로 사용하였다." Cf. Martin Hengel, *Between Jesus and Paul*, p. 6.
12) Dunn, *Unity and Diversity in the New Testament*, p. 271.

데 실제로 솔로몬이 예루살렘에 세운 "손으로 만든 성전"에 대한 거부의 태도는 "손으로 지은 성전을 허물어라. 내가 손으로 짓지 않은 다른 성전을 사흘 만에 세우겠다"라고 하신 예수의 말씀(막 14:58)으로부터 직접 영향을 받은 것으로 생각된다. 더구나 요한복음 저자가 "예수께서 말씀하신 그 성전은 자기 몸을 두고 하신 말씀이었다"(요 2:21)라는 설명을 첨가하고 있는 것으로 보아서, 스데반의 성전 비판 설교는 예수의 정신에 입각한 예수의 성전관(觀)을 반복해서 강조한 것에 지나지 않는 것으로 생각된다. 성전에 대한 스데반의 이런 비판은 결국 "성전에 대한 그 지역 기독교인들의 태도에 대한 거부"이며, 예루살렘을 중심으로 신앙생활을 하던 히브리파 유대 기독교인들의 "편협한 제의적 민족주의에 대한 예리한 비판(a sharp-edged criticism of the narrow cultic nationalism of his fellow believers)"[13]이라고 말할 수 있다.

스데반의 설교에서 드러나는 헬라파 유대 기독교인들의 성전관은 예루살렘 성전을 중심으로 신앙생활을 하는 베드로 중심의 히브리파 제자 그룹의 성전관과는 너무도 차이가 나는 것이었다. 히브리파 유대인 기독교인들은 기존의 다른 유대교인들과 별 차이 없이 계속 예루살렘 성전을 자신들의 신앙생활의 중심지로 생각했다. 그래서 베드로와 요한은 "제3시 기도하는 시간에" 성전을 찾아 올라갔으며, "성전"에 들어가기 전에 "성전" 문 앞에 앉아 있던 앉은뱅이를 고쳐준 후, 그와 함께 "성전"으로 들어갔다. 베드로는 다른 유대교인들과 똑같이 여전히 신앙생활의 중심지로 예루살렘 "성전"을 벗어나지 못하고 있었으며, 아직도 유대교의 "기도 시간에 관한 규례"에 얽매여 있었던 것으로 보인다(cf. 행 3:1, "제9시 기도하는 시간에 베드로와 요한이 성전으로 올라갔다").[14] 또 베드로가 오순절 성령강림을 경험한 직후에 설교를 하면서 "유대인들과 예루살렘에 사는 모든 사람들아"(행 2:14), "이스라엘 사람들

---

13) Dunn, *Unity and Diversity in the New Testament*, p. 272.
14) 초대 기독교회가 유대교처럼 하루에 몇 번 기도하는 시간을 정해놓고 실행하고 있었다는 증거는 아직까지 어디에서도 찾아볼 수 없다.

아"(행 2:22)라고 말하는데, 그의 설교 대상과 사역의 주요 관심은 "유대인과 예루살렘 주민들" 곧 주로 "이스라엘 사람들"에게로 향하고 있었다. "그레데 인과 아라비아인"과 같은 외국인들도 분명히 그곳에 있었는데도 말이다(행 2:11). 예루살렘 초대교회의 지도자였던 베드로의 사역과 설교의 대상 그리고 관심은 오로지 유대인과 이스라엘 사람들에게로만 향해 있었지 '외국인'이나 '이방인'들에게로 향한 것은 아니었다.

또한 스데반의 설교와 베드로의 설교에서 볼 수 있는 '하나님'에 대한 이해에서도 적지 않은 차이가 있다. 스데반의 설교에서는 아브라함에게 나타나 "내가 네게 지시하는 곳으로 가라"고 하신 하나님은 "메소포타미아"에서 나타나신 하나님이다(행 7:2). 요셉이 형제들에 의해 애굽에 팔려갔을 때 하나님이 그와 함께하신 곳이 "애굽"이다(행 7:9). 가시나무 떨기 불길 속에서 모세에게 나타나 "네 발의 신을 벗으라. 네가 서 있는 곳은 거룩한 땅이다"라고 말씀하신 곳이 "시내산 광야"이다(행 7:31~33). 이처럼 스데반이 설교에서 언급하고 있는 하나님은 유대 땅에만 계신 하나님이 아니라, 이방 땅에도 계시며, 이방 땅에서도 자신을 나타내시는 하나님이다. 이와는 달리 베드로의 설교에서 볼 수 있는 하나님은 "아브라함과 이삭과 야곱의 하나님이며 우리 조상들의 하나님"(행 3:13)으로, 모든 예언자의 입을 통해서 선포하시는 하나님이며(행 3:21), "조상들과 계약을 맺은 하나님"(행 3:25)이다. 베드로가 언급하는 하나님은 정통 유대교인들이 언급하는 하나님과 별다른 차이가 없다. 그러나 스데반이 언급하는 하나님은 보다 세계 지향적인(global) 사람이 언급하는 하나님이다. 베드로와 스데반이 가지고 있던 신관(神觀)의 차이가 어떠한지를 엿볼 수 있는 대목이다.

한편 사도행전 8장에서 소개되는 빌립의 행적을 통해서도 스데반과 빌립을 비롯한 "일곱 사람들" 곧 헬라파 유대 기독교인 지도자들의 신학과 사역이 "베드로와 요한"과 같은 히브리파 유대 기독교인 지도자의 신학 및 사역과 얼마나 큰 차이를 보이는지를 알 수 있다. 무엇보다도 먼저 빌립의 사역에서 가장 주목해야 할 점은 그가 "사마리아 도시15)로 내려가 사람들에게 그리스도를 전파하기 시작했다"(행 8:5)라는 점이다. 더구나 사마리아 도시 사람들은 빌립의 말을 듣고, 또 그가 행하는 기적을 보고 매우 기뻐했다고 한다(행 8:6~8). 빌립의 사마리아 선교를 통해서 드디어 "사마리아 사람들이 하나님의 말씀을 받아들였고"(행 8:14), "주 예수의 이름으로 세례도 받았다"(행 8:16). 이 일이 기록된 사도행전에 의하면, 빌립은 기독교 역사상 사마리아 지역을 복음화한 최초의 인물인 셈이다.

베드로와 요한과 같은 열두 제자들은 이미 역사적 예수로부터 "이방 사람들의 길로도 가지 말고 또 사마리아 사람들의 도시에도 들어가지 말라"(마 10:5)는 명령을 받았기에, 감히 사마리아 지역에 들어가 복음을 전파할 엄두를 내지 못했을 것이다. 그들에게서 복음 선교의 대상은 예수처럼 먼저 "이스라엘 집의 잃은 양"이었을 것이다. 빌립은 디아스포라 출신이었기에, 이방 사람들과 더불어, 이방 사람들 속에서 살면서 그들의 영적인 요구를 누구보다도 더 잘 알고 이해하였기에 사마리아 도시에 대한 복음 선교를 감행할 수 있었을 것이다. 그러나 예루살렘에 있던 사도들은 나중에 이 소식을 듣고 베드로와 요한 두 사도를 사마리아로 보내서 "그들이 모두 성령을 받게 해달라고 기도하여" 사마리아 사람들로 하여금 성령을 받게 해준 것이 고작이다(행 8:17).16) 복음 선교에 관한 한, 예루살렘 교회를 대표하는 베드로의 입장과 디아스포라 출신 헬라파 유대 기독교인의 지도자인 빌립의 입장 차이가 두드러지게 드러나는 부분이 아닐 수 없다.17)

15) 구약 시대에는 북왕국 이스라엘의 수도가 사마리아였다. 그러나 헤롯이 그 도시를 재건한 후에 "Sebaste"라고 불렀는데, "Sebaste"는 "mostly a Gentile city"였고, 세겜이 주로 사마리아인들이 거주지였다. 그래서 많은 학자들은 본문에서 말하는 "사마리아 도시"는 세겜을 가리킨다고 보고 있다. Cf. Justo L. Gonzalez, *Acts: The Gospel of the Spirit*(New York: Orbis Books, 2001), p. 107.

16) 만일 사도행전 2장에서 예루살렘 오순절에 성령이 임한 사건을 가리켜 유대인의 오순절이라고 말한다면, 사도행전 8장에서 사마리아 도시 사람들이 성령을 받게 된 사건을 가리켜서 사마리아의 오순절이라고 말할 수 있을 것이다.

17) James D. G. Dunn은 "a different attitude to mission"을 지적하고 있다. Cf. *Unity and Diversity in the New Testament*, p. 270.

다음으로 빌립의 사역에서 주목해야 할 점은, 그가 "가사로 내려가는 길을 향하여 남쪽으로 가다가 빈들에서" 이방인인 에디오피아 여왕 간다게의 내시이며 여왕의 모든 재정을 관리하는 에디오피아 고관[18] 한 사람을 만나서(행 8:26~27), 그에게 복음을 전파하고 세례까지 베풀었다는 사실이다(행 8:35~38). 사도행전의 기록에 의하면, 빌립은 기독교 역사상 최초로 사마리아 지역을 복음화한 사람일뿐만 아니라, 이방인(에디오피아 여왕 간다게의 내시)에게 복음을 전하고(행 8:35) 그에게 세례를 준(행 8:38) 최초의 인물이기도 하다. 빌립에 의한 에디오피아 내시의 개종은 흔히 새로운 땅에 대한 새로운 선교의 시작으로 해석되고 있다.

오늘날 많은 교인과 오랜 기독교 역사를 지닌 에디오피아 교회는 빌립과 에디오피아 내시가 만난 이 사건을 자기들 교회의 기원으로 생각하고 있다. 더구나 빌립의 이 사역은 초대교회가 공식적으로 인정하기도 전에 일어난 이방인 선교의 시작을 보여주고 있다는 점에서 주목할 만한 일이 아닐 수 없다. 왜냐하면 예루살렘 초대교회의 지도자들은 나중에 베드로가 하늘 음성의 강권에 의해 고넬료와 그의 가정을 개종시킨 후에야 비로소 공식적으로 "하나님께서 이방 사람들에게도 회개하여 생명에 이르는 길을 열어주셨다"(행 11:18)라는 결론에 이른 것으로 알려지고 있기 때문이다. 따라서 빌립의 에디오피아 내시의 개종 사역은 초대교회가 이방 선교의 문을 열게 된 단서가 된 아주 중요한 사건이다. 비록 베드로가 나중에 하늘 음성[19]의 강권에 의해 이방인 백부장 고넬료와 그의 가정을 개종시키는 일을 하였지만, 그 일이 있기까지 베드로는 계속 율법 규정에 매달려 율법에서 먹지 말라는 것은 먹을 수 없다는(행 10:14), 그리고 "유대 사람으로서 다른 나라 사람들과 사귀

---

18) 이 에디오피아 내시가 이스라엘의 하나님께 예배를 드리러 예루살렘에 왔다가 돌아가는 중이었다는 점으로 미루어볼 때, 그는 이스라엘의 하나님을 믿기는 하지만 이스라엘의 율법이나 할례에는 아직 완전히 순복하지 않은 "하나님을 경외하는 자(God-fearer)" 가운데 한 사람이었을 것으로 보인다.

19) 사도행전 10:3에 의하면 "천사"이고, 10:30에서는 "찬란한 옷을 입은 사람"이고, 10:19에서는 "성령"이었다.

거나 가까이하는 일이 불법이라"(행 10:28)는 확신을 갖고 있던 사람이다. 이 방인 선교와 관련하여 베드로와 빌립의 입장 차이가 무엇인지, 그리고 얼마나 큰지를 알아볼 수 있는 대목이다.

이상에서 보았듯이, 예루살렘 초대교회 안에 존재한 두 신앙인 그룹, 즉 팔레스틴 본토 출신 유대 기독교인들인 히브리파 교인들과 디아스포라 출신 유대 기독교인들인 헬라파 교인들 간의 신학적 차이는 아주 분명해 보인다. 이 차이는 일반적으로 팔레스틴 유대적 기독교(the Palestinian Jewish Christianity)와 헬라적 혹은 디아스포라 유대 기독교(Hellenistic or Diaspora Jewish Christianity)의 기독교 신앙에 대한 신학적 이해의 차이이기도 하다. 여기서 브랜든은 스데반의 성전에 대한 공격이나 빌립의 사마리아 전도 같은 것은 "충성스런 모든 유대인들에게는 거슬리는" 것이고, 그래서 "반유대적(anti-Judaic)"인 것이었다고 지적하면서, 예루살렘 안에 이런 당파가 생겨남으로써 기독교 운동이 팔레스틴 단계로부터 보편주의적인 단계(the universalist stage)로 옮겨가게 되었다고 지적한다.[20] 정말이지 스데반과 빌립을 비롯한 헬라파 유대 기독교인들이 아니었다면, 기독교는 아마도 오늘날과 같은 세계적인 기독교로 발전하지 못한 채, 어쩌면 유대교의 한 종파, 곧 유대교식 메시아주의로 끝나 버렸을지도 모를 일이다. 그러나 다행히 그리스 로마 문화권에서 살던 디아스포라 출신 유대 기독교인인 스데반과 빌립과 같은 지도자들에 의해서 초대 기독교는 세계적인 종교로 발돋움하는 터전을 마련할 수 있었고, 그 발판을 토대로 나중에 바울이 복음을 이방 세계로 널리 전파하는 "이방인의 사도"가 될 수 있었다. 또 그에 의해서 "이방인 기독교(the Gentile Christianity)"가 확립되고 마침내 초대 기독교는 세계적인 종교로 발전하게 된 것으로 생각된다. 이러한 의미에서 마틴 헹엘(Martin Hengel)이 지적한 것처럼 "헬라파 사람들, 특히 스데반은 바울의 선구자였

---

20) S. G. F. Brandon, *The Fall of Jerusalem and the Christian Church*, pp. 127~128.

다"21)라고 말할 수 있을 것이다.

21) Cf. Martin Hengel, *Between Jesus and Paul: Studies in the Earliest History of Christianity* (London: SCM Press, 1983), p. 2. 또한 Hengel은 같은 책, p. 56에서 "사마리아 사람들 가운데서의 선교의 시작… 그리고 팔레스틴의 이방인 지역에 대한 시험적인 최초의 선교적 시도는…이런 헬라파의 업적이었다"라고 말하였다.

제3장

야고보의 갑작스러운 등장과 퇴장의 의미

초대 기독교는 역사적 예수가 부활 승천한 이후에 생겨났다. 초대교회는 많은 변화를 겪으며 발전하고 성장했는데 그 발전과 변화는 그 공동체의 지도자가 가진 영향력의 변화와 무관하지 않았던 것으로 보인다. 따라서 초대 기독교 발전의 역사는 그 지도자의 변화의 역사라고 말할 수 있다.

예수가 부활 승천한 직후에 초기 기독교 신앙공동체를 이끈 실질적인 지도자는 누구였을까? 당연히 예수로부터 부름을 받아 사도로 임명된 열두 제자들이라고 생각할 수 있다. 이 "열두 제자들" 혹은 "열두 사도들"은 예수로부터 직접 사도로 세우심을 받았을 뿐만 아니라, 예수의 공생애 활동 기간 동안 예수와 함께 동행한 동역자들이었고, 예수 공생애 사역의 직접적인 목격자들이었다. 이들은 예수로부터 귀신을 제어하는 권세와 함께 하나님 나라를 전파하라는 명령을 받았으며(마 10:1~7; 28:16~20), 주님께서 영광의 자리에 앉을 때 주님과 함께 열두 보좌에 앉아 이스라엘 열두 지파를 심판하게 될 것이라는 약속을 받은 사람들이다(마 19:28). 초기 기독교 신앙공동체가 가룟 유다의 자리에 곧바로 맛디아를 선택한 것도 열두 사도들의 중요성 때문이었을 것이다. 그중에서도 특히 "베드로와 요한"이 초기 기독교회에서, 특히 예루살렘에서 중요한 역할을 한 대표적인 지도자로 여러 번 언급되고 있다(행 3:1, 11; 4:13~19; 8:15~25 등등).

그런데 사도행전에 의하면, 베드로가 헤롯 아그립바에 의해 붙잡혀 투옥되었다가 주의 천사에 의해 풀려난 직후에 "다른 곳으로 떠났다"(행 12:17)라는 언급이 있은 후부터 갑자기 베드로를 비롯한 열두 사도들과 그들의 영향력에 대한 언급이 사라지고 있다.[1] 그리고 바울의 개종 이야기와 함께 바울이 안디옥 교회로부터 선교 파송을 받는 이야기가 소개되면서, 누가가 기록한 사도행전에서 바울이 크게 부각되기 시작하였다. 그런데 정말로 놀라운 사실은 사도행전 15장에서 주의 형제인 야고보가 갑자기 예루살렘 교회의 지도자로 그 모습을 나타내고 있을 뿐만 아니라, 예루살렘에서 모였던 최초의 사도회의(행 15장)를 주도하는 사회자로 등장하고 있다는 점이다. 이와 같이 야고보가 초대교회 지도자로서 갑작스럽게 언급되며 등장한 것은 초대교회 역사에 대한 정확한 지식을 접하지 못한 채, 사도행전의 전반부에서 초대교회의 주역으로 열두 제자들의 대표로 베드로와 요한이 등장하고, 그 후반부에서 바울이 등장하는 것만을 알고 있는 독자들에게는 약간 의외의 일이요, 쉽게 이해하기 어려운 일이다. 비록 야고보가 주도하는 이 사도회의에서 베드로와 바울의 이름이 각각 언급되고 있고, 이 두 사람이 어느 정도 중요한 역할을 하는 것으로 보이기는 하지만, 사도회의는 물론 그 이후 초대기독교 신앙공동체의 실질적인 지도자는 야고보로 언급되고 있다(행 21:18). 이런 사도행전의 기록에 의할 경우, 초기 예루살렘 기독교 공동체에서는 이때부터 열두 사도들이 아닌 야고보가 실질적인 지도자로 활동하고 있었던 것으로 보인다.

예수가 십자가에서 처형되고 부활 승천한 후 불과 20여 년밖에 지나지 않

---

1) Oscar Cullmann은 베드로가 감옥에서 풀려난 후 예루살렘을 떠나 "다른 곳(=로마?)으로 가면서, 이 사실을 야고보에게 전하라고 말한 것(행 12:17)이 예루살렘 교회의 지도자가 베드로에서 야고보로 바뀌는 순간이라고 보고 있다. Cf. Oscar Cullmann, *Peter: Disciple, Apostle, Martyr*(London: 1962).

았는데 초대교회 안에서 이처럼 교회의 지도권이 열두 제자들과 그들을 대표하는 베드로로부터 야고보로 갑작스럽게 바뀐 이 "예상치 못했던 변화(an unexpected change)"[2]는 실로 놀라운 일이 아닐 수 없다. 그런데 이 "예상치 못했던 변화"와 더불어 또 다른 "예상치 못했던 변화"는 야고보가 갑자기 지도자로 부상한 이후 얼마 지나지 않아서 곧바로 초대교회 역사의 무대에서 퇴장해 버린다는 사실이다. 그 이후부터는 점차로 바울이 아주 중요한 사도로서 초대교회 역사의 무대 중심에 등장하고 있다.

여기서 역사적 예수를 만나본 적도 없는 바울,[3] 또 예수로부터 직접 제자로 혹은 사도로 부름을 받은 적도 없는 바울,[4] 오히려 초대교회 형성 초기에는 예수를 믿고 따르던 추종자들을 박해하는 일에 앞장섰던 바울[5]이 초대교회 역사에서 예루살렘에서 중요한 역할을 한 열두 사도들, 특히 "베드로와 요한"보다도, 그리고 예수의 형제이며 나중에 예루살렘 교회의 가장 중요한 지도자로 알려진 야고보보다도 더 중요한 인물로 부각된 이유가 무엇인지를, 특히 그것과 관련하여 주님의 형제인 야고보가 예루살렘의 초대교회에서 갑자기 초대교회의 주요 지도자로 등장했다가 또 갑자기 사라진 이유가 무엇인지, 그리고 그것이 주는 신학적이며 역사적인 교훈이 무엇인지를 알아보고자 한다.

2) 초기 기독교 역사에서 교회의 지도권이 이처럼 초기에 열두 제자들로부터 야고보로 넘어가게 된 사실에 대해 S. G. F. Brandon은 "예상치 못한 변화"(Cf. *The Fall of Jerusalem and the Christian Church*, London: SPCK, 1981, p. 5)라고 지적하는데, 그 이유는 야고보가 갑자기 예루살렘 교회의 지도자로 등장한 사실에 대하여 아무런 설명도 없기 때문이라고 말한다.("his sudden unexplained appearance…as the paramount leader of the Jerusalem Church"). Cf. *The Fall of Jerusalem and the Christian Church*(London: SPCK, 1981), p. 46.

3) 바울이 고린도후서 5:16에서 "우리는 아무도 육적인 표준으로 판단하려 하지 않습니다. 전에는 우리가 육적인 표준을 따라 그리스도를 알았지만 이제는 그렇지 않습니다"라고 육신의 예수를 전혀 중요하게 생각하지 않은 이유도 바로 이 때문으로 생각된다.

4) 공관복음 저자들 중 특히 누가는 "사도"란 말을 오직 "열두 제자들"에게만 적용하고 있다. 비록 누가가 예외적으로 사도행전 14:4와 14:14에서 바울과 바나바를 가리켜 "사도"란 말을 사용하고 있지만, 아마도 그 경우는 안디옥 교회로부터 "보냄을 받은 자"란 의미였을 것이다(행 13:3~4).

5) 스데반이 유대인들의 박해를 받아 돌에 맞아 죽을 때, 그의 죽음에 찬동하고 그를 죽이는 사람들의 옷을 지키고 있던 사람이 바울이며(행 8:1; 22:20), 주님의 제자들을 살해할 목적으로 대제사장으로부터 그들을 체포할 수 있는 공문을 받아 다메섹으로 갔던 사람이 바울이다(행 9:1~3).

1. 초대교회에서 야고보의 등장과 그의 중요성

복음서에서 야고보는 예수의 형제들 가운데 하나로 언급되고 있다(막 6:3과 마 13:55). 신약성서에서 야고보로 알려진 인물이 많이 등장하지만,[6] 이 야고보는 예수의 형제로서 예수의 모친과 열한 사도들과 더불어, 예수가 부활한 직후 오순절 직전에 예루살렘 성 안의 한 다락방에 모여 기도했던 사람들 가운데 한 사람이다(행 1:14). 이 기도 모임이 초대 기독교를 태동시킨 첫 모임이라고 생각할 경우, 야고보는 초대 기독교의 시작 단계에서부터 아주 중요한 역할을 했던 인물이라고 말하지 않을 수 없다. 바울도 인정한 바와 같이 (고전 15:7), 이 야고보는 실제로 부활하신 예수를 목격한 사람이기에 사도의 자격을 갖추었고(행 1:22 참조), 그래서 바울은 야고보를 실제로 "사도"로 생각했던 것으로 보인다.[7] 더구나 야고보는 예루살렘에서 첫 번째 사도회의가 열렸을 때, 사회를 보면서 그 회의를 주도한 사람이다(행 15:3). 신약성서 27권 가운데 하나인 야고보서를 기록한 사람이 또한 이 야고보(약 1:1)로 알려져 있지 않은가?[8] 신약성서의 이런 증거만 보더라도 우리는 야고보가 초대 기독교

---

6) "주님의 형제인 야고보" 이외에도 야고보란 이름을 가진 사람으로는 다음의 인물이 언급되고 있다. (1) 열두 제자 중 하나인 세베대의 아들이며 요한의 형제인 야고보(막 3:17; 마 4:21; 눅 9:28), (2) 알패오의 아들 야고보(막 3:18; 마 10:3; 눅 6:15), (3) 마리아의 아들 야고보(막 16:1; 눅 24:10)로서 마가복음 15:40에서는 "젊은 야고보(James the smaller or younger)"라고 불린다. (4) 열두 제자 중 하나인 유다의 아버지 야고보(눅 6:16; 행 1:13) 등이다. 신약성서에서 주님의 형제인 "야고보"의 이름이 중요한 인물로 언급된 곳은 사도행전 12:17; 15:13; 21:18; 고린도전서 15:7; 갈라디아서 1:19; 2:9, 12이다.

7) 바울이 갈라디아서 1:18~19에서 자기가 게바를 만나려고 예루살렘에 올라갔을 때, "주의 형제 야고보 밖에는 다른 어느 사도와도 만난 일이 없다"라고 말한 것으로 보아 분명히 바울은 야고보를 "사도"로 생각했던 것이다.

8) 정경 "야고보서" 이외에도 외경 가운데 "Apocryphon of James," "Protoevangelium of James," "Acts of James" 등이 "야고보"의 이름으로 기록되어 전해지고 있다. Burton L. Mack은 야고보의 이름으로 기록된 이런 문서들이 존재한다는 사실은 야고보를 그들의 교훈의 근원으로 알고 신봉하던 어떤 'group', 'movement' 혹은 'school'이 있었음을 가리킨다고 본다. Cf. *Who Wrote the New Testament?: The Making of the Christian Myth*(New York: HarperCollins Publishers, 1995), p. 214. Andrew Chester 도 "James is representative of a specific form of Jewish Christianity, and is addressed to a particular group or groups of Jewish-Christians outside Palestine"라고 말한다. Cf. *The Theology of James*, in: Andrew Chester and Ralph P. Martin, *The Theology of the Letters of James, Peter, and Jude*(The New Testament Theology, The Cambridge University Press, 1994), p. 15.

에서 아주 중요한 인물이었다는 사실을 부인하기 어렵다. 이 밖에 또 다른 증거는 신약성서는 물론 신약성서 이외의 문서들에서도 쉽게 찾아볼 수 있다.

우선 갈라디아서 2:9에 보면, 야고보는 초대교회 시절에 이미 예루살렘에서 "기둥"처럼 존중히 여김을 받던 세 사도들, 곧 "야고보와 게바와 요한"의 이름이 거론되는 가운데서도 제일 먼저 언급되는 인물이다.[9] 바울이 예루살렘을 방문하여 야고보가 중심이 된 이 세 사도들을 만나서 "친교의 악수"를 나눈 후에야, 즉 그들의 암묵적인 재가를 받은 후에야, 비로소 바울은 이방인들에게로 가서 복음을 전할 수 있었다(갈 2:9). 또한 베드로가 헤롯 아그립바에 의해 감옥에 투옥되었다가 천사에 의해 풀려나온 후에 곧바로 요한의 어머니 마리아의 집으로 가서, 그곳에 모여 있던 성도들에게 주께서 자기를 감옥에서 인도해내신 사실을 설명한 후에, 예루살렘을 떠나 다른 곳으로 가면서, 자기가 감옥에서 풀려난 사실을 야고보에게 꼭 전하도록 지시한 것으로 기록되어 있다(행 12:17). 이 사실만 보더라도 야고보는 이미 초대교회 안에서 그런 보고를 받을 위치에 있었던 중요한 인물로 생각된다. 그리고 이때부터, 즉 베드로가 헤롯 아그립바의 감옥을 탈출하여 예루살렘을 떠나 "다른 곳으로" 간 이후부터, 예루살렘에서 야고보의 영향력이 베드로의 영향력보다 더 증대되기 시작한 것으로 보인다.[10] 그래서 그 이후 사도행전 15장에

---

9) 예수의 열두 제자들 중 핵심 세력(inner circle)으로 알려진 삼인방의 이름이 "베드로와 요한과 야고보"(막 5:37; 9:2; 14:33)인데, 바울이 개종한 후에 예루살렘에 올라가 만난 예루살렘 초대교회의 "기둥 사도들(the pillar Apostles)"로 알려진 3인방(triumvirate)의 이름이 "야고보와 게바(=베드로)와 요한"(갈 2:9)으로, 순서만 다른 채 똑같은 이름이 언급된 것은 흥미로운 일이다. 다만 예수의 제자 삼인방에서 언급된 "야고보"는 세베대의 아들이며 "요한의 형제"인 야고보인데, 예루살렘 초대교회 "기둥 사도들" 삼인방에서 언급된 "야고보"는 "주의 형제" 야고보라는 점이 다르다. 요한의 형제인 "야고보"는 헤롯 대왕의 손자이며, 아리스도불루스의 아들인 헤롯 아그립바 1세에 의해서 죽임을 당했고(행 12:2), 주의 형제인 "야고보"는 기원후 62년에 대제사장 안나스에 의해 처형을 당한 것으로 전해지고 있다. 다른 한편, F. F. Bruce는 세 사람의 이름이 거론된 순서가 중요한 의미를 갖는다고 보고 있다. 즉 예루살렘 교회에서 갖는 권위의 순서일 수 있다는 것이다. 일반 서신들의 순서가 전통적으로 야고보서와 베드로서와 요한 서신의 순서로 소개되고 있는 점도 결코 우연이 아니라는 것이다. Cf. *Peter, Stephen, James & John: Studies in Non-Pauline Christianity*(Wm. B. Eerdmans Publishing Co., 1980), p. 29.

10) F. F. Bruce, *Peter, Stephen, James & John*, p. 92: "An opportunity for James's influence to increase at the expense of Peter's had already been provided when Peter left Jerusalem after his escape from Herod Agrippa's prison."

보면, 예루살렘에서 사도회의로 모였을 때, 그 회의를 주도하면서 의장 역할을 한 사람이 바로 야고보였고, 의사결정 과정에서 마지막 발언을 한 사람 역시 야고보였으며, 이때의 야고보의 최종 발언이 그 회의의 최종 결정으로 확정되었다(행 15:13~21). 야고보가 초대교회의 중심인 예루살렘 교회에서 얼마나 중요한 인물이었는지를 잘 보여주는 증거가 아닐 수 없다.

그 밖에도 사도행전에 보면 이 사도회의 이후에 예수의 다른 사도들은 거의 모습을 감추고 말았지만, 야고보만은 그렇지 않았다. 오히려 그 반대이다. 야고보는 예루살렘 교회에서 계속 교회의 치리권을 행사한 것으로 나타나고 있다. 예를 들어, 바울이 첫 번째 이방인 선교를 마치고 예루살렘을 방문했을 때에도, 바울은 자신의 일행("우리")을 이끌고 야고보를 찾아와 인사하고, 자신의 이방인 선교에 대해서 보고한 것으로 전해지고 있다(행 21:17~19). 더구나 이때에 야고보 및 그와 함께 있던 장로들은 바울이 이방인들에게 복음을 전파하면서, 이방인들 가운데 사는 유대인들에게 모세를 배척하고 자식들에게 할례도 주지 말고 유대인의 풍속대로 살지도 말하고 가르친다는 소문을 전해 들었기 때문에, 그것이 사실이 아니라 오해라는 점을 밝히고 싶어 했다. 다시 말하자면 야고보와 장로들은 바울이 율법을 잘 지키며 바로 살아가고 있다는 점을 예루살렘 교회에 증명해 보이기를 원했다. 그래서 바울에게 "하나님 앞에 스스로 맹세한 사람 넷을 데리고 성전에 가서 함께 정결 예식을 행하고 그들의 머리를 깎고 그 비용을 담당하라"고 지시했다(행 21:21~24). 그런데 바울은 이런 지시에 대해서 아무런 이의를 제기하지 않고, 다음 날 네 사람을 데리고 성전에 들어가 성결 예식을 행했다. 이것은 바울이 야고보 및 그와 함께 있던 장로들의 권위에 전적으로 복종하여 순종한다는 사실을 공개적으로 선언하는 것에 다름없었다. 따라서 이 이야기는 당시 예루살렘의 초대교회 안에서 야고보의 권위가 어떠했는지를 잘 반영해 주는 좋은 사례이다.

야고보가 이처럼 초대교회에서 권위를 가진 중요한 인물이었다는 사실은 초대교회를 기록한 역사가들의 다른 기록에서도 잘 확인할 수 있다. 제임스 던(James D. G. Dunn)은 그의 책 *The Unity and Diversity in the New Testament*에서 다음과 같은 초기 문서들의 증거를 제시하고 있다.[11] "클레멘트 위서"에서 가장 분명한 사실은, 야고보가 처음부터 주님에 의해서 안수를 받은 예루살렘 교회의 최고 지도자로 나타나고 있다는 점이다(Recog., I.43). 베드로와 다른 사도들은 이미 야고보에게 종속되어 있는 것으로 되어 있고, 그래서 반드시 자신들의 활동을 야고보에게 보고해야만 하는 것으로 되어 있다(e.g. Recog., I.17,72; IV.35; Hom., I.20; XI. 35). 그래서 클레멘트 위서에 보면, 베드로가 야고보를 가리켜 "거룩한 교회의 주님이시며 감독"이라고 부르는 편지가 소개되어 있다. 마찬가지로 클레멘트도 자신의 편지를 "예루살렘과 히브리인들의 거룩한 교회를, 그리고 하나님의 섭리에 의해 훌륭하게 창설된 도처의 교회들을 다스리시는 주님이며 감독들 중의 감독"인 야고보에게 보내고 있다.

　제롬(Jerome)은 이것과 관련해서 중요한 의미를 갖는 것으로 생각되는 "히브리 복음서"의 단편을 하나 보전하고 있는데, 거기서는 "주님의 부활에 대한 설명 뒤"에 다음과 같은 내용이 드러나고 있다. "그러나 주님께서는 자신의 세마포 옷을 제사장의 하인에게 건네주신 후에 야고보에게 가셔서 그에게 나타내 보이셨다(왜냐하면 야고보는 주님의 잔을 마신 때로부터 주님께서 잠자는 자들 가운데서 다시 살아나신 것을 볼 때까지 음식을 먹지 않겠다고 맹세했기 때문이다)."(d vir. ill., II). 여기서 우리가 주목해야 할 점은 야고보가 주님의 마지막 만찬에 참여했고, 부활한 예수가 최초로 그에게(베드로나 다른 사도들에게가 아니라) 나타나셨다는 점이다. 분명히 이 복음서는 야고보가 초대교회에서 가장 중요한 인물로 숭상되던 공동체로부터 나온 것으로 생각된다. 그래서 암암리에 예수와의 연속성이 야고보를 통해서 이루어진 것으로 믿어졌

---

11) James D. G. Dunn, *The Unity and Diversity in the New Testament: An Inquiry into the Character of Earliest Christianity*(London: SCM Press, 1977), pp. 240~241.

고(야고보는 주님의 마지막 만찬에 참여했다), 결과적으로 야고보는 예수의 부활에 대한 권위 있는 보증이었다. 부활한 예수가 야고보에게 최초로 나타내 보이셨기 때문이다.

다른 한편으로 아슬란(Reza Aslan)은 그의 최근 저서인 「젤롯」(*Zealot*)에서 초대 기독교의 역사적 문헌들을 통해서 야고보에 관한 다음과 같은 증거들을 제시하고 있다.12) 예수의 추종자 2세대에 속하는 헤게시푸스(Hegesippus)가 기록한 5권 분량의 초대교회 역사에 보면, 흔히 "의로운 사람"으로 불리던 야고보(James the just)가 초대 기독교 공동체의 수장이었다는 증언이 나온다. 외경인 베드로복음서에서도 우두머리 사도이자 열두 사도의 지도자인 야고보는 "거룩한 교회의 주님이며 감독"이라고 불린다. 또한 외경인 도마복음서에서는 예수가 직접 야고보를 자신의 후계자로 지명한 것으로 기록되어 있다. "제자들이 예수에게 말했다. '주님께서 이제 우리를 떠나실 것으로 압니다. 그러니 누가 우리의 지도자가 되겠습니까?' 그러자 예수께서 그들에게 대답하셨다. '너희가 어디 있든지, 의로운 사람 야고보에게 가라. 그를 위해 하늘과 땅이 지탱되고 있다'"(말씀 12).

다른 한편, 초기 기독교 저술가인 알렉산드리아의 클레멘트(Clement of Alexandria)는 예수가 영적인 지식, 곧 비밀스런 지식을 "의로운 사람 야고보와 요한과 베드로"13)에게 전수했고, 그들이 다시 "이것을 다른 사도들에게 전한 것"으로 보도하고 있다. 그러면서 클레멘트는 이 세 명의 지도자 가운데서도 "사료가 말해주듯이, 예루살렘 교회의 감독으로 선출된 첫 번째 지도자"가 야고보였다고 말한다. 성서를 라틴어로 번역한 제롬도 예수가 승천한 뒤에 "사도들이 곧바로 야고보를 예루살렘 교회의 감독으로 뽑았다"라고 말한 바 있다.

처음 3세기에 걸친 초대 기독교 문헌과 유대 문헌들에서도 예수의 동생

---

12) 레자 아슬란, 민경식 옮김, 「젤롯」(서울: 와이즈베리, 2013), pp. 287~289.
13) 갈라디아서 2:9과 마찬가지로 여기서도 세 사도들을 언급하면서 "야고보"가 제일 먼저 나오는 사실에 주목할 필요가 있다.

야고보는 계속 초대 기독교의 수장(首長)으로 등장하고 있다. 오늘날 대다수의 학자들도 이 견해에 전적으로 동의한다. 야고보는 열두 제자들을 포함해 베드로보다도 우위에 있었고, 사도행전에서도 이미 보았듯이, 바울보다 분명히 더 우위에 있었다.

도대체 예수의 형제들 가운데 하나인 야고보가 예수의 죽음 이후 초대교회에서 그토록 이른 시기에 그토록 갑자기 중요한 지도자로 널리 인정받게 된 이유는 무엇일까? 예수의 죽음 이후 초대교회 역사 가운데서 어떤 일들이 있었기에 야고보가 이토록 이른 시기에 그토록 중요한 지도자로 부각될 수 있었단 말인가? 이 질문에 대답하기가 그리 쉬운 일은 아닐 것이다. "우리에게는 야고보가 어떻게, 그리고 언제 교회 지도자 중 한 사람이 되었는지 알려지지 않았기 때문이다."[14] 더구나 예수의 공생애 사역 기간에는 예수의 형제들이 아직 예수의 사역에 대해 그리 호의적이지 않았던 것으로 보이며, 그래서 예수의 제자들이나 추종자 명단에 그 형제들이 언급된 적이 전혀 없지 않은가? 가령 예수의 모친과 그 가족들이 예수가 더러운 귀신 들렸다는 소문을 듣고 예수를 찾으러 왔을 때에도, 예수는 "누구든지 하나님의 뜻을 행하는 사람이 나의 형제요 자매요 어머니이다"라고 말함으로써 자기 형제자매들과 가족들의 중요성에 대해 아무런 의미도 부여하지 않았다(막 3:35).[15] 심지어 요한복음 7:5에서는 "그의 형제들조차 그(=예수)를 믿지 않았다"라고 기록되어 있는 점으로 보아서, 예수의 공생애 활동 기간 동안에는 예수의 가족들과 형제들, 그리고 야고보도 예수를 믿고 따르는 제자는 아니었던 것으로 생각된다.

그런데 이런 예수의 형제들 가운데서 야고보가 어떻게 그렇게도 이른 시

---

14) "we are not told how nor when, and that James is one of the leaders of the church." Cf. Justo L. Gonzalez, *Acts: The Gospel of the Spirit*(New York: Orbis Books, 2001), p. 174.

15) S. G. F. Brandon은 특히 마가복음이 "예수의 가족들에 대해 적개심"(the hostility⋯ towards the family of Jesus, "the antagonism⋯towards the family of Jesus")을 갖고 있었던 것으로 보고 있다. Cf. *The Fall of Jerusalem and the Christian Church*(London: SPCK, 1981), pp. 48, 50.

기에 갑자기 초대교회 안에서 지도자의 위치에 오를 수 있었을까? 브루스(F.F. Bruce)는 이런 의문에 대한 대답의 실마리를 고린도전서 15:6에 나오는 바울의 진술에서 찾고 있다. "그 후에 (부활하신 주님께서) 야고보에게 보이셨다." 더구나 브루스는 "이 (부활현현) 경험은 분명 야고보에게는 나중에 바울에게 있었던 비슷한 경험에 비교되는, 그런 혁명적인 효과를 만들어냈을 것이다"라고 지적한다.16) 마치 바울이 부활하신 그리스도를 만남으로써 예수의 박해자로부터 예수의 추종자와 전도자로 그의 인생에 혁명적인 변화를 경험했듯이, 야고보도 부활하신 그리스도를 만나는 경험을 통해 그의 인생에 혁명적인 전환을 맞아 예수를 따르게 되었다고 본다는 관점이다. 그러나 브랜든은 이 점에 대해 약간 다른 의견을 보인다. 즉 모든 전승이, 예수의 부활을 목격한 자들은 이미 다 예수를 믿었던 사람들이라고 전해주고 있으므로, 예수의 부활을 목격하였기 때문에 야고보에게 변화가 생겼다기보다는 오히려 야고보가 예수의 십자가 처형 이전에 이미 그의 형제인 예수의 사역에 동정적으로 연관되어 있었다고 보는 것이 옳다는 것이다.17) 그러나 예수가 부활 승천한 직후 예루살렘의 한 다락방에서 열한 제자들이 기도 모임을 가졌을 때에, 예수의 모친과 더불어 "예수의 형제들"이 함께 있었다는 누가의 증언(행 1:14)을 고려할 때, 우리는 야고보가 이미 그 모임에 참여하고 있었음을 알 수 있다. 이런 점으로 보아 브루스와 브랜든의 견해가 서로 상충되는 것으로 보이지는 않는다.

　야고보가 초대교회에서 이토록 중요한 인물로 부각된 이유를 다른 각도에서 찾아볼 수도 있다. 즉 야고보는 초대교회가 믿고 따르는 주님이신 예수의 동생이며 혈육이기 때문이기도 했을 것이다.18) 예수 시대의 유대인들

---

16) F. F. Bruce, *Peter, Stephen, James & John*, p. 87.
17) Cf. *The Fall of Jerusalem the Christian Church*, p. 50.
18) S. G. F. Brandon은 Eduard Meyer의 다음과 같은 주장, 곧 "the rise of James to power in the Church was due to the supreme fact of his blood relationship with Jesus"을 제시하고 있다. Cf. *The Fall of Jerusalem and the Christian Church*, p. 50.

에게는 세습 왕조가 일반적인 규범이었다. 헤롯 왕조라든지, 하스모니아 왕조가 다 그러했다. 대제사장과 귀족 제사장들도 다 세습되었다. 바리새파 사람들뿐만 아니라, 메시아 운동을 일으켰던 젤롯 지도자들의 경우도 그러했다. 따라서 예수의 운동과 같은 메시아 운동에서도 혈연관계가 더욱 중요하게 생각되었을 것으로 짐작된다. 다윗의 혈통에 정통성이 있으니 더욱 그럴 수밖에 없었을 것이다. 예수가 다윗 왕의 후손이라면, 당연히 야고보도 다윗 왕의 후손이 아닌가? 그러니 예수가 죽은 뒤에 야고보가 예수의 공동체를 이끄는 데 아무런 문제가 없었을 것이다.[19] 더구나 야고보는 "의로운 사람"(James the just)으로 많은 유대인들로부터 그리고 유대 당국자들로부터도 존경과 인정을 받고 있던 사람이 아닌가?

그러나 그것만이 아니었다. 그가 유대인들로부터만 아니라 초대교회에서도 존경과 인정을 받을 수밖에 없는 또 다른 이유가 있었다. 야고보의 가르침은 여러모로 예수의 가르침과 아주 비슷했기 때문에,[20] 즉 야고보가 "예수처럼" 예수의 가르침을 거의 그대로 전하는 것처럼 보였기 때문에, 야고보는 예수를 대신하는, 예수의 또 다른 화신(化身)처럼 생각되었을 것으로 보인다. 실제로 야고보서에서 읽을 수 있는 교훈이 복음서에 볼 수 있는 예수의 교훈과 아주 비슷하다는 점에서 쉽게 이해되는 부분이다. 무엇보다도 부자들에 대한 경고가 그러했다. 야고보는 야고보서 1:11에서 "부자는 풀의 꽃과 같이 사라질 것입니다. 해가 떠 뜨거운 열을 뿜으면 풀은 마르고 꽃은 떨어져 그 아름다운 모습이 사라집니다. 이와 같이 부자도 자기 일에 골몰하는 동안 시들어 버립니다"라고 했고, 야고보서 5:1~3에서도 "부자들이여, 들으시오. 여

---

19) 요세푸스(Josephus)에 의하면, 야고보가 죽은 후에는 다시금 예수의 아버지인 요셉의 형제였던 크로파스의 아들 시므온이 예수의 사촌으로서 야고보의 뒤를 이어 공동체의 수장이 된 것으로 전해지고 있다(『교회사』, 3.11). Cf. Reza Aslan, 『젤롯』, p. 398.
20) Reza Aslan은 그의 책 『젤롯』, pp. 293~296에서 야고보의 가르침과 예수의 가르침 간의 유사성에 대해 지적하고 있다. 이 지적은 Luke T. Johnson(*The Writings of the New Testament: An Interpretation*, Philadelphia: Fortress Press, 1986, p. 457)과 John Reumann(*Variety and Unity in New Testament Thought,* Oxford University Press, 1991, pp. 191~192)의 책에서도 찾아볼 수 있다.

러분의 재물은 썩었고… 여러분의 금과 은은 녹이 슬었고… 그 녹은… 장차 여러분의 살을 먹어버릴 것입니다"라고 가르치고 있는데, 이런 교훈은 이미 예수가 누가복음 6:24~25에서 "너희 부요한 사람들 화가 있다. …너희 지금 배부른 사람들은 화가 있다"라고 설교한 것의 반복이다.

맹세를 금지한 교훈의 경우도 마찬가지이다. 야고보는 야고보서 5:12에서 "내 형제들이여, 무슨 일이 있더라도 맹세하지 마시오. 하늘이나 땅이나 그 밖에 무엇을 두고도 맹세하지 마시오. 다만 '예' 할 것은 '예' 하고 '아니오' 할 것은 '아니오'라고만 하시오"라고 가르쳤는데, 이 가르침도 이미 예수가 마태복음 5:34~37에서 "나는 너희에게 말한다. 도무지 맹세하지 말라. 하늘을 두고도 맹세하지 말라. …땅을 두고도 맹세하지 말라. …예루살렘을 두고도 맹세하지 말라. …네 머리를 두고도 맹세하지 말라. …너희는 다만 '예' 할 것은 '예' 하고, '아니오' 할 것은 '아니오'라고만 하라"고 말씀하신 바 있다.

또 믿음을 실천하는 문제에 관한 교훈도 그러하다. 야고보는 야고보서 1:22에서 "말씀을 행하는 사람이 되십시오. 그저 듣기만 하여 자신을 속이는 사람이 되지 마십시오"라고 가르쳤는데, 이런 교훈도 이미 예수가 마태복음 7:24~26에서 "내 말을 듣고 그대로 행하는 사람은 반석 위에다 집을 지은 슬기로운 사람과 같다고 할 것이다. …그러나 나의 이 말을 듣고서도 그대로 행하지 않는 사람은 모래 위에 집을 지은 어리석은 사람과 같다고 할 것이다"라고 말씀하신 바와 같다.

믿음의 행함과 관련하여 율법의 역할과 그 적용 문제에서도 야고보는 예수의 입장과 교훈을 그대로 대변하고 있다. 마태복음 5:19에서 예수는 "누구든지 이 계명 가운데 아주 작은 것 하나라도 어기고 사람들을 그렇게 가르치는 사람은 하늘나라에서 아주 작은 사람으로 일컬어질 것"이라고 말씀하셨는데, 야고보도 야고보서 2:10에서 "누구든지 율법 전체를 지키다가도 한 조목에서 실수하면 전체를 범한 셈입니다"라고 가르치고 있다.

이처럼 야고보가 예루살렘의 모든 유대인들로부터 "의로운 사람"으로 존경을 받는 가운데, 예수의 가르침을 그대로 이어받아 가르치는데다가, 그가 예수의 친동생이요 혈육이기 때문에 예수의 죽음 이후 초대 기독교인들 중에서 그는 쉽게 예수의 다른 제자들을 제치고 지도자로 부각되어, 예루살렘 교회의 첫 번째 감독으로서 큰 영향력을 행사할 수 있었던 것으로 생각된다.

이 밖에도 야고보가 초대교회 시절에 큰 영향력을 발휘하고 있었다는 증거는 더 있다. 초기 기독교 역사가인 헤게시푸스(Hegesippus)의 기록에 의하면, 유대 당국은 유대 백성 사이에 영향력이 있는 야고보에게 예수를 메시아로 부르지 못하게 해달라고 몇 번이나 간청했다고 전해지고 있다. "사람들이 예수가 그리스도라고 생각하여 잘못된 길을 가고 있는데, 이 사람들을 좀 말려 주십시오. 부탁드립니다." 그들은 야고보에게 간절히 부탁했다. "온 백성이 그러는 것처럼 우리 역시 증언합니다. 당신은 의롭고, 사람들을 차별하지 않습니다. 그러니 예수와 관련해 사람들이 잘못된 길을 가지 않도록 타일러 주십시오." 물론 야고보는 그들의 간청을 들어주지 않았다. 야고보 역시 예수를 신실하게 따르는 사람이었고, 또 자기 형이 물려준 가르침을 저버릴 수가 없었기 때문일 것이다. 비록 그것 때문에 순교를 당하는 일이 있더라도 말이다.21) 헤게시푸스의 기록은 야고보가 초대교회에서 유대 백성들 사이에서 얼마나 영향력이 있는 사람이었는지를 잘 보여주고 있다.

다른 한편으로 요세푸스(Josephus)의 「유대 고대사」에 보면 기원후 62년 대제사장 안나스에 의해 야고보가 처형되는 이야기가 전해지고 있는데, 이것은 성서가 아닌 문헌 가운데서 예수에 대해 언급한 최초의 보도로 알려지고 있다. 거기에 보면 요세푸스가 "메시아라고 불리는 예수의 동생 야고보"란 말이 눈에 들어온다. 물론 요세푸스가 예수의 이름을 거론했다는 것 자체가 중요하다. 그러나 주로 로마 사람들을 대상으로 유대인의 역사를 기록한 유대인 역사가가 예수의 죽음에 대해서가 아니라 야고보의 죽음에 얽힌 이야기를 기록했다는 사실과, 야고보의 처형에 대한 기독교인들의 반감이 아

21) 레자 아슬란, 민경식 옮김, 「젤롯」, pp. 285, 393.

니라 예루살렘의 독실하고 경건한 유대인들의 반감에 대해서 자세히 기록했다는 사실은 1세기 팔레스틴에서 야고보가 얼마나 유력한 인물이었는지를 분명히 보여주는 또 다른 증거이다.

더구나 제롬은 야고보가 워낙 거룩하고 또 사람들 사이에서 그의 명성이 하도 자자해서 "예루살렘이 파괴된 것도 그의 죽음 때문"이라고까지 말했다. 이런 생각은 요세푸스의 기록에서도 드러나 있다. "이러한 일들(유대 항쟁과 예루살렘의 파괴)은 그리스도라는 예수의 동생이자 의로운 사람으로 알려진 야고보의 죽음에 대한 보복으로 일어났다. 그는 가장 의로운 사람이었는데, 유대인들이 그를 죽음으로 몰아넣었다." 가이사랴의 유세비우스(Eusebius of Caesarea)도 요세푸스의 글에 대해 다음과 같은 논평을 하였다. "야고보는 대단히 주목할 만한 인물이었으며, 의롭다고 해서 널리 존경받는 인물이었다. 그래서 훌륭하다는 유대 지식인들마저 그의 순교가 곧바로 예루살렘에 대한 포위 공격으로 이어졌으며, 그렇게 된 이유는 야고보에 대한 높은 평판 때문이라고 생각했다"(「교회사」, 2:23). 이런 사료들 역시 야고보가 예수의 죽음 이후에 예수의 제자들 가운데서만 아니라 예루살렘의 다른 유대인들 가운데서도 얼마나 존경을 받으며 영향력을 행사한 중요 인물이었는지를 보여주는 증거이다.

이토록 주의 형제 야고보는 신약성서는 물론 신약 이외 문서들에서도 존경과 인정을 받는 지도자였다. 이런 사실을 염두에 둘 때, 정말로 이해하기 힘든 다른 점은, 이런 야고보가 왜 신약성서에서 그토록 갑자기 역사의 무대에서 사라져 버린 채, 훌륭하고 존경받는 초대교회 지도자로서의 모습을 계속 찾아볼 수 없게 되었는가 하는 점이다. 실제로 오늘날 대다수의 기독교인들은 신약성서에서 예수의 죽음 이후 초대교회에서 가장 유력한 지도자를 꼽을 때, 베드로나 바울을 먼저 생각하지, 야고보를 먼저 생각하지 않는 것이 사실 아닌가? 그 이유는 무엇일까? 도대체 초대교회 역사에서 어떤 일들이 있었기에 야고보가 그토록 중요한 자리에서 떨어져서 더 이상 중요한 인물로 기억되지 않는단 말인가? 우리는 이 중요한 질문에 대한 대답을 다음과 같은 초대 기독교의 역사적 발전 가운데서 찾아볼 수 있다.

2. 바울과, 그가 대표하는 이방 기독교가 부각된 계기

예수의 죽음 이후에, 초대교회는 한편으로 기독교와 유대교 간에 별다른 차이를 느끼지 못하는 팔레스틴의 유대인 기독교인들(the Jewish Christians)[22]과 다른 한편으로는 기독교와 유대교 사이의 차이와 단절을 강조하는 바울 및 그의 추종자들인 이방인 기독교인들(the Gentile Christians) 간의 갈등, 즉 유대 기독교와 이방 기독교 간의 갈등 속에서 발전했다. 우리는 이런 갈등에 대한 신약성서 자체의 증거를 이미 사도행전 15장에 나오는 첫 번째 사도회의에 대한 누가의 기록에서 찾아볼 수 있다. 그리고 이런 갈등이 실제로 얼마나 심각한 지경이었는지에 대해서 제임스 던은 "바울과 예루살렘에 뿌리를 둔 유대 기독교 사이에는 처음 보기보다는 훨씬 더 깊은 분열이 있었다"라고, 즉 바울과 예루살렘 교회 간에는 생각보다 훨씬 더 "극심한 적대감"[23]이 있었다고 지적하고 있다.

이런 갈등과 분열을 여실히 보여주는 사도행전 15장의 사도회의에 대한 기록을 보면, 예루살렘의 유대 기독교를 대표하는 야고보가 여전히 강한 발언권을 갖고 회의를 주도하는 것으로 보인다. 그러나 이후 바울의 성공적인 이방 지역 선교 활동을 통해서 이방 기독교가 지중해 연안 소아시아 지역에서 놀라운 성장을 보였다. 그리고 바로 이 사실이 초대교회 안에서 바울의 영향력이 점차로 증대되기 시작한 것과 결코 무관하지 않았을 것으로 보인

---

22) James D. G. Dunn은 "최초의 (예루살렘 신앙) 공동체는 어떤 의미에서도 자신들이 유대교로부터 구별된 새로운 종교라고 느끼지 않았다는 것은 분명하다. 그들과 이웃 유대인들 간의 경계선에 대한 감각이 전혀 없었다"라고 지적한다. Cf. *Unity and Diversity in the New Testament*(London: SCM Press, 1977), p. 239.
23) James D. G. Dunn, *The Unity and Diversity in the New Testament*, p. 255("the sharpness of the antagonism between Paul and Jerusalem can hardly be overstated").

다. 그러나 기원후 64년에 있었던 네로 황제의 박해로 인해 바울이 로마에서 죽음을 당하게 된 사건은, 유대 기독교와 이방 기독교 간의 갈등 상황에서 어느 정도 이방 기독교가 힘을 잃기 시작한 것을, 동시에 유대 기독교에 더욱 힘이 실리게 되는 결과를 가져올 수밖에 없었다. 초대 기독교 안에서 팔레스틴적인 유대 기독교의 민족주의적인 견해는 신앙생활에 계속 지배적인 영향을 끼치게 되었고, 이로 인해서 초대 기독교는 거의 유대교의 한 분파처럼 되어버릴 지경에까지 이르게 되었다.

이런 상황의 연속선상에서 기원후 66년에 열심당원의 주도로 로마에 항쟁했던 유대전쟁의 결과 기원후 70년에 예루살렘 성전과 유대 나라 자체가 멸망하게 됨으로써 유대 기독교도 결정적인 타격을 입게 되었고, 그 결과로 기독교가 유대교화(化)해 버리는 위험은 면하게 되었다. 마침내 예루살렘의 멸망은 예루살렘을 중심으로 새로이 기반을 굳혀가던 유대 기독교의 영향력 팽창에 큰 타격을 주게 되었고, 반면에 바울의 죽음으로 인해 자칫 그 영향력을 잃어갈 것으로 생각되던 이방 기독교로서는 새로운 소생의 계기가 마련된 셈이기도 했다. 우리는 이 시기에 바울의 영향력이 다시 살아난 구체적인 첫 증거를 마가복음에서 찾아볼 수 있다. 예루살렘 멸망을 전후해서 기록된 것으로 생각되는 마가복음은 기독교 운동과 유대교 운동 간의 연관성을 말소시켜야 했으며, 기독교를 유대교의 민족주의로부터 끊어내야 했는데, 이것은 바로 바울이 했던 일이다. 이제 기독교 복음은 바울이 강조하던 대로 유대교로부터는 독립된 것임이 밝혀지게 되었고, 따라서 이방인 선교에 대한 관심이 더욱 고조되었고, 바울의 입장이 교회 안에서 다시금 견고해지게 되었다. 브랜든은 "마가복음은 분명 바울 신학에 의해 고무되었다"라고 말하면서 마가복음이 "바울의 명성을 회복시키는 첫 번째 징조(the first sign of a rehabilitation of the reputation of Paul)"라고 지적한 바 있다.[24]

그런데 바울의 명성 회복과 그의 입지 강화는 마가복음 이후에도 누가 문

---

24) S. G. F. Brandon, *The Fall of Jerusalem and the Christian Church*(London: SPCK, 1981), p. 206.

서, 특히 사도행전을 통해 계속 진전되었다. 사도행전은 분명히 바울을 영웅적으로 제시하는 데 관심을 갖고 있었다.[25] 따라서 사도행전은 "바울의 명성을 회복시키는 과정에서 마가복음보다도 한 발자국 더 나아갔다"[26]라고 말할 수 있다. 이렇게 누가가 바울을 "사도 중의 사도"로 부각시킨 결과 바울의 중요성에 대한 새로운 인식이 생겨났고, 그로 인해서 드디어 바울의 서신들이 수집되기에 이르렀으며, 바울 서신의 수집록(corpus Paulinum)이야말로 바울의 명성 회복 과정의 마지막 단계라고 말할 수 있다.

그러나 초대 기독교 안에서 바울의 영향력이 이처럼 다시 강화되는 것에 대한 유대 기독교의 반발도 결코 무시할 수 없는 것이었다. 즉 바울의 영향력을 차단하거나 최소화하려는 많은 시도가 주로 유대 기독교로부터 나왔는데, 아마도 대표적인 것이 마태복음과 야고보서라고 생각된다. 마태복음에 "반바울주의(the Anti-Paulinism)"가 강하게 드러나고 있다는 점은 이미 여러 학자들에 의해서 지적된 바 있다.[27] 여기서는 주로 야고보서에 나타나는 반바울주의(the Anti-Paulinism in James)에 대해 잠깐 지적해 보고자 한다.

바울 신학에 대한 야고보의 경계심이나 적대감은 야고보가 기록한 것으로 알려져 있는 야고보서 1:1에서부터 드러나고 있다. 왜냐하면 야고보는 그의 서신 서두에서 자신이 누구를 염두에 두고 이 편지를 쓰고 있는지를 밝히고 있기 때문이다. 야고보서 1:1에 보면, 야고보서는 분명히 "세계에 흩어져 사는 열두 지파에게" 보낸 편지이다. 편지의 서두에서 수신자를 "세계에 흩어져 사는 열두 지파"로 밝힌 것 자체가 바울이 상대했던 사람들을 염두에

---

25) Martin Hengel은 "'사도행전'이란 명칭이 항상 독자들을 잘못 인도해 왔다. 사실상 'From Jesus to Paul'이라고 불러야 한다. …베드로를 포함하여 다른 사도들은 본질적으로 바울의 출현과 활동을 준비하는 역할만을 하고 있다. 일단 그들의 역할이 끝나면 그들은 사라진다. 보다 큰 바울의 영광에 도움을 주기 위해 그들은 하나씩 무대를 떠나고 있다. …He(=Paul) is the real goal of the work"이라고 말한다. Cf. *Between Jesus and Paul*(Fortress Press, 1983), p. 2.

26) Brandon, *The Fall of Jerusalem*, p. 210. Brandon의 이 책 Chapter Eleven의 제목이 "The Lukan Literature and the Rehabilitation of Paul"이다(p. 206).

27) "마태복음의 반바울주의(the anti-Paulinism in Matthew)"를 위해서는, 김득중, 「복음서 신학」(서울: 컨콜디아사, 1985), pp. 77~85를 참고할 수 있다.

둔 것처럼 보인다. 야고보는 편지에서 바울이 모세의 율법을 가리켜 "돌 판에 문자로 새긴 율법…죽음에 이르게 하는 직분"(고후 3:7)이라고 말하면서 율법의 타당성과 효력을 부인한 것에 대해서, 도리어 율법을 가리켜 "완전한 율법, 곧 자유하게 하는 율법"(약 1:25)이라고 높이 평가하고 있다. 그리고 바울이 "사람이 율법을 행하는 행위로 의로워지는 것이 아니라, 예수 그리스도를 믿는 믿음으로 의로워지는 것이라"(갈 2:16)고 가르치는 것에 반대하면서, 야고보는 오히려 "사람이 행함으로 의롭다고 인정을 받는 것이고 믿음으로 되는 것이 아니라"(약 2:24)고 반박하면서, "행함이 없는 믿음은 죽은 것이고 무익하다"(약 2:17, 20)라고 강조하며 바울의 말을 "어리석은 사람"의 생각으로 치부했다(약 2:20). 더구나 야고보는 자신의 주장을 정당화하기 위해서, 그리고 바울의 가르침을 반박하기 위해서 바울이 로마서 4장과 갈라디아서 3장에서 자기 가르침의 근거로 인용한 창세기 아브라함의 이야기(창 22:9~14)를 똑같이 인용하고 있다. 그러나 바울이 "아브라함이 하나님을 믿으니 하나님께서 그를 의롭다고 여기셨다"(롬 4:1~3; 갈 3:6~9)라고 말했지만, 야고보는 "우리 조상 아브라함이 자기 아들 이삭을 제단에 드렸을 때, 행함으로 의롭다 함을 얻은 것이 아닙니까? 여러분이 본 대로 그의 믿음에 행함이 따랐기 때문에 행함으로 믿음이 완전하게 된 것입니다"(약 2:21~22)라고 말하면서 바울의 교훈을 일축하고 있다.

마태복음이나 특히 야고보서에서 볼 수 있는 바울에 대한 야고보의 이런 거부감 혹은 적대감은 외경 문서 가운데 하나인 "클레멘트 위서" 중 하나인 "헌사"(Recognition)에 잘 드러나 있다. 그 문서에 따르면, 야고보와 적대자가 성전 안에서 아귀다툼을 벌이는데, 갑자기 분노가 치민 적대자가 야고보를 덮쳐 그를 성전 계단 밑으로 밀어버렸다. 계단에서 구른 야고보는 심하게 다쳤지만, 다행히 그의 추종자들이 달려와 그를 구해주고 안전한 곳으로 옮겼다. 그런데 여기에서 주목할 점은 야고보를 공격한 적대자가 나중에 다소 출신의 바울로 밝혀지고 있다는 사실이다(Recognition, 1:70~71). 이런 자료들은 초대교회 안에서 야고보와 바울 간에, 즉 유대 기독교와 이방 기독교 사이에 갈등 및 적대감이 얼마나 팽배해 있었는지를 잘 보여주는 것이다.

그러나 초대 기독교가 세계적인 종교로 발전하는 과정에서, 초대 기독교는 점차 유대적인 뿌리로부터는 멀어지게 되었고, 대신 이방 세계로 더 깊이 들어가면서, 유대적인 특징보다는 오히려 이방인들에 맞는 신학적 특징을 더 선호하게 되었다. "모세 율법에 고착된 유대 종교, 로마에 대항해 싸운 유대 민족주의에 기원을 둔 유대 종교, 이것이 야고보의 종교였다면, 바울이 전파한 종교는 유대주의의 편협성에서 벗어난 로마 시대의 세계적인 종교였다. 더 이상 유대교의 율법을 통해서가 아니라 그리스도에 대한 믿음만으로 구원을 받을 수 있는 종교였다. 그러나 자연적으로 예수의 2세대 혹은 3세대 추종자들에게는 이 둘 가운데 하나를 선택하기가 전혀 어렵지 않았다."[28] 새로운 시대가 바울의 편이었지, 야고보의 편이 아니었기 때문이다. 초대 기독교가 세계적인 종교로 발전하고 성장해 가면서 유대인 출신 기독교인들의 숫자는 점점 줄어든 반면, 헬라 시대 로마에 살던 이방인 출신 기독교인들의 숫자는 눈에 보이게 늘어날 수밖에 없었다. 초대 교부들의 대부분이 라틴 교부들과 헬라 교부들이었다는 사실을 고려할 때, 그들 대부분은 물론이고, 특히 기독교를 로마의 공인 종교로 확정한 콘스탄틴 황제조차 예루살렘 감독으로서 기독교의 유대적인 뿌리와 그 신앙적 특징에 충실하려고 했던 야고보보다는, 오히려 길리기아 다소 출신으로 헬라 세계에서 교육을 받은 이방인의 사도인 바울을 더 선호할 수밖에 없었을 것이다. 바울이 원했던 것처럼 기독교는 어차피 유대교와의 관계를 단절하고 새로운 종교로, 그것도 로마 세계 전체를 향한 세계적인 종교로 발전할 수밖에 없었기 때문이다.[29]

---

28) 레자 아슬란, 민경식 옮김, 「젤롯」, p. 308.
29) "예루살렘 파괴 이후 수세기가 지나도록 야고보의 가르침을 따르는 공동체가 있었는데 이들은 에비온파라고 불렸고"(레자 아슬란, 민경식 옮김, 「젤롯」, p. 401), 이런 "후대 에비온파의 전승 가운데서 야고보가 거룩한 교회의 감독이며, (역사적) 예수의 믿을 만한 전승의 수호자이며 보증인으로 나타나고 있는" 점(F. F. Bruce, *Peter, Stephen, James & John*, p. 117) 등은 야고보의 예루살렘 교회가 다분히 에비온 사상의 근거가 되었던 것으로 보인다. 그런데 제임스 던(James D. G. Dunn)은 기독교 역사 가운

그래서 4세기 말에 초대 기독교가 여러 번에 걸친 종교회의를 거쳐 27권의 성서를 정경으로 확정할 때에도 그들은 비록 유대 기독교의 세 기둥 사도들이 쓴 문서들 가운데서 예수의 동생이자 후계자였던 야고보의 편지 한 통, 그리고 베드로의 이름으로 된 편지 두 통, 요한의 이름으로 된 편지 세 통을 정경에 포함시키기는 했지만, 그들로부터 비난과 경계의 대상이었던 바울의 이름으로 기록된 편지는 오히려 열세 통이나 포함시켰다. 이것을 두고 이방 기독교의 승리라고 말할 수는 없다고 하더라도, 초대 기독교는 어쩔 수 없이 바울적인 이방 기독교로, 그리고 세계적인 종교로 발전할 수밖에 없었다고 말해야만 할 것이다. 이것을 가리켜 레자 아슬란은 "바울이 만든 그리스도가 역사적 예수를 완전히 집어삼켜 버린 셈"이라고 말했지만,[30] 또 다른 의미에서는 과거 예루살렘에서 야고보로부터 지시를 받으며 그에게 순종할 수밖에 없었던 바울이 이제는 야고보를 완전히 집어삼키고 만 셈이다. 그리고 이런 결과는 결국 초대 기독교가 변화하는 세계 속에서 계속 발전하지 못할 때, 계속 변화하고 발전하는 세계 속에서 과거의 뿌리에 너무 집착하며 새로운 시대의 요구에 대한 적응력과 개방성을 보이지 못할 때는, 끝내 살아남기 어렵다는 역사적 교훈을 주는 사실이 아닐 수 없다. 결국 야고보의 몰락은 예루살렘 교회가, 그리고 그 교회의 대표적인 지도자였던 야고보가 "발전하는 기독교의 다양성을 허용하지 못한 데" 있다고 말할 수밖에 없을 것이다.[31]

데서 "에비온 사상은 기독교가 변화하고 발전해야만 하는 그런 상황에서 그렇게 하지 못했기 때문에 끝내 거부되었다"라고 지적한다. Cf. *The Unity and Diversity in the New Testament*, p. 244.

30) 레자 아슬란, 민경식 옮김, 「젤롯」, p. 308.

31) James D. G. Dunn, *The Unity and Diversity in the New Testament*, p. 266. 그래서 던(Dunn)은 "가장 초기 이단들 중의 하나는 보수주의였다!"라고 의미 있는 진술을 남기기도 했다. 이 말과 더불어 R. E. Brown의 다음의 말에도 주목할 필요가 있다. "오늘날 교회 안에서 이단에 대한 시비가 제기될 때, 대체로 기존의 사상과는 다른, 혹은 기존의 사상과 대립되는 새로운 사상을 주창하는 급진주의자들을 가리켜 이단이라고 낙인을 찍는 경향이 있다. 그러나 기독교 역사를 들여다보면, 의외로 놀랍게도 그와는 반대로 가장 의미 있는 이단자들은 급진주의자들이 아니라, 교회 안에 새로운 질문이 제기되어 기독교인들의 주류가 새로운 대답을 찾아내고자 할 때, 도리어 기존의 옛 대답에 집착하는 경향을 가진 보수주의자들이 더 많다. …정통"(orthodoxy)은 항상 과거에 집착하려는 사람들의 전유물이 아니다." Cf. R. E. Brown, *The Community of the Beloved Disciple*(New York: Paulist Press, 1979), p. 80.

제4장

바울이 기독교의 대표적인 사도로 부각된 배경

사도행전을 통해서, 특히 사도행전에 소개된 바울의 전기(biography)적인 기록을 통해서, 우리는 다행히도 초대 기독교가 어떻게 유대 땅 팔레스틴을 넘어서 성공적으로 이방 세계로 확장되며 세계적인 종교로 발전할 수 있었는지에 대한 이야기를 읽을 수 있다. 그러나 유감스럽게도 혹은 불행하게도 사도행전을 기록한 누가는 바울이 초대 기독교의 발전 과정에서 어떻게 "사도라고 불릴 만한 자격도 없는" "사도들 중의 가장 작은 사도(the least of the apostles)"(고전 15:9)로부터 기독교의 가장 중요한 "사도 중의 사도(the apostle par excellence)"로 부각되었는지 그 요인과 경위에 대해서는 아무런 설명도 해주지 않는다.[1]

물론 사도행전은 바울이 다메섹 도상에서 회심 혹은 개종하는 과정에서 아나니아를 통해 자신이 예수의 이름을 이방 사람들에게 전파할 그릇으로 택함받은 사실을 알게 되었고(행 9:15), 그 이후에 성전에서 기도하는 가운데

---

1) Cf. S. G. F. Brandon, *The Fall of Jerusalem and the Christian Church*(London: SPCK, 981), p. 130. "he(=the author of Acts) unfortunately fails to give us any specific explanation of the factors which led to his becoming the supreme champion of Gentile Christianity."

환상 속에서 주님으로부터 직접 예루살렘을 떠나 이방인에게로 가라는 명령을 받았다는 사실을 언급함으로써(행 22:17~21), 바울을 통해서 초대 기독교의 이방 선교가 어떻게 시작되고, 그래서 초대 기독교가 어떻게 세계적인 종교로 발전하게 되었는지 그 기원에 대해 약간 언급하고 있는 것이 사실이다. 그러나 바울이 과거 예수의 박해자로서 활동하던 그의 개인적인 역사로 보거나²⁾ 안디옥 교회로부터 파송을 받은 선교사로서 활동하던 당시 그의 현재 입장과 처지에서, 바울은 예루살렘 초대교회의 "세 기둥 사도들"(갈 2:9)인 베드로와 요한이나 야고보와 같은 본래의 기독교 지도자들과는 확연히 구별되는 인물, 곧 그들과는 전혀 비교될 수도 없는, 아직 전혀 중요하지 않은 인물이었다.

먼저 바울의 개인적인 역사의 관점에서 볼 때, 바울은 초대교회가 발전하기 시작하던 초기에 초대교회에 대한 박해로 인해 스데반이 순교당하는 것을 곁에서 지켜보며 그것을 마땅히 여겼던 사람(행 8:1)이며, 곧바로 그 자신이 "주의 제자들"을 살해할 기세로, 믿는 사람들을 만나는 대로 잡으려고 다메섹으로 갔던 사람(행 9:1~2)이다. 바울 자신의 고백에 의하더라도 "나는 난 지 팔 일 만에 할례를 받았고 …법에 있어서는 바리새파 사람이었고 열심에 있어서는 교회를 박해한 자"(빌 3:5~6)였다. 그는 초대교회의 박해자였고(고전 15:9), 따라서 한동안 초대 기독교의 적대자였다.

기독교로 개종하여 복음을 전파하는 기독교 선교사가 된 이후의 상황만 보더라도, 바울은 늘 예루살렘의 기둥 사도들인 야고보와 게바와 요한의 지도 아래 있었던 인물이다. 바울은 그 세 명의 "기둥 사도들"을 만나 그들의 재가를 받아서 이방인들, 곧 "할례 받지 않은 사람들을 위한 사도직"을 인정받은 사람이며(갈 2:6~10), 선교 활동을 벌이는 가운데서도 계속 예루살렘 교회의 사도였던 주의 형제 야고보를 방문하여 선교 활동에 대해 보고한 사

---

2) 바울은 고린도전서 15:9에서 그리고 빌립보서 3:6에서 자신이 "하나님의 교회를 박해한 사람"이었음을 스스로 고백하고 있다.

람이다(행 21:17~19). 뿐만 아니라 바울이 예루살렘을 방문하여 이방 사람들에 대한 자신의 선교 활동을 보고했을 때, 야고보는 바울이 "이방 사람들 가운데서 사는 유대 사람들에게 모세를 배척하고 자식들에게 할례도 주지 말고 유대 사람의 풍속대로 살지도 말라고 가르친다"라는 오해를 받고 있는 사실을 언급하면서, 그런 오해를 불식시키기 위해서 "마음속으로 서원한 네 사람"을 데리고 성전에 들어가 성결 예식을 행하고 그들의 머리를 깎도록 하라"고, 그래서 바울 자신이 모세의 율법을 잘 지키는 유대인임을 보이라고 지시한 바 있는데, 그때 아무런 이의도 제기하지 않은 채, 곧바로 야고보의 지시를 따라서 행한 사람이었다(행 21:20~26).[3] 이처럼 바울은 그 당시 초대교회의 다른 지도자들의 지도를 받는 입장에 있었고, 따라서 그들에 비할 때, 바울은 그 자신이 인정한 바와 같이 "사도들 중의 가장 작은 사도이며… 사도라고 불릴 만한 자격도 없는"(고전 15:9) 사람이었다.

그럼에도 불구하고, 바울은 그리스 로마 세계를 향한 성공적인 선교 활동을 통해서 기독교를 널리 전파하며 발전시키는 가운데서 "세 기둥 사도들"보다도 더 중요한 기독교의 대표적인 사도로, 심지어 기독교의 새로운 창시자로까지 부각되었다. 그렇게 될 수 있었던 결정적인 요인이 무엇인지에 대해서는 만족스런 설명을 찾기가 쉽지 않다. 비록 누가가 사도행전 기록을 통해서 바울을 아주 중요한 "사도 중의 사도"로 부각시키려는 의도를 드러내고 있는 것은 분명하지만, 바울이 초대 기독교 역사에서 어떻게 그처럼 "사도들 중의 가장 작은 사도"에서 "사도 중의 사도"로, 또는 기독교를 대표할 수 있는 창시자로까지 부각될 수 있었는지에 대해서는, 그리고 그렇게 될 수 있었던 요인이 과연 무엇인지에 대해서는 만족할 만한 설명을 제시하지 않고 있다. 하지만 우리는 다음과 같은 두 가지 관점에서 바울이 그토록 중요한 사도로 부각된 요인이 무엇인지를 찾아보고자 한다. 하나는 교회 내적인

---

3) 야고보가 여기서 바울에게 요구한 것은 민수기 6:13~21에 나오는 나실인의 서원(a Nazirite vow)에 관한 규정을 뜻하는 것으로 해석된다. 서원할 나실인은 회막 문에서 자기 머리털을 자르고 몸을 구별한 일로 말미암아 여호와께 헌물을 드려야 했다.

요인이고, 다른 하나는 교회 외적인 요인이다.

1. 교회 내적인 요인

예루살렘에서 시작된 초대 기독교가 유대교 내의 한 종파로부터 벗어나 세계적인 종교로 크게 발전한 데에는 바울의 반(反)유대교적(the anti-Jewish) 혹은 탈(脫)유대교적(the de-Jewish) 경향이 큰 역할을 했던 것으로 보인다. 초대교회 당시 바울은 히브리인 중의 히브리인, 바리새인 중의 바리새인으로서 율법에 열심이었고, 그래서 교회를 박해하는 일에까지 앞장섰던 사람이다. 그런데 그가 다메섹 도상에서 부활하신 예수를 만나는 신비한 경험을 통해서 회심하여 개종하게 되었고, 그 과정에서 그는 예수를 박해하던 자기를 예수를 전파하는 사도로 불러주신 것은 자신의 공로 때문이 아니라 전적으로 하나님의 은혜라는 점을 깨닫게 되었다. 그 결과 우리가 구원을 받는 것도 율법의 행함을 통해서가 아니라 "오직 믿음"과 "오직 은혜"라는 사실을 깨닫고는 과거에 자신이 그토록 열심이던 유대교 자체를 배설물처럼 여기게 되었다(빌 3:7~8).

이런 바울이 아니었다면, 아마도 초대 기독교는 끝내 유대교 내의 한 종파, 혹은 "유대인의 메시아 신앙의 한 형태"(a form of Jewish messianism)에 머무는 것으로 끝났을지도 모른다.[4] 분명히 예수 자신도 유대인, 아니 유대교인 가운데 한 사람으로서, 새로운 종교의 창시자가 되기를 원했던 분이 아니라, 단지 유대 땅에서 새로운 회개 운동을 벌이면서 하나님 나라의 도래를 선포하던 마지막 때의 선지자였다. 더구나 예수의 생전부터 그의 죽음과 부

---

4) James D. G. Dunn은 "초대 기독교 공동체는 유대교와 구별된 새로운 종파라는 사실을 전혀 느끼지 못했다. 그들 자신과 그들의 동료 유대인들 사이에는 아무런 경계선도 그어지지 않았다. 그들은 단순히 자신들을 완성된 유대교, 종말론적 이스라엘의 시작으로 파악했다"라고 지적하면서, 이 당시의 "유대 기독교는 보다 엄밀히 말하자면 유대인의 메시아 신앙의 한 형태(a form of Jewish messianism)였다"라고 말한다. Cf. *The Unity and Diversity in the New Testament*, p. 239.

활 이후까지 예수와 함께, 그리고 그의 뒤를 이어 땅 끝까지 예수의 증인으로 활동한 베드로와 요한과 같은 사도들도 유대교인이었다. 그래서 그들은 초대교회가 형성되어 발전하던 초기에 여전히 예루살렘을 중심으로, 유대교의 신앙생활의 중심지인 성전을 자신들의 신앙의 터전으로 알고, 유대교의 규정된 기도 시간에 따라 신앙생활을 하며(행 3:1 이하 참조) 초대 교인들을 지도하고 있었다. 이런 의미에서 초대교회의 지도자들이던 그들은 어떤 의미에서 "유대교인이었다가 기독교인으로 개종한 사람들(the jewish Christians)"이라기보다는 오히려 "예수를 믿는 유대인들(the Christian Jews)"이었을 뿐이고, 따라서 그들은 초대 기독교 중에서도 글자 그대로 "유대교적"인 기독교의 지도자라고 말할 수밖에 없다.

나중에 예루살렘 교회의 최고 지도자로 갑자기 부상하여 예루살렘 사도회의를 주도한 주님의 형제 야고보는 오히려 베드로보다 더 유대적인 전통에 미련을 두고 있었던 "팔레스틴 유대교적" 기독교의 지도자로 생각된다. 베드로와 요한을 유대 기독교의 우파 지도자라고 말한다면, 주님의 형제인 야고보는 유대 기독교의 극우파 지도자라고 말할 수 있다. 그러나 베드로와 요한과 마찬가지로 야고보도 여전히 유대교적 전통의 틀을 벗어나지 못했다는 점에서는 그들 사이에 별다른 차이가 없다고 볼 수 있다.

심지어 바울과 함께 안디옥 교회로부터 같이 파송을 받은 이방 선교사인 바나바조차 바울과는 달리 유대교의 율법 준수에 여전히 미련을 두고 있었던 인물이다. 바로 이런 이유 때문에 바나바는 바울과 함께한 선교여행 도중에 끝내 바울과 결별을 하기도 했다. 물론 사도행전 15:36~39에 보면, 바울이 바나바와 갈라서게 된 이유가 과거에 자기들을 버리고 함께 일하러 가지 않은 요한, 마가를 계속 자신들의 선교여행에 동행시켜야 하는지에 관한 문제로 "몹시 다투었기" 때문으로 기록되어 있지만, 갈라디아서 2:11~13에 보면, 바나바는 할례받지 않은 이방인들과 함께 음식을 먹는 일과 관련된 율법 규정으로부터 보다 자유로운 태도를 가지고 있던 바울과는 분명히 달랐던 것으로 생각된다. 그 때문에 바울로부터 베드로와 함께 위선자라는 비난을 받기까지 한 것으로 보아서, 바울과 바나바는 "율법의 요구"에 대한 생각에서 상호간에 분명한 이견이 있었던 것으로 보인다. 유대교 율법에 대해 바나바가 좀 더 보수적이었다면, 바울은 아주 진보적이었다고 볼 수 있으며, 이런 점이 그들을 끝내 함께하지 못하게 만든 이유 가운데 하나였을 것이다. 바울을 제외한 초대 기독교 지도자들 대부분이 얼마나 유대교로부터 자유하지 못했는지를 보여주는 사실이 아닐 수 없다.

그런데 바로 이 점에서, 즉 율법으로부터의 자유를 강조하는 점, 다시 말해 유대교로부터의 분리와 단절을 강조하는 점에서 바울은 그들과 아주 달랐다.[5] 바로 이 점 때문에 바울이야말로, 아니 오직 바울만이, 초대교회 지도자들 가운데서 철저히 기독교 신앙을 유대교의 뿌리로부터 단절시켜서, 즉 할례와 안식일 법을 준수하는 율법 종교로부터 분리시켜서, 기독교 신앙을 완전히 새로운 세계적인 종교로 만든 참된 기독교의 대표자 혹은 그 창시자가 될 수 있었던 것이다.

2. 교회 외적인 요인

바울이 기독교의 새로운 대표자 혹은 그 창시자로 부각된 데에는 또 다른 중요한 교회 외적인 요인이 있었음을 간과할 수 없다. 그것은 시대적인 흐름, 혹은 시대의 요구 때문이라고 보아야 할 것이다. 초대 기독교가 처음에는 주로 유대인 출신으로 구성되어 있었지만(예수도, 맨 처음 예수를 따르던 무리들과 처음 제자들 혹은 열두 사도들도 모두 유대교인 출신이었고, 그들은 자신들의 신앙을 유대교와는 완전히 다른 새로운 신앙으로 생각하지도 않았다), 기원후 70년경에 유대 나라가 로마에 의해 멸망당하면서, 그 와중에서 초기 유대인 출

---

5) "It was probably inevitable that Paul should become associated with a Gnostic anti-Judaism." Cf. James D. G. Dunn, *Unity and Diversity in the New Testament,* p. 295.

신 기독교인들이 예루살렘을 버리고 이방 지역으로 흩어져서 이방인들 속에 어울려 살면서, 자의반 타의반으로 주변 이방인들에게 기독교 신앙이 널리 전파되기 시작하였다. 이후 활발한 선교활동의 결과로 기독교로 개종하는 사람들이 많이 생겨났으며, 이런 결과로 초기와는 달리 후기로 갈수록 유대교로부터 개종한 사람들의 숫자보다 이방인들의 개종자 숫자가 훨씬 더 많아지게 되었다. 초대 기독교 주요 구성원들이 유대인 출신으로부터 이방인 출신으로 바뀌기 시작했다는 말이다.

이처럼 이방인 출신 기독교인들의 숫자가 갈수록 늘어나면서, 그리고 이방인 출신 기독교인들이 많아질수록 초대 기독교는 점차로 유대교적인 특징을 탈피하면서 비유대교적이며 기독교적인 세계적 종교로 발전하게 되었다. 그 과정에서 초대 기독교는 유대적인 뿌리로부터 점점 멀어지고, 대신 이방 세계로 더 깊이 들어가고 이방 문화와 접촉하면서, 유대적인 특징보다는 오히려 이방인들의 문화적 혹은 종교적 전통에 더 잘 어울리는 신학적 특징을 더 선호하게 되었다. 모세 율법에 고착된 유대 종교, 로마에 대항해 싸운 유대 민족주의에 기원을 둔 유대적인 종교, 이것이 예루살렘의 초대 기독교의 주요 특징 가운데 하나였다면, 바울이 로마 세계에 전파한 기독교는 유대교의 편협성으로부터 벗어난 로마 시대에 개방된 세계적 종교였다. 더 이상 유대교의 율법을 통해서가 아니라 그리스도에 대한 믿음만으로 누구나 구원을 받을 수 있는 종교였다. 더구나 기원후 4세기 초에 기독교가 로마 황제에 의해 공인 종교로 확정되면서 로마 세계는 유대교적인 특징을 가진 예루살렘의 초대 기독교보다는 유대교적 특징으로부터 자유하려는 바울의 기독교를 더 선호할 수밖에 없었다. 한 마디로 새로운 시대가 유대교적인 기독교를 대표하는 베드로나 야고보의 편이 되기보다는 이방 기독교의 대표자인 바울의 편이 될 수밖에 없었던 것이다.

나중에 기독교를 신학적으로 발전시킨 초대 교부들의 대부분도 라틴 교부들과 헬라 교부들이었고, 그들 대부분은 물론이고, 특히 기독교를 로마의 공인 종교로 확정한 콘스탄틴 황제조차 예루살렘 감독으로서 기독교의 유대적인 뿌리와 그 신앙적 특징에 충실하려고 했던 야고보나 유대 기독교를 전파하는 베드로보다는, 길리기아 다소 출신으로 헬라 세계에서 교육을 받은 이방인의 사도인 바울을 더 선호할 수밖에 없었다. 바울이 원했던 것처럼 기독교는 어차피 유대교와의 관계를 단절하고 새로운 종교로, 그것도 로마 세계 전체를 향한 세계적인 종교로 발전할 수밖에 없었기 때문이다.[6]

이것을 가리켜 레자 아슬란(Reza Aslan)은 "바울이 만든 그리스도가 역사적 예수를 완전히 집어삼켜 버린 셈"이라고 말하지만,[7] 오히려 그 당시 그리스 로마 세계가 민족주의에 고착된 유대교적 유산보다는 오히려 헬라 문화권 속에서 세계적인 통합을 추구하고 있었다는 점에서 "바울이 전하는 이방 기독교가 베드로나 야고보가 전하는 유대 기독교를 집어삼켜 버렸다"라고 말하는 편이 더 옳을 것이다. 바울이 역사의 흐름 속에서 앞을 내다보면서 미래지향적(forward looking)이었다면, 베드로와 야고보 등 다른 초대교회 지도자들은 여전히 뒤를 돌아보면서 과거지향적(backward looking)이었기 때문이라고 말할 수도 있다.

이런 결과는 결국 초대 기독교가 변화하는 세계 속에서 시대의 요구에 따라서 계속 발전하지 못할 때, 과거의 뿌리에 너무 집착하며 새로운 시대의 요구에 대한 적응력과 개방성을 보이지 못할 때는, 끝내 살아남기 어렵다는 역사적 교훈을 주는 사실이 아닐 수 없다. 이와 관련해서 우리는 브라운(R. E. Brown)의 다음 말에도 주목할 필요가 있다. "오늘날 교회 안에서 이단에 대한 시비가 제기될 때는, 대체로 기존의 사상과는 다른, 혹은 기존의 사상

---

6) "예루살렘 파괴 이후 수세기가 지나도록 야고보의 가르침을 따르는 공동체가 있었는데 이들이 에비온파라고 불렸고"(Reza Aslan, 「젤롯」, p. 401), 이런 "후대 에비온파의 전승 가운데서 야고보가 거룩한 교회의 감독이며, (역사적) 예수의 믿을만한 전승의 수호자이며 보증인으로 나타나고 있는" 점(F.F. Bruce, Peter, Stephen, James & John, p.117) 등은 야고보의 예루살렘 교회가 다분히 에비온 사상의 근거가 되었던 것으로 보인다. 그런데 제임스 던(James D.G. Dunn)은 기독교 역사 가운데서 "에비온 사상은 기독교가 변화하고 발전해야만 하는 그런 발전하는 상황 가운데서 그렇게 하지 못했기 때문에 끝내 거부되었다"고 지적한다. Cf. The Unity and Diversity in the New Testament, p. 244.
7) 레자 아슬란, 민경식 옮김, 「젤롯」, p. 308.

과 대립되는 새로운 사상을 주창하는 급진주의자들을 가리켜 이단이라고 낙인을 찍는 경향이 있다. 그러나 기독교 역사를 들여다보면, 의외로 놀랍게도 그와는 반대로 가장 의미 있는 이단자들은 급진주의자들이 아니라, 교회 안에 새로운 질문이 제기되어 기독교인들의 주류가 새로운 대답을 찾아내고자 할 때, 도리어 기존의 옛 대답에 집착하는 경향을 가진 보수주의자들이 더 많았다. …정통(orthodoxy)은 항상 과거에 집착하려는 사람들의 전유물이 아니다."[8] 그래서 던(James D. G. Dunn)도 "가장 초기 이단들 중의 하나는 보수주의였다!"라는 의미 있는 진술을 남기기도 했다.

8) Cf. R. E. Brown, *The Community of the Beloved Disciple*(New York: Paulist Press, 1979), p. 80.

제5장

기독교의 창시자
예수인가, 바울인가

기독교의 창시자는 누구인가? 이 질문과 관련하여 일찍이 흥미 있는 주장이 제기된 바 있다. 유태인 역사철학자이며 성서학자이기도 했던 디몬트(Max I. Dimont)는 쿰란 사본을 통해서 알게 된 유대교 에세네파와 초대 기독교 사이에 밀접한 유사성이 너무나도 많다는 점을 지적하며 "기독교(Christianity)는 예수 이전 최소한 200년경에 존재했다"라면서 "예수가 기독교의 가장 위대한 그리고 가장 고귀한 대변자(spokesman)이기는 하지만, 그 창시자(originator)는 아니다"라고 말하였다.[1] 그러나 그의 이런 주장은 유대교의 전통과 유산을 너무나 강조하려는 유대인 학자의 관점에 지나지 않는 것으로 생각된다. 이것은 마치 세례 요한과 예수 간의 많은 유사성을 근거로, 그리고 예수가 세례 요한으로부터 세례를 받은 그의 제자였다는 점을 근거로 세례 요한을 오히려 기독교의 창시자라고 주장하는 것과 다름이 없다.

그렇다면 정말로 기독교의 창시자는 누구인가? 물론 많은 사람들은 예수가 기독교의 창시자라고 생각한다. 그러나 기독교의 창시자가 예수라고 말

---

1) Max I. Dimont, *Jews, God and History*(New York: Signet Books, 1962), p. 133.

하는 데에는 분명히 문제가 있어 보인다. 무엇보다도 예수는 유대교인 가운데 한 사람으로서 마지막 때에 그의 백성들을 모두 하나님 나라에 대해 준비시키려고 회개 운동을 벌인 예언자 가운데 한 사람이었을 뿐, 그가 유대교가 아닌 새로운 종교를 창시하려고 한 사람은 결코 아니었다는 주장이 제기되기 때문이다. 그리고 예수가 십자가에 달려 죽는 순간까지, 즉 예수가 살아 있는 동안에 이 세상에는 아직 기독교란 종교가 생겨나지도 않은 것이 사실이다. 그렇다면 실제로 예수는 기독교란 종교와 아무런 관련이 없는 사람으로 생각되기도 한다. 그래서 독일의 성서학자인 벨하우젠(Wellhausen)은 "예수는 기독교인이 아니었다. 그는 한 사람의 유대교인이었을 뿐이다(Jesus was not a Christian, he was a Jew)"라고 말한 바도 있는데, 거기에 대해 이론을 제기할 사람은 없어 보인다. 이렇게 생각할 경우, 예수를 기독교의 창시자로 보는 데에는 분명히 문제가 있어 보인다.

그래서 기독교의 창시자는 혹시 바울이 아닌가 하는 생각을 하게 된다. 바울이야말로 유대 땅 예루살렘에서 유대교의 한 종파처럼 시작된 초대교회를 이방 세계로 전파하여 오늘날의 세계적인 종교로 만든 장본인이 아닌가? 더구나 기독교의 경전인 신약성서 27권 가운데 예수 자신의 저작은 하나도 없지만 27권 중 13권(비록 어떤 것들은 한 페이지나 몇 페이지에 불과한 것들이기는 하지만)이 바울이 기록한 것으로 알려져 있지 않은가?[2] 또한 초대 기독교의 역사적 발전에 대해 전해주는 사도행전의 전체 28장 가운데 열여섯 장에서 바울이 주인공으로 등장하고 있지 않은가? 그래서 바울을 기독교의 창시자로 볼 수 있지 않겠느냐는 말이 나온다. 무엇보다도 바울이 개종한 이후 안디옥으로 가서 거기서 교우들과 사귀며 살았는데, "기독교인(Χριστιανος)"이란 말이 최초로 사용된 곳이 바로 안디옥이었고(행 11:26), 바울을 바나바와 함께 선교 파송한 교회가 바로 안디옥 교회이다(행 13:1~3). 더구나 나중에

---

2) 물론 13권 전부가 바울 자신의 저작은 아니지만, 모두가 다 바울의 영향 아래 바울의 이름으로 기록된 것들이다.

16세기경에 이르러 마르틴 루터가 중세 가톨릭교회에 대항하여 종교개혁 운동을 일으켰을 때에도 루터는 "산상설교"가 아닌 "로마서와 갈라디아서"를 종교개혁 운동을 위한 "경전 중의 경전"으로, 즉 예수보다는 오히려 바울을 종교개혁 운동의 기준과 표준으로 삼지 않았던가? 그래서 기독교는 예수의 종교라기보다 바울의 종교가 아니냐는 주장이 제기되는 것이다.

하지만 바울은 예수를 만나본 적도 없는 사람이다. 예수로부터 직접 나를 따르라는 부름을 받은 적도 없다. 바울이 사울이란 이름으로 맨 처음 소개된 곳은 사도행전 8:1이다. 초대교회가 이미 예루살렘에서 형성되어 발전하기 시작하던 초기에 스데반이 유대교 당국으로부터 처음으로 박해를 받아 죽임을 당했고, 그때 "사울은 스데반의 죽음을 마땅하게 여겼다"라고 언급한 것이 바로 그것이다. 나중에 바울은 스스로 "스데반이 피를 흘릴 때, 곁에 서서 찬동을 하고, 그를 죽이는 사람들의 옷을 지키고 있었다"(행 22:20)라고 고백한 것으로 전해지기도 했다.

신약성서에서 바울이 사울이란 이름으로 두 번째 등장한 때는 그가 주님의 제자들을 위협하고 살해할 기세를 보이면서, 대제사장으로 공문을 받아 "그 도를 믿는 사람은 남자나 여자나 다 만나는 대로 잡아 예루살렘으로 끌어오려고 하던" 때이다(행 9:1~2). 바울이 기독교회의 박해자였다는 사실은 바울 자신의 나중 고백을 통해서도 잘 드러나고 있다.[3] 그뿐이 아니라, 바울이 예수의 박해자였다는 사실은 그가 다메섹 도상에서 환상 가운데서 처음으로 예수를 만나는 장면에 대한 기록(행 9:3~5)에서도 분명히 나타나고 있다. 갑자기 하늘로부터 환한 빛을 받고 땅에 엎드린 사울을 향해서 예수는 "사울아, 사울아, 네가 왜 나를 핍박하느냐?"라고 물었고, 사울이 "주님, 누구십니까?"라고 물었을 때에도 예수는 "나는 네가 핍박하는 예수다"라고 대답했다.

---

3) 빌립보서 3:5b~6, "율법에 있어서는 바리새파 사람이었고 열심에 있어서는 교회를 박해한 자이다." 고린도전서 15:9, "내가 하나님의 교회를 박해했다."

이처럼 신약성서에서 바울은 처음에 예수의 박해자, 혹은 교회의 박해자로 등장하고 있다. 바울이 자신의 이런 과거 전력 때문에 나중에 한편으로 자신의 사도권을 강력하게 주장하면서도, 다른 한편으로 스스로 "나는 사도라고 불릴 만한 자격도 없다"(고전 15:9)라고 말하고 있다.

그런데 예수를 그리고 초대교회를 박해하던 이 바울이 다메섹 도상에서 회심을 경험한 후에 곧바로 자기가 박해하던 "예수가 하나님의 아들이심을 전파"하기 시작했다(행 9:20). 예수를 박해하던 사람(a persecutor of Jesus)이 예수의 선포자(a proclaimer of Jesus), 그리고 예수를 위해 박해를 받는 사람(a persecuted one for Jesus) 혹은 "그리스도 예수 때문에 감옥에 갇힌 자(a prisoner of Christ Jesus, 몬 1:1)"[4]가 되었다. 바울 자신의 증언에 따르면, 그는 다메섹에서 회심한 이후 "사람들과 의논하지 않았으며 또 나보다 먼저 사도가 된 사람들을 찾아 예루살렘으로 올라가지도 않았고, 그 대신 바로 아라비아로 갔다"(갈 1:16~17). 바울이 예루살렘에 올라가 초대교회의 지도자들인 게바와 야고보를 만난 것은 이후 3년이 지나서였다고 한다. 더구나 바울은 자신의 복음이 "사람에게서 배운 것이 아니라 예수 그리스도께서 주신 계시를 통하여 받은 것"(갈 1:12)이라고 주장한다. 자신의 사도권 자체도 "사람에게서 온 것도 아니요 사람을 통하여 된 것도 아니요 예수 그리스도와 그를 죽은 자들 가운데서 다시 살리신 아버지에게서 임명받아 사도가 된 것"(갈 1:1)이라고 주장한다. 초대 기독교 신앙과 관련해서 바울이 자신의 독자성과 자의성을 강하게 암시하고 있는 점이 아닐 수 없다.

그래서 바울이 전하는 기독교는 갈릴리에서 시작된 예수 운동은 물론 예루살렘에서 시작된 초대교회의 모습과도 아주 다른 것이 사실이다.[5] 바울

---

4) 빌레몬서에서만 "갇힌 자"란 말을 2번(1절과 9절), "내가 갇혀 있는 동안"이란 말을 2번(10절과 13절) 사용하고 있고, 빌립보서에서는 "내가 갇혀 있는 동안"(in my chain, 헬라어로 "en desmois")이란 말이 4번(1:7, 13, 14, 17) 사용되어 있다.

5) 17세기 초에 이미 영국의 이신론자(deist)인 존 로크(John Locke)는 예수의 "the simple gospel"과 바울의 복잡하고 애매한 신학(the complicated, obscure theology) 간의 근본적인 차이를 지적하면서 "교리의 쇠고랑(the shackles of dogma)"으로부터 해방된 "합리적인 기독교(a reasonable

이 예수의(of) 가르침과 메시지를 예수에 관한(about) 교리로 둔갑시켜서, 예수의 종교(the religion of Jesus)를 예수에 관한 종교(the religion about Jesus)로 바꾸었다는 지적도 있다. 그래서 레자 아슬란은 이렇게 말하기도 했다. "바울은 완전히 새로운 교리를 내세웠다. 예수를 근거로 한 교리라지만, 예수도 이해하지 못할 교리였다."[6] 예수를 메시아로 믿었던 제자들은 십자가에 매달린 예수의 죽음과 유대인들의 메시아 대망 사상 사이의 모순을 조정해야 했지만, 그것이 그렇게 쉬운 일이 아니었다. 예수를 말하자니 메시아가 죽고, 메시아를 말하자니 예수가 죽었다. 완전히 딜레마였다. 그런데 바울이 제자들의 이런 딜레마를 단번에 해결했다. 그는 메시아에 대해 유대인들이 갖고 있던 기대를 깨끗하게 버렸다. 그러고는 예수를 완전히 새로운 존재, 그리스도로 만들었다. 그래서 바울이 말하는 "그리스도"에는 구약성서의 "메시아"라는 용어에 함축된 의미가 전혀 포함되어 있지 않다. 그는 한 번도 예수를 "이스라엘의 기름부음을 받은 자"라고 말한 적이 없다. 바울은 (요한을 제외한 복음서 저자들과는 달리) 예수를 그리스도라고 부를 때, 그리스도 앞에 정관사를 붙이지 않았다. 정관사가 붙은 그리스도는 예수의 직함이 되기 때문이다. 바울은 예수를 부를 때, 정관사 없이 "예수 그리스도," 혹은 정관사 없이 "그리스도"라고만 했다. 마치 그리스도가 예수의 성이나 되는 것처럼 말이다. 이것을 가리켜 레자 아슬란은 "이미 바울의 그리스도는 예수에게서 유대교인들의 메시아 흔적을 없앤 터였다"라고 말한다.[7]

이것만이 아니다. 바울은 예수의 교훈과는 아주 다른, 아니 때로는 아주 상반된 교훈을 가르쳤다. 예수나 그의 처음 제자들은 모두 유대인, 즉 유대교인 가운데 한 사람에 지나지 않았다. 그래서 유대교를 부인하지 않았고,

---

Christianity)"를 찾으려고 했다. 로크(Locke)에 의하면, 예수의 복음(the gospel of Jesus)은 예수 자신의 입술로부터 나왔지만, 예수에 관한 복음(the gospel about Jesus)은 바울과 같은 후대의 해석자들의 산물이라는 것이다. Cf. Calvin J. Roetzel, *The Letters of Paul: Conversations in Context*(Westminster John Knox Press, 1998), p. 171.

6) 레자 아슬란, 민경식 옮김, 「젤롯」(서울: 와이즈베리, 2014), p. 272.

7) 레자 아슬란, 민경식 옮김, 「젤롯」 p. 275.

한 번도 율법을 부인하지 않았다. 오히려 그 반대이다. 예수는 "내가 율법이나 예언자들의 말을 폐하러 온 줄로 생각하지 말라. 폐하러 온 것이 아니라 완성하러 왔다. …누구든지 이 계명 가운데 아주 작은 것 하나라도 어기고, 또 사람들에게 그렇게 하라고 가르치는 사람은 하늘나라에서 아주 작은 사람이라고 불릴 것이다"(마 5:17~19)라고 가르쳤다. 그러나 바울은 유대교와의 단절을 추구했고, 율법을 부인했다. 바울은 "그리스도는 율법의 마침이 되셨다"(롬 10:4)라고, 그래서 그리스도를 믿는 사람들은 더 이상 "율법의 지배 아래 있지 않고, 은혜 아래 있다"(롬 6:14)라고 가르쳤다. 또 예수는 제자들을 향해서 "이방 사람들의 길로도 가지 말고 또 사마리아 사람들의 도시에도 들어가지 말라. 다만 이스라엘 집의 잃은 양에게로 가라"(마 10:5~6)고 가르쳤다. 그러나 바울은 예수의 그 명령과는 달리, 아니 그 명령을 완전히 무시한 채, 이방인의 땅을 두루 다니며 이방 선교에 나섰다.

예루살렘이 파괴되고 유대 나라가 멸망한 이후, 초대 기독교인들이 이방 땅으로 흩어지면서 초대 기독교는 점차 이방인들의 종교가 되어 버렸다. 더구나 바울의 이방 선교와 더불어 선교의 지리적인 영역이 점차 예수 운동의 중심지인 예루살렘으로부터 멀어졌고, 또 선교의 대상도 유대인들로부터 이방인들에게로 옮겨졌다. 그리고 이방 선교를 통해 새로 유입된 많은 이방인 개종자들이 이 운동의 중심 세력이 되면서 과거 유대교의 모습은 점차 사라지고 그리스 로마적 성격이 더욱 강해졌다. 자연히 이방인들을 상대로 한 가르침과 신학이 필요했는데, 바울이 제공한 것이 바로 그것이었다. 모세 율법에 고착된 유대 종교, 로마에 대항해 싸운 유대 민족주의에 기원을 둔 유대 종교, 이것이 예루살렘에서 베드로와 주의 형제 야고보를 중심으로 발전하던 초대 기독교의 모습이었다. 그런데 바울이 꿈꾸던 종교는 유대주의의 편협성에서 벗어난 로마의 종교, 곧 세계적 종교였다. 바울의 이런 가르침이 이방인들의 마음을 크게 사로잡았기 때문에 불과 15년이 지나지 않아 기독교인이 된 이방인들의 숫자가 기독교인이 된 유대인들의 숫자를 훨씬 능가

하게 되었다. 유대 기독교인들은 이제 소수파가 되어 나중에 에비온주의자들(Ebionites)로 알려지게 되었고, 곧바로 잊히게 되었다.

바울이 모세의 전통을 버렸기 때문에 기독교는 더 이상 유대교의 종파는 아니었다. 로마인들도 더 이상 기독교인들을 유대인으로 보지 않았고, 그들을 특정한 민족의 종교가 아닌 어떤 독자적인 종교를 믿는 자들로 보게 되었다. 바울은 갈릴리에서 시작된 예수의 종교 운동을, 그리고 예루살렘에서 뿌리를 내린 초대 기독교를 로마 세계를 향한 세계 종교로 탈바꿈시켰다. 여하튼 로마 세계의 한 유대인으로서 국제적인 지식인 바울은 그리스도를 잃고 의기소침해 있던 얼마 되지도 않는 그리스도의 제자들을, 예수 그리스도의 복음으로 세계를 정복하는 전투적인 교인들(the Church militants)로 바꾸어 놓은 셈이다. 전해지는 바에 의하면, 바울은 기원후 62년에 로마에서 네로 황제에 의해 목이 잘려 죽었다. 그러나 그때 이미 기독교는 로마 제국이 무시할 수 없는 세계적인 운동이 되어 있었다.

예수가 죽은 이후 처음 20년 동안, 즉 기원후 30년에서 50년 사이에 대부분의 기독교인들은 모두 유대인이었고, 기독교는 유대교의 한 종파로서 다른 많은 유대교 종파들과 별로 다르지도 않았다. 그런데 기독교인들과 유대인들과의 결별(schism)이 기원후 50년 이후에, 즉 기독교 종파가 이방인들에게 전달되고 세계 종교가 되었을 때 일어났다. 이 일은 또 다른 유대인 가운데 한 사람, 기독교회의 진정한 건설자(a real builder)라고 말할 수 있는 바울의 결단과 성과였다.[8] 바울은 기독교 종파로부터 유대적 요소들을 제거시킨 세 가지 결단을 통하여 기독교 종파를 유대교와는 다른 별개의 종교로 만들었다. 유대인들이 기독교를 원치 않았기 때문에 바울은 기독교를 이방인들에게로 가지고 나갔다. 그리고 이방인들이 새로운 종교에 좀 더 쉽게 합류할 수 있도록 바울은 유대교의 음식법(a dietary laws)과 할례 예식을 폐지하였다. 그의 세 번째 결단은 "그리스도"를 가지고 "토라"를 대치한 일이다. 이

---

8) Max I. Dimont, *Jews, God and History*, p. 140.

것이 가장 결정적이었는데, 왜냐하면 이것이 아버지를 믿는 종교(the Jewish "Father religion")인 유대교와 아들을 믿는 종교(the Christian "Son religion")인 기독교 간의 돌이킬 수 없는 최종적인 단절을 마무리 지었기 때문이다. 유대인들은 그때나 지금이나 인간이 하나님을 알 수 있는 것은 오직 "토라"에 계시된 하나님의 말씀을 통해서라고 믿고 있다. 그런데 바울의 교리는 인간이 하나님을 알 수 있는 것은 오직 "그리스도"를 통해서라고 가르친다. 유대인과 기독교인 간의 결별은 어쩔 수 없이 결정적일 수밖에 없었다.[9]

바울은 유대인에게서 기독교를 빼앗아간 것 이상의 것을 하였다. 그는 점차로 초대 기독교를 새로운 바울적인 기독론(a new Pauline Christology)으로 바꾸어 버렸다. 처음 예수의 추종자들에게서 예수는 나사렛에서 태어난, 그리고 "목수로 마리아의 아들이며, 야고보와 요셉과 유다와 시몬의 형으로 알려진"(막 6:3) 인간이었지만, 부활 이후에 그에게 신성이 부여된 존재였다. 그런데 바울에게는, 그리스도는 태어나기 이전부터 신적인 존재였다. 초대 기독교인들에게 예수는 하나님의 아들이었고, 바울에게는 그리스도가 하나님과 동격(同格)이며 동질(同質)이었다. 예수는 인간을 사랑함으로써 하나님을 사랑하게 된다고 가르쳤다. 그런데 바울은 그리스도와 하나가 됨으로써 그리스도를 사랑하게 된다고 가르쳤다. 또한 바울은 초기의 강조점을 메시아이신 예수(Jesus the Messiah)로부터 죄의 속죄자이신 그리스도(Christ the redeemer of sin)로 바꾸었다.[10] 이것을 가리켜 레자 아슬란은 "바울은 나사렛 사람 예수를 신적인 존재, 선재하는 존재로 탈바꿈시켰다. 말 그대로 하나님의 아들로 바꿔 버렸다"라고, 또 "바울이 만든 그리스도가 역사적 예수를 완전히 집어삼켜 버린 셈이다"라고 말하기도 했다.[11] 그래서 브레데(W. Wrede)는 바울 이전에는 기독교가 "유대교 내의 한 종파(an inner Jewish sect)"였는데, 바울 이후에 우리는 "기독교 교회(a Christian Church)"를 갖게 되었다

---

9) 레자 아슬란, 민경식 옮김, 「젤롯」 p. 142.
10) Max I. Dimont, *Jews, God and History*, p. 143.
11) 레자 아슬란, 민경식 옮김, 「젤롯」 pp. 274, 308.

고 주장했다.12) 이런 점들이 바로 바울을 오늘날 기독교의 창시자로 보게 하는 요인이다.

그러나 바울 자신은 이런 생각을 어떻게 받아들일까? 한 마디로 바울은 자신을 기독교의 창시자로 보는 것을 절대로 받아들이지 않을 것이다. 아니 결코 받아들일 수가 없을 것이다. 바울은 누구인가? 바울은 예수를 가리켜 "주님"이라고 말한 사람이다.13) 그리고 자신을 가리켜서는 "그리스도 예수의 종"(롬 1:1; 빌 1:1)이라고, "그리스도 예수의 사도"(갈 1:1; 고전 1:1; 고후 1:1; 엡 1:1)라고 고백한 사람이다. 또 자신은 "그(=예수 그리스도)의 이름을 위하여 모든 나라 사람들로 하여금 믿고 복종하게 하려고 그들 통하여 은혜와 사도의 직분을 받은"(롬 1:5) 자이라고 말한 사람이다. 그리고 자신이 전에 그토록 박해하던 예수와 그의 복음을 위해 박해를 받다가 끝내 생명을 바친 사람이다.

바울이 예수의 복음으로부터 그리고 예루살렘의 초대교회 운동으로부터 유대교적이며 민족주의적인 특징을 많이 벗겨내서 좀 더 세계적인 특징을 가진 복음과 신앙으로 재구성하여 전한 사람일 수는 있다. 그리고 예수의 부활 이후의 상황과 바울의 전 세계적 선교로 인해서 예수의 사역 중 분명히 드러나지 않았던 것들이 바울에게서 새로운 주제로 부각되었을 수도 있다. 그러나 비록 바울이 예수의 교훈과 그것에 관한 전승에 대해 새로운 의미를 부여했다고 하더라도, 바울의 신학이 결코 예수의 선포와 모순되는 것은 아니다.14) 바울이 한 일은 그리스도 사건의 의미를 확대하고 심지어 재구성한

---

12) William Wrede, "Paulus," in *Das Paulusbild in der neueren deutschen Forschung,* ed., Karl Heinrich Rengstorf(Darmstat: Wissenschaftliche Buchgesellschaft, 1964), p. 94.
13) "주님(kurios)"은 분명히 신앙의 대상을 가리키는 용어이다. 바울이 다메섹 도상에서 부활하신 예수를 만나는 처음 순간부터 바울은 예수를 가리켜 "주님"이라고 불렀다(행 9:5). "예수가 주님(kurios)이다" 라는 바울의 고백과 선포는 로마 황제를 "주님(kurios)"으로 부르는 로마 제국의 관점에서 볼 때, 명백한 반역죄에 해당하는 것이었고, 따라서 바울이 로마 제국에 의해 처형당한 것은 결코 놀라운 일이 아니다.
14) Calvin J. Roetzel, *The Letters of Paul*, p. 174. Roetzel은 바울과 마찬가지로 복음서 기자들도 예수의 교훈을 해석하여 변형시켰다는 사실을 지적하면서 "If any transformation had taken place, it clearly was not the work of Paul alone"이라고 말한다. p. 173.

것일 뿐이다. 바울 자신도 아마 이 문제를 두고는 "예수가 심었고, 나는 물을 주었을 뿐이다"라고 말할지도 모른다(cf. 고전 3:6).

따라서 예수의 단순한 복음이 바울의 심오한 신학과 상당히 다른 점이 있다고 해서, 즉 오늘날 기독교가 예수의 복음에 가깝다기보다는 오히려 바울의 복음에 가깝다는 이유로 바울을 기독교의 창시자라고 말할 수는 없을 것이다. 이것은 마치 오늘날 불교의 모습이 붓다의 가르침으로부터 상당히 달라졌다는 이유로 석가모니를 불교의 창시자가 아니라고 말할 수 없는 것과 마찬가지이다. 무엇보다도 자명한 사실은 바울이 없었더라도 기독교는 분명히 이 세상에 존재했겠지만, 예수가 없었다면 기독교는 이 세상에 결코 존재하지 않았을 것이다.

제6장

바울이 정죄하는 "다른 복음"

바울은 갈라디아 교인들에게 보내는 편지의 서두에서 수신자들을 향해서, 즉 자신이 직접 복음을 전해주어 개종시킨 갈라디아 교인들을 대상으로 편지를 쓰면서, 자신이 전해준 복음으로부터 그들이 돌아서서 그렇게도 속히 "다른 복음(ἕτερον εὐαγγέλιον, different gospel)"을 따라간 사실에 대해 놀라면서, "다른 복음"을 전하는 사람은 저주를 받을 것이라고 정죄하고 있다(갈 1:9). 기독교 역사상 가장 초기에 기록된 바울의 문서에서, 그중에서도 갈라디아서와 고린도후서에서 우리는 바울이 자기가 전한 복음과는 "다른 복음(another Gospel)"(갈 1:6~9; 고후 11:4)이 있다는 사실을 언급하는 것이다.[1] 이것은 역사적 예수가 부활 승천한 직후 초대 기독교가 형성되고 발전하던 아주 이른 초기부터[2] 예수의 복음 혹은 기독교가 전하는 복음에 대한 상이

---

[1] 고린도후서 11:4에서는 바울이 "다른 예수(another Jesus)"를 전하는 사람이 있다는 사실에 대해서도 언급하고 있다.
[2] W. G. Kuemmel에 의하면, 갈라디아서와 고린도전서는 모두 기원후 54년 혹은 55년에 기록되었다. Cf. *Introduction to the New Testament*(London: SCM Press, 1975), p. 279와 p. 304.

한 이해, 혹은 상호간에 서로 적대적인[3] 해석이 있었다는 사실을 언급하는 것이기에, 아주 주목할 만한 일이 아닐 수 없다. 더구나 바울이 자기가 전하는 복음과 "다른 복음"을 전하는 사람에게 저주를 퍼붓고 있다는 사실은 더욱더 놀라운 일이다.

바울이 어떻게, 무슨 권위로 "다른 복음"을 전하는 사람에게 그처럼 저주할 수 있단 말인가? 바울은 예수를 박해하던 사람이고, 비록 그가 나중에 개종하여 예수의 전도자가 되기는 했지만, 그는 예수의 열두 사도들처럼 예수로부터 부름을 받아 복음을 전파하라는 명령을 직접 받은 사람도 아니다. 그런 그가 예수가 십자가에 달려 죽은 지 불과 20년이 지나지 않은 시기에 초대교회 안에서 다른 사람이 전파하는 "다른 복음"을 정죄하면서, 그 "다른 복음"을 전파하는 사람에게 저주를 퍼붓는 근거는 무엇일까? 그리고 자기가 전한 복음과 "다른 복음"을 전하는 사람에 대해 저주를 퍼붓는 이런 문서인 갈라디아서가 나중에, 즉 기원전 4세기 말에 교회에 의해 정경으로 선택되었다는 것은 어떤 의미일까?

1. 바울이 말하는 "다른 복음"

바울은 갈라디아서 1:6~7에서 갈라디아 교인들을 교란시키며 그리스도의 복음을 비뚤어지게 만드는 "다른 복음"에 대해 언급하면서도, 실제로 "다른 복음(ἄλλο εὐαγγέλιον, another gospel)"이 있는 것은 아니라고 말한다. 우리말 성서 새번역에서는 "다른 복음(ἕτερον εὐαγγέλιον, different gospel)을 따르는 것을 내가 이상하게 여기노라. 다른 복음(ἄλλο εὐαγγέλιον, another gospel)은 없나니…"라고 마치 두 문장으로 구성되어 있는 것처럼 번역했지만,[4] 헬

---

3) 바울이 "다른 복음"을 전하는 사람은 저주를 받아 마땅하다는 것을 반복해서 말하는 것(갈 1:8~9) 자체가 "다른 복음"과 그것을 전하는 사람에 대한 강한 적대감을 반영하고 있다.

4) 우리말 성서 개역과 개역개정에서도 "다른 복음(a different gospel) 좇는 것을 이상히 여기노라 다른 복음(another gospel)은 없나니…"라고 문장을 끊어 번역해 놓았다.

라어 원문 성서에서는 "너희가 'another gospel'이 아닌 'different gospel'을 따라갔다(εἰς ἕτερον εὐαγγέλιον, ὃ οὐκ ἔστιν ἄλλο, different gospel which is not another)"라고 관계대명사로 연결된 하나의 문장으로 기록되어 있다. 따라서 바울이 여기서 "다른 복음(a different gospel)"이란 말을 사용함으로써 한편으로는 자신이 전하는 복음이 자신의 적대자들이 전하는 복음과는 아주 다르다는 점을, 즉 차이가 있다는 점을 분명히 인정하기는 하지만, 다른 한편으로 바울이 말하는 "다른 복음(a different gospel)"은 "자기가 전하는 복음과는 다른 내용 혹은 다른 형태의 복음(a kind of different version from his own gospel)"을 뜻하는 것일 뿐, 결코 예수 그리스도에 관한 "완전히 다른, 또는 아주 다른 새로운 복음(another new version of gospel)"이 있는 것은 아니라는 것을 의미한다.

그렇다면 바울이 생각하는, 그래서 정죄하는, 자기가 전하는 복음과 다르다고 말하는 그 "다른 복음"이란 구체적으로 어떤 것인가? 이 질문에 대한 대답을 찾아보기 전에 먼저 우리는 바울이 갈라디아서 2:2에서 "이방 사람들 가운데서 내가 선포하는 복음"이란 말에 주목할 필요가 있다. 바울은 자신의 복음을 가리켜서 "이방인들을 위한 복음(the gospel to the Gentiles)"이라고 부르고 있다. 그리고 갈라디아서 2:6~7에서는 자신이 전하는 복음을 가리켜 달리 "할례받지 않은 사람들을 위한 복음(the Gospel of Uncircumcision)"이라고 말한다. 그러면서 베드로가 전하는 복음을 가리켜서는 "할례받은 사람들에게 전하는 복음(the Gospel of circumcision)"이라고 말한다. 자기가 전하는 복음과 베드로가 전하는 복음이 복음을 전하는 대상에 따라서 다르다는 사실을 지적하는 것이다.

그러나 바울이 갈라디아서에서 "다른 복음"을 거론하면서, 그런 복음을 전하는 사람은 저주를 받아 마땅하다고 말했을 때, 그것이 베드로와 그가 전하는 "할례받은 사람들을 위한 복음"을 가리키는 것은 아니라고 생각된다. 왜냐하면 갈라디아서 2:7에 보면, 바울 자신이 "할례받은 사람들에게 복음을 전하는 일을 하나님께서 베드로에게 맡기셨다"라고 인정하고 있기 때문이다. 따라서 갈라디아서 1:7에서 바울이 "다른 복음"을 전하는 사람들은 저주를 받아 마땅하다고 말했을 때, 그것이 베드로를 두고 한 말이라고 생각할 수는 없다. 사도행전 15장에서도 볼 수 있듯이, 베드로는 사도회의에서 "이방 사람들에게도 할례를 주고 모세의 율법을 지키도록 해야 한다"(행 15:5)고 주장하는 바리새파 출신 기독교인들을 향해서 "하나님께서 성령을 우리에게 주신 것처럼 그들(=이방인들)에게도 주셔서 그들을 인정해 주셨다. 하나님은 우리와 그들 사이에 아무 차별을 두시지 않고 그들의 믿음을 보시어 그들의 마음을 깨끗하게 하셨다"(행 15:8~9)라고, 또한 "우리 조상들이나 우리가 다 감당하지 못했던 (율법의) 멍에를 그 신도들(=이방 신도들)의 등에 메워 하나님을 시험할 수 없다"(행 15:10)라고 그들의 주장을 일축하면서 바울의 입장을 옹호한 것으로 보이기 때문이다. 그렇다면 바울이 저주하는 "다른 복음"은 무엇을 가리키는 것이고, 그런 복음을 전파하는 사람들은 도대체 어떤 사람들일까?

제임스 던은, "바울은 갈라디아서에서 최소한 세 가지 복음에 대해 말하고 있다"라고 지적한다.[5] 첫 번째 복음은 바울 자신이 전하는 "이방인들을 위한 복음," 곧 "무할례자들을 위한 복음"이다. 이 복음의 특징은 율법의 저주로부터의 자유를 선포하는 복음이며, 율법에 대한 순종을 의롭다 함을 받기 위한 수단으로 생각하는 것으로부터의 자유를 강조하는 복음이다 (갈 2:16~5:12). 바울은 자기가 전하는 복음의 특징을 이렇게 설명함으로써 다른 두 복음과의 차이를 분명히 밝히고 있다. 두 번째 복음은 예루살렘의 대표적인 "기둥 사도" 가운데 한 사람인 베드로가 전하는 "유대인들을 위한 복음," 곧 "할례받은 사람들을 위한 복음"이다. 바울은 "복음의 이런 유대적 형태(this Jewish version of the gospel)"를 나름 유대인들에게 적절하고도 필요한 합법적인 기독교의 복음으로 인정하고 있는 듯하다. 그래서 하나님이 "할

5) James D. G. Dunn, *Unity and Diversity in the New Testament,* p. 23.

례받은 사람들을 위한 복음"을 베드로에게 맡기셨다고 말하기까지 했다(갈 2:7). 따라서 이 두 복음을 따르며 전파하는 사람들이 서로 상대방의 타당성을 인정하면서 자기들이 지지하며 전파하는 복음을 다른 복음 지지자나 전파자들에게 강요하지 않는 한, 바울로서는 어느 정도 만족할 수 있었을 것이다.

그런데 팔레스틴 교회들 중에는 율법으로부터 자유를 외치며 이방인 선교를 강조하는 것에 대해 반대하는 율법주의적 우익파들(a legalistic right wing)이 있었다.[6] 예수를 믿는 형제들에게 "모세의 관례대로 할례를 받지 않으면 구원을 얻을 수 없다고 가르치는"(행 15:1) 사람들이다. 이처럼 "이방 사람들에게도 할례를 주고 모세의 율법을 지키도록 일러주어야 한다"(행 15:5)라고 목소리를 높이는 사람들은 바로 초대 기독교인들 중에서도 "바리새파에 속했다가 신도가 된 사람들"(행 15:5)로 보인다. 예루살렘 교회 안에 이런 사람들이 많았다는 사실을 제대로 이해하기 위해서는 먼저 이런 초대 기독교인들에게서 신생 기독교가 결코 새로운 종교가 아니었다는 점을 기억하는 것이 중요하다. 독실한 유대교인, 더구나 유대인 중에서도 독실한 바리새인이었다가 예수를 믿게 된 초대교인들에게 기독교는 유대교의 한 종파와도 같았을 뿐이고, 특히 그들이 오랫동안 기대하던 이스라엘에 대한 약속의 성취였을 뿐이다. 따라서 예수를 메시아로, 그리스도로 받아들인 독실한 유대인이나 바리새인들의 경우는 그가 기독교인이 되었다고 하더라도, 유대인이나 바리새인을 완전히 떠난 것은 아니었다. 유대인이나 바리새인으로서 모세의 율법을 철저히 지키면서 예수를 메시아로 믿는 기독교인이 된 것뿐이었다. 더구나 한 가지 흥미로운 아이러니는 이런 사람들과 맞서 싸우는 바울 자신도 한때는 그런 바리새인이었다는 사실이다.

따라서 갈라디아서에서 바울이 상대하는 "적대자들" 곧 "다른 복음"을 가르치는 사람들은 무엇보다도 "할례"를 전파하며 "율법에 대한 준수"를 강

---

6) James D. G. Dunn, *Unity and Diversity in the New Testament*, p. 23.

조하는 사람들, 다른 말로 한다면, 기독교를 오로지 유대교의 연장선상에서 이해하는,[7] 기독교를 단지 유대교의 또 다른 형태(the Jewish version of Christianity)나 "유대교 메시아주의의 한 형태(a form of Jewish Messianism)"로 이해하는 사람들이었을 것이다. 엄밀하게 말한다면, 이들은 유대 기독교인들(the Jewish Christians)이라기보다는 오히려 "기독교적 유대인들(the Christian Jews)"이라고 볼 수 있는 사람들이며, 기독교인들을 유대화시키려는 사람들(the Judaizers), 혹은 "유대주의자들(the Judaists)"이었을 것으로 생각된다.[8] 이런 사람들은 기독교인이 된 "자신들이 유대교와 구별된 새로운 종파라는 사실을 전혀 자각하지 않았다."[9] 달리 말한다면, 이들은 기독교라는 새 술을 유대교라는 낡은 가죽부대에 계속 담으려는 사람들이었다. 이런 사람들이 전하는, 그래서 바울이 저주하는 "다른 복음"이란 곧 "할례의 복음(circumcision gospel)"을 가리키는 것이었다.[10]

바울의 적대자들이 전하는 이 "할례의 복음"이 베드로가 전하는 "할례자를 위한 복음"과 다른 점은 베드로와 바울 사이에는 복음의 대상과 관련해서 한 사람은 "할례자들인 유대인들에게," 다른 사람은 "무할례자들인 이방인들에게" 복음을 전한다는 "상호 인정과 용납(mutual recognition and acceptance)"이 있었지만, 세 번째 복음인 "할례의 복음"은 복음 전파의 대상과 관련된 것이 아니라 복음의 내용과 관련된 것이며, 그런 복음을 전하는 사람들은 바울의 복음이 부적합하다고 비판하며 인정하지도 않았고 용납하지도 않았다. 그래서 바울은 그들이 전하는 복음을 가리켜 복음도 아니라고(no gospel), 그

---

7) 아마도 이들은 2~3세기에 이르러 이단으로 거부되었던 에비온 사상(ebionism)과 아주 비슷했던 것으로 보인다.

8) 기독교인들을 유대화하려는 사람들을 "바리새파에 속했다가 신도가 된 사람들"(행 15:5)로 보지 않고, 본래 유대인 출신이 아니라 기독교로 개종한 이방인들로서 스스로 유대인 못지않은 유대인이 되기를 원했던 사람들, 그래서 율법을 지켜야 한다고 목청을 높이는 사람들이라고 보는 입장도 있다. 이런 주장을 하는 대표적인 학자는 J. Munck이다(Cf. *Paul and the Salvation of Mankind*, London: SCM Press, 1959).

9) James D. G. Dunn, *Unity and Diversity in the New Testament*, p. 239.

10) James D. G. Dunn, *The Theology of Paul's Letter to the Galatians*(New Testament Theology; Cambridge University Press, 1994), p. 27.

리고 그런 복음을 전하는 사람들을 향해서 "다른 복음"을 전파하는 사람들이며, "그리스도의 복음을 비뚤어지게 하려는"(갈 1:7) 사람들이라고 비판하면서 그들에게 저주를 선언한 것이다. 그들이 전하는 "다른 복음"은 분명히 "기쁜 소식"이 아니며, 율법의 노예가 되는 길이었기 때문이다.

2. 바울의 "무할례자를 위한 복음"과 베드로의 "할례자를 위한 복음"

바울이 이처럼 기독교를 유대교화하는 것에 대해서, 그리고 그리스도를 믿는 사람들에게 계속 할례와 율법을 요구하는 것에 대해서 강하게 부정하는 반유대교적, 혹은 탈유대교적 입장에 굳게 서 있었기 때문에, 그가 "할례 받은 사람들을 위한 복음" 자체에 대해서도 어느 정도 거부감을 갖고 있었던 것이 아닌가 생각하게 된다. 바울이 비록 "유대인들을 위한 복음" 곧 "할례 받은 사람들을 위한 복음"을 하나님이 베드로에게 맡기신 복음으로 인정하기는 했지만(갈 2:7~8), 바울이 전하는 복음과 베드로가 전하는 복음 사이에도 차이점이 분명히 있었기 때문이다.

바울이 전파하는 "무할례자를 위한 복음"과 베드로가 전파하는 "할례자를 위한 복음" 간의 차이를 알아보기 위해서는 먼저 갈라디아서 2:11~14에서 볼 수 있는 게바와 바울 간의 갈등의 원인부터 살펴보아야 하며, 또한 누가가 전해주는 예루살렘 사도회의 석상에서 드러난 바울과 베드로의 미묘한 신학적 입장 차이에 대해서도 주목해 보아야 한다. 왜냐하면 예루살렘 사도회의에서는 이방인들에 대한 복음 전파를 두고, 한편으로 바울(그리고 바나바), 다른 한편으로 예루살렘 교회 사이에 상당한 "언쟁과 변론"(행 15:2; cf. 15:7)이 있었던 것으로 전해지는데, 그런 논쟁이 주로 기독교인들에게, 특히 이방 기독교인들에게 할례 및 모세의 율법을 지키도록 요구하여야 하는가에 대한 문제, 곧 기독교가 얼마나 그리고 어떤 점에서 유대교와 다른가 하는 문제와 관련되어 있었기 때문이다.

이 문제와 관련하여 바울의 입장은 분명했다. 이방 기독교인들을 향해서 "모세의 관례대로 할례를 받지 않으면 구원을 얻을 수 없다"(행 15:1)라고 말하는 예루살렘 교회의 가르침(cf. 행 15:6)에 대해 분명히 반대하는 것이었다. 베드로의 입장도 분명해 보인다. 베드로가 회의석상에서 "하나님이 유대인과 이방인 사이에 아무 차별을 두시지 않았다"(행 15:9)라고, 그리고 "유대인이 구원을 얻은 것도 주 예수의 은혜로 된 것이요, 이방인이 구원을 얻은 것도 주 예수의 은혜로 된 것이라"(행 15:11)고 말하면서, 그렇기 때문에 "유대인들의 조상이나 지금 유대인들이 모두 감당하지 못했던 (율법의) 멍에를 이방인 신도들의 등에 메워줄 수 없다"(행 15:10)라고 발언한 것으로 보아서, 바울의 입장과 상당히 같은 것처럼 보이는 것이 사실이다.

그러나 베드로의 입장이 바울의 입장과 똑같다고 보기는 어렵다. 물론 베드로의 그와 같은 발언이 그가 이 사도회의 이전에 이미 할례를 받지 않은 이방인 고넬료의 집에 들어가 고넬료의 권속들과 "며칠 동안 체류하면서"(cf. 행 10:48) "그들과 함께 식사를 했던"(cf. 행 11:3), 그리고 이방인을 개종시켰던 사도라는 자신의 경험에서 나온 것으로 보이며, 그래서 베드로가 바울처럼 이방인들에 대해서 호의적일 뿐만 아니라, 바울처럼 이방인과의 접촉을 불법으로 여기는 율법으로부터의 완전한 자유를 말하는 것처럼 보이기도 한다. 그렇지만 갈라디아서 2:11~14에서 바울이 지적한 바와 같이, 베드로가 안디옥에서 이방 사람들과 함께 음식을 먹다가 예루살렘 교회로부터 야고보가 보낸 할례받은 사람들이 오는 것을 보고는 이방 사람들과 함께 식사하던 자리를 떠나는 위선을 행한 점(갈 2:13)을 고려한다면, 바로 그런 위선적 행동 때문에 바울로부터 "복음의 진리대로 똑바로 행하지 않는다"라고, 특히 "어찌하여 이방 사람들더러 유대 사람같이 되라고 강요합니까?"(갈 2:14)라는 비난을 받은 사실을 고려한다면, 바울과 베드로 사이에는 복음의 진리에 대한 이해와 관련하여 분명히 적지 않은 차이가 있었다는 사실을 부인하기 어렵다. 바울은 율법으로부터의 완전한 독립을 말하는 반면에, 베드로는 아직 율법으로부터의 완전한 독립을 자신의 행동으로 보여주지 못하는 것 같기 때문이다. 바울의 눈에는 베드로가 이방인들을 유대인화시키는 복음 전도자(the Judaizing Christian evangelist)로 보였을 것이며, 바로 이 점이 바울과 베드로 간의 차이였을 것으로 생각된다. 이런 관점에서 본다면, 분명히 바울이 완전히 이방 기독교(the Gentile Christianity) 편에 서 있는 사람이라면, 베드로는 아직 그리고 여전히 유대 기독교(the Jewish Christianity) 편에 서 있는 사람인 셈이다.[11]

바울이 갈라디아서에서 "율법의 행위로는 아무도 의롭다 함을 얻을 수 없다"(갈 2:16; 3:11)라고 말하면서 "율법을 행함으로 살려고 하는 사람은 다 저주 아래 있다"(갈 3:10)라고 말하는데, "율법을 행함으로 살려고 하는 사람"에 대한 이 저주는 그가 "다른 복음을 전하는 사람"에 대해 퍼부은 저주 선언(갈 1:8~9)과 똑같은 것으로 생각되며, 실제로 같은 의미를 가진 것으로 보인다. 이런 관점에서 본다면, 바울이 말하는 "다른 복음"이란 율법의 행함을 가르치는 복음을 가리키는 것 이외 다른 것이 아니다. 그리고 초대교회에서 "율법의 행함"을 강조하는 교회는 베드로가 대표하는 예루살렘의 유대적 기독교였음에 틀림없을 것이다. 바울이 이방 기독교의 대표적인 사도인 것처럼 베드로는 유대 기독교의 대표적인 사도가 아닌가? 그렇다면 베드로와는 달리 "반율법적인 입장," 다른 말로 하자면, "탈유대교적 입장"을 보여주는 바울의 "이방인을 위한 복음"은 분명히 베드로가 전파하는 "할례받은 사람들을 위한 복음"과는 서로 "다른 복음"일 수밖에 없을 것이다. 다시 말해서, 바울의 입장에서는 베드로가 주요 대표자로 인식되고 있는 유대 기독교가 전하는 "할례받은 사람들을 위한 복음"이 자기가 전하는 "이방인들을 위한 복음"과 비교할 때, 분명히 "다른 복음"으로 생각되었을 것이고, 반대로 유대 기독교의 대표자 가운데 한 사람인 베드로의 입장에서 볼 때는 바울이 전하

---

11) Gerhard Ebeling은 바울이 갈라디아서에서 베드로를 "할례받은 사람들을 위한 사도"로 강조하는 의도도 바울이 "그(베드로)를 유대 기독교 편에 두려고" 하기 때문이라고 보고 있다. Cf. *The Truth of the Gospel: An Exposition of Galatians*(Philadelphia: Fortress Press, 1985), p. 107.

는 복음이 또한 "할례받은 사람들을 위한 복음"과는 "다른 복음"으로 생각될 수밖에 없었을 것이다.

그런데 바울은 이방인들 곧 무할례자들을 위한 사도로 부름을 받았다는 자의식 속에서 이방인들에게 율법의 행함을 요구할 수는 없다고 주장한다. "그리스도께서 우리를 율법에서 해방시켜 자유하게 하셨기에 다시 그 율법의 종이 되는 멍에를 어깨에 멜 수 없기 때문이다"(갈 5:1). 베드로가 예루살렘 회의에서 발언했듯이, 바울로서는 유대인들조차 감당하지 못한 율법의 멍에를 절대로 이방인들의 등에 메워 하나님을 시험할 수는 없었다(cf. 행 15:10). 이방인들이 기독교인이 되기 위해서 먼저 유대인이 되어야 할 필요는 없었다. "그리스도 예수 안에서는 할례나 무할례가 문제되는 것이 아니라, 다만 사랑으로 행하는 믿음만이 중요하다"(갈 5:6). 바울은 "이방인의 사도"로서 이방인의 입장에서 이방인에게 그리스도 예수를 믿는 "믿음"만을 요구하고 있는 것이다.

이처럼 바울은 분명히 이방인들과 공감하는 경향(some predisposition to sympathy with the Gentiles)을 갖고 있었다. 바울이 그런 경향을 가진 이유를, 그가 이방인의 지역인 길리기아 다소 출신이라는 점에서 찾을 수만은 없다. 유대인이 이방인의 문화적 환경 속에서 살았다고 해서 그것이 반드시 그리고 자연스럽게 이방인에 대해 호의적인 관점을 갖게 만드는 것은 아니기 때문이다. 실제로 이방 땅에서 그리스 로마 문화와 밀접한 관계를 갖고 살았음에도 불구하고 오히려 그 때문에 이교도들을 더욱 증오하고 멸시하면서 자신들의 독특한 신앙에 더욱 광신적으로 매달리는 유대인들이 많았다는 증거들이 속속 드러나고 있다. 그러나 분명히 바울이 그러했을 가능성은 없어 보인다. 오히려 그와는 반대로 바울이 이방인들에 대해 호의적이었던 이유는, 그가 기독교로 개종할 때, 즉 다메섹 도상에서 부활 승천하신 그리스도를 만났을 때, 다시 다메섹에서 살고 있던 아나니아란 제자를 만나 그로부터 자신이 "예수의 이름을 이방 사람들 앞에 가지고 가기 위해 택함을 받은 그릇"(행

9:15)이라는 증언을 들었을 때[12] "이방인의 사도"로서 자기의 정체성에 대해 새롭게 눈을 뜰 수 있었고, 그 일을 위한 사명감에 자극을 받았을 것으로 보인다. 그 결과로 자신의 새로운 신앙과 자기가 이해한 복음을 특히 이방인 세계의 영적 요구에 적합하게 해석하게 되었을 것이다. 바울은 다메섹에서 부활하신 주님을 만나보는 경험에서 자신이 이방인들을 위해 부름을 받았다는 분명한 자의식을 얻었을 것이며, 자신이 헬라 문화의 중심지인 길리기아 다소에서 이미 이방인들의 문화에 많이 익숙해졌기 때문에 다른 어느 사도들보다도 이방인들을 위한 선교에 더 효과적으로 대응할 수 있을 것이란 확신을 갖게 되었을 것으로 보인다.

바울의 서신들은 기독교 역사상 가장 초기에 최초로 기록된 것으로 생각되는 기독교 문서들이다. 따라서 브랜든이 지적하는 바와 같이, "초대 기독교 생활과 사상을 들여다볼 수 있는 최초의 가장 확실한 통찰력(the earliest and most certain insight into the life and thought of primitive Christianity)"[13]을 제공해 주고 있다고 말할 수 있다. 그러나 그가 인정하고 있듯이, 바울 서신들에서 볼 수 있는 기독교 신앙이란 "예수 그리스도의 본질과 그의 사역에 대한 아주 신비적이며 비교적(祕敎的)인 신앙과 교훈(a highly mystical and esoterical faith and teaching concerning the nature of Jesus Christ and his work)"인데, 문제는 바울의 이런 신앙은 "복음서에서 그렇게도 생생하게 묘사되어 있는 역사적 예수에 대한 관계로부터는 거의 전적으로 독립된 것으로 보인다"[14]는 점이다. 다른 말로 한다면, 바울의 신앙 혹은 바울의 복음은 역사의 예수에 대한 철저한 무관심을 보여주고 있다는 점이다. 물론 이런 무관심은 그가 다른 사도들과는 달리 역사적 예수를 전혀 만나보지 못했다는 사실에서 연유된 것일 수도 있다. 바울이 갈라디아서에서 자신의 적대자들이 "다른

---

12) 사도행전 26:17에서 바울이 자신의 개종에 대해 세 번째로 설명할 때에는 "나는 이 백성과 이방 사람 가운데서 너를 건져내어 이방 사람들에게 보낸다"라는 주님의 말씀을 들었다고 고백하고 있다.

13) S. G. F. Brandon, *The Fall of Jerusalem and the Christian Church*, p. 3.

14) *Idem*.

예수"(고후 11:4) 혹은 "다른 복음"을 전한다고 말하는데(갈 1:6~9), 실제로 바울 자신은 육신의 예수, 곧 역사의 예수는 무시하고[15] 도리어 "부활하신 그리스도" 곧 "신앙의 그리스도"만을 중요시하는 것으로 보인다.

예수가 부활 승천한 이후 불과 20여년 후에 이토록 예루살렘 초대 기독교 신앙과 다른, 그리고 그것에 대립적인 것으로까지 생각되는 신앙, 즉 "다른 복음," 곧 예수의 인격과 사역에 대한 서로 다른 해석이 있다는 사실[16] 자체가 놀라운 일이 아닐 수 없다. 사도행전이 보여주는 예루살렘 초대교회의 사도들의 입장에서 본다면, 바울이 전하는 복음이야말로 역사적 예수와 함께 동행하면서 듣고 전파하던 자신들의 복음과는 아주 "다른 복음"으로 생각되었을 것이다.[17]

그러나 바울이 전하는 복음의 독창성 혹은 독특성은 다음과 같은 두 가지 점에서 나타나고 있다. 첫째는 선재하시는 하나님의 아들을 역사적 예수와 동일시하고 있는 점이고, 둘째는 예수의 십자가를 구원의 의도를 가진 그리고 우주적 의미를 가진 하나님의 행동으로 해석하고 있는 점이다.[18] 그런데 첫 번째 것, 즉 역사적 예수를 선재하신 하나님의 아들의 성육신한 형태와 동일시하는 바울의 해석은 "본질적으로 비유대교적인 사상"이다. 왜냐하면 그런 사상은 하나님과 인간, 창조주와 피조물 간의 절대적 차이를 강조하는 유대교의 독특한 사상에 반대되기 때문이다. 그래서 그런 사상은 현존하는 유대교 종교 문헌들에서는 거의 찾아볼 수 없는 반면에, 도리어 바울 시대에 중동 지방에서 유행하던 여러 형태의 이교적 제의 문헌에서는 자주 나

---

15) 고린도후서 5:16에서 바울은 "우리가 이제부터는 어떤 사람도 육신을 따라 알지 아니하노라. 비록 우리가 그리스도도 육신을 따라 알았으나 이제부터는 그같이 알지 아니하노라"고 말함으로써 육신의 예수 혹은 역사의 예수에 대한 무관심을 드러내고 있다.

16) 바울은 자기가 전한 복음과 다른 것을 전하는 사람은 저주를 받아 마땅하다고까지 말하고 있다(갈 1:8~9).

17) "바울과 예루살렘에 근거를 둔 유대 기독교 사이에는 처음에 나타나는 것보다 훨씬 더 깊은 차이(divide)가 있다." "바울과 예루살렘 간의 날카로운 적대감(the sharpness of antagonism)은 전혀 과장될 수 없다." Cf. James D. G. Dunn, *Unity and Diversity in the New Testament,* pp. 254~255.

18) S. G. F. Brandon, *The Fall of Jerusalem and the Christian Church,* p. 66.

타나는 사상이다. 따라서 바울은 분명히 "이방인의 사도"로서 이방 세계의 이교적인 사람들을 대상으로 자신의 새로운 신앙을 해석해 주려 했다고 보아야 한다. 그리고 두 번째 것, 즉 예수의 십자가 죽음에 대한 구원론적 해석도 "유대교적 배경으로부터 나온 것이 아니라는 점은 확실하다."[19] 왜냐하면 유대 문헌들 가운데서는 성육신한 구원자가 자신의 희생적인 죽음에 의해서 인류를 구원한다는 사상을 전혀 찾아볼 수 없기 때문이다. 공관복음이나 사도행전을 보더라도 유대 기독교인들은 오히려 예수의 고난과 죽음 가운데서 "고난받는 하나님의 종"에 대한 이사야 예언의 성취만을 보고 있을 뿐이다. 그런데 바울에게서 이런 것은 전혀 찾아볼 수가 없다. 바울이 말하는 예수 죽음의 구원론적 의미도 유대적인 배경에서 나온 것이라기보다는 도리어 그 당시 그리스 로마 세계에 만연해 있던 종교 사상으로부터 나온 것이라고 보는 것이 옳을 것이다.

3. 바울이 "다른 복음"을 정죄하는 근거

바울 자신이 그 당시 그리스 로마 사상이 꽃을 피우던 길리기아 다소에서, 즉 신적인 존재가 자신의 죽음을 통해 인간을 구원한다는 사상에 익숙한 분위기에서 태어나 자랐기 때문에, 그리고 그런 사상 속에서 살아가는 사람들에게 복음을 전해야 한다는 의식 속에서 그와 같은 이교적인 사회의 독특한 요구에 민감할 수밖에 없었을 것이다. 그래서 바울은 그런 사상을 이용해서 예수의 죽음과 부활을 이방인들에게 해석해 주는 "이방인들을 위한 복음"을 구성하여 전파했던 것으로 생각된다. 그런데 바울이, 더 많은 세월을 율법의 의를 세우기 위해서, 그 때문에 그리스도를 박해하는 일에 전념했던 바울, 그리고 다른 열두 사도들과는 달리 역사적 예수로부터 직접 제자로 부름을 받은 적도 없는, 예수로부터 직접 복음을 전파하라는 명령을 받은 적도

---

19) *Idem.*, p. 68.

없는 바울, 그래서 계속 자신의 사도권에 대해 의심을 받아오던 바울이 개종한 지 불과 20여 년이 지난 후에 이토록 감히 당당하게 자기가 전한 것과는 "다른 복음," 곧 할례와 율법 준수를 강요하는 "다른 복음"에 대해 저주하면서, 비록 그처럼 정죄하지는 않지만, 베드로가 대표하는 예루살렘 교회가 전파하는 복음에 대해 비판하며 베드로를 책망할 수 있었던 근거는 무엇일까? 무엇이 바울로 하여금 그렇게 당당하게 "다른 복음"을 정죄하며, 다른 복음을 전파하는 사람들을 저주하게 했는가?

바울은 갈라디아서 편지 서두에서 자신을 가리켜 "사람에게서 온 것도 아니요 사람을 통하여 된 것도 아니요 예수 그리스도와 그를 죽은 자 가운데서 다시 살리신 하나님 아버지에게서 임명받아 사도가 되었다"(갈 1:1)라고 주장한다. 바울은 이런 확신과 더불어 "내가 전하는 복음은 사람에 의하여 된 것이 아니며, 사람에게서 받았거나 사람에게서 배운 것이 아니라 예수 그리스도께서 주신 계시를 통하여 받은 것"(갈 1:11~12)이라는 확신을 갖고 있었다. 따라서 루츠(Luz)가 올바로 지적했듯이 "그의 신학은 그의 자서전을 떠나서는 이해할 수 없다. 다메섹 문 앞에서 거꾸러졌던 바울의 경험이 그의 신학 전체에 큰 자국을 남겼다. 바울에게서 그리스도는 유대인으로서의 그의 이전 생활을 문제화시킨, 전적으로 새로운 어떤 것(something radically new)이었다. 그의 신학이 그런 개인적인 경험에서 나왔기 때문에 그것은 아주 개인적인 신학(a highly individual theology)이라고 말할 수 있다."[20]

이처럼 바울은 자신의 사도권이 하나님으로부터 직접 왔다고 확신하였기 때문에 바울은 감히 자기가 "지극히 크다는 사도들보다 조금도 부족하지 않다"(고후 11:5; 12:11; cf. 고전 15:10)라고 주장하기까지 하며, 이런 자부심과 확신 때문에 바울은 당당히 자기가 전하는 복음과는 다른, 그런 "다른 복음"을 전하는 사람들에게 감히 저주 선언까지 퍼부을 수 있었던 것이다. 나중에 교회가 바울의 이런 주장이 담긴 갈라디아서를 정경으로 받아들였다는 사실

20) Ulrich Luz, *The Theology of the Gospel of Matthew*(Cambridge University Press, 1995), p. 149.

자체가 결국 바울의 이런 신앙적 확신을 인정했다는 의미로 받아들일 수 있을 것이다.

예수가 부활 승천한 이후 불과 20년이 지나지 않아서 초대교회가 전하는 복음은 이미 "할례자를 위한 복음"과 "무할례자를 위한 복음"으로, 즉 두 가지 형태와 내용으로 구별되어 있었을 뿐만 아니라, 이와는 별도로 "율법주의적 우익파들"이 전파하는, 그래서 바울로부터 정죄를 받은 "다른 복음"(a different gospel)도 있었다. 이처럼 초대교회가 전하는 복음들 가운데에는 전혀 용납할 수 없는 것이 있었기에, "다른 복음"을 전하는 사람에 대한 저주 선언까지 나타났고, 또한 바울과 베드로 간에도 복음에 대한 이해를 두고 긴장과 갈등이 있었던 점을 고려할 때, 초대교회의 신앙이 처음부터 얼마나 다양했고, 얼마나 많은 차이를 보였으며, 얼마나 서로 대립적이며 심지어 적대적이기까지 했는지를 알 수 있다. 제임스 던이 잘 지적한 바와 같이 "신약성서 안에는 기독교에 대한 많은 다른 표현이 있었다."[21] 그리고 "신약성서 자체 내에는 단지 다양한 케리그마만 있었던 것이 아니라 사실상 상반된 것으로 보이는 케리그마도 있었다."[22] 그럴 수밖에 없었던 이유는 1세기에는 아직 기독교 신앙의 옳고 그름을 가를 수 있는 어떤 규범도 전혀 없었기 때문이다.[23] 그런데 그 이후 3~4세기가 지나 초대교회는 초대교회의 여러 문서들 가운데서 오직 27권만을 신약성서의 정경으로 확정짓는 과정에서 유대 기독교인들을 위한 "할례자를 위한 복음"과 이방 기독교인들을 위한 "무할례자를 위한 복음"을 모두 정경으로 받아들였다. 어느 하나만이 절대적인 권위를 갖는 것으로 인정하지 않았기 때문이다. 이 말은 신앙의 다양성을 인정

21) "many different expression of Christianity within the NT." "the diverse expressions of first century Christianity." Cf. *Unity and Diversity in the New Testament*, p. 372.
22) "within the NT itself we have not simply diverse kerygmata, but in fact kerygmata which appear to be incompatible." Cf. *Unity and Diversity in the New Testament*, p. 26.
23) James D. G. Dunn, *Unity and Diversity in the New Testament*. "there were as yet no well defined or unanimous views regarding orthodoxy ad heresy"(p. 373). "there was no single normative form of Christianity in the first century"(p. 373).

했다는 말이다. 그래서 우리는 다시금 "정경은 다양성을 정경의 기준으로 삼았다(the canon canonizes diversity)"라는 말의 의미를 깊이 되새겨볼 필요가 있다.[24]

---

24) Dunn은 정경이 "기독교의 다양성을 정경화했다", 즉 "it(the canon) recognizes the validity of diversity"라고, 그래서 "신약 정경을 인정한다는 것은 기독교의 다양성을 받아들이는 것"이라고 말한다. Cf. *Unity and Diversity in the New Testament,* pp. 376~377. E. Kaesemann도 "it(the canon) provides the basis for the multiplicity of the confession"란 말과 함께 심지어 "The canon also legitimizes as such more or less all sects and false teaching"이라고까지 말하고 있다. Cf. "Canon," *ENTT*, p. 103.

제7장

알렉산드리아 태생의 아볼로, 그는 누구인가

제임스 던(James D. G. Dunn)은 "바나바와 함께 아볼로는 최초 기독교 역사에서 가장 흥미 있는 인물 가운데 한 사람"이라고 말하였다.[1] 그러나 실제로 아볼로는 신약성서에서 그렇게 중요한 인물로 부각되어 있지는 않다. 그에 대한 언급이나 기록이 신약성서[2]는 물론 이외 다른 문서들에서도 많이 나타나지 않는 것이 사실이다. 오늘날 신약성서를 연구하는 학자들에게도 아볼로는 그렇게 잘 알려지거나 중요한 인물로 생각되지 않는다. 신약성서에서 아볼로에 대한 최초의 언급은 바울이 기록한 고린도전서와 그 후에 누가가 기록한 사도행전에서만 찾아볼 수 있다. 우리는 이 두 곳의 기록을 중심으로 아볼로가 왜 "가장 흥미 있는 인물 가운데 한 사람"인지, 실제로 초대교회 안에서 그가 어떤 인물이었으며, 그의 신앙과 신학은 어떤 것이었는지에 대해 알아보고자 한다.

---

1) James D. G. Dunn, *The Acts of the Apostles, Trinity Press International*, 1996, p. 249.
2) 신약성서에서는 "아볼로"에 대한 언급이 오직 누가와 바울에 의해서만 모두 10번 나오는데, 사도행전에서 3번(18:24, 27; 19:1), 고린도전서에서 7번(1:12; 3:4, 5, 6, 22; 4:6; 16:12), 그리고 디도서에서 1번(3:13) 나온다.

1. 바울이 소개하는 아볼로

초대 기독교 문서의 가장 초기의 것으로 알려진 바울 서신 중 특히 바울이 고린도 교회에 보낸 편지로, 우리는 처음으로 아볼로가 초대교회에서 중요한 지도자 가운데 한 사람이었다는 사실을 알게 된다. 예수가 부활 승천한 이후 불과 20여 년이 지나지 않은 이른 시기에, 아볼로가 이미 초대교회의 지도자 가운데 한 사람으로 언급되고 있기 때문이다. 바울은 기원후 50년 중반 경에 기록된 것으로 알려진 고린도전서에서 고린도 교회 안에 네 당파가 존재하고 있었다는 사실을 지적하면서, 그 네 당파가 "바울파," "아볼로파," "게바파," 그리고 "그리스도파"였다는 사실을 언급하고 있다(고전 1:12). 바울의 이 언급은 고린도 교회 안에 "바울" 및 "베드로"와 더불어 "아볼로"를 자신들의 신앙적 지도자로 추종하는 믿음의 형제들이 있었다는 증거로 읽을 수 있다. 따라서 브랜든(S. G. F. Brandon)이 지적한 바와 같이 "아볼로가 좋은 의미로건 나쁜 의미로건 간에 고린도 교회 안에서 한 당파의 지도자로 알려졌고, 또 그를 추종하는 사람들이, 자신들은 분명히 바울을 따르는 사람들과 다르다고 생각했다는 사실이 중요"[3]하다.

뿐만 아니라 바울은 고린도 교회의 네 당파에 대해 언급한 후에 또다시 "어떤 사람은 나는 바울 편이다 하고, 또 다른 사람은 나는 아볼로 편이다 한다면, 여러분은 육의 인간이 아니고 무엇이겠습니까? …나는 심었고, 아볼로는 물을 주었을 뿐이요, 하나님이 자라게 하셨습니다"(고전 3:5~6)라고 말한다. 이 경우에 바울은 게바(=베드로)에 대한 언급은 오히려 무시하거나 아예 간과한 채, 아볼로만을 거론하면서 자기와 나란히 복음의 씨를 심고 물을 준 인물이라고 언급하고 있다. 더 나아가 바울은 아볼로나 자신이 모두 "각각 주께서 주신 직책을 따라 여러분을 믿게 한 종들(διάκονοι)"(고전 3:5)일 뿐

---

3) Cf. S. G. F. Brandon, *The Fall of Jerusalem and the Christian Church*(London: SPCK, 1981), p. 17.

만 아니라, "하나님의 동역자들(συνεργοί)"(고전 3:9)이라고 말한다.[4] 또한 고린도전서 4:6에서는 자신과 아볼로를 고린도 교인들을 위한 "배움의 본보기"로 제시하고 있다. "형제들이여, 나는 여러분을 위하여 이 일에 나 자신과 아볼로를 본보기로 하여 말했습니다. …우리에게서 배우게 하려는 것이었습니다." 바울이 아볼로를 얼마나 높이 평가하며, 또 중요시하고 있는지를 미루어 짐작할 수 있는 증거이다.

더구나 고린도 교회는 바울이 세우고 양육한 교회로 알려져 있는데, 바로 그 교회 안에 바울이 아닌 아볼로를 자신들의 신앙적 지도자로 옹호하는 신도들 그룹이 있었다는 사실은 고린도 교회 안에서 아볼로의 영향력이 어떠했는지를 말해주는 좋은 증거 가운데 하나이다. 분명히 아볼로는 바울의 주요 선교 지역이 아닌 남부 알렉산드리아 태생이지만, 예수가 부활 승천한 이후 불과 20여 년이 지난 후에, 이미 초대교회 안에서, 특히 에베소와 아가야 지방, 더구나 고린도 교회 안에서 중요한 지도자 가운데 한 사람으로 큰 역할을 하고 있었다는 사실은 정말로 주목할 만한 일이다.

그러나 아볼로가 고린도 교회에서 바울과 경쟁 혹은 대립되는 당파의 지도자였다는 사실은 그의 교훈이나 사상이 바울의 교훈이나 사상과 분명히 달랐다는 점을 근거로 설명될 수밖에 없을 것이다. 물론 고린도 교인들 가운데 바울보다 아볼로를 더 좋아한 이유에 대해서, 바울의 언변은 시원치 않았으나, 아볼로는 "능변인 사람"[5]이었기 때문일 수도 있고, 실제로 그렇게 보는 시각도 있다.[6] 바울 자신이 "말이 시원치 않은" 사람임을 인정하고 있을 뿐만 아니라(고후 10:10), 그래서 자기는 "하나님의 증거를 전할 때에 말과 지

---

4) 고린도전서 16:4에서는 바울이 아볼로에 대해서 "형제"란 말을 쓰고 있다.
5) 영어 성서, AV, RSV, NEB 등이 사도행전 18:24의 "ἀνὴρ λόγιος"를 "an eloquent man"이라고 번역했다.
6) Cf. F. F. Bruce, *Peter, Stephen, James & John: Studies in Non-Pauline Christianity*(Grand Rapids: Eerdmans, 1979), pp. 68~69. "Apollos's eloquence was contrasted with Paul's unimpressive delivery, or conceivably his more imaginative flights of exposition were preferred to Paul's deliberate eschewing of 'lofty words or wisdom' among the Corinthians(1Cor. 2:1)."

혜의 아름다운 것으로 아니하였다"(고전 2:1)라고 인정하고 있기 때문이다. 그러나 이 아볼로가 누가가 소개한 바 있는 알렉산드리아 태생의 유대인이라면(행 18:24), 바울과 아볼로의 차이를 도리어 알렉산드리아 교회의 신앙이나 교리가 바울의 것과는 좀 달랐다고 생각하는 편이 더 옳을 것이다.[7] 클라우스너(Klausner)가 "아볼로는 자신이 바울의 가르침에 반대했기 때문에 바울이 애굽에 내려와 전파하는 것을 막았다"라고 주장하는 사실만 보더라도 [8] 그런 점을 어느 정도 미루어 짐작할 수 있다. 그렇다면 실제로 아볼로의 교훈과 바울의 교훈 간에는 어떤 차이가 있었기에 고린도 교회 안에 아볼로를 따르는 "아볼로파"와 바울을 추종하는 "바울파"로 갈라져 있었던 것일까?

이 질문과 관련해서는 무엇보다도, 나중에 누가가 사도행전에서 아볼로를 높이 평가하면서도 아볼로와 관련해서 "그러나 그는 요한의 세례밖에는 알지 못했습니다"(행 18:25)라고 말한 점에 주목해야 한다. 누가 자신도 분명히 아볼로에 대해서는 "학식이 많고… 성경에 능한 사람이었습니다. 그는 이미 주의 도를 배워 알고 있었으며 열심히 예수에 대한 사실을 말하며 정확하게 가르치고 있었습니다"(행 18:24~25)라고 아주 높이 평가하고 있다. 그럼에도 불구하고, 누가는 곧바로 "그러나 그는 요한의 세례밖에는 알지 못했습니다"란 단서를 붙임으로써, 마치 아볼로에게 무언가 부족한 점이 있는 듯한 암시를 주고 있다. 더구나 누가가 이렇게 아볼로에게 무언가 부족한 점이 있는 것처럼 말하는 이 언급이 아볼로를 높이 평가하는 말을 한 직후에 나온 것이기에, 더욱 누가의 진의가 무엇인지, 정말 아볼로에게 바울이나 다른 교회 지도자들에 비해서 부족한 점이나 다른 점이 있었는지, 그리고 정말로 그런 것이 있었다면 그것이 과연 무엇이었는지 궁금해질 수밖에 없다. 이 같은 궁금증을 해소하기 위해서는 무엇보다도 누가가 아볼로를 어떻게 이해했고, 어떻게 소개하고 있는지에 대해 좀 더 자세히 알아볼 필요가 있다.

7) Brandon, *The Fall of Jerusalem and the Christian Church*, p. 18.
8) J. Klausner, *From Jesus to Paul*, p. 389, n.8.

2. 누가가 소개하는 아볼로

누가의 사도행전 기록을 보면, 누가 자신도 아볼로가 나름 초대교회 안에서 중요한 "지도자" 가운데 한 사람이라는 사실에 대해서는 별로 부인하지 않는 듯하다. 누가는 알렉산드리아 태생의 유대인인 아볼로란 인물에 대해서 다음과 같이 소개하고 있다. 그는 "학식이 많은 사람(ἀνὴρ λόγιος)"이었을 뿐만 아니라,9) "성경에 능한 사람(δυνατὸς ὢν ἐν ταῖς γραφαῖς)"이었으며,10) "이미 주의 도를 배워 알고 있었으며(κατηχημένος τὴν ὁδὸν τοῦ κυρίου), 열심히(ζέων τῷ πνεύματι) 예수에 대한 사실을 말하며 정확하게 가르치던(ἐδίδ ασκεν ἀκριβῶς τὰ περὶ τοῦ Ἰησοῦ) 사람이다"(행 18:24~25). 그리고 아볼로가 아가야로 건너가고자 했을 때 그의 형제들이 그를 후원했을 뿐만 아니라, 아볼로를 영접하라고 편지를 써서 보내주기까지 했다고, 그리고 아볼로는 그곳에 가서 이미 하나님의 은혜로 신도가 된 사람들에게 성서를 가지고 예수가 그리스도임을 증명하면서 힘차고 떳떳하게 유대 사람들을 논박하여 그들에게 큰 도움을 준 사람이라고 전해주고 있다(행 18:27~28). 누가의 이런 기록은 아볼로가 에베소(행 18:24)에서만 아니라, 아가야 지방에서도(행 18:27~28) 지도자로서 큰 역할을 한 인물이라는 사실을 알려준다.

그러나 이상하게도 아볼로에 대해 누가가 소개하는 말 속에는 쉽게 이해하기 어려운 내용이 있다. 왜냐하면 누가는 앞에서도 이미 언급한 바와 같이 아볼로를 가리켜 "그는 이미 주의 도를 배워 알고 있었으며 정확하게 가르치고 있었다"(행 18:25)라고 말하면서도, 그리고 "예수가 그리스도임을 증명하면서 힘차고 떳떳하게 유대 사람들을 논박했다"(행 18:28)라고 말하면서도, 이런 아볼로에 대해서 "그러나 그는 요한의 세례밖에는 알지 못했다"란

---

9) 영어 성서에서는 "a learned man"으로 번역하기도 했고(NIV), 또는 "an eloquent man"으로 번역하기도 했다(KJV, NAU).

10) "mighty in the Scriptures"로 번역한 영어 성서가 있는가 하면(KJV, NAU), "with a thorough knowledge of the Scriptures"라고 번역한 영어 성서도 있다(NIV).

말을 사족처럼 덧붙이고 있기 때문이다. 사도행전 전반에 걸쳐서 아볼로가 "배워서 알고 있었다"는 "주의 도(the Way of the Lord)"는 "온전한 기독교 신앙과 실행을 가리키는 독특한 요약적 표현(a characteristic summary expression for full Christian faith and practice)"이라고 볼 수 있으며, 따라서 아볼로가 "주의 도를 배워 알고 있었다"라고 말한 것은 곧 그가 "온전한 교육을 받은 기독교인(a fully instructed Christian)"이라는 의미일 것이다. 그럼에도 불구하고[11] 누가는 "그가 요한의 세례밖에는 알지 못했다"라는 말을 첨가함으로써 아볼로에게 무엇인가 부족한 점이 있는 듯한 인상을 주고 있다.

어떻게 "주의 도를 배워 알고 있었고, 열심히 예수에 대한 사실을 말하며 정확하게 가르치는" 사람이 아직까지 요한의 세례만 알고 있는가 말이다. 누가에게서 요한의 세례는 뒤에 오시는 이가 베풀게 될 성령과 불의 세례를 위한 예비적 세례 혹은 그것에 비교될 수 없는 부족한 세례를 의미하는 것이 아니었던가? 그렇다면 아볼로는 요한이 비록 자기가 지금 물로 세례를 주지만, 자기보다 더 능력이 많으신 분이 자기 뒤에 오실 것이라고 전했던 사실(눅 3:16)조차 모르고 있단 말인가? 더구나 누가는 아볼로가 "이미 주의 도를 배워 알고 있었으며 열심히 예수에 대한 사실을 말하며 '정확하게' 가르치고 있었다"라고 말한 후에, 그렇지만 아볼로가 요한의 세례밖에는 알지 못하고 있었기에, 브리스길라와 아굴라가 "따로 그를 데려다가 하나님의 도를 더 자세히 설명해 주었다"(행 18:26)라고 전해준다. 아볼로가 "브리스길라와 아굴라"로부터 "따로… 더 자세히" 설명을 들어야 할 무엇이 더 있단 말인가? 있었다면 그것은 과연 무엇인가?

이런 의문에 대한 해답을 찾아보기 위해서는 누가가 이 본문에 바로 뒤이어 소개하는 이야기, 즉 바울이 에베소에 도착해서 만난 "열두 명의 제자들"에 대한 이야기(행 19:1~7)에 관심을 기울여야 한다. 누가는 그 이야기에서 바울이 고린도로부터 에베소에 왔을 때, 그곳에서 "열두 명의 제자들"을 만났

---

11) S. G. F. Brandon, *The Fall of Jerusalem and the Christian Church*, p. 24.

는데, 그들도 마치 아볼로처럼 세례 요한의 세례만 받은 사람들이었고 "성령이 있다는 말조차 듣지 못한" 사람들이었다고 전해준다. 그래서 바울은 별도로 그들에게 "요한은 회개의 세례를 베풀었고 백성들에게 자기 뒤에 오시는 분, 곧 예수를 믿으라고 말했다"는 사실을 설명해 주었고, 그들이 바울의 이런 설명을 듣고 난 이후에 "주 예수의 이름으로 세례를 받았고"(행 19:5), "성령을 받은"(행 19:6) 것으로 기록되어 있다. 아볼로와 이 열두 제자들이 모두 요한의 세례만 알고 있었다는 점에서는 비슷하다. 그러나 분명한 차이점도 있다. 에베소의 열두 제자들은 오직 요한의 세례만 받았고, 주 예수의 이름으로 세례를 받은 사실은 없는 것으로 보인다. 그래서 그들은 성령이 있다는 말도 듣지 못했고, 성령을 받은 적도 없다. 그렇다면 그들이 혹시 세례 요한의 제자들이 아닌가 하는 생각을 하게 만든다. 그러나 아볼로가 비록 요한의 세례만 알고 받았다고 하지만, 아볼로는 "주의 도를 배워 알고 있었고, 열심히 예수에 대한 사실을 말하며 정확히 가르치고 있었다"(행 18:25).

바울이 에베소에서 만난 열두 제자들에게 부족했던 것은 "주 예수의 이름으로 세례를 받는 일"과 "성령을 받는 일"이었다. 따라서 이 열두 제자들은 분명히 온전한 기독교인으로 인정될 수 없는 사람들이었다. 그래서 바울이 그들에게 부족했던 두 가지를 보충해 주어서 온전한 기독교인으로 만들어 주었던 것으로 기록되어 있다. 그러나 아볼로는 "주의 도를 배워 알고 있었던" 사람이고, "성령을 받아" 예수에 대한 사실을 정확히 가르치고 있던 사람이다. 아볼로가 "성령을 받은 사람"이란 증거는 사도행전 18:25에서 찾아볼 수 있다. 물론 우리말 성서에서는 아볼로가 "열심으로" 예수에 대한 사실을 말하며 가르쳤다고 번역했지만,[12] "열심으로"라고 번역된 이 헬라어 원문은 "ζέων τῷ πνεύματι"이다. 우리말 성서 번역자들이 여기에 사용된 "πνεῦμα"를 인간적인 영을 가리키는 것으로 해석하여 새번역에서는 "열심히"라고, 개

---

12) 영어 번역 성서 중에도 우리말 성서와 비슷하게 "with burning zeal(The Twentieth Century New Testament)", "with fierly enthusiasm(C. H. Rieu의 개인 번역 성서)", "being an enthusiastic soul(Olaf M. Norlie의 개인 번역 성서)"라고 번역된 것도 있다.

역개정에서는 "열심으로"라고 번역하였지만, 제임스 던은 누가가 말하는 "πνεῦμα"가 "인간적인 영(human spirit)"을 가리키는 것이 아니라 "거룩한 성령(Holy Spirit)"을 뜻하는 것이라고 주장한 바 있다. 실제로 로마서 12:11에서도 똑같은 헬라어 문구(τῷ πνεύματι ζέοντες)가 사용되었는데, 거기서는 새번역 성서에서도 "성령에 뜨거워져서"라고 번역되어 있다. 따라서 여기서도 마땅히 "성령에 뜨거워져서"라고 번역되어야 하고, 그렇게 이해해야 할 것으로 본다.[13]

그러나 아볼로에 관한 누가의 기록을 주목해 보면, 아볼로와 관련해서 "주 예수의 이름으로 세례"를 받은 사실에 대한 언급은 없다. 따라서 아볼로의 경우는 분명히 "온전한 교육을 받은 기독교인"이었지만, 누가로서는 혹시 아볼로가 아직 "주 예수의 이름으로 세례를 받지" 못한 것을 염두에 두었는지도 모른다. 1세기 초대교회에서는 아직 교회의 입교인으로 받아들이는 규정에 대해서 지역에 따라 다를 수도 있는 때였기에 가능한 일일 수도 있다. 아마도 이런 부족한 점 때문에 브리스길라와 아굴라가 "교회에서"가 아니라 아직까지도 "회당에서"(행 18:26) 말하고 있는 아볼로를 데려다가 "하나님의 도를 더 자세히 설명해 주면서," 아마도 "주 예수의 이름으로 세례를 받는 일"에 대해 더 자세히 설명해 주었던 것으로 생각된다.

3. 누가의 이 같은 언급의 배경

누가가 이처럼 아볼로에게 무엇인가 부족한 점이 있는 듯이 지적하여 말하는 이유는 무엇일까? 어떤 학자들은 이 의문을 풀기 위해서 다음과 같은 설명을 제시하기도 한다. 즉 고린도전서에 기록된 바울의 증언에서도 잘 드러나듯이, 누가가 사용한 자료에서는 아볼로가 너무 높이 찬양되고 있었는

---

13) 영어 성서인 The American Standard Version에서는 "being fervent in the Spirit"이라고 번역했는데, 이 번역이 오히려 보다 정확한 번역으로 생각된다.

데, 누가 자신은 바울의 추종자이며 바울의 찬양자이기 때문에 자연히 사도
행전을 기록할 때, 바울의 라이벌로 생각될 수 있는 아볼로(참조: 고전 1:12의
"바울파"와 "아볼로파")의 사역과 인품에 대해 좀 폄하하려고 했고, 그래서 그
에게 신학적으로 좀 부족한 점이 있는 것처럼 언급하였다는 설명이다.[14] 실
제로 누가의 사도행전과는 달리 바울의 고린도전서에서는 아볼로에 대한 부
정적인 언급이나 폄하적인 평가를 전혀 찾아볼 수 없다는 점이 어느 정도 이
런 설명을 가능하게 해준다.

아볼로에 대해 언급하고 있는 누가의 본문을 전체적으로 읽어보면, 비록
아볼로가 예수의 생애에 대해 잘 그리고 정확히 알고 있기는 했지만, 분명히
요한이 외친 회개의 설교("요한의 세례") 이상을 넘어서지는 못했다는 인상을
주는 것이 사실이다. "그가 회당에서 담대하게 말했다"(행 18:26)는 것은 단지
예수의 생애와 교훈에 관한 것뿐이었고, 아마도 그 이후에 베드로가 오순절
에 설교한 "마지막 날"이 시작되어 성령이 주어진 사실 등에 대한 것은 아니
었던 것으로 보인다. 누가가 아볼로에 대한 기록에 이어서 곧바로 사도행전
19:1~7에서 "요한의 세례"만 받았을 뿐 "성령이 계시다는 말조차 듣지 못했
던" 에베소의 제자들에 대해 언급하면서, 그들이 바울에 의해서 다시 "예수
의 이름으로 세례를 받고"(행 19:5) "성령을 받은"(행 19:6) 사실을 기록한 것만
보더라도, 누가로서는 아볼로가 에베소의 제자들과 마찬가지로 "요한의 세
례"만을 알고 있는 무언가 좀 부족한 제자라는 점을 의도적으로 드러내려고
했던 것으로 보인다.

어쩌면 이것이 아볼로가 팔레스틴으로부터, 특히 예루살렘 교회로부터
멀리 떨어진 알렉산드리아에서 듣고 자란 복음의 한계였다고 생각할 수도
있다. 이것과 관련하여 우리는 제임스 던이 "아볼로에 대한 이런 누가의 설
명은 아볼로가 (초대 기독교) 주류 발전의 변두리에 있는 인물이었다는 인

---

14) Justo L. Gonzalez, *Acts: the Gospel of the Spirit*(New York: Orbis Books, 2001), p. 218; Cf. E.
Haenchen, *The Acts of the Apostles: A Commentary*(Philadelphia: Westminster, 1975), pp.
554~555.

상"[15]을 주고 있다고 언급한 사실에 주목할 필요도 있다. 예루살렘 교회와 아주 가까운 지역에서 혹은 예루살렘 교회와 빈번하게 교류하는 가운데서 복음을 듣고 자란 사람들의 입장에서 볼 때, 예루살렘 교회로부터 멀리 떨어진 지역에서 복음을 듣고 믿게 된 사람들의 경우에는 무언가 좀 부족하여 아직 올바른 신앙의 단계에 도달하지는 못했다고 생각하는 사람들이 많았던 것이다. 예수의 교훈과 말씀에 대한 정확하고도 올바른 기록이 아직 널리 알려지지 않은 때였고, 또한 불완전한 전승과 왜곡된 설교가 많이 유포되던 때이기도 했다. 실제로 나중에 외경으로 밀려난 많은 기독교 문서들이 이런 시기에 기록되어 나왔다는 사실을 기억할 필요도 있다.

이런 상황에서 애굽에 자리 잡고 있던 알렉산드리아 교회처럼 예루살렘 모교회로부터 지역적으로 멀리 떨어져 있는 교회에서는 권위 있는 사도들이나 믿을 만한 지도자와 직접 만날 수 있는 기회도 별로 없었고, 또 예수의 말씀에 대한 믿을 만한 기록이나 신빙성 있는 전승에 쉽게 접할 수도 없는 때였기에, 이런 때에 그런 곳에서 예수를 믿게 된 많은 사람들의 경우, 예수에 관한 정확한 정보와 관련해서나 신앙적인 면에서도 여러 가지로 미비하거나 부족한 점들이 많을 수 있었다는 점을 쉽게 짐작할 수 있다. 따라서 아볼로에게 부족한 것이 있는 것처럼 언급한 누가의 기록은 "아볼로가 갖고 있던 예수에 대한 지식이 예수의 죽음과 부활 이전에 있던 예수의 사역에 대한 증언('갈릴리 복음')으로부터, 아마도 세례 요한의 사역과 중첩되는 시기로부터 나온 것"이란 의미를 드러내고 있다. 또한 "누가에게는 요한의 세례가 복음의 시작 단계, 그러나 오로지 복음의 시작에 지나지 않는 것뿐"이라는 의미로 보는 제임스 던의 생각에 일리가 있어 보인다.[16]

따라서 사도행전 18장에 나오는 아볼로의 이야기는 "알렉산드리아에서의 기독교의 시작 단계가 (후대의 용어를 사용할 경우) 전적으로 '정통적'이지는

---

15) James D. G. Dunn, *The Acts of the Apostles* (Pennsylvania: Trinity Press International, 1996), p. 250.
16) *Idem.*

않았다"17)라는 점을 암시해 주는 것이라고 생각할 수 있다. 누가가 사도행전 18:26에서 "브리스길라와 아굴라"가 별도로 "아볼로를 데려다가 하나님의 도를 더 자세히 설명해 주었다"라고 말한 것도, 비록 그들이 더 자세히 설명해 준 내용이 구체적으로 어떤 것인지 밝혀져 있지는 않지만, 그리고 바울과 더불어 복음 선교 활동을 했던 브리스길라와 아굴라가 아볼로에게 부족해 보이는 점들에 대해 무엇인가 "자세히 설명해" 줌으로써, 아볼로에게 부족하다고 생각되었던 것을 더 잘 보충해 준 것이라고 생각할 수 있다. 누가의 이런 기록을 고려할 때, 누가로서는 아볼로가 대표하는 것으로 보이는 "알렉산드리아의 기독교가 바울로 대표되는 기독교와는 아주 다른 것으로 그리고 바울의 것과 비교할 때 좀 부족하다"는 점을 드러내려고 했던 것으로 보인다.

4. 알렉산드리아 교회와 그 신앙적 특징

알렉산드리아는 그리스-로마 세계에서 두 번째로 가장 큰 도시였으며, 유대인들이 구약 시대로부터 오랫동안 문화적으로나 정치적으로 관계를 맺어온 도시였고, 국가적 재난이 있을 때마다 피난처로 자주 이용하던 도시였다. 실제로 알렉산드리아에는 많은 유대인들이 많은 회당을 가지고 살고 있었으며, 도시의 3분의 1이 유대인들 손에 들어가 있었던 것으로 알려져 있다. 필로(Philo)는 알렉산드리아와 애굽의 다른 지역에 살고 있던 유대인들의 숫자를 1만 명 정도로 추산하고 있으며, 유스터(M. Juster)에 의하면, 알렉산드리아 전체 인구의 8분의 1이 넘었다고 한다.18) 이런 점들 때문에 알렉산드리아

---

17) James D. G. Dunn, *The Acts of the Apostles*, p. 249. 그는 사도행전 18장에 나오는 아볼로의 이야기와 더불어 사도행전 19장에 나오는 에베소 제자들의 이야기는 "새로운 기독교 운동의 가장자리에 있던 그룹들을 나타내는 것일 수 있다"라고 말한다(p. 248).
18) M. Juster, *Les Juifs dans l'Empire Romain*, p. 209. Brandon, *The Fall of Jerusalem and the Christian Church*, p. 221에서 재인용.

는 처음부터 초대 기독교의 자연스럽고 유망한 선교 대상이었을 것이며, 따라서 아주 초기에 기독교가 애굽에 들어갔을 것으로 짐작된다. 오순절 성령 강림 때 예루살렘에 모여든 여러 지역의 사람들 가운데 분명히 "애굽" 지역에서 온 사람들이 있었다고 하는 언급만 보더라도(행 2:10), 그리고 초대교회 당시 예루살렘에 "구레네 사람들과 알렉산드리아 사람들과 길리기아와 아시아에서 온 사람들로 구성된 리베르티논의 회당이란 회당이 있었다"(행 6:9)라는 기록만 보더라도, 아마도 오순절 성령 강림 사건에 참여한 "애굽 사람들"과, 스데반과 변론했던 리베르티논 회당의 "알렉산드리아 사람들"에 의해서 기독교 복음이 아주 이른 시기에 애굽 지역으로 들어갔을 것으로 보인다.

특히 기원후 70년에 유대 나라가 로마에 의해 멸망하고 예루살렘 성전이 파괴될 당시 예루살렘에 중심을 두고 발전하던 초대교회가 주로 펠라 지역으로 이주한 것으로 알려져 있지만,[19] 베스파시안(Vespatian) 장군이 이끈 로마의 원정군이 북쪽으로부터 팔레스틴에 들어왔기 때문에, 예루살렘 교회 교인들의 피난 방향은 북쪽, 즉 펠라 지역이 아니라 남쪽, 즉 애굽 혹은 알렉산드리아 방향이었다고 보는 것이 자연스럽다. 이보다 훨씬 전인 기원후 42년경에 예루살렘 초대 신앙공동체가 헤롯 아그립바에 의해 박해를 받아, 요한의 형제 야고보가 열두 제자 중 최초로 죽임을 당하고(행 12:1~2), 이어 베드로가 투옥되었다가 이적적으로 풀려나와 "다른 곳으로 떠나갔다"(행 12:17)고 했을 때에도, 그 "다른 곳"이 바로 애굽 "알렉산드리아"였을 가능성이 많이 점쳐지기도 한다.[20]

---

19) 유대의 멸망과 예루살렘 성전의 파괴를 앞두고 예루살렘 교인들에게 요단강 건너편의 펠라로 도망가라는 신탁의 말씀(an oracle)이 있었다고 알려져 있다. "예루살렘에 있는 교인들은 전쟁이 시작되기 전에 계시를 통해 주어진 신탁의 말씀에 의해 예루살렘 성을 떠나 베리아의 어느 성읍, 이른바 펠라에 가서 살라는 명령을 받았다"(Eusebius, HE. III.5, 3).

20) 베드로가 헤롯의 박해를 피해 떠나간 그 "다른 곳"이 안디옥일 가능성이 높다는 주장이 자주 언급되었다. 베드로가 안디옥의 첫 번째 감독이라고 말해주는 후대 전승들이 있었기 때문이다. 안디옥 이외에도 로마, 고린도, 알렉산드리아가 가능한 장소로 논의되기도 했다. 그러나 Brandon은 누가가 언급한 그 "다른 곳"(행 12:17)을 알렉산드리아로 보는 주장이 거리상으로나 적합성으로 판단할 때 "가장 강력한 가능성"이라고 주장한다. Cf. The Fall of Jerusalem and the Christian Church, p. 211.

브랜든은 기원후 70년경에 예루살렘 교회가 알렉산드리아로 이동했다는 것을 전제로 알렉산드리아 교회가 예루살렘 교회의 유일한 대표자로 남아 발전한 것으로 믿는다.21) 알렉산드리아의 기독교가 일찍부터 애굽 지역에서 큰 역할을 했다는 사실은 2세기에 이미 알렉산드리아에서는 초대 교부들 가운데 클레멘트(Clement, AD 150~215)가,22) 그리고 위대한 영지주의 이단자들로 기억되는 발렌티누스(Valentinus)와 바실리데스(Basilides)가 활발하게 활동하고 있었다는 사실에서, 또한 기원후 약 125년경에 만들어진 것으로 알려진 요한복음의 파피루스 사본(P52)이 애굽 땅에서 발견되었고,23) 애굽 방언인 곱틱(coptic) 언어로 기록된 많은 번역본이 존재했다는 사실24)과 함께 외경 가운데서 "애굽인들의 복음서(the Gospel of Egyptians)"가 전해진 사실 등을 통해서도 어느 정도 확인할 수 있다.

이처럼 일찍이 예루살렘 교회를 중심으로 한 유대 기독교가 알렉산드리아에서 확립되어 발전함으로써 바울은 어쩔 수 없이 그의 세계 전도 여행 중

---

21) Brandon, *The Fall of Jerusalem and the Christian Church*, p. 225. 또 Brandon은 알렉산드리아 교회의 기원과 발전에 대해 다음과 같이 네 단계로 설명하고 있다. (1) 알렉산드리아 교회는 기독교가 생긴 이후 10년 혹은 20년 동안에 팔레스틴에서 내려온 선교사들에 의해 시작되었으며, 아마도 한동안 베드로에 의해 주도되었고, 그 구성과 분위기 및 신앙적 관점에서는 본질적으로 유대적이었으며, "유대 기독교 세계의 남극(the southern pole of a kind of Jewish Christian axis)"을 이루고 있었다. (2) 기원후 70년 유대 나라가 멸망한 후 팔레스틴으로부터 많은 유대인들이 피난해 옴으로써 유대적 요소와 특징이 더욱 강하게 드러나게 되었다. (3) 예루살렘의 멸망에도 불구하고 알렉산드리아 교회는 유대 기독교를 위한 변증(apologia)을 목적으로, 그리고 바울 교훈에 대한 논박(polemic)을 목적으로 마태복음을 기록하게 되었다. (4) 기원후 90년경 이후로 유대교적인 자부심이 점차로 쇠퇴하는 가운데, 바울 사상에 대한 반박이 점차 타협적인 권면으로 바뀌었고, 나중에는 이방인들의 입장이 강화되기 시작하는 여러 단계를 겪으며 발전하였다(p. 242).
22) 클레멘트(Clement)는 오리겐(Origen)과 함께 성서에 대한 알레고리적 해석을 주장하는 알렉산드리아 학파의 주인공으로, 문자적 해석을 주장하는 안디옥 학파와 대립하였다.
23) 1935년경에 애굽에서 발견된 이 파피루스 사본은 요한복음 18:31~33, 37~38이 기록되어 있는 파피루스 단편이다. 이 단편이 발견됨으로써 요한복음 기록 연대가 기원후 100경으로 거의 확정되었다. K. and D. Lake는 그의 「신약성서 개론」(*An Introduction to the New Testament*, London, 1938)에서 요한복음의 기록 장소를 애굽 알렉산드리아로 주장하기도 했다. Cf. Brandon, *The Fall of Jerusalem and the Christian Church*, p. 222, n.3.
24) 곱틱어 역본(the coptic version) 이외에도 사히딕 역본, 보하이릭 역본, 화이윰 역본이 있으며, 무엇보다도 신약성서 대문자 사본 가운데서 아주 권위 있는 사본으로 알려지고 있는 알렉산드리아 사본(codex Alexandrianus)도 본래 알렉산드리아에서 발견되어 보존되어 온 것이다.

애굽 지역을 생략 혹은 포기할 수밖에 없었고, 따라서 바울의 전도 여행은 남쪽이 아니라 북서쪽으로(northwards and westwards) 향할 수밖에 없었을 것이다. 그리고 유대 기독교인들이 알렉산드리아로 피난한 사실에 대한 생생한 설명이 유대 기독교의 산물로 생각되는 마태복음의 서두에서 아기 예수가 애굽으로 피난한 이야기(마 2:13~15)에 구체적으로 반영되어 나타나는 것으로 생각된다. 마태복음은 예수가 그의 공생애 사역 기간 동안 거룩한 땅 팔레스틴의 영역을 벗어나지 않았음을 강조하는 복음서임에도 불구하고,[25] 예수가 어렸을 때 애굽으로 내려갔음을 언급하면서 그것이 "내가 애굽에서 내 아들을 불러내었다"라는 호세아서 예언을 성취하는 것이라고 주장하는 유일한 복음서이다. 이 전승이 마치 아기 예수처럼 기원후 70년경에 로마 군의 위협 때문에 애굽으로 피난 온 유대인 기독교인들에 의해 전해지고 보전된 것은 의미 있는 일이 아닐 수 없다. 초대교회들 중 어느 교회도 예수가 한때 자기들의 땅에 계셨음을 주장하는 교회는 없다. 그러나 알렉산드리아 교회는 바로 그 점을 주장하면서 애굽 땅을 성지화(聖地化)하였던 것으로 보인다.

브랜든은 마태복음을 기록한 신앙공동체가 알렉산드리아로 피난 와서 뿌리를 내리고 발전한 예루살렘의 유대 기독교라고 보면서, 알렉산드리아 교회의 "유대적 특징"을 강조한다. 이런 관점에서 그는 마태복음 및 히브리서[26]와 함께 신약 문서들 중 가장 유대적이며(the most Jewish), 가장 덜 기독교적인(the least Christian) 문서로 생각되는 야고보서[27]가 기원후 70년 이후 알

---

25) 마가복음 7:24에서 마가는 예수가 이방인 지역인 "두로 지경으로 가서 한 집에 들어가서" 여인을 만났다고 기록했는데, 마태는 이 본문을 수정하여 마태복음 15:22에서 "가나안 여자 하나가 그 지경에서 나와서" 예수를 만난 것으로 고쳤다.

26) Brandon은 히브리서가 알렉산드리아에서 기록된 것으로 보고 있는데(Cf. *The Fall of Jerusalem and the Christian Church*, pp. 239~240), F. F. Bruce도 히브리서를 "Alexandrian document"로 보고 있다(Cf. Peter, *Stephen, James & John: Studies in Non-Pauline Christianity*, Grand Rapids: Eerdmans, 1980, p. 62).

27) James D. G. Dunn은 야고보서를 가리켜 "the most Jewish, the most undistinctively Christian document"라고 말하였다. Cf. *Unity and Diversity in the New Testament*(London: SCM Press,

렉산드리아에서 기록된 것으로 보고 있다.28) 그에 의하면, 알렉산드리아에서 기록된 것으로 생각되는 마태복음과 야고보서가 모두 반바울적인 경향을 보이는 것이 그 특징이다. 만약 그의 이런 설명이 옳다면, 아볼로와 바울의 차이는 결국 크게 보아서 유대 기독교 신앙과 이방 기독교 신앙의 차이라고 말할 수도 있을 것이다.

그러나 아주 이상하게도 신약성서에서는 기독교 신앙이 애굽 혹은 알렉산드리아에서 아주 이른 시기에 시작되고 발전되었다는 사실에 대해서는 별다른 언급이 없다.29) 그렇다면 신약성서에서 애굽이나 알렉산드리아의 교회 활동에 대한 언급이 전혀 나타나지 않는 이유는 무엇일까? 브랜든은 그 이유를 사도행전을 기록한 누가가 알렉산드리아 지역에 대해 일종의 적개심을 갖고30) 있었기 때문이라고 설명한다. 누가가, 베드로가 헤롯의 박해로 인해 투옥되었다가 이적적으로 풀려나온 이후 떠나갔던 "다른 곳"에 대해서 구체적으로 언급하지 않는 이유는, 또한 누가가 사도행전에서 그 뒤에도 계속해서 베드로에 대한 언급을 거의 하지 않는 이유는, 초대교회에서 그토록 중요한 사도인 베드로가 이미 알렉산드리아 지역에 갔다는 사실과 더불어 그가 알렉산드리아 교회에서 지도력을 발휘하고 있었다는 사실을 밝히려는 의도가 전혀 없었기 때문일 수도 있다.31) 사도행전을 기록한 누가의 주요 관심과 의도는 오직 바울의 활동을 소개하면서 바울을 어떤 사도들보다도 뛰어난 "사도 중의 사도(the Apostle par excellence)"로 부각시키는 데 있었기 때문이다.

1977), p. 251.

28) H. Windisch도 "야고보서가 예루살렘이 아닌, 그리고 바울의 영향력이 미치는 지역이 아닌 곳에서 기독교를 증거하고 있다"라고 말하는데, 그런 상황에 가장 잘 맞는 곳은 알렉산드리아일 것이다. Cf. Brandon, *The Fall of Jerusalem and the Christian Church*, p. 238.

29) "the significance of the silence in the New Testament about the beginning of the Christian faith in Egyptian capital." Cf. *The Fall of Jerusalem and the Christian Church*, p. 224. 신약성서에서 "알렉산드리아"라는 단어 자체는 오직 2번(행 6:9; 18:24) 나온다.

30) "Luke's hostility towards Alexandrian Christianity." Cf. *The Fall of Jerusalem and the Christian Church*, p. 210.

31) Brandon, *The Fall of Jerusalem and the Christian Church*, p. 211.

다른 한편으로 고겔(M. Goguel)은 기독교 기원에 관한 그의 연구 저서인 「기독교의 탄생」(*La Naissance du Christianisme, Paris*, 1946)에서 "교회 전승에서 볼 수 있는 애굽 기독교의 기원에 대한 침묵(silence)은 애굽 교회가 후대의 정통적 관점에서 볼 때 초기에 이단적(heretical)이었던 것으로 알려진 사실 때문"이라는 바우어(W. Bauer)의 주장을[32] 제시하고 있다. 알렉산드리아 교회의 신앙이 정통의 관점에서 볼 때 너무 주류에서 벗어났기 때문에 주요 관심사가 될 수 없었을 것이란 의미이다.[33] 다른 한편, 브랜든은 알렉산드리아 교회의 기독론이 예수의 메시아 되심에 대한 일종의 랍비적 해석 형태를 띠고 있었다고 보는데,[34] 이것도 같은 관점으로 보이며, 아마도 이것이 사도행전 18장에서 누가가 아볼로에게 부족한 점이 있어 보이는 것처럼 언급한 이유로 생각되기도 한다.

그러나 알렉산드리아 기독교와 그 신앙에 대해서는 별다른 기록이 전해지고 있지 않다. 즉 브랜든에 의하면, 알렉산드리아 기독교인들이 누가가 사도행전을 기록한 것처럼 알렉산드리아 기독교의 기원과 발전에 대해 기록을 남기지 않은 이유는, 그 당시 알렉산드리아 기독교인들이 유대적 특징과 유산에 대해 갖고 있던 자부심이 점차적으로 쇠퇴했기 때문이며, 더구나 유대인과 이방인 간의 적개심이 심화되면서, 그리고 2세기에 실제로 애굽에서 있은 유대인들의 봉기와 반란 때문에, 알렉산드리아 교회로서는 너무나도 유대적인 자신들의 기원을 강조하기보다는 오히려 잊어버리거나 침묵해 버리려고 했기 때문이라는 것이다.[35] 이런 여러 가지 요인으로 인해서 유감스럽

---

32) W. Bauer, *Rechtglaeubigkeit und Ketzerei im aeltesten Christentum*(Tuebingen, 1934), pp. 49. Brandon, *The Fall of Jerusalem and the Christian Church*, p. 224에서 재인용.

33) 알렉산드리아에서 가장 잘 알려진 영지주의적 교사들 가운데 기원후 130년경에 나타난 Basilides와 기원후 140년경에 로마로 이주해 간 Valentinus와 같은 초대 교부들이 있었다는 사실 때문일 것으로 보인다.

34) Cf. *The Fall of Jerusalem and the Christian Church*, pp. 224~225. 이 같은 저기독론(the lower Christology)이 2~3세기에 이르러 정통교회로부터 이단으로 정죄되기 시작한 에비온 사상(Ebionism), 특히 유대적인 전통에 집착하면서 예수의 인성(humanity)만을 고집하던 이단적인 유대 기독교와 비슷했던 것으로 생각된다.

35) Brandon, *The Fall of Jerusalem and the Christian Church*, pp. 242~243.

게도 알렉산드리아 교회와 그 신앙에 대해서 알 수 있는 자료가 별로 전해지지 않은 것으로 보인다.

이런 연구들을 통해 우리는 알렉산드리아 교회의 신앙 혹은 신학의 특징을 크게 두 가지로 지적할 수 있다. 하나는 너무나도 유대적인 특징이 강했기 때문에 기독교적인 관점에서는 좀 미흡한 점이 많았던 것이고, 다른 하나는 헬라적인, 즉 영지주의적인 영향이 너무 강했기 때문에 이단적인 특징이 상당히 많았던 것으로 생각된다. 이렇게 볼 때, 아볼로가 아주 이른 시기에 알렉산드리아의 회당에서 복음을 받아들이기는 했지만, 기원후 50년경에 이미 고린도 교회에서 지도자로 활동하고 있었던 점을 고려할 때, 아볼로가 유대교적인 특징을 크게 벗어나지 못했던 점이 문제가 된 것으로 보이며, 반면에 그처럼 이른 시기에 알렉산드리아를 떠나 고린도로 이주하였기 때문에 오히려 이단적인 영지주의적 영향으로부터는 별다른 영향을 받지 않았던 것으로 생각된다.

제8장

"믿음"을 강조하는 문서와
"행함"을 강조하는 문서

　신약성서에는 다양한 교훈만 있는 것이 아니라 서로 상반된 교훈이 나타나기도 한다는 사실을 기억해야 한다.[1] 이런 사실은 신약성서에서 바울이 "오직 믿음으로만" 하나님 앞에 의롭다 함을 얻을 수 있다고 가르친 반면에, 야고보는 "믿음으로만"이 아니라 "오직 행함으로만" 하나님 앞에 의롭다 함을 얻고 구원받을 수 있다고 가르치는 것에서 쉽게 찾아볼 수 있다. 바울의 교훈과 야고보의 교훈의 차이는 단순한 강조점의 차이로 보거나 다양성의 차원에서만 이해할 수 있는 것은 아니다. 도리어 바울과 야고보는 근본적으로 상반된 교훈을 제시하고 있는 것으로 생각된다. 우리는 여기서 바울과 야고보의 교훈의 근본적인 차이가 무엇인지, 그런 상반된 교훈이 제시되고 있는 이유는 무엇인지를 알아보고자 한다.

---

1) 이것을 James D. G. Dunn은 다음과 같은 말로 표현한 바 있다. "within the NT itself we have not simply diverse kerygmata, but in fact kerygmata which appear to be imcompatible—that is, gospels which are incompatible." *Unity and Diversity in the New Testament*(London: SCM Press, 1977), p. 26.

1. 바울의 "믿음"에 대한 강조

신약성서 27권 중 가장 초기에, 그리고 기독교 문서들 중 가장 최초에 기록된 것으로 알려진 것이 바울의 서신이다. 그런데 이 문서들은 바울이 기독교 신앙을 유대교와는 아주 다른 새로운 신앙으로 이해하면서 반유대교적이며 반율법적인 관점에서 기록한 것들이다. 루츠(Ulrich Luz)가 잘 지적했듯이 바울의 신학은 그의 개인적인 경험을 떠나서는 이해될 수 없다.[2] 그가 다메섹 성문 앞에서 경험한 충격적인 사건은 그의 신학 전체에 큰 발자국을 남겨 놓았다. 바울에게서 그리스도는 유대인으로서의 이전 삶 자체를 문제 삼게 만들었던 완전히 새로운 것이 아닐 수 없었다. 더구나 바울 서신은 이방인 선교사로서 주로 이방인들을 대상으로 복음을 전하면서, 그들에게 구원의 도리에 관하여 가르친 문서이다. 이 문서들, 특히 갈라디아서와 로마서를 통해서 바울은 이방인들에게 하나님 앞에 의롭다 함을 받고 구원함을 받는 길은 유대인들의 경우와 달리 율법의 행함을 통해서가 아니라 오직 예수 그리스도에 대한 믿음을 통해서라고 가르쳤다. 그의 이런 교훈은 다음의 본문들에서 아주 분명히 드러나고 있다.

로마서 3:28, "사람이 의롭다 함을 얻는 길이 율법적 행위에 있는 것이 아니라, 믿음에 있다는 것을 우리는 확신합니다."

로마서 3:30, "하나님은 할례받은 자도 믿음으로 의롭다 하시고 무할례자도 믿음을 통하여 의롭다 하십니다."

로마서 4:5, "경건하지 아니한 자를 의롭다 하시는 이를 믿는 자에게는 그의 믿음을 의로 여기신다."

갈라디아서 2:16, "우리는 사람이 의롭다 함을 얻는 것은 율법을 행함으로가 아니라, 그리스도 예수를 믿음으로 되는 것임을 알고 우리도 예수를 믿은

---

2) "his theology cannot be understood apart from his biography." Cf. *The Theology of the Gospel of Matthew*(New Testament Theology, Cambridge University Press, 1995), p. 149.

것입니다. 그것은 율법을 행하는 행위로가 아니라 그리스도를 믿는 믿음으로 의롭다 함을 얻으려는 것이었습니다."

갈라디아서 3:6, "아브라함이 하나님을 믿어 그것으로 그가 의롭다 함을 얻었다."

바울의 이 같은 "믿음"에 대한 강조 뒷면에는 "율법의 행위"에 대한 정죄의 태도가 강하게 드러나 있다.

로마서 3:20, "율법을 행함으로 하나님 앞에서 의롭게 되는 사람은 하나도 없다."

로마서 3:27, "우리가 자랑할 것이 어디 있습니까? 전혀 없습니다. 어떠한 법으로 의롭게 됩니까? 행위의 법으로입니까? 아닙니다."

갈라디아서 3:11, "그러므로 율법으로는 하나님 앞에서 의롭다 함을 얻을 사람이 하나도 없다는 것이 분명합니다."

갈라디아서 5:4, "율법으로 의롭다 함을 얻으려는 여러분은 그리스도에게서 끊어졌고 은혜에서 떨어졌습니다."

바울이 이처럼 단호하게 율법의 중요성을 부인하면서 오직 믿음을 강조하는 것은, 기독교인이라면 그가 이방인 출신이건, 유대인 출신이건 간에, 율법을 중요시하면서 율법의 멍에를 짊어지고 사는 유대인들과는 달리 더 이상 "율법의 지배 아래 있는 것이 아니라, 은혜 아래 있기"(롬 6:14~15) 때문이라는 확신을 갖고 있기 때문이다. 기독교인이 더 이상 율법의 지배 아래 있지 않은 이유는 "그리스도께서 모든 믿는 사람에게 의롭다 함을 얻게 하시려고 율법의 마지막이 되셨기" 때문이다(롬 10:4). "율법의 마지막"이 되셨다는 이 말은 그리스도가 율법을 끝장내셨다는 의미 이외에 다른 것이 아니다.[3] 그래서 바울은 갈라디아서 3:24에서는 "율법은 우리가 믿음으로 의롭다 함을 얻게 하려고 우리를 그리스도에게로 인도하는 개인 교사 노릇을 했다고 하겠습니다"라고 말한다. 율법은 그리스도가 오기 전까지만 필요할 뿐이고, 그래서 "믿음이 이미 온 이후로는 이제 우리가 더 이상 율법이란 개인 교사의 지배를 받지 않게 되었다"(cf. 갈 3:25)라는 말이다.

사도행전 15장에 기록된 사도회의의 열띤 논쟁에서도 볼 수 있듯이, 초대 교회 안에서는 이방인들에게도 유대인에게처럼 할례를 받게 하는 등 율법을 준수하도록 강요해야 한다는 목소리들이 크게 나타났다. 그러나 주로 이방인을 상대로 복음을 전하던 "이방인의 사도"인 바울로서는 이방인이 그리스도를 믿고 기독교인이 되기 위해서 유대인처럼 율법을 지키는 일을 할 필요가 없었다. 그리스도를 믿는 "믿음"으로 충분하다고 생각했기 때문이다. 초대 기독교인들 중 많은 유대인들이 마치 바울처럼 유대교를 통해서 기독교를 만났지만, 그렇다고 이방인이 그들처럼 유대인이 되는 일을 통해서 혹은 유대교를 통해서 예수를 믿고 기독교인이 될 필요는 없었다. 그리스도를 믿는 믿음으로 충분하기 때문이다.

초대교회 안에서 기독교 신앙을 이전의 유대교 신앙과 구별하기 위해서도 바울의 이런 교훈은 필요하고 중요했다. 또 바울의 그런 교훈은 신앙적으로 올바른 것이기도 했다. 인간이 인간의 행위로, 또는 인간의 공로나 업적으로 하나님 앞에서 구원을 받을 수는 없기 때문이다. 바울은 자신이 기독교인들을 박해하는 일에 앞장섰던 사람임에도 불구하고, 그런 자기를 하나님의 새로운 일꾼으로 불러주신 것 자체가 자기의 행위 때문이 아니라 전적으로 하나님의 은혜 때문이란 사실을 누구보다 잘 알고 있었다. 따라서 바울이 강조하는 "오직 믿음"과 "오직 은혜"는 그의 개인적인 경험에서뿐 아니라 신

---

3) 영어 번역 성서들에서는 이 문구가 다음과 같이 번역되어 있기도 하다. "Christ is the end of the Law", "Christ marks the termination of law", "Christ has brought Law to an end", "Christ has put an end to law." Cf. *The New Testament from 26 Translations*(General Editor, Curtis Vaughan, Zondervan Publishing House, 1967), pp. 694~695.

학적인 성찰의 관점에서 유대교와는 다른 기독교적 복음의 핵심 메시지라고 말하지 않을 수 없다. 그리고 바울의 그런 교훈이 담긴 로마서와 갈라디아서 같은 문서들을 나중에 초대교회가 "정경"으로 선택했다는 것 자체가 성령의 인도하심의 결과라고 생각할 수 있다.

그러나 문제는 신약성서 정경 가운데에는 "믿음"과 "은혜"를 강조하는 바울의 문서만 들어 있는 것이 아니라, 바울의 교훈과는 다른, 아니 상충되는 것으로 보이는 문서, 즉 바울이 그토록 정죄하던 율법의 "행위"의 중요성을 강조하며 요구하는 문서들도 들어 있다는 사실이다. 신약 정경 가운데서 그런 교훈을 강조하는 가장 대표적인 문서는 분명히 야고보서와 마태복음일 것이다.

2. 야고보의 "행함"에 대한 강조

신약성서 문서들 가운데서 "믿음으로 말미암은 의인(the justification by faith)"을 강조하는 바울의 문서들과는 대조적으로 "행함으로 말미암은 의인(義認)"을 강조하는 대표적인 문서가 야고보서라는 사실은 잘 알려져 있다. 분명히 야고보서에서는 "믿음"에 대한 강조보다는 "행함"에 대한 강조가 더 두드러지게 나타난다. 야고보서 2:14~26이 대표적인 본문이다.

야고보서 2:14, "만일 사람이 믿음이 있노라 하고 행함이 없으면 무슨 이익이 있으리요. 그 믿음이 능히 자기를 구원하겠느냐?"

야고보서 2:17, "이와 같이 행함이 없는 믿음은 그 자체가 죽은 것이라."(cf. 2:26)

야고보서 2:24, "사람이 행함으로 의롭다 하심을 받고 믿음으로만 아니니라."(cf. 2:21)

야고보서의 이런 주장은 분명히 바울이 주장하는 것처럼 "사람이 하나님 앞에 의롭다 하심을 얻는 것이 믿음으로 말미암은 것이지 율법의 행위로 말미암은 것은 아니다"라고 가르치는 갈라디아서나 로마서의 강조점과는 아주 대조적인 견해이다.[4] 그러나 야고보서의 행함에 대한 강조가 다만 야고보서 2:14~26에서만 나타나는 것은 아니다. 똑같은 강조점이 이미 이 본문 앞에서도, 또다시 이 본문 뒤에서도 계속되고 있어 행함에 대한 강조가 가히 야고보서의 주요한, 두드러진 주제임을 금방 알 수 있다. 좀 더 구체적으로 지적한다면, 이미 야고보서 1:19~25에서 "말씀을 행하는 사람이 되십시오"(22절, 새번역)는 권면과 함께 "행한 일에 복을 받을 것입니다"(25절, 새번역)라는 말씀이 나온다. 그리고 3:13에서도 "너희 중에 지혜와 총명이 있는 자가 누구냐? 그는 선행으로 말미암아 지혜의 온유함으로 그 행함을 보일지니라"고 "선행"과 "행함"이 강조되고 있으며, 4:11에서 "율법을 심판하는 자가 되지 말고 율법을 지키는 자가 되라"는 취지의 교훈이 있은 후에, 4:17에서는 "사람이 선을 행할 줄 알고도 행치 아니하면 죄니라"고, 선을 행하지 않는 것이 죄라고 규정하고 있다. 그러니까 "행함" 혹은 "선행"에 대한 강조는 야고보서 전체를 꿰뚫는 강조점이요 중심 주제라고 말할 수 있다.

　　여기서 우리는 먼저 야고보와 바울 간의 분명한 차이와 모순에 주목하는 것이 중요하다. 바울이 율법의 행함을 배격하면서 믿음의 중요성을 강조하는 데 비해서, 야고보는 분명히 바울이 정죄하는 율법의 행함을 강조하면서 "행함이 없는 믿음은 죽은 것이며 무익한 것이라"고 말한다. 야고보가 나름 독특한 신학적 관점, 곧 바울과는 다른 신학적 관점을 가지고 있었음이 분명해 보인다.

---

4) 이런 대조적인 입장에 대해 모순과 대립으로 보는 시각이 있는가 하면, 상호 보충적인 관점으로 보는 시각도 있다. 바울과 야고보의 차이에 대해 B. S. Childs는 아우구스티누스의 말을 인용하면서 다음과 같이 말했다. "바울은 믿음 이전의 행함에 대해 말하고 있는 반면에, 야고보는 믿음 이후의 행함에 대해 말하고 있다." "행함의 역할에 대한 바울의 증거는 개종 이전의 시기에 해당되며, 야고보의 증거는 개종 이후의 시기에 해당된다." Brevard S. Childs, *The New Testament as Canon: An Introduction*(Philadelphia: Fortress Press, 1984), pp. 441~442.

그렇다면 신약성서 안에서 이토록 서로 다른 주장과 강조점이 함께 나타나는 이유는 무엇인가? 바울의 서신이 신약성서 문서들 중 가장 초기에 기록된 문서들이란 점을 인정한다면, 분명히 야고보서는 갈라디아서나 로마서 이후에 기록된 문서임에 틀림없으며, 바울의 문서 혹은 그의 교훈에 대한 반응 혹은 반발로 기록되었을 가능성을 배제할 수 없다. 디벨리우스(M. Dibelius)도 비록 야고보를 바울의 적대자라고 부를 수는 없을지라도 야고보서를 바울의 선교 없이 상상할 수 없다고, 즉 야고보서 2:14~16에 나오는 야고보의 주장은 바울이 그 이전에 "행함이 아니라 믿음"이란 슬로건을 내세우지 않은 한, 전혀 생각할 수 없는 일이라고 인정한다.[5] 따라서 많은 학자들은 야고보서가 "오직 믿음"을 강조하는 바울의 교훈을 공격하기 위해서, 또는 바울의 그런 교훈으로 인해 야기한 잘못된 신앙 풍조에 대한 반발로 기록되었을 것이라고 생각한다.[6]

야고보서 연구가들은 야고보서가 바울에 대한 직접적인 공격을 목적으로 기록된 문서인가, 아니면 바울의 문서 때문에 생겨난 잘못된 풍조, 곧 율법 폐기론이나 도덕 무용론에 대한 반발로 기록된 문서인가 하는 점에서만 약간의 이견을 보일 뿐이다. 포프케스(W. Popkes)와 같은 학자들은 야고보서가 바울의 문서보다 훨씬 뒤에(AD 80~120년 사이에) 기록되었으며, 바울 자신을 공격하는 것은 아니고 다만 곡해된 바울 사상에 대해 공격하고 있다는 입장

---

5) Martin Dibelius, *A Commentary on the Epistle of James*(Hermeneia–A Critical and Historical Commentary on the Bible, Translated by M. A. Williams, Fortress Press, 1976), p. 179. Kuemmel도 "야고보서가 바울 이전에 기록되었다는 것은 생각할 수 없다(a pre-Pauline writing of James cannot be assumed)"라고 말한다. Cf. *Introduction to the New Testament*(SCM Press, 1978), p. 414.
6) 물론 야고보서가 바울 문서보다도 이전, 가령 기원후 48년경에 기록되었기에 야고보와 바울이 서로 아무런 접촉이나 반목이 없었다는 주장도 있으며(cf. J. B. Adamson, *James: the Man and his Message*, Grand Rapids, 1989, pp. 3~52, 195~227), 또는 야고보서가 바울 문서보다 더 이전에 기록되었기에 오히려 바울의 주장이 야고보서에 대한 반발이요 공격이라는 주장도 있다(cf. D. Guthrie, *New Testament Introduction*, London 1970, pp. 752~753). 그러나 이런 주장은 오늘날 많은 학자들이 받아들이고 있지 않은 예외적인 주장이다.

을 보인다.[7] 그러나 다른 한편으로 헹엘(Hengel)과 린더만(Lindemann)과 같은 학자들은 더 나아가 야고보가 바울 자신을 직접 공격하고 있다는 입장을 취한다. 체스터(Andrew Chester)는 비록 야고보가 바울을 신학적으로만 아니라 인격적으로도 공격한다고 말하는 헹엘의 주장을 그대로 받아들이지는 않지만, 바울 복음의 핵심적인 부분이, 특히 하나님이 사람을 오직 믿음으로만 의롭게 하신다는 바울의 주장과 행함에 대한 바울의 배격이 야고보서에서 실제로 공격의 대상이 되고 있다는 사실을 중시한다.[8] 비록 야고보의 반응이 충분히 발전된 바울 신학과 관련된 것이 아닐 수 있고, 또 신학적으로 심오한 맛이 없을 수 있지만, 야고보의 반응은 여전히 바울 자신의 근본적인 입장에 대한 공격과 비판으로 나타나고 있다는 것이다.

분명히 야고보는 바울이 (율법의) 행함을 배격해 가면서 오직 믿음만을 강조하는 것에 반발하면서 바울을 비판 혹은 공격하고 있는 것으로 보인다. 이 점은 야고보가 야고보서 2:24에서 바울 복음의 핵심인 신앙의인론(the justification by faith)을 거론하면서 "사람이 행함으로 의롭다 하심을 받고, 믿음으로만은 아니니라(not by faith alone)"고 말한 데서도 드러난다. "믿음으로만은 아니니라"라는 야고보의 이 슬로건은 "오직 믿음으로만(by faith alone)"이라는 바울의 슬로건에 대한 반발로 이해할 때에만 가장 잘 이해될 수 있다. 또한 야고보가 자신의 주장을 정당화하기 위해서 아브라함의 예를 언급한 것도 이미 바울이나 야고보의 적대자들이 아브라함을 그들의 주장을 내세우기 위해 끌어들이고 있기 때문일 것이다.[9] 그래서 바르트(G. Barth)는 다음과 같이 주장한다. "따라서 우리는 여기에서 공격당하는 적대자들의 배후

7) W. Popkes, *Adressaten, Situation und Form des Jakobusbriefes*(Stuttgarter Bibelstudien 125/126, Stuttgart, 1986), pp. 53~91.

8) Andrew Chester, "The Theology of James," in *The Theology of the Letters of James, Peter, and Jude*, by A. Chester and Ralph P. Martin(Cambridge University Press, 1994), pp. 49~50.

9) Gerhard Barth, "Matthew's Understanding of the Law," in: *Tradition and Interpretation in Matthew*(Philadelphia: The Westminster Press, 1963), p. 162. "The example of Abraham, which the opponents obviously brought forward in their argument, also points in the same direction."

에 사도 바울이 서 있는 것을 보지 않을 수 없다."[10] 그는 또 야고보서의 공격 대상이 바울 이외에 딴 사람이 아니라는 점을 다음과 같은 말로써 강력히 시사한다. "야고보서 해석자들 중 어느 누구도 '행함 없는 믿음'을 대변하는 바울을 제외하고는 달리 역사적으로 확인할 수 있는 1세기나 2세기의 어떤 인물을 하나의 가능성으로 제시하는 데 성공한 사람은 없다."[11]

3. 마태의 "행함"에 대한 강조

바울이 신약성서에서 순수한 은총의 신학(a theology of pure grace)을 옹호하는 대표적인 사람이라면, 마태는 신약성서에서 행함의 신학(a theology of deeds), 아마도 행함이나 공로의 의(a rightousness of works)를 옹호하는 대표적인 사람일 것이다.[12] 이 점에서 마태도 분명히 야고보와 마찬가지로 신약성서 안에서는 신학적으로 바울과 대립되는 인물이라고 말할 수 있다.[13] 루츠는 바울과 마태에게서 나타나는 여러 가지 신학적 차이점을 지적하면서 다음과 같이 말한다. "요약컨대, 나는 마태와 바울 사이에 심오한 갈등, 아마도 심연(abyss)이 있음을 보게 된다."[14]

바울은 "오직 믿음"과 "오직 은총"만을 강조하면서 율법의 행함을 정죄한 사람이다(갈 3:10, "율법을 행함으로 살려는 사람은 다 저주 아래 있습니다"). 믿는 사람들에게는 율법이 더 이상의 구속력을 갖지 못한다고 주장한 사람이다. 율법은 약속된 후손인 그리스도가 오시기까지만 필요한 것이며(갈 3:19), 그래서 "율법은 우리를 그리스도에게로 인도하는 몽학 선생"(갈 3:24)에 지나지

---

10) G. Barth, "Matthew's Understanding of the Law," p. 161.
11) G. Barth, "Matthew's Understanding of the Law," pp. 161~162.
12) Ulrich Luz, *The Theology of the Gospel of Matthew*(Cambridge University Press, 1995), p. 146.
13) 반대로 R. Mohrlang, *Matthew and Paul: a Comparison of Ethical Perspectives*(MSSNTS, 48, Cambridge University Press, 1984)는 마태와 바울의 갈등을 최소화하려는 경향을 보이는 연구서이다. 그는 마태와 바울이 서로 'contradictory'한 것이 아니라 'complementary'하다고 본다.
14) Ulrich Luz, *The Theology of the Gospel of Matthew*, p. 149.

않는다고 말한 사람이다. 그러나 마태는 바울과 달리 예수께서 오신 것이 율법을 폐하기 위한 것, 끝장내기 위한 것이 아니라, 도리어 완성하기 위함이기(마 5:17) 때문에 무릇 믿는 사람들은 율법의 일점일획까지라도 다 이루어야 한다고 강조한다(마 5:18). 이런 말씀들은 분명히 유대 기독교의 철저한 율법주의의 산물로서 반바울주의적(the anti-Pauline) 전통에서 나온 것으로 생각된다. 특히 "이 계명들 중 지극히 작은 것 하나라도 지키지 않아도 된다고 가르치는 사람은 천국에서 지극히 작은 자라 일컬음을 받을 것이라"(마 5:19)는 이 말씀은 오직 마태복음에서만 나오는 것으로 바울을 직접 공격하는 구절로 자주 해석된다. 초대교회 안에서 율법의 계명을 지키지 않아도 된다고 가르치는 사람은 분명히 이방 기독교의 헬라파 사람들이거나 아마도 그 대표적 인물이 바울이었을 것이기 때문이다.

또한 "지극히 작은 자"란 표현 자체가 바울 자신을 가리키는 문구라는 지적도 제기되었다. 그 문구가 고린도전서 15:9에서 바울이 자신을 가리켜 사도 중에 "지극히 작은 자(the least of the apostles)"라고 말한 것을 상기시키기 때문이다. 더구나 "바울"이란 이름 자체가 "지극히 작다"라는 의미를 갖고 있지 않은가?[15] 그래서 바이스(J. Weiss)는 "율법을 폐하고자 하는(마 5:17, 19) 교사들에 대한 위협은 비록 '지극히 작은 자'란 단어가 고린도전서 15:9에서 바울이 자신을 가리켜 언급한 것이 아니라고 하더라도 바울의 활동과 교훈에 대한 암묵적인 반대로 이해할 때에 가장 잘 이해될 수 있다"라고 주장한다.[16] 베츠(H. D. Betz)도 산상설교가 기원후 50년대 중반에 반바울적인 유대 기독교 공동체로부터 나온 것이라고 보면서 특히 마태복음 5:17과 7:15~23

---

15) R. Bultmann도 "지극히 적은 자"(마 5:19)라는 표현은 바울을 가리킬 수 있다고 말한다. Cf. *Theology of the New Testament I*, p. 54.

16) J. Weiss, *Earliest Christianity*, Vol. II, p. 753. 다른 한편, Goguel은 "마태는 이 구절이 반 바울적인 편견을 갖고 있음을 아마도 보지 못한 채 기계적으로 그 말씀을 인용했을 것"이라는 조심스런 견해를 보이며(Cf. *The Setting of the Sermon on the Mount*, p. 335), Davies and Allison도 비교적 소극적으로 다음과 같은 입장을 취하고 있다. "본래 바울이 의도된 목표였을 가능성을 배제할 수는 없다. 그러나 이런 가능성은 확실성의 범주를 멀리 떠나 있다"(Cf. *The Gospel According to Saint Matthew*, Vol. I, p. 497).

이 반바울적인 논쟁(anti-Pauline polemic)을 포함하고 있다고 주장한다.[17]

바로 이런 점에서 신약성서 문서들 중 야고보서가 상당한 정도로 마태복음과 관련되어 있는 것으로 생각된다. 야고보도 "누구든지 율법 전체를 지키다가도 한 조목에서 실수한다면 전체를 범한 것이 된다"(약 2:10)라고 말함으로써 율법 전체의 모든 조항을 다 지켜야 한다는 입장을 고수하며, "율법에 의해서 장차 심판을 받을 것"(약 2:12)임을 강조하고 있기 때문이다. 그러나 분명히 율법에 관한 한 마태가 야고보보다는 바울로부터 더 멀리 떨어져 있다고 생각된다. 이 점 때문에 루츠는 "마태와 바울은 비록 그들이 서로 상대방을 알았다고 하더라도 분명히 친밀한 우호 관계를 맺지는 않았을 것"이라고 말한다.[18]

이와 함께 마태복음이 신약성서 문서들 중에서는 야고보서에 못지않게 "행함"을 중요시하는 문서라는 점에 주목할 필요가 있다. 무엇보다도 우리는 행함에 대한 마태의 강조를 산상설교(마 5~7장)에서 찾아볼 수 있다. 마태는 산상설교의 서두에서 "너희 빛을 사람 앞에 비추어 사람들이 너희 착한 행실을 보고 하늘에 계신 너희 아버지께 영광을 돌리게 하라"(마 5:16)고 말한다. 착한 행실, 곧 선행의 중요성이 강조되고 있는 부분이다. 마태복음에서만 "좋은 열매를 맺지 않는 나무마다 찍어 불에 던지우리라"는 같은 말씀이 세례 요한의 설교(마 3:10)를 통해서, 또한 예수의 설교(마 7:17)를 통해서 반복되고 있는 것도 마태 자신의 선한 행실에 대한 관심 때문으로 보인다. 마태복음에서 "열매"란 믿음의 열매, 곧 선행 이외 아무것도 아니기 때문이다.

또한 마태의 산상설교는 두 건축자의 비유로 결론지어지고 있는데, 그 비유의 강조점이 바로 행함에 있다는 점에도 주목할 필요가 있다. 그 비유가 말씀을 듣기만 하고 행하지 않는 사람을, 모래 위에 집을 짓는 어리석은 건

---

17) 그러나 G. N. Stanton은 "마태복음은 전체적으로 볼 때, 반바울적(anti-Pauline)이 아니며, 바울 문서들로부터 강하게 영향을 받은 것도 아니다. 마태복음은 다만 비바울적(un-Pauline)일 뿐이다"라고 말한다. Cf. *A Gospel for a New People: Studies in Matthew*(Kentucky: John Knox Press, 1992), p. 314.
18) Ulrich Luz, *The Theology of the Gospel of Matthew*, p. 148.

축자로, 그리고 말씀을 듣고 행하는 사람을 반석 위에 집을 짓는 지혜로운 건축자로 규정하고 있기 때문이다. 더구나 마태는 산상설교 가운데서, 특히 그 결론 부분에서 "나더러 주여, 주여, 하는 자마다 천국에 다 들어갈 것이 아니요 다만 하늘에 계신 내 아버지의 뜻대로 행하는 자라야 들어가리라"(마 7:21)는 예수의 말씀을 소개함으로써, 하늘 아버지의 뜻을 행하는 것이 천국에 들어가는 절대 조건이 된다는 점을 강조한다. 믿음이 있는 사람만이, 특히 성령을 받은 사람만이 예수를 주님이라고, 즉 "주여"라고 말할 수 있다는 바울의 증언을 염두에 둔다면(고전 12:3), 마태는 도리어 믿음이 있고 성령을 받아서 예수를 가리켜 "주여, 주여"라고, 즉 주님이라고 고백한다고 하더라도 그런 사람이 천국에 들어가는 것이 아니라, 오직 하나님의 뜻대로 행하는 사람이라야 천국에 들어갈 수 있다고 강조한다. 따라서 마태복음 7:21도 "오직 믿음"만을 강조하는 바울의 교훈을 일축하기 위한 말씀으로 반(反)바울적인 관점에서 보다 잘 이해될 수 있는 말씀이다.

마태복음에 나오는 예수의 마지막 설교인 최후 심판 비유도 마태를 이해하는 데 중요한 열쇠가 된다. 이 비유는 복음서 전승들 가운데서 오직 마태복음에만 소개되고 있다. 그런데 이 비유가 행함을, 또는 선행을 구원의 절대 조건으로 강조하고 있다는 것이다. 이 비유는 특히 마지막 심판 때에 구원받을 자와 멸망받을 자, 축복받을 자와 저주받을 자가 어떤 기준에 의해서 구별되는가를 가르치는 점에서 아주 중요한 교훈이 되고 있다. 그런데 이 비유에서는 바울의 교훈에서처럼 "믿음"의 여부에 의해 구원이나 멸망이 결정되는 것이 아니라, 지극히 작은 사람 하나를 위해 무엇을 "행했는지" 또는 "행하지 않았는지"에 따라 구원이나 멸망이 결정되는 것으로 강조되고 있다. 바울에 의하면, 우리는 "오직 믿음으로" 또는 "오직 은총으로" 구원을 받는다. 마치 야고보가 "행함으로이지, 믿음만으로 되는 것은 아니다"(약 2:24)라고 말한 것처럼, 마태도 "행함"으로 영원한 생명에 들어가며, "행하지 않음"으로써 어두운 데 쫓겨나서 슬피 울며 이를 갈게 될 것이라고 말한다. 더구나 심판자는 멸망받는 사람들에 대한 악행(the sins of commission)에 대해서는 한마디도 없이 오히려 그들이 행하지 않은 일(the sins of omission) 때문에 저주하고 정죄하였다. 이것은 야고보가 "선을 행할 줄 알면서도 행치 않는 것이 죄니라"고 말한 것과 맥을 같이한다. 야고보나 마태나 모두 "행하지 않은 죄"를 오히려 범법죄보다 더 중요시하고 있는 것이다. 이런 것들이 바로 야고보나 마태가 "오직 믿음"만을 강조하는 바울의 교훈에 반발하여 기독교인의 "행함"을 강조하는 데서 나온 것이라고 할 수 있다.

마태복음 13장에 나오는 천국 비유 설교들 중 가라지 비유도 복음서 전승들 중 오직 마태복음에만 나오는데, 마태복음 연구자들 중에는 이 비유에서도 마태의 반바울주의가 드러나 있다고 지적한다. 이 비유는 분명히 교회 안에 악한 자들이 선한 자들과 함께 존재하고 있는 문제를 다루는 비유이다. 알곡은 밭의 주인이 뿌린 좋은 씨에서 나왔지만, 가라지는 "원수"가 뿌린 씨에서 나온 것으로 묘사되고 있다. 교회 안에 가라지를 뿌려놓은 "원수"는 누구를 가리키는 것일까? 디벨리우스(M. Dibelius)가 지적하고 있듯이, 마태복음 저자는 이 비유에서 가라지를 뿌려놓은 "원수"를 마치 잘 알려진 인물처럼 소개하고 있다.[19] 그렇다면 마태복음의 독자들에게 이 "원수"는 누구로 비추어졌을까? 섑스(H. J. Schoeps)는 마태복음 13:24~28에 나오는 "원수($\grave{\epsilon}\chi\theta\rho\grave{o}\varsigma$ ἄνθρωπος)"가 바울을 가리키는 비유적인 표현이라고 말하며,[20] 홀츠만(H. J. Holzmann)과 바이스(J. Weiss)는 "원수"란 말이 극단적인 바울주의자(ultra-Paulinists)를 가리킨다고 보았다. 그래서 브랜든은 "이 가라지 비유에서 도덕적으로 이완된 이방인들을 교회에 받아들이는 바울의 정책에 대한 공격을 보는 것은 당연한 일일 것"[21]이라고 말한다. 교회 안에서 믿음만을

---

19) M. Dibelius, *From Tradition to Gospels*, p. 253.

20) H. J. Schoeps, *Theologie und Geschichte des Judenchristentums*, pp. 120, n.1, p. 127, n.1; Cf. Bornkamm, Barth, and Held, *Tradition and Interpretation in Matthew*, p. 160.

21) S. G. F. Brandon, *The Fall of Jerusalem and the Christian Church*(London: SPCK, 1957), p. 236. 이런 해석에 대해서 Bornkamm은 마태복음 저자 자신이 13:39에서 "원수는 마귀"라고 말하고 있기 때문에 원수를 바울로 보는 견해를 받아들일 수 없다고 말한다(*Tradition and Interpretation in*

말하면서 도덕적으로나 윤리적으로 아무런 열매를 맺지 못하는 사람들을 가라지로, 그리고 그런 사람들을 교회 안에 많이 심어놓은 "원수"가 마태복음 저자에게는 바울이었을 것이라는 해석이다.

마태복음에만 나오는 예복 비유(마 22:11~13)도 같은 관점에서 이해될 수 있다. 마태는 본래 독립적으로 전해지던 예복 비유를 결혼 잔치 비유(22:1~10)에 일종의 결론으로 첨가하였다.[22] 그렇다면 마태만이 예복 비유를 첨가한 이유는 무엇일까? 그것은 교회가 이방 선교의 과정에서 너무나도 도덕적인 변화나 윤리적인 책임을 보이지 않는 사람들을 무차별적으로 받아들였고, 이에 반발한 마태가 오직 "예복"을 입은 사람만이 교회 안의 잔치에 남을 수 있다는 일종의 공로 사상을 가르치기 위해 곧 선행의 필요성을 강조하기 위해 이 예복 비유를 첨가했다고 볼 수 있다.[23] 즉 부르심의 초청에 응하는 것(=믿음)만으로는 충분치 않고 거기에 상응하는 예복(=선행)이 있어야 함을 강조하는 것인데, 이것은 바로 "오직 믿음"만을 강조하는 바울의 교훈을 일축하는 것 이외에 다른 것이 아니다.

결국 마태복음에 나타나는 이런 여러 본문 증거들은 마태가 그의 복음서를 기록할 때 이미 교회 안에 나타나고 있는 바울의 영향력, 곧 오직 믿음만을 강조하면서 실제로는 아무런 믿음의 열매나 행함을 보이지 않는, 더 나아

Matthew, p. 160). 그러나 거기에 대해 Brandon은 가라지 비유의 해석 본문을 후대의 삽입으로 보면서, 만일 비유의 해석 부분이 없었다면 원수를 마귀로 보는 생각이 전혀 명확치 않을 뿐더러 "ἐχθρος ἄνθρωπος"라는 표현 자체가 마귀에 대한 표현으로는 "오히려 기이하고 놀랍도록 온순한(a rather strange and a surprisingly mild)" 표현이라고 일축해 버린다(p. 234).

22) 예복 비유(마 22:11~13)가 본래 결혼 잔치 비유(마 22:1~10)와는 독립적으로 전해지던 비유라는 사실은 다음의 세 가지 점에서 분명히 드러난다고 본다. 첫째는, 오직 마태복음에서만 예복 비유가 결혼 잔치 비유의 결론 형태로 첨가되어 있을 뿐이지, 결혼 잔치 비유의 평행 본문을 소개하고 있는 누가복음(14:15~24)이나 복음(말씀 64)에서는 예복 비유가 전혀 나타나지 않는다. 둘째는, 결혼 잔치 비유에서는 "종(δουλος)"이란 단어가 사용되고 있는데(3, 4, 6, 8, 10절), 예복 비유에서는 "사환(διακονος)"이란 단어가 사용되고 있어 단어 사용의 일관성, 혹은 연결성이 없다. 셋째로는, 두 비유 간의 내용적 모순을 지적할 수 있다. 즉 10절에서는 빈자리를 채우기 위해 "악한 자나 선한 자나 만나는 대로 모두 데려왔다." 그런데 12절에서는 갑자기 예복을 입지 않고 참석했다는 이유로 수족을 결박하여 밖으로 내던지고 있다. 이런 점들은 두 비유가 본래 아무런 관련이 없이 독립적으로 전해지던 비유였음을 뜻하는 것으로 생각된다. Cf. 김득중, 「복음서의 비유들」, p. 81.

23) J. Jeremias, *The Parables of Jesus*(SCM Press, 1969), pp. 65~66.

가 "행함"과 "선행"을 배격하는 그런 경향에 대해 반박하며 시정하기 위한 의도를 갖고 있던 것으로 보인다. 마태복음 안에 반바울주의가 강하게 드러나고 있다는 말이기도 하다.

마태복음과 야고보서가 모두 유대 기독교의 산물이라는 점과 또 초대 기독교회 안에서 유대 기독교와 이방 기독교 사이에 신학적 강조점의 차이로 적지 않은 긴장이 있었다는 점을 고려한다면, 마태와 야고보의 행함에 대한 강조는 이방인 선교로 인해 초대교회 안에서 이미 야기한 도덕 폐기론과 율법 무용론의 위험에 대한 유대 기독교회의 견제, 혹은 비판으로 이해될 수 있다. 비록 이런 견제와 비판이 꼭 바울 자신을 염두에 둔 것은 아니라고 하더라도, 바울의 이방 선교가 낳은 초대교회 내의 도덕적 혼란상에 대한 적절한 대응 조치였음에는 틀림없을 것이다. 우리는 이미 바울의 서신들을 통해서, 특히 고린도서와 갈라디아서를 통해서 이방 기독교회 안의 도덕적 혼란상이 적지 않게 심각했음을 알 수 있다.[24] 유대 기독교회는 이런 영향이 초대교회 전반에 드러나는 것을 경계하려고 애썼던 것으로 보인다.

그런데 나중에 초대교회가 드디어 신약성서를 정경화할 때 초대교회 지도자들은 "오직 믿음"만을 강조하는 바울의 서신들, 곧 갈라디아서나 로마서 이외에, 그것들과 나란히 "행함"이나 "선행"을 강조하는 마태복음이나 야고보서를 비롯한 일반 서신들도 "정경(the canon)"으로 확정시켰다. 기독교인의 신앙이 어느 한편으로만 치우쳐서는 안 된다는 것을 보여주는 의미 있는 결정이 아닐 수 없다. "이것이냐? 저것이냐?"의 문제가 아니라, "이것도, 저것도"의 문제라는 점을 분명히 인식한 결과이다. 인간의 구원이 하나님의 전적인 주권에 달려 있는 것이 사실이기도 하지만, 인간의 책임 및 노력과 무관하지 않다는 인식이 분명했다는 결과이기도 하다.

실제로 인간의 구원은 하나님의 성사(Gabe)인 동시에 인간의 과제

---

24) 고린도 교회는 교인들의 음행 문제로, 또 세상 법정에 고소하는 문제 등으로 많은 도덕적 문제들을 노출하고 있었고(고전 5~8장), 갈라디아 교회도 "육적인 인간들이 하는 일"에 대한 경고(갈 5:19~21) 등으로 볼 때, 여러 가지 도덕적 문제에 직면하고 있었음을 보여준다.

(Aufgabe)가 아닌가? 이런 점에서 초대교회 지도자들이 "오직 믿음"만을 강조하는 문서들과 "행함"을 중시하는 문서들을 모두 "정경"으로 확정시킨 결정은 얼마나 훌륭한 종합(綜合, synthesis)인가! 얼마나 놀라운 은혜인가! 바로 이런 점에서 중세 마르틴 루터가 종교개혁 운동을 벌이면서 신약성서의 다양성을 무시한 채, 그리고 그가 그렇게도 강조했던 "오직 성서(sola scriptura)"의 권위를 무시한 채, 로마서와 갈라디아서를 "정경 가운데 정경(the canon in canon)"으로 생각하면서 야고보서를 "지푸라기 서신(a stroherne Epistel)"[25]이라고 혹평한 것은 그가 정경인 신약성서에 대해 범한 아주 큰 잘못이다. "오직 성서"만을 외치면서 성서의 권위를 인간의 결정인 교회의 전통보다 우위에 올려놓은 그 자신이 결과적으로 자신의 판단을 성서의 권위보다 더 우위에 놓고 절대화시킴으로써 성서의 권위를 훼손시키는 결과를 초래했기 때문이다. 그래서 하젤(Gerhard F. Hasel)은 이런 루터를 두고, "루터는 성서(그리고 신약성서)의 통일성 문제뿐만 아니라 정경 가운데 정경(the canon within the canon) 문제라는 쟁점을 불러일으켜 어두운 긴 그림자를 현대에까지 드리우고 있다"[26]라는 말로 아주 점잖게 그의 잘못을 지적하고 있다. 애덤슨(Adamson)은 오히려 다음과 같은 말로 좀 더 분명히 바울을 비판하고 있다. "루터가 야고보서를 정죄하는 데에서 진지한 동기가 있었음을 인정한다고 하더라도, 그리고 모든 영적인 개척자들과 마찬가지로 루터가 그의 종교개혁 목적이란 편견에 의해 지배되었음을 인식한다고 하더라도, 바울만이 기독교의 정당한 대표자였다고 강조함으로써 루터는 마르시온과 같이 성서신

---

25) Cf. John Dillenberger, *Martin Luther: Selections from his Writings edited and with an Introduction*, p. 19. "야고보서는 성서 중 신약성서의 가장 중요한 책들에 속하지 않는다. …그런 책들에 비해서 야고보서는 단순히 지푸라기 서신에 지나지 않는다. 왜냐하면 그 속에는 복음의 본질이 전혀 없기 때문이다." "그(야고보)는 성서를 해치고 있다. 그래서 바울과 모든 성서에 위배된다. …그런고로 나(=루터)는 그(=야고보)가 내 성서의 참된 정경 저자들 속에 포함되는 것을 거부한다." Cf. Dillenberger, *Martin Luther*, p. 36.

26) Gerhard F. Hasel, *New Testament Theology: Basic Issues in the Currents Debate*(Grand Rapids: Eerdmans, 1978), p. 15.

학 전반에 특히 야고보서에 중대한 부정을 범하였다."[27] 우리는 더 이상 루터의 이 같은 잘못을 번복하지 말고, 비록 서로 다르고 때로는 서로 상충 혹은 대립한다고 하더라도, 신약 정경의 모든 문서들을 하나님의 말씀으로 동등하게 인정하고 존중할 수 있어야 할 것이다.

---

27) J. B. Adamson, *James: the Man and His Message*(Michigan: W. B. Eerdmanns Publishing Company, 1989), p. xiii.

제9장

베드로를 중시하는 문서와
베드로를 경시하는 문서

　베드로가 초대교회에서 가장 중요한 사도 가운데 한 사람이란 점에는 이론의 여지가 없을 것이다. 실제로 베드로는 예수가 죽고 부활 승천하신 이후 예루살렘 교회에서 지도적인 위치에 있었고, 유대 기독교를 대표하는 가장 중요한 사도라고 말할 수 있다. 그런데 이런 베드로에 대한 이해와 평가가 신약성서의 모든 문서에 통일되어 있는 것은 아니다. 신약 정경 문서들 중에는 베드로를 중요한 사도 중의 사도로 높이는 문서가 있는가 하면, 반대로 베드로를 경시하면서 마치 베드로가 전혀 중요한 제자가 아닌 것처럼 여기는 문서도 있다. 초대교회에서 베드로에 대한 이해와 평가가 통일되어 있었던 것이 아니라, 도리어 상당히 다양했고 서로 상충되기도 했음을 보여주는 증거이다. 우리는 신약성서 가운데서 어떤 문서가 베드로를 높이 평가하고 있는지, 그리고 어떤 문서에서 베드로가 무시 혹은 경시되고 있는지, 그리고 그 이유는 무엇인지를 살펴보고자 한다.

1. 베드로를 중시하는 마태복음

마태복음이 베드로를 다른 어떤 제자들이나 사도들에 비해서 높이 평가하며 중시하고 있다는 사실은 다음과 같은 두 가지 점에서 드러난다. 하나는 마태가 그의 문서 자료인 마가복음에 나오는 부정적인 베드로의 모습을 가능한 한 축소 혹은 삭제하는 편집적인 손질을 통해서 베드로를 보다 긍정적인 모습으로 소개하고 있는 점이고, 다른 하나는 마가복음에 없는 독특한 내용을 마태가 스스로 삽입 혹은 첨가하는 편집적인 손질을 통해서 가능한 한 베드로를 위대한 사도로 부각시키고 있는 점이다.

먼저, 마태가 마가복음에서 부정적으로 그려진 베드로의 모습을 축소 혹은 삭제하는 편집적 손질을 찾아보기로 하자. 마태복음 전반에 걸쳐서 드러나는 한 가지 분명한 사실은, 마가복음에 비해서 예수의 열두 제자들이 보다 긍정적이며 우호적으로, 그리고 좀 더 나은 모습으로 소개되는 경향을 보이는데, 마태의 이런 경향은 베드로를 열두 제자들 중에서도 가장 중요하고 위대한 제자로 높이 부각시키려는 데서 잘 드러나고 있다.

우리는 마태가 변화산 이야기를 소개하면서 "베드로는 무슨 말을 해야 좋을지 몰라서 이 말을 했던 것입니다"(막 9:6)라는 구절을 삭제한 것을 볼 수 있다. 비록 베드로가 했던 말, 곧 "랍비여, 우리가 여기 있는 것이 좋사오니 우리가 초막 셋을 짓되 하나는 주를 위하여, 하나는 모세를 위하여, 하나는 엘리야를 위하여 하사이다"(막 9:5)란 말이 위든(Th. J. Weeden)이 주장한 것처럼 잘못된 기독론, 곧 "theios aner 기독론"을 대변한다는 사실을 받아들이지 않는다고 하더라도, 마가복음 9:6의 진술 자체는 분명히 베드로가 무슨 말을 해야 좋을지 몰라서 아무 말이나 내뱉는 "열등생 혹은 저능아"[1]와 같은 인상을 주고 있다는 점은 부인하기 어렵다. 그런데 마태는 마가복음 9:6을 완전

---

1) 이 표현은 Th. J. Weeden이 베드로에게 적용한 문구이다. Cf. *Mark-Traditions in Conflict* (Philadelphia: Fortress Press, 1971), p. 123.

히 삭제함으로써 베드로에 대해 혹시 잘못된 생각을 가질 수 있는 가능성을 아예 배제해 버리고 있는 것이다.

마태의 이런 경향은 마태가 소개하는 겟세마네 동산의 이야기에서도 찾아볼 수 있다. 마가의 본문에서는 베드로 이외에 요한과 야고보도 곁에 있었지만 예수는 베드로만을 향해서 "시몬아, 자고 있느냐? 네가(단수 1인칭) 한 시간도 깨어 있을 수 없더냐?"(막 14:37)라고 말씀하심으로써 마치 베드로만이 깨어 있지 못하고 잠든 것처럼 기록되어 있다. 그런데 마태는 그 구절을 수정하여 "너희가(복수 2인칭) 한 시간도 나와 함께 깨어 있을 수 없더냐?"로 고쳤다. 이렇게 함으로써 마태는 베드로 개인에 대한 부정적인 인상을 감추거나 약화시키려는 의도를 보이고 있다.

이 밖에도 마태는 예수가 "베드로를 꾸짖었다"(막 8:33)라고 했던 마가의 거친 표현을 "예수께서 베드로를 향하여… 말씀하셨다"(마 16:23)라고 부드러운 형태로 고쳤으며, 베드로가 예수를 세 번이나 부인한 후 마가복음에서는 베드로가 "울더라"(막 14:72)고 간단히 언급되었으나, 마태는 그것을 "심히 통곡하니라"(마 26:75)로 고침으로써 뉘우치고 회개하는 베드로의 모습을 더 돋보이게 만들고 있다. 또한 예수의 부인 예고에 대한 베드로의 반응에 관해서 마가는 "베드로가 더욱 강경하게 말했다"(막 14:31)라고 표현했는데, 마태는 그것을 좀 더 약화시켜 "베드로가 다시 말했습니다"(마 26:35)라고만 언급하고 있어 결국 베드로의 모습을 좀 더 좋게 보여주려는 의도를 엿볼 수 있다.

또한 우리는 마가복음의 빈 무덤 이야기에서 흰옷 입은 청년이 무덤을 찾은 세 여인에게 예수가 부활했다는 소식을 "제자들과 베드로에게 전하라"(막 16:7)고 명했는데도 여인들이 "무서워서 아무에게도 아무 말도 하지 못했다"(막 16:8)는 말로 끝나고 있음을 볼 수 있다. 마가복음 연구자들 중에서는 이것을 근거로 예수 부활의 소식이 "제자들과 베드로에게" 전해지지 않았음을 주장하는 사람이 있었고, 이 때문에 마가복음은 제자들과 특히 베드로를 예수 부활의 소식과 예수의 부활 현현과는 아무런 상관이 없는 사람으로, 그래서 사도로서의 권위와 임명장도 없는 사람이라는 주장이 제기되기도 했다.[2] 그런데 마태는 마가의 그런 본문에 몇 가지 수정을 가했다. 첫째는 천사의 명령에서 베드로의 이름을 삭제한 채 "빨리 가서 제자들에게… 전하라"(마 28:7)고 고친 것이고, 둘째는 여인들이 "무서워서 아무에게도 아무 말도 못했다"는 말을 수정하여 "여인들은 두려워하면서도 크게 기뻐하며 급히 무덤을 떠나 제자들에게 소식을 전하려고 달리기 시작했다"(마 28:8)라고 고친 것이다. 그리고 마태복음 28:16에서는 베드로를 포함한 "열한 제자들"(가룟 유다는 이미 죽었다)이 천사의 말대로 갈릴리로 가서 예수께서 일러주신 산에 이르러 예수를 뵙게 된 것이다. 마태복음에서는 이처럼 베드로가 다른 제자들과 더불어 여인들로부터 예수의 부활 소식을 듣고 천사가 지시한 대로 갈릴리로 가서, 거기서 부활하신 예수를 만나 뵙고 경배드림으로써 사도로서의 권위를 갖는 데 아무런 문제가 없는 것으로 기록하고 있다.

이상에서 살펴본 바와 같이 마태는 삭제하거나 생략하는 편집적 수정을 통해서 베드로에 대한 부정적인 이미지를 제거하려고만 노력한 것이 아니다. 마태는 첨가와 삽입을 통해서 더욱 적극적으로 베드로의 이미지를 높이는 데도 관심을 가졌다. 이 점에 더욱 주목할 필요가 있는데, 몇 가지 예를 들어보기로 하자. 이미 마가복음에서도 베드로는 제자들 중 대변인의 역할을 하고 있는 것으로 묘사되고 있는데, 마태는 이런 베드로를 제자들의 대변자로서 중요한 역할을 담당하는 "제자들 중의 제자"로 부각시키고 있다. 가령 마태복음 15:14에서 예수가 "만일 소경이 소경을 인도하면 둘이 다 구덩이에 빠지리라"고 말씀하셨을 때에도 마태는 15:15에서 "베드로가 대답하여 가로되 이 비유를 우리에게 설명하여 주옵소서"라고 기록함으로써 베드로가 제자들을 대표해서 예수께 질문하는 자로 부각시키고 있다. 그리고 마태복음 18:21~22에서도 베드로가 제자들을 대표해서 "주님, 형제가 제게 죄를 지을 때에 몇 번이나 용서해야 합니까?"라고 질문하는 것으로 소개하고 있다.

2) Th. J. Weeden, *Mark-Traditions in Conflict*, p. 117.

그러나 우리는 이보다 더 중요한, 마태의 다음과 같은 편집적인 작업에 주목해야 한다. 마태는 그의 복음서에서 베드로를 다른 어떤 제자나 사도보다 더 부각시키기 위해 몇 가지 중요한 편집적인 작업을 했다. 우선 마태는 자신에게 전해진 마가복음의 열두 제자들 명단 가운데 베드로의 이름 앞에 부사 하나를 첨가함으로써 베드로를 "첫째" 제자, 곧 수제자로 강조하고 있다.3) 우리가 잘 알고 있듯이 열두 제자의 명단은 모든 공관복음에서 소개되고 있다(막 3:16~1; 마 10:2~4; 눅 6:14~16). 그리고 누가가 별도로 사도행전 1:13에서 열두 제자들의 명단을 소개하고 있다. 그러니까 신약성서 안에서는 열두 제자들의 명단이 모두 네 곳에서 소개되고 있는 셈이다. 그 네 명단 모두에서 베드로의 이름이 맨 앞에 나오는 것도 사실이다. 우리는 연대기적인 생각을 가지고 베드로가 예수의 열두 제자들 중 시간적으로 제일 먼저 부름을 받은 제자이기 때문에 제자들 명단에서도 제일 앞에 나오는 것이라고 생각할 수 있다. 공관복음에 보면, 예수가 공생애 활동에 나서기 전에 먼저 갈릴리 바닷가로 나가서 "베드로와 안드레" 형제를, 그리고 "요한과 야고보" 형제를 부르신 것으로 전해지고 있다(막 1:16~20; 마 4:18~22; 눅 5:1~11). 그래서 시간적으로 베드로가 제일 먼저 예수의 제자가 되었다고 생각할 수 있다. 그러나 요한복음 1:35~42에 보면 시간적으로 제일 먼저 예수의 제자가 된 사람은 본래 세례 요한의 제자였다가 예수를 따라온 "두 사람 중 하나"였던 안드레이고, 베드로는 나중에 안드레의 전도를 받아(요 1:41~42) 예수 앞에 나온 사람이다. 즉 베드로가 예수로부터 맨 처음에 부름을 받아 제자가 되었다는 것은 복음서들의 통일된 증거가 아니다. 아마도 베드로가 나이가 가장 많은 연장자이기에 제자들 그룹에서 대표자 혹은 대변인의 역할을 했을 것으로 추측할 수 있다. 또는 일부 공관복음 전승 가운데에서만 베드로가 맨 처음으로 예수의 제자가 된 사람으로 전해졌고, 또한 대변인 역할을 맡았던 인물로 소

3) 우리말 성서 개역개정과 표준새번역에서는 유감스럽게도 헬라어 "πρῶτος"(마 10:2)를 정확히 번역하지 않은 채, 그냥 "베드로라 하는 시몬을 비롯하여"라고만 되어 있다. 그러나 다행히 새번역 성서에서는 "첫째로"라고 정확히 번역되어 있다.

개되었을 수도 있다.

그러나 우리가 여기서 주목하고자 하는 것은 복음서 기자들 중 오직 마태만이 열두 제자들의 명단을 소개하면서 베드로의 이름을 제일 먼저 기록하면서도 그 이름 앞에 헬라어로 "πρῶτος" 곧 "첫째는"이란 부사를 삽입하였다는 사실이다. 그리고 이 부사가 첨가됨으로써 상당히 중요한 의미가 따라 붙게 되었다는 사실이다. 즉 마태복음에서는 베드로가 예수의 열두 제자들 중 "첫 번째 제자" 곧 "수제자(首弟子)" 혹은 "으뜸 제자"로 소개되고 있다는 점이다. 신약성서는 물론 초대 기독교 문헌들 중에서도 "수제자"란 용어가 사용된 적은 없다. 예수가 열두 제자들 중에서 특별히 베드로를 수제자로 임명했다는 아무런 증거도 없다. 그런데도 교회 안에서는 일반적으로 베드로를 가리켜 "수제자"라고 말해왔고, 그렇게 알아왔다. 교회가 베드로를 가리켜 수제자라고 가르칠 수 있는 유일한 성서적 근거도 바로 마태복음 10:2이다. 마태가 열두 제자들의 이름을 소개하면서 베드로의 이름 앞에 "첫째"라는 부사를 하나 첨가함으로써 베드로를 곧바로 첫 번째 제자, 으뜸 제자, 곧 수제자로 만들어놓은 셈이다. 그렇다면 베드로를 수제자로 만든 사람은 결코 예수가 아니라 마태라는 주장도 가능한 셈이다. 마태는 그의 복음서를 기록하면서 베드로를 아주 중요시하였고, 그를 아주 중요한 제자, "제자들 중의 제자(the disciple par excellence)", 곧 수제자로 강조하려는 분명한 의도를 가지고 있었던 것이다.

마태의 이런 의도는 마태복음의 다른 부분에서도 다시 나타난다. 마태복음 10:2에 못지않게 베드로를 가장 중요한 제자로 부각시키고 있는 본문은 마태복음 16:17~19이다. 이 구절도 마태가 그의 문서자료인 마가복음 본문에 삽입한 편집적인 첨가 구절이다.4) 공관복음 전승에 의하면, 예수께서 가

4) 예수의 축복 선언("μακάριος")은 마가복음에는 나오지 않는 것으로서 마태복음에 자주 나오는 마태의 '애용어'이며(마태에서만 13번 사용됨), "하늘에 계신 내 아버지"란 문구도 마태복음에서만 사용되는 마태의 전형적인 문구라는 사실(마 6:9 참조)로 미루어볼 때, 이 구절은 마태의 편집적 결과의 산물로 보인다. 불트만(Bultmann)도 "마태복음 16:17~19를 예수의 진짜 말씀으로 생각할 수 있는 가능성이 전혀 없

이사랴 빌립보 지경에서 제자들에게 "사람들이 나를 누구라고 하느냐?"라고 물은 후에 다시 제자들에게 "너희는 나를 누구라고 하느냐?"라고 질문했고, 그때 베드로가 "당신은 그리스도이십니다(you are the Christ)"5)라고 대답한 것으로 전해지고 있다. 그리고 마가복음과 누가복음에 따르면, 베드로가 신앙고백을 마쳤을 때, 예수께서는 곧바로 "이 말을 아무에게도 이르지 말라"(막 8:30; 눅 9:21)고 경계하시고는 자신이 장차 고난을 받고 십자가에 죽었다가 다시 살아날 것을 예고하신다. 그러나 마태는 베드로의 신앙고백을 그의 복음서에서 보다 완전하고 모범적이며 이상적인 형태로,6) 즉 "당신은 그리스도시요 살아 계신 하나님의 아들이십니다(You are the Christ, the Son of Living God)"라고 수정했을 뿐만 아니라, 예수께서 베드로의 이런 신앙고백을 들으시고는 베드로에게 특별한 축복의 말씀을 주신 것으로 소개하고 있다. 그 특별한 축복의 말씀으로 마태가 첨가한 것은 곧 "바요나 시몬아 네가 복이 있도다! 이를 네게 알게 한 이는 혈육이 아니요 하늘에 계신 네 아버지시니라. 또 내가 네게 이르노니 너는 베드로라.7) 내가 이 반석 위에 내 교회를 세우리니 음부의 권세가 이기지 못하리라. 내가 천국 열쇠를 네게 주리니 네가 땅에서 무엇이든지 매면 하늘에서도 매일 것이요, 네가 땅에서 무엇이든지 풀면 하늘에서도 풀리리라"(마 16:17~19)는 말씀이다.

다"라고 보고 있다. Cf. *History of the Synoptic Tradition*, pp. 138~140.
5) 누가복음 9:20에 의하면 "You are the Christ of God"이라고 약간 확대되어 있고, 마태복음 16:16에 의하면 "You are the Christ, the Son of living God"으로 좀 더 확대되어 있다.
6) 마가복음에서 베드로가 예수를 "그리스도" 곧 "메시아"로 고백한 것이 잘못된 고백인지 아니면 불완전한 고백인지에 대해서는 논란이 있지만, 마태복음에 나오는 베드로의 신앙고백과 관련해서는 예수께서 이 신앙고백을 듣고 축복하신 사실, 그리고 예수께서 베드로의 신앙고백을 혈육이 아닌 하나님의 계시라고 말하면서 교회의 반석이라고 하신 점들로 미루어, 마태복음에서는 이 신앙고백이 참되며 올바른 것이라는 사실에 대해서 의심하지 않는다.
7) Cullmann은 예수가 베드로의 신앙고백에 대한 대답으로 "너는 베드로라"고 말한 것이 일종의 "counter confession"이라고 보고 있다. 베드로가 "You are the Christ"라고 말한 것과 예수가 "You are Peter"라고 대답한 것이 정확히 평행을 이루고 있다는 것이다. 더구나 마가복음과 누가복음에서는 베드로의 신앙고백에 대한 예수의 응답이 전혀 없는데(침묵 명령 이외에는), 마태만이 베드로에게 직접 대답하면서 베드로를 부각시키고 있다. Cf. O. Cullmann, *Peter: Disciple-Apostle-Martyr*(Philadelphia: the Westminster Press, 1953), pp. 177~180.

마태에 의하면 예수는 베드로가 신앙고백을 했을 때, 첫째로 그에게 축복 선언("μακάριος")을 주시면서, 이 고백이 혈육이 아닌 하나님의 계시의 결과임을 말씀했고, 둘째로 베드로란 이름을 주시면서 교회의 반석이 되게 하셨고, 셋째로는 천국의 열쇠와 더불어 하늘과 땅의 모든 권세를 주셨다. 오직 베드로에게만 주어진 특권이 아닐 수 없다. 마태는 이 구절들을 첨가함으로써 베드로가 "주님의 축복을 받은 사람으로 거명된 복음서의 유일한 제자이며, 예수에 관한 그의 통찰력은 예수의 아버지로부터의 계시였다고 확인되고"[8] 있다. 마태에게서 베드로는 분명히 다른 제자와는 구별되고, 달랐다. 그는 "수제자"였으며, "제자들 중의 제자"였고, 가장 훌륭한 제자(the disciple par excellence)였다.

다음으로, 우리는 마태가 마가복음 본문에 베드로의 이야기를 첨가함으로써 베드로를 중요하게 부각시키고 있는 또 다른 본문에 관심을 기울이고자 한다. 마태는 마가복음 6:45~52의 본문, 곧 예수께서 물 위를 걸으신 이야기를 마태복음 14:22~33에서 소개하면서, 마가복음에는 없는 내용, 곧 베드로가 예수의 명령에 따라 배에서 내려와 물 위를 걸었다는 이야기(마 14:28~31)를 첨가하였다. 누가복음에는 이 평행 본문이 없다.[9] 요한복음 6:15~21에 평행 본문이 나오기는 하지만, 마태가 삽입한 베드로의 이야기(마 14:28~31)는 나오지 않는다. 따라서 마태복음 14:28~31은 마태 자신이 첨가한 구절임에 거의 틀림없어 보인다.

마가의 본문에 의하면, 예수께서는 제자들을 배에 태워 벳새다로 먼저 가게 하시고, 자신은 기도하러 산으로 올라가셨다. 저물었을 때 예수는 제자들이 탄 배가 바다 한가운데서 역풍을 만나 몹시 고생하는 것을 보시고 바다 위를 걸어 제자들에게 다가오셨다. 제자들은 예수를 알아보지 못한 채 유령이라고 소리 질렀으나 예수께서 "안심하라. 나다. 두려워하지 말라"고 말씀

8) R. E. Brown(ed.), *Peter in the New Testament*, p. 89.
9) 마가복음 6:45~52는 이른바 누가가 그의 복음서에서 마가복음 6:45~8:26 전체를 생략한 "the great Lucan ommission"에 해당된다.

하시면서 배에 오르시자 바람이 잔잔해졌다. 물론 이 이야기에 "제자들"에 대한 언급은 나오지만 별도로 "베드로"란 이름은 나오지 않는다. 그런데 마태는 마가의 이야기에서 "나다. 두려워하지 말라"는 예수의 말씀과 예수께서 배에 오르시자 바람이 잔잔해졌다는 마가복음의 결론 구절(막 6:51~52) 사이에 "베드로의 이야기," 즉 "베드로가 물 위를 걸은 이야기"를 삽입하여 첨가하였다.10) 마태가 첨가한 내용에 의하면, 베드로는 예수께서 물 위로 걸어 오시는 것을 보고 "주님, 만일 주님이시라면 나를 명하사 물 위로 걸어오라고 명하십시오"라고 말했다. 그리고 예수께서는 그런 베드로의 요구를 들으시고는 "오라"고 명하셨으며, 그 명령에 따라서 베드로는 배에서 내려 물 위를 걸어 예수께로 향하여 갔다. 그러나 베드로가 풍랑을 보고 무서워했을 때 물에 빠지게 되었고, 그때 베드로가 주님을 향해 "주님, 나를 구원하소서" 하니 예수께서 손을 내밀어 그를 붙잡으시며, "믿음이 작은 사람아, 왜 의심하느냐?"고 말씀하신 것으로 전해지고 있다.

베드로가 풍랑을 보고 무서워했을 때 물에 빠졌다는 이야기(마 14:30)라서 흔히 이 본문을 가리켜 "물에 빠진 베드로"의 이야기라고 부른다. 그리고 베드로가 예수로부터 "믿음이 작은 자야"(마 14:31)란 말을 듣게 된 이야기라서 베드로를 부정적으로 소개하는 본문처럼 생각되기도 한다. 그러나 이 본문에서 정말로 중요한 점은 베드로가 다른 제자들과는 달리, 비록 잠시 동안이기는 하지만, 예수의 명에 따라서 예수처럼 물 위를 걸은 제자로 소개되고 있다는 점이다. 그래서 우리는 이 본문(마 14:28~31)을 다른 많은 복음서 연구자들처럼 "물 위를 걸은 베드로의 이야기"로 이해하여야 할 것이다.11) 마태는 이 본문에서 베드로가 예수처럼 물 위를 걸었다는 사실을 언급함으로

---

10) H. J. Held는 첨가 부분의 용어나 어휘 모두가 다 "이 삽입은 실제로 마태의 손에서 유래되었다는 사실을 가리킨다"라고 말한다. Cf. "Matthew as Interpreter of the Miracle Stories," In: *Tradition and Interpretation in Matthew*(Philadelphia: the Westminster Press, 1963), p. 205.

11) 실제로 많은 복음서 연구자들은 이 본문에 대해서 "the story of Peter walking on the water"라고 말한다. Cf. Held, "Matthew as Interpreter of the Miracle Stories," p. 206; Davies and Allison, *Matthew*, vol. II, p. 497; U. Luz, *Matthew 8~20*, p. 318.

써 다른 제자들과의 차별성을 분명히 하고 있고(pre-eminence or primacy of Peter), 동시에 오직 잠깐 동안만 물 위를 걷게 함으로써 예수와의 차별성도 분명히 하고 있다. 따라서 브누아(P. Benoit)가 이 본문을 "베드로의 수위성을 예증하는 장면(a scene that illustrates the primacy of Peter)"으로 본 것은 올바른 파악이라고 생각된다.[12]

마지막으로, 마태가 베드로의 이야기를 통해서 베드로를 다른 제자들과는 달리 아주 중요한 제자로 부각시키는 또 다른 본문을 살펴보자. 이 본문은 성전세에 관한 이야기(마 17:24~27)로 오직 마태복음에만 나오고, 바로 그 때문에 이 본문은 마태의 특별한 관심을 나타내고 있다고 볼 수 있다. 물론 이 본문에서 우리는 이미 기독교인이 된 사람들이 성전세를 내야 하는가의 문제에 관한 마태의 관심을 찾아볼 수도 있다.[13] 그러나 우리는 이 본문에 나타나는 베드로에 대한 마태의 관심에 더 주목할 필요가 있다고 생각한다. 베드로의 수위성 혹은 탁월성(primacy or pre-eminence)을 보여주는 본문으로 이해될 수 있기 때문이다.

우리는 이 본문에서 세 가지 점에서 마태가 베드로의 탁월성을 드러내고 있음을 보게 된다. 첫째는 성전세를 받으러 다니는 사람들이 "베드로에게" 와서 그에게 "당신들의 선생은 성전세를 바치지 않습니까?"라고 묻고 있다. 예수나 다른 제자들을 상대하지 않고 베드로를 상대하고 있는 점에 주목해야 한다. 세금을 받으러 다니는 사람들 역시 베드로가 예수와 그 일행의 대변자 혹은 대표자의 역할을 하는 사람임을 알고 있었다.

둘째로는 예수가 베드로에게 하신 말씀 중에서도 베드로의 탁월성이 드러나고 있다. 즉 예수는 베드로에게 "네가 가서 바다에 낚시를 던져 먼저 오

---

12) Brown(ed.), *Peter in the New Testament,* p. 82, n.187.
13) 실제로 학자들 간에는 마태복음이 예루살렘 성전 멸망(AD 70) 이후에 기록되었기 때문에 여기서 말하는 성전세는 19세 이상의 유대인 남자가 해마다 바치는 반 세겔의 성전세를 가리키는 것이 아니라, 기원후 70년 이후에 유피테르 카피톨리누스(Jupiter Capitolinus) 성전의 후원을 위해 유대인에게 부과했던 인두세 (poll tax)를 가리킨다는 주장도 제기되었다. Cf. Brown(ed), *Peter in the New Testament,* p. 103.

르는 고기를 가져 입을 열면 돈 한 세겔을 얻을 것이니 가져다가 나와 너를 위하여 주라"(마 17:27)고 말씀하셨다. 그런데 예수께서 이 말씀을 하실 때는 주변에 분명히 다른 제자들이 있었을 것임에도 불구하고(cf. 마 17:22, 18:1), 예수는 오직 "나와 너를 위하여(for me and you)"[14] 세금으로 내라고, 베드로만을 자신과 동격으로 강조함으로써 베드로를 다른 제자와 구별 혹은 차별화하고 있다.

셋째로 더 중요한 점은 이 이야기를 소개하는 문맥이다. 이 본문은 마태복음에서 14~17장으로부터 18장으로 옮겨가는 전환점을 이루고 있다.[15] 그리고 18장에 나오는 교회에 관한 설교는 "천국에서는 누가 제일 크냐?"(마 18:1)라는 제자들의 질문으로 시작되고 있다. 베드로의 탁월성을 강조하는 마태 특유의 본문들(마 14:28~31; 16:17~19)이 나오는 설화 부분으로부터 18장의 교회에 대한 설교로 넘어가는 전환점에서, 마태는 이 본문을 가지고 "누가 제일 크냐?"라는 질문에 대한 대답을 제시하려 한 것으로 보인다. "마태가 18장의 설교를 소개하기 위해서 천국에서는 누가 제일 크냐는 질문을 사용하고 있는 점을 고려할 때, 베드로에 대한 부가적인 언급은 새로운 의미를 갖는다. 누가 제일 크냐는 질문은 마태가 (18장 이전의) 설화를 매듭짓기 위해 사용한 성전세에 관한 이야기를 새로운 빛 가운데 놓고 있다."[16] 즉 베드로를 가장 큰 제자, 제자 중의 제자, 가장 탁월한 제자로 돋보이게 만들고 있다. 이런 점에서 마태복음은 가히 복음서들 중 "가장 친베드로적인 복음서(the most pro-Petrine Gospel)" 혹은 "베드로 복음서(the Petrine Gospel)"라고 불릴 수 있을 것이다.

마태가 이처럼 그의 복음서에서 다른 제자들이나 사도들과 더불어 베드로를 긍정적으로 그리고 호의적으로 묘사하며 높이는 이유는 무엇인가? 무

---

14) 더구나 베드로를 가리키는 헬라어 "너"("sou")라는 단어는 강조형으로 쓰였으며, 더욱이 문장의 마지막 강조의 위치에서 사용되어 그 강도가 높다.
15) Peter F. Ellis, *Matthew: His Mind and His Message*, p. 64.
16) Peter F. Ellis, *Matthew*, p. 64.

엇보다도 베드로만을 특별한 제자로 부각시키는 이유는 무엇인가? 우선 마태복음이 "기독교인을 위한 교과서(a textbook for Christians)"[17]로 의도되었기 때문에 마태로서는 예수의 제자들, 즉 마태 시대에 초대교회 안에서 실질적인 지도자로 활동하던 사도들과 특히 베드로를 초대교회 독자들에게 좀 더 긍정적이며 모범적인 인물로 소개할 필요가 있었을 것이다. 엘리스(P. F. Ellis)는 이것을 다음과 같은 말로 표현하고 있다. 즉 "마태가 처해 있던 시대와 상황에서는 내적으로나 외적으로 혹은 내외적으로 그리스도께서 교회 안에 자신의 교권(teaching authority)과 비슷하지만 자신의 교권에 의존되어 있는, 그런 교권을 이미 확립해 놓으셨다는 사실을 모든 사람들에게 분명히 밝혀야 할 상황이 존재했다"[18]라는 것이다. 사도들의 권위, 그중에서도 베드로의 권위 확립은, 발전해 가면서 성장하고 있던 마태공동체 안에서는 아주 필요했던 것으로 생각된다.

또한 베드로에 대한 이 같은 "아주 우호적인 견해는 마태공동체의 배경이 유대 기독교라는 사실과도 연관되었을 수 있다."[19] 바울의 활발한 선교 활동으로 초대교회 안에서 이방인 기독교는 상당한 발전과 성장을 이룩했고, 아울러 바울의 영향력도 크게 증대되었다. 브랜든에 의하면, "마가복음이 분명히 바울 신학에 의해 고무되었고"[20] 마가복음은 초대교회 안에서 "바울의 명성을 회복시키는 첫 번째 징조"였다.[21] 이렇게 점차로 바울이 초대교회 안에

17) C. F. D. Moule, *The Birth of the New Testament*(New York: Harper & Row, 1982), p. 124. N. Perrin은 마태복음을 가리켜 교회의 요구를 충족시키기 위해 기록된 "a church book"(*The New Testament: An Introduction*, New York: Harcourt Brace Jovanovich, 1974, p. 169)이라고 말하며, Luke T. Johnson은 "the gospel of the church"(*The Writings of the New Testament: An Interpretation*, Philadelphia: Fortress Press, 1986, p. 172)라고, 그리고 G. Schille은 "catechism"["Bemerkungen zur Formgeschichte des Evangeliums. II. Das Evangelium des Matthaeus as Katechismus," *NTS* 4(1957/58), p. 113]라고 말한다.

18) Ellis, *Matthew,* p. 133.

19) Brown(ed), *Peter in New Testament*, p. 75.

20) S. G. F. Brandon, T*he Fall of Jerusalem and the Christian Church,* p. 200; Paulinism in Mark에 대해서는 J. Moffatt, *Introduction to the New Testament,* pp. 235~236과 B. W. Bacon의 *The Beginning of Gospel Story*(Yale University Press, 1909), p. xxvii를 참조하라.

21) "the first sign of a rehabilitation of the reputation of Paul," Cf. Brandon, *The Fall of*

서 가장 중요한 사도, 그래서 "사도 중의 사도"로 인식되고 있었기 때문에, 유대 기독교에서는 바울의 교훈을 경계하면서[22] 오히려 베드로를 가장 중요하고 탁월한 사도로 높이고 있었던 것으로 생각된다. 그런 관점에서 볼 때 마태복음은 바로 그 대표적인 복음서라고 말할 수 있을 것이다.

2. 베드로를 경시하는 요한복음

요한복음이 공관복음과는 다른 자료를 사용한 것으로 알려져 있기 때문에 베드로에 관한 자료에 있어서도 다른 공관복음과는 많은 차이를 보이고 있고, 이 때문에 요한복음에서 볼 수 있는 베드로의 모습이 공관복음의 것과는 분명히 다를 것이라는 점은 쉽게 짐작할 수 있다. 물론 요한복음에서도 베드로는 다른 어떤 제자들보다 자주 언급되고 있고, 또 중요한 제자 중 하나로 등장하고 있는 것이 사실이다. 그럼에도 불구하고 요한복음에서는 베드로가 다른 복음서, 특히 마태복음에서처럼 가장 중요한 제자, 또는 "사도 중의 사도"로 부각되고 있지는 않다. 도리어 마태복음에 비해서 베드로의 모습이 훨씬 더 평가절하된 모습으로 나타나고 있으며, 그런 점에서 요한복음은 의도적으로 베드로를 경시하고 있는 것처럼 보인다.

요한의 이런 경향은 대략 두 가지 면에서 찾아볼 수 있다. 첫째는, 요한복음 저자가 베드로를 가장 중요한 제자로 부각시키려는 분명한 의도를 갖고 있지 않은 것처럼 이해되는 본문들이 많다는 점이고, 둘째는 도리어 베드로보다 더 중요한 제자, 곧 "사랑하는 제자"를 베드로보다 더 부각시킴으로써 상대적으로 베드로를 덜 중요한 제자로 이해시키고 있다는 점이다. 이런 특징 때문에 일찍이 요한복음 연구자들 중에서는 요한복음이 반베드로적 경향

Jerusalem, p. 210.
22) 마태복음의 반바울주의(anti-Paulinism)에 대해서는 필자의 「복음서 신학」(서울: 컨콜디아사, 1985), pp. 77~85를 참조하라.

(the anti-Petrine tendency)을 갖고 있다는 주장이 제기되기도 했다.23)

무엇보다도 먼저 우리는 요한복음에서 요한이 베드로를 가장 중요한 제자로 부각시키려는 의도를 갖고 있지 않은 것처럼 생각되는 본문들부터 살펴보자. 다른 공관복음서에 의하면, 베드로는 예수의 열두 제자들 중 제일 먼저 부름을 받은 제자로 소개되고 있다. 마태가 열두 제자들의 명단을 소개하면서 베드로의 이름 앞에 "첫째로"란 부사를 첨가한 것도 이와 무관하지 않을 것이다. 그러나 요한복음 1:35~42에 의하면, 베드로는 결코 예수로부터 부름을 받은 첫 번째 제자가 아니다. 특히 요한복음 1:40~41에 의하면, 베드로가 아닌 안드레가 예수의 첫 번째 제자가 된 인물이다. 이 안드레가 자기의 형제인 베드로에게 "우리가 메시아를 만나뵈었소"라고 증거하면서, "시몬을 데리고 예수께로 왔다"(요 1:42). 그때 예수가 베드로를 보고 "너는 요한의 아들 시몬이구나. 앞으로는 너를 게바라고 부르겠다"(요 1:42)라고 말씀하신 것뿐이다.

이 본문 이야기에서 우리는 공관복음과는 다른 다음의 사실을 확인하게 된다. 첫째는 베드로가 예수의 첫 번째 제자가 아니라는 사실이고, 둘째는 베드로는 예수가 직접 불러낸 제자가 아니라 안드레가 불러내서 예수께 인도한 제자라는 사실이고, 셋째는 시몬에게 "게바"라는 별명이 주어지는 계기가 마태복음에서처럼(마 16:17~19) 그에게 교회의 권위를 부여하는 사건과 전혀 관련되어 있지 않다는 사실이며, 따라서 "게바"가 요한복음에서는 "반석", 특히 교회의 "반석"이란 의미와는 직접 연관되어 있지 않다는 사실이다.24) 요한복음 저자는 그의 복음서 서두에서, 예수의 공생애 활동의 시작과 관련하여 베드로가 차지하고 있었던 것으로 알려진 첫 번째 제자의 자리를

23) Cf. G. F. Snyder, "John 13:16 and the Anti-Petrinism of the Johannine Tradition," *Biblical Research 16*(1971), pp. 5~15; Arthur J. Droge, "The Status of Peter in the Fourth Gospel: A Note on John 18:10~11," *JBL* 109(1990), pp. 307~311.
24) A. J. Droge는 "요한복음에서 베드로가 '반석'(=돌)인 이유는 그의 몰이해와 예수를 이해하지 못하는 그의 계속된 무능 때문("The Status of Peter," p. 308)"이라고 말한다. 그렇다면 예수가 베드로에게 "게바"란 별명을 주신 것은 그에게 "돌," 혹은 "돌대가리"란 별명을 주신 것이나 다름없는 셈이다.

안드레에게로 돌리고 있고, 더구나 베드로는 예수께서 불러낸 제자가 아니라 안드레에 의해서 예수께 소개된 제자로 증거함으로써 공관복음서와는 달리 베드로의 중요성이 복음서의 서두부터 상당히 평가절하되고 있음을 보게 된다.

뿐만 아니라 공관복음서, 특히 마태복음에서는 베드로의 중요성이 그의 위대한 신앙고백과 관련되어 드러나고 있다. 베드로가 가이사랴 빌립보에서 다른 사람들과는 달리 예수를 "그리스도요 살아 계신 하나님의 아들"이라고 고백한 것 때문에 그의 이미지가 더욱 돋보이는 것이 사실이다. 그런데 요한복음 저자는 베드로의 신앙고백 이야기를 그의 복음서에서 전혀 소개하고 있지 않다. 즉 요한복음은 베드로의 가이사랴 빌립보에서의 신앙고백 이야기를 소개하지 않는 유일한 복음서이다. 요한복음이 완전히 다른 문맥에서 베드로가 "우리는 당신이 하나님의 거룩한 분이신 것을 믿고 또 알고 있습니다"(요 6:69)라고 고백한 것과 아주 비슷한 신앙고백을 소개하고 있기는 하지만, 그것이 가이사랴 빌립보에서의 베드로 신앙고백의 평행 본문은 결코 아니다. 더구나 요한복음에서는 이미 다른 사람에 의해서, 가령 안드레에 의해서 예수가 "메시아(=그리스도)"(요 1:41)로 고백된 바 있고, 나다나엘에 의해서 "하나님의 아들"(요 1:49)로 고백된 바 있다. 그리고 베드로의 신앙고백과 거의 동일한 형태의 신앙고백이 요한복음에서는 베드로에 입을 통해서가 아니라, 오히려 마르다의 입을 통해서 고백되고 있다. "주는 그리스도시요 세상에 오시는 하나님의 아들이십니다"(요 11:27).[25] 따라서 우리는 요한복음 저자가 베드로의 신앙고백 이야기를 생략 혹은 삭제하고 그 대신에 마르다의 신앙고백을 소개한 것은 베드로의 중요성을 부각시키지 않으려는 분명한 의

---

25) 베드로의 위대한 신앙고백에 가장 가까운, 아니 거의 동일한 신앙고백이 요한복음 11:27에서는 마르다의 입을 통해서 고백되고 있는데, 마르다의 이 신앙고백과 베드로의 신앙고백이 헬라어 원문에서는 문구상 아주 뚜렷한 유사성을 보이고 있다.
베드로: "σὺ εἶ ὁ χριστὸς ὁ υἱὸς τοῦ θεοῦ τοῦ ζῶντος."(마 16:16)
마르다: "σὺ εἶ ὁ χριστὸς ὁ υἱὸς τοῦ θεοῦ ὁ εἰς τὸν κόσμον ἐρχόμενος."(요 11:27)

도 때문이라고 생각할 수 있다.

이것과 함께 우리는 요한이 공관복음에 나오지 않는 베드로의 이야기를 소개하면서 베드로를 모범적이며 이상적인 모습으로 묘사하고 있지 않다는 점에도 주목하고자 한다. 요한복음 13:6~11에 보면, 예수께서 마지막 만찬 도중에 제자들의 발을 씻겨주는 이야기가 나온다. 그런데 베드로는 처음에 예수께서 제자들의 발과 자신의 발을 씻겨주는 행동의 의미나 상징을 전혀 이해하지 못한 것으로 묘사되고 있다. 그래서 예수가 자신의 발을 씻기고자 했을 때 베드로는 "주님께서 제 발을 씻기실 수 없습니다"라고 완강히 거절했다. 그러나 예수께서 "내가 행하는 일을 지금은 네가 알지 못하나 후에는 알게 될 것"이라고 설명하시자, 베드로는 "주님, 그러시다면 제 발뿐만 아니라 손과 머리까지도 씻겨주십시오"(13:9)라고 과잉 반응을 보이고 있다. 그러나 예수는 "이미 목욕한 사람은 온몸이 깨끗하니 발밖에 더 씻을 필요가 없다"라고 말씀하시면서 베드로의 요청을 물리치신다. 이 본문이 공관복음에 평행 본문이 없기는 하지만, 이 이야기는 예수께서 요구하시는 것의 의미를 제대로 깨닫지 못해서 자주 충동적으로 행동하는 베드로의 전통적인 모습과 상당히 일치한다. 분명히 여기서 볼 수 있는 베드로의 모습은 긍정적이거나 호의적인 모습은 아니다.

충동적으로 행동하는 사람처럼 보이는 베드로의 이미지는 요한복음 18:10~11에서도 볼 수 있다. 겟세마네 동산에서 예수께서 체포될 때 제자 중 한 사람이 검을 사용하여 대제사장의 종의 귀를 잘랐다는 이야기는 공관복음에 다 나온다(막 14:47; 마 26:51; 눅 22:50). 그런데 요한복음에서는 그 제자가 바로 시몬 베드로라고 그 이름을 밝힌다. 더구나 요한은 베드로에게 "그 검을 칼집에 꽂으라. 아버지께서 내게 주신 이 잔을 내가 어찌 마시지 않겠느냐"고 책망하는 투로 말씀하신다. 마치 공관복음에서 베드로가 위대한 신앙고백을 한 후에 예수의 수난 예고를 거부했을 때 예수로부터 "사탄아 내 뒤로 물러가라"고 책망을 받은 것과 마찬가지로, 여기서도 베드로는 예수가 고난의 잔을 마시는 것을 막으려고 검을 휘두르다가 예수로부터 "그 검을 칼집에 꽂으라"는 책망을 받고 있다. 더구나 예수가 빌라도 앞에서 심문을 받으면서 "내 나라는 이 세상에 속한 것이 아니라, 만일 내 나라가 이 세상에 속한 것이었다면 내 종들이 싸워서 나로 유대인들에게 넘기지 않게 하였으리라"(요 18:36)고 말씀하셨는데, 이 말씀에 비추어볼 때, 베드로가 검을 휘두르면서 예수가 유대인들에게 잡히지 않게 하려고 했던 것은 바로 베드로가 예수의 종이 아님을 드러내는 행위에 지나지 않는다. 따라서 요한이 예수가 체포될 때 검을 휘두른 제자가 베드로였다고 의도적으로 밝힌 이유는 "베드로가 예수의 종이 아니라는 점을 나타내기 위해서"[26]이다. 더 나쁘게는, 베드로의 행동이 결국 그가 예수의 종, 하늘나라의 종이 아님을, 따라서 베드로가 자신은 예수의 제자가 아니라고 부인(denial)한 것이 실제로는 그의 신앙고백(confession)이었음을 의미한다는 것이다. 만일 요한이 베드로의 권위와 위신을 지켜주고, 베드로를 보다 훌륭한 이미지로 소개하고자 했다면, 분명히 예수의 고난의 잔을 거부하면서 검을 휘두른 제자가 베드로였다고 그 이름을 구태여 밝히지는 않았을 것이다. 베드로의 이미지를 호의적으로 소개하려는 의도가 요한에게는 없었다고 생각하는 이유는 바로 이 때문이다.

다음으로, 우리는 요한복음 저자가 그의 복음서에서 베드로보다 중요한 제자, 곧 "사랑하는 제자"를 베드로보다 더 부각시킴으로써 상대적으로 베드로를 덜 중요한 제자로 이해시키고 있는 점들에 대해 살펴보기로 하자. 이것을 위해 우리는 먼저 예수의 마지막 만찬 장면으로 눈을 돌려야 한다. 예수의 마지막 만찬 이야기는 다른 공관복음서에도 모두 나온다. 그러나 요한의 본문에서는 상당한 차이를 보게 된다. 무엇보다도 마지막 만찬석상에서 예수와 가장 가까이 "예수의 품에 의지하여 누웠던"(요 13:23) 제자는 우리의 기대처럼 베드로가 아니라 오히려 "사랑하는 제자"[27]였다. 요한복음에서 하

26) Droge, "The Status of Peter in the Fourth Gospel," p. 311.
27) "사랑하는 제자"의 정체에 관한 논의를 위해서는 필자의 「요한의 신학」(서울: 컨콜디아사, 1999), pp. 181~189를 참조하라. 최근에 출판된 "사랑하는 제자"에 관한 연구 저서로는 다음의 것들이 중

나님의 품에 있었던 것이 예수인 것처럼, 이 장면에서 예수의 품에 있는 제자는 베드로가 아니라 "사랑하는 제자"였다. 본문에 의하면 "사랑하는 제자는 예수가 하나님으로부터 사랑을 받은 것 같이 예수로부터 사랑을 받았다." 베드로는 예수의 "사랑하는 제자"도 아니었고, 예수의 가장 가까운 영광의 자리도 다른 제자, 곧 "사랑하는 제자"에게 빼앗긴 것으로 소개되고 있다. 더구나 마지막 만찬 도중에 예수께서 "너희 중에 하나가 나를 팔리라"(요 13:21)고 말씀하셨을 때 베드로는 다른 복음서에서와 같이 더 이상 제자들의 대변자 역할을 하지 못한 채, "말씀하신 자가 누구인지"를 물어보아 달라고, 도리어 "사랑하는 제자"에게 부탁하고 있다. 여기서는 베드로가 제자의 대변인 역할까지 빼앗긴 모습을 보여주고 있다. 그리고 요세푸스와 사해 두루마리의 증거들로부터 잘 알려진 바와 같이, 에세네파의 공동 식사에서는 오직 서열에 따라서만 말을 할 수 있었다는 것이 사실이라면, 분명히 여기서 베드로의 지위와 권위는 상대적으로 "사랑하는 제자"에 비해 두드러지게 격하되어 있다고 볼 수밖에 없다. 이 본문 이야기에서 드러난 베드로의 모습은 분명히 예수의 가장 가까운 제자, 가장 중요한 제자의 모습이 아니며, 더 이상 제자들의 대변자의 모습도 아니다. "사랑하는 제자"에게 그 영광을 빼앗긴 모습이라고 말할 수 있다.

예수가 감람산에서 체포되어 대제사장의 집으로 끌려갈 때, 공관복음 특히 마가복음 14:50에 의하면 "모든 제자들이 다 도망가 버렸다." 그런데 요한복음에 의하면 오직 두 제자만이 예수의 뒤를 따라갔는데(요 18:15 이하), 요한은 이 두 제자가 "다른 제자,"[28] 곧 사랑하는 제자와 베드로였다고 증거한다. 그리고 "사랑하는 제자"는 대제사장과 아는 사이였으므로 예수를 따라 아무런 제재도 받지 않고 대제사장의 집 안 뜰까지 들어갈 수 있었지만, 베

요하다. Vernard Eller, *The Beloved Disciple: His Name, His Story, His Thought*(Michigan: Eerdmans, 1987; James H. Charlesworth, *The Beloved Disciple: Whose Witness Validates the Gospel of John?*(Pensylvania: Trinity Press International, 1995).
28) 요한복음 20:2에 보면 "다른 제자"와 "사랑하는 제자"는 동일인으로 제시되고 있다.

드로는 쉽게 들어갈 수가 없어서 대문 곁에서 그대로 서 있었다. 그때 "사랑하는 제자"가 다시 나와 문지기 소녀에게 말하여 베드로를 데리고 안으로 들어간 것으로 기록되어 있다. 여기서도 베드로는 "사랑하는 제자"의 주도 아래 이끌리고 있는 모습을 보여준다. 즉 베드로가 "사랑하는 제자"에 의존된 인물처럼 보인다. 더구나 "두 제자"가 대제사장 집 안으로 예수를 따라 들어갔는데, 베드로는 거기서 예수를 부인하여 제자직에 실패한 모습을 보여주고 있으나, "다른 제자"는 같은 장소에 있었으면서도 베드로처럼 실패한 모습을 보여주고 있지 않다. 여기서도 우리는 베드로가 다른 제자, 곧 사랑하는 제자의 빛에 가려진 어둡고 초라한 모습을 보게 된다. 요한복음 저자는 분명히 베드로를 긍정적으로 또는 호의적으로 부각시키고 있지 않는 것이다.

공관복음서에 의하면 베드로를 포함하여 모든 제자들이 예수께서 겟세마네 동산에서 체포되었을 때 다 도망을 갔고(막 14:50), 이후 예수의 부활 때까지 그들의 모습은 찾아볼 수가 없었다. 예수의 십자가 처형 현장에 제자들은 물론 베드로의 모습이 없는 것도 그 때문이다. 그런데 요한복음에 의하면 예수의 십자가 처형 현장에 남성 제자 한 사람이 등장하는데, 그는 "사랑하는 제자"였다. 베드로가 아니었다. 그리고 "사랑하는 제자"는 예수의 모친과 함께 예수의 마지막 임종을 지켜보았다. 더구나 그 자리에서 예수는 자신의 모친을 사랑하는 제자에게 맡기면서, 사랑하는 제자로 하여금 자신을 대신하여 모친을 모시도록 명했다. 요한복음에만 나오는 이 장면은 분명히 사랑하는 제자를 예수의 "대리자"로 임명하는 장면이다. 그래서 스나이더(Snyder)는 이 이야기에서 "부활 이전에 권위 이양이 일어났다(this passing of authority occurred before the resurrection)"라고 말하며,[29] 메이너드(Maynard)는 "사랑하는 제자가 예수의 지상 후계자이고, 이것이 교회의 권위자로서 베드로와

---

29) Graydon F. Snyder, "Anti-Petrinism of the Johannine Tradition," *Biblical Research 16*(1971), pp. 12~13.

야고보를 제외시키고 있다"라고 말한다.30) 만약 요한이 베드로를 "사도 중의 사도", 혹은 "가장 탁월한 제자"로 소개하고자 했다면 이런 이야기를 부각시키지는 않았을 것이다. 분명히 요한복음 저자는 베드로 대신에 다른 제자, 즉 "사랑하는 제자"를 더 중요하고 더 탁월한 제자로 소개하려는 의도를 갖고 있었다고 생각된다.

우리는 요한복음 20:1~10에서도 베드로가 "사랑하는 제자"의 그늘에 가려진 채, 사랑하는 제자에 의존된 제자의 모습으로, 그래서 비호의적 모습으로 소개되고 있는 것을 본다. 예수가 부활하신 날 새벽, 막달라 마리아는 예수의 무덤에 갔다가 문을 막은 돌이 벌써 옮겨진 것을 알고는 "시몬 베드로와 예수가 사랑하시던 다른 제자에게" 무덤이 비어 있다는 소식을 전했다. 그 소식을 듣고 베드로와 사랑하는 제자가 함께 무덤을 향해 달려갔는데, "둘이 같이 뛰어갔는데 그 다른 제자가 빨리 달려가 먼저("πρῶτος") 무덤에 이르렀다"(요 20:4). 요한의 증거에 의하면, 예수의 부활 현장에 "먼저" 도착한 사람은 사랑하는 제자였다. 더구나 요한복음 20:6에 의하면 "시몬 베드로가 그(=사랑하는 제자)를 따라왔다"라고 했는데, 요한복음에서도 "따른다"는 동사는 제자가 된다는 것을 가리키는 용어로 자주 사용되는 전문 용어였다. 따라서 "그 용어가 여기서도 베드로를 사랑하는 제자에게 종속시키기 위한 목적으로 사용되었을 수 있다."31) 그리고 사랑하는 제자는 무덤이 비어 있는 것을 "보고 믿었다"(요 20:8)라고 했다. 따라서 요한복음에서는 부활 현장의 첫 목격자가 "사랑하는 제자"이며, 그리고 부활 신앙에 이르렀던 첫 번째 제자도 "사랑하는 제자"라는 점이 강조됨으로써 베드로를 예수 부활의 첫 번째 목격자로 보는 전승에 반대하고 있는 것으로 보인다.

요한복음 저자의 비슷한 의도를 우리는 요한복음 20:21~23에서도 엿볼 수 있다. 물론 이 본문에 베드로에 대한 언급은 전혀 없다. 그럼에도 이 본

---

30) Arthur H. Maynard, "The Role of Peter in the Fourth Gospel," *NTS* 30(1984), p. 539.
31) Maynard, "The Role of Peter in the Fourth Gospel," p. 540; Barrett, *John,* p. 468; R. E. Brown, *The Gospel According to John*, p. 985.

문은 "반베드로적" 본문으로 이해될 수 있는 중요한 본문이다. 칼웰과 티투스(Colwell and Titus)는 이 본문을 "요한복음의 위대한 클라이맥스"라고 부르면서 이 본문이 제자들의 권위의 기초라고 지적한다.[32] 그리고 하워드(Howard)[33]와 맥그리거(Macgregor)[34]는 이 본문이, 비슷한 권위가 오직 베드로에게만 주어지고 있는 마태복음 16:19와 분명히 연관되어 있다고 말한다. 맥그리거는 "마태복음에서 교회의 생명과 권위가 베드로에게서 모범적으로 나타난 신앙에 근거되어 있듯이, 그것이 여기서는 모여 있던 제자들에게 주어진 성령의 은사로부터 나오고 있다"라고 지적한다.[35] 즉 마태복음에서는 신앙고백을 한 베드로에게 주어진 교회의 권위가, 여기서는 성령의 은사를 받은 "제자들"에게 주어지고 있다. 마태복음 16:19에 보면, 예수께서는 베드로에게 천국의 열쇠를 주면서 "네가(=단수 1인칭) 무엇이든지 땅에서 매면 하늘에서도 매일 것이요, 땅에서 풀면 하늘에서도 풀릴 것이라"고 말씀하셨다. 매고 푸는 권세가 베드로에게 주어졌다. 그런데 요한복음에서는 예수가 베드로에게 천국 열쇠를 주는 이야기를 전혀 소개하지 않을 뿐만 아니라, 요한복음 20:23에 보면, 부활하신 예수가 모여 있던 제자들에게 나타나 "성령을 받으라"고 말씀하시면서 "너희가(=복수 2인칭) 누구의 죄든지 사하여 주면 사하여질 것이요 사하여 주지 않으면 그대로 남아 있을 것이라"고 말씀하신다. 마태복음에서 베드로 한 사람에게 주어진 권위를 요한복음에서는 제자들에게로 돌려주고 있는 셈이다. 바로 이 점 때문에 우리는 이 본문을 "반베드로적인 본문으로 보아야"[36] 하는 것이다.

32) E. G. Colwell and E. L. Titus, *The Gospel of the Spirit: A Study in the Fourth Gospel*(New York: Harper & Brothers, 1953), pp. 135~136.
33) W. F. Howard, "The Gospel According to St. John"(*The Interpreter's Bible,* vol. 8. New York: Abingdon, 1952), p. 797.
34) G. H. C. Macgregor, *The Gospel of John*(The Moffatt New Testament Commentary. New York: Harper & Brothers, 1928), p. 366; cf. Titus, *The Message of the Fourth Gospel*(New York: Abingdon, 1957), p. 242.
35) Cf. *The Gospel of John*, p. 366. Titus도 이 말에 동의하여 이 문장을 *The Message of the Fourth Gospel*, p. 243에서 인용하고 있다.
36) Maynard, "The Role of Peter," p. 540.

마지막으로, 요한복음 21장에 보면 부활하신 예수가 디베랴 바다에서 고기잡이하고 있던 제자들에게 나타나셨을 때 "제자들은 그가 예수이신 줄 알지 못했는데"(요 21:4), 오직 "사랑하는 제자"가 예수를 알아보고 "저분은 주님이시다"(요 21:7)라고 말했고, 베드로는 그 소리를 듣고 놀라서 벗었던 몸에 겉옷을 두르고 배에서 뛰어내렸다는 이야기가 소개되고 있다. 여기서도 부활하신 예수를 먼저 알아본 사람은 "사랑하는 제자"였지 베드로가 아니다. 부활하신 예수에 대한 베드로의 인식은 전적으로 "사랑하는 제자"에게 의존된 것으로 소개되고 있다. 이처럼 사랑하는 제자의 영적 통찰력과 주도권이 베드로에 비해 언제나 앞서고 있고, 더 강조되고 있다. 그래서 요한복음에서는 베드로가 상대적으로 "사랑하는 제자"보다 못한 제자로 그려지고 있는 것이다.

　　그렇다면 요한복음에서 베드로가 이처럼 부정적으로, 혹은 반베드로적으로 묘사되고 있는 이유는 무엇일까? 요한복음은 요한공동체의 산물이고, 요한공동체는 초대 기독교가 발전하는 가운데 비주류에 속한 종파적 공동체였다.[37] 그리고 이 요한공동체는 열두 제자들 중 한 사람이 아닌 "사랑하는 제자"[38]의 영향 아래 발전하고 있었던 것으로 알려지고 있다. 그래서 요한공동체에서는 자신들 공동체의 설립자요 실질적인 지도자인 "사랑하는 제자"를 베드로보다는 더 중요한 제자로 부각시킬 수밖에 없었을 것이다. 열두 제자

37) Kaesemann은 요한 공동체가 초대 기독교 운동의 주류 밖에 머물러 있던 영지주의의 경향을 가진 비밀집회(conventicle)라고 말한다(*The Testament of Jesus: A Study of the Gospel of John in the Light of Chapter 17*, Philadelphia: Fortress Press, 1969, pp. 29, 39, 73 등등). 그 밖에도 다음의 자료를 참조할 수 있다. Cf. W. A. Meeks, "The Man from Heaven in Johannine Sectarianism," JBL 91(1972), pp. 44~72; D. Bruce Woll, *Johannine Christianity in Conflict*(SBLDS, Missoula: Scholars Press, 1981) 등등.

38) 오늘날 대부분의 요한복음 연구자들은 사랑하는 제자가 열두 제자들 중의 하나는 아니라고 생각한다. Cf. O. Cullmann, *The Johannine Circle: Its Place in Judaism Among the Disciples of Jesus and in Early Christianity—A Study in the Origin of the Gospel of John*(London: SCM Press, 1976), p. 78; R. E. Brown, *The Community of the Beloved Disciple*(New York: Paulist Press, 1979), pp. 33~34; R. Schnackenburg, *The Gospel According to St. John*(New York: Seabury, 1980), III, pp. 383~387; Vernard Eller, *The Beloved Disciple: His Name, His Story, His Thought*(Michigan: Eerdmans Publishing Company, 1987), pp. 24, 37, et passim.

들의 명단이 복음서들 중 오직 요한복음에서만 나오지 않고, 또 요한복음에 그들의 존재와 중요성에 대한 언급이 별로 없는 것도 바로 그 때문일 것이다.

초대교회 안에 베드로를 비롯한 열두 제자들이 중심이 되었던 유대 기독교가 있었고, 또 바울을 중심으로 발전하던 이방 기독교가 있었듯이, "사랑하는 제자"가 중심이 되어 있던 또 다른 요한의 공동체가 있었으리라고 가정하는 것은 그렇게 어려운 일도, 그리고 새로운 일도 아니다. 브라운(R. E. Brown)이 요한복음 6:60~69을 근거로 베드로를 비롯한 열두 제자들의 그룹으로부터 떨어져 나간 제자 그룹("다른 양들")이 있었다고 주장하는 바와 같이,39) 요한의 공동체도 베드로를 비롯한 열두 제자들의 그룹과는 구별되게 발전하고 있었던 것으로 생각된다.

그런데 요한복음은 아마도 베드로를 비롯한 열두 제자들로 대표되던 기독교 공동체와 요한공동체 간의 관계(통합이나 연합)가 주요 관심사로 논의되던 시기에 기록되었을 것이다.40) "사랑하는 제자"가 죽은 후 요한공동체는 좀 더 확고한 초대교회의 주류에 속하는 사도적 전통과 연관성을 맺어야 할 필요가 있었을 것이다. "사랑하는 제자"라는 익명의 제자에 속한 요한공동체로서는 베드로와 같이 잘 알려진 역사적 인물과의 연관성 가운데서 공동체 자신의 정체성을 보다 굳건하게 확립할 필요가 있었을 것이다. 그래서 요한복음 저자는 그의 복음서(특히 1~12장)에서 베드로의 중요성을 크게 부정하지는 않으면서도, 한편으로는 계속 "사랑하는 제자"의 중요성과 탁월성을 강조하면서, 베드로와 "사랑하는 제자" 공동체들의 "하나 됨"을 기도하고 있었던 것으로 생각된다. 그래서 예수의 고별설교인 17장에서 요한은 예수의

---

39) R. E. Brown, "Other Sheep Not of This Fold: The Johannine Perspective on Christian Diversity in the Late First Century," *JBL* 97(1978).

40) Kevin Quast에 의하면, "요한복음 편집자는, 요한 공동체의 지속은 다른 기독교 공동체들과의 통합에 달려 있다고 생각"했다. Cf. *Peter and the Beloved Disciple: Figures for a Community in Crisis*(Journal for the Study of the NT Supplement Series 32, Sheffield: JSOT Press, 1989), p. 168.

기도 형식으로 "저희로 하나 되게 하옵소서"란 기도를 반복적으로 강조하고 있다(요 17:11, 21, 22, 23). 따라서 요한복음에서 베드로가 다소간에 부정적으로 묘사되고 있는 것은 요한복음 저자의 반베드로적인 입장 때문이라기보다는 오히려 "사랑하는 제자"의 존재와 그 중요성을 더욱 돋보이게 만들기 위한, 그래서 자신의 공동체의 정체성을 분명히 내세우기 위한 하나의 전략적인 방편이라고 보는 편이 옳을 것이다.

그러나 초대교회는 나중에 신약성서를 정경화하는 과정에서 초대교회의 기둥 사도 가운데 한 사람인 베드로를 아주 중요시하는 마태복음과 함께 베드로를 그처럼 중요시하지 않고 도리어 그를 평가절하하면서 베드로 대신에 "사랑하는 제자"를 더 높이는 요한복음을 각각 정경으로 확정시켰다. 따라서 우리는 초대교회에, 베드로에 대한 다양한 이해와 평가가 있었다는 사실을 확인하게 되었을 뿐만 아니라, 초대교회의 주요 사도에 대한 견해가 얼마든지 다양할 수 있다는 사실을 알게 된 것이다.

제10장

교회주의적인 문서와 무교회주의적인 문서

신약성서 가운데에는 교회가 제도적으로 상당히 발전된 모습을 보여주는 문서, 즉 교회의 제도화나 조직화를 향한 강한 경향, 아니 제도화가 이미 정착된 모습을 보여주는 교회주의적인 문서들이 있는가 하면, 그와는 정반대로 교회의 제도화나 조직화 혹은 기구화(institutionalization)를 반대하는 경향의 무교회주의적(non-ecclesiastical) 혹은 반교회주의적(anti-ecclesiastical) 문서도 있다는 점에 주목할 필요가 있다.

1. 조직과 제도를 중요시하는 교회주의적인 문서

1) 목회서신

일반적으로 "목회서신(the Pastoral Epistles)" 혹은 "교회 서신(the Church Epistles)"이라고 불리는 디모데전서, 디모데후서, 디도서 등에 보면, 초대교회가 일찍이 조직적으로 혹은 제도적으로 상당히 발전된 모습을 보여줄 뿐만 아니라, 그런 제도화의 길을 이미 걷고 있었던 것이 아닌가 하는 생각을 갖게 만든다.

이 점과 관련해서 우리가 특히 주목할 본문은 목회서신들 가운데서 "감독의 자격 규정"(딤전 3:2~7; 딛 1:7), "장로의 자격 규정"(딛 1:5~9), "집사의 자격 규정"(딤전 3:8~13) 등이 아주 분명하게 명문화되어 있는 본문들이다. 이런 규정이 기록되었다는 사실 자체는 분명히 믿는 사람들 가운데서 "집사"나 "장로"나 심지어 "감독"이 되려는 사람들이 많이 생겨난 상황을 반영해 주는 증거일 수 있다. 믿는 교인들 가운데서 이처럼 교회의 "성직"을 맡기 원하는 사람들이 많았기 때문에, 특히 그런 사람들 중에는 "율법교사가 되기를 원하지만 사실은 자기들이 말하는 내용이나 주장하는 것이 무엇인지도 알지 못하는"(딤전 1:7) 사람들이 많이 있었기 때문에, 자격이 없거나 미달되는 사람들이 아무나 교회의 직분을 맡지 못하게 하려는 목적에서 그런 제한적인 자격 규정이 필요했을 것으로 보인다. 동시에 그런 규정이 마련되어 제시되었다는 사실 자체는 자격 있는 성직자들을 세워야 할 필요가 생겨났을 만큼 교회가 제도적으로 상당히 성장하고 발전해 있었다는 증거로 생각될 수도 있다. 또한 그런 규정은 초대교회 안에 이미 "성직 제도"가 어느 정도 그 모습을 드러내기 시작한 증거로 볼 수도 있다. 더구나 디모데전서 5:9~10에서는 교회에서 과부로 등록되어 보살핌을 받을 사람들의 자격 규정까지도 제시되어 있고, 디모데에게는 과부로 등록시킬 수 있는, 또 등록을 거절할 수 있는 권한까지 주어졌던 것으로 보인다.

"감독"과 "장로"와 "집사"와 같은 성직이 필요했던 것은 복음을 전파하는 일 이외에도 교인들을 잘 돌보며 관리하는 일이 절실했기 때문일 것이다. 한편으로는 이미 교회와 교인들을 위협하는 거짓 교훈이나 "다른 교훈"(딤전 1:3; 6:3)들로부터 교인들을 지켜내야 하는 일이 필요했던 것으로 보인다. 이미 "후메내오와 알렉산더"처럼 선한 양심을 버리고 믿음에 파선한 사람들이 생겨났고(딤전 1:20), "후메내오와 빌레도"처럼 진리를 벗어나서 부활이 이미 지나갔다고 말함으로써 다른 사람의 믿음을 무너뜨리는 사람들도 있었고

(딤후 2:17~18), "얀네와 얌브레"처럼 진리를 대적하는 사람들도 있었다(딤후 3:8). 이런 상황에서 "바른 교훈으로 권면하고 거슬러 말하는 자들을 책망하면서"(딛 1:9) 교인들로 하여금 "진리를 배반하는 사람들의 명령을 따르지 않게 하는 일"(딛 1:14)이 아주 필요하고 중요했을 것이다. 다른 한편으로는 "건전한 교훈" 혹은 "바른 교훈"(딤전 1:10; 딤후 4:3; 딛 1:9, 2:1)을 가르쳐서 "경건하지 않은 것과 이 세상 정욕을 버리고 신중함과 의로움과 경건함으로 이 세상에 살도록"(딛 2:12) 지도하는 일도 필요했을 것이다. 이처럼 교회 신앙 훈련(the church discipline)은 "더 이상 단지 복음을 전파하는 행동이 아니라, 거기서 더 나아가 교회를 잘 관리하여 교회 자체의 순수성을 마련해 주기 위한 수단이 되고 있다."[1]

따라서 이런 문서들에서는 분명히 "교회"의 "제도화" 혹은 "기구화"와 더불어 교회 관리 및 목회의 목표와, 그 구체적인 지침까지 잘 드러나 있음을 볼 수 있으며, 이미 교회 안에서 성직자와 평신도의 구별이라는 성직 제도가 어느 정도 정착된 모습까지 보이는 것으로 생각된다. 이런 경향은 2세기 초 혹은 그 중반 문서들로 생각되는 이그나티우스(Ignatius)의 편지들에서 극단적으로 나타나기도 하는데, 그런 편지들에 의하면, "감독이 있는 곳에 교회가 존재하고,"[2] "감독이 없으면 교회가 존재하지 않는다"[3]라는 말까지 나오고 있다.

2) 바울 서신

제2 바울 서신(the deutero-Pauline Epistles), 혹은 후기 바울 서신(the post-Pauline Epistles)으로도 알려진 목회서신은 2세기의 문서로 알려져 있기에 초대교회가 어느 정도 제도적으로나 조직적으로 발전한 단계를 보여줄 것이라고 생각하는 것은 그리 어려운 일이 아니다. 그러나 신약의 문서들, 아니 기

---

1) E. Schweizer, *Church Order in the New Testament*(London: SCM Press, 1961), p. 82.
2) Ignatius, *Letter to the Smyrnaeans,* 8.1.
3) Ignatius, *Letter to the Trallians,* 3.1.

독교 문서들 가운데서 가장 초기에, 즉 예수께서 십자가에 돌아가신 지 불과 20년 정도가 지난 기원후 50년대에 기록된 것으로 알려진 바울 서신들 가운데서 이미 "교회"란 단어는 물론 교회 내의 여러 상이한 종류의 직분에 대한 설명이 많이 나오는 점은 놀라운 일이 아닐 수 없다. 초대교회가 아주 일찍부터 어느 정도 제도화되고 조직화되어 있음을 알 수 있는 증거이기 때문이다.

바울의 서신들 중 특히 고린도전서는 "교회 안에 여러 직분"이 있었다는 점을, 그 직분들이 어떤 것들이었는지를 구체적으로 언급해 주고 있다는 점에서 우리의 관심을 끈다.

> 고린도전서 12:28~30. "하나님께서 교회 안에 여러 직분을 두셨는데, 첫째는 사도요, 둘째는 예언자요, 셋째는 교사요, 다음은 기적을 행하는 사람이요, 다음은 병 고치는 은혜를 받은 사람이요, 남을 도와주는 사람이요, 관리하는 사람이요, 여러 가지 방언을 하는 사람입니다."

우리는 이 구절에서 이미 고린도 교회 안에 "사도"의 직분과 "예언자"의 직분이 구분되어 있었고, 또 "교사"와 "기적을 행하는 사람"과 "병 고치는 은혜를 받은 사람"이나 "관리하는 사람"이 각각 구분되어 있었음을 알게 된다. 비록 이런 직분을 임명하는 사람이 누구이며, 또 각 직분의 "업무 한계(job discription)"가 어떠한지에 대한 보다 구체적인 언급은 없지만, 분명히 고린도 교회에서는 그런 직분들의 업무가 구별되어 수행되었음이 분명해 보인다.

다른 한편, 로마 교회에서는 교인들이 교회 안에서 각각 받은 은사에 따라 "예언하는 일", "섬기는 일", "가르치는 일", "위로하는 일", "다스리는 일", 그리고 "긍휼을 베푸는 일" 등으로 나뉘어 섬겼던 것으로 보인다.

로마서 12:6~8, "우리에게 주신 은혜대로 받은 은사가 각각 다르니, 혹 예언이면 믿음의 분수대로, 혹 섬기는 일이면 섬기는 일로, 혹 가르치는 자면 가르치는 일로, 혹 위로하는 자는 성실함으로, 다스리는 자는 부지런함으로, 긍휼을 베푸는 자는 즐거움으로 할 것이니라."

"예언자"와 "교사" 직분의 경우는 고린도 교회와 차이가 없는 데 비해서 다른 직분들의 명칭이 고린도 교회의 경우와 다른 것으로 보아, 교회의 직분이나 제도는 각 지역, 각 교회의 형편에 따라 정해졌던 것으로 보인다. 실제로 아직 여러 교회를 통일성 있게 관리하거나 통제하는 기구가 형성되지 않았던 때이기 때문일 것이다.

바울 자신의 편지가 아니라 "후기 바울 서신" 혹은 "제2 바울 서신" 가운데 하나로 알려진 에베소서에서는 좀 더 분명하게 교회 안의 여러 직분에 대한 언급이 나타난다.

에베소서 4:11, "그가 어떤 사람은 사도로, 어떤 사람은 예언자로, 어떤 사람은 전도자로, 또 어떤 사람은 목사와 교사로 세우셨습니다."

이 구절에 의하면, 에베소 교회 안에는 이미 오늘날의 교회에서 볼 수 있는 것과 거의 동일한 직분, 곧 사도, 예언자, 전도자, 목사 그리고 교사와 같은 직분이 있었음을 알 수 있다. 초대교회가 일찍부터 이미 제도적으로 그리고 조직적으로 기구화되어 있었음을 알게 해주는 증거로 받아들일 수 있다.

3) 마태복음

마태복음은 기원후 90년경에 마태 교회에서 "기독교인들을 위한 신앙 교과서"를 목적으로 기록된 복음서이다. 따라서 마태복음은 예수의 공생애 사역에 대한 역사적 기록이 아니라, 마태복음을 기록한 기원후 90년경의 역사적 상황을 반영하는 것으로 읽어야 한다. 그런데 우리는 오직 마태복음에서만 예수의 열두 제자들 중 "으뜸 제자"(=수제자 베드로)가 있었고(마 10:2), 4) 오직 그에게만 "천국의 열쇠"와 함께 "하늘과 땅에서 매고 푸는 권세"가 주어졌다는 사실을 읽을 수 있다(마 16:19). 또한 마태복음에 의하면 열두 제자들 중 예수께서 특별한 때에만 동행하던 특별한 "제자 삼인방"(베드로, 요한, 야고보)이 있었다는 사실(마 17:1; 26:37)도 읽을 수 있다. 이런 기록은 이미 교회의 안정적인 발전과 성장을 위해 권위의 서열이 필요했던 1세기 말경 마태 교회의 모습을 보여주는 것으로 생각된다. 스탠튼(G. N. Stanton)은 마태복음 23:34에 소개된 예수의 말씀("내가 너희에게 예언자들과 지혜 있는 자들과 서기관들을 보내겠다")에서도 "초보적인 성직 계급(a rudimentary hierarchy)"에 대한 암시를 보기도 한다. 5)

또한 마태복음 16:18과 마태복음 18:17에서도 구체적으로 "교회"란 단어가 사용되고 있는 점에 주목할 필요가 있다. 6) 예수의 공생애 사역 기간에는 아직 존재하지도 않았던 용어이며, 예수 당시에는 그런 기구나 조직이 없었을 것이기 때문이다. 그런데 복음서들 가운데서는 오직 마태만이 마태복음 16:18에서 "교회"란 단어를 사용하면서 교회의 올바른 신앙적 토대가 베드로가 가이사랴 빌립보에서 했던 신앙고백, 즉 "주는 그리스도요 살아 계신 하나님의 아들이라"는 신앙고백임을 가르치고 있다.

특별히 마태복음 18:15~17을 통해서는 "네 형제가 죄를 짓거든 단둘이 있는 데서 그를 충고하라. 그가 네 말을 들으면 너는 그 형제를 얻는 것이다.

---

4) 신약성서에 소개되고 있는 예수의 열두 제자 명단(마 10:2~4; 막 3:13~19; 눅 6:12~16; 행 1:13) 중 오직 마태복음의 명단에서만 베드로의 이름 앞에 "first"란 말이 첨가되어 있다. 마태는 이 단어를 통해서 베드로를 "the first among equals, the chief of the apostles"로 부각시키고 있다. Cf. W. D. Davies and D. C. Allison, *Matthew: A Shorter Commentary Based on the Three-Volume International Critical Commentary*(New York: T & T International, 2004), p. 148.

5) Graham N. Stanton, *A Gospel for a New People: Studies in Matthew*(Kentucky: John Knox Press, 1992), p. 44.

6) 마태복음에서 "교회"란 단어는 모두 3번 사용되었는데, 16:18에서는 "보편적인 교회" 혹은 "일반적이며 이상적인(a general, or ideal) 교회"를 가리키는 용어로 1번, 18:17에서는 "개별적인 교회(the assembly of the local congregation)"를 의미하는 용어로 2번 사용되었다.

그러나 듣지 않거든 한두 사람을 데리고 가라. 두세 증인의 입으로 모든 사실이 확증되도록 하기 위한 것이다. 그러나 그들의 말도 듣지 않거든 교회에 말하고 교회의 말도 듣지 않거든 그를 이방 사람이나 세리와 같이 여기라"고 가르치는데, 특히 이 구절은 믿는 형제들 중 죄 지은 형제에 대한 마태 교회의 "교인 치리 규정"을 보여주는 것으로 생각된다. 마태복음 18장 전체가 일반적으로 "교회에 관한 설교(discourse concerning the congregation)" 혹은 "교회를 위한 규정(Rule for the congregation, Gemeindeordnung)"으로 알려지고 있는데, 그중에서도 "교회의 말도 듣지 않거든 그를 이방 사람이나 세리와 같이 여기라"는 말씀은 교회라는 "공동체로부터의 축출(exclusion from the community)을 의미하는 것"이기에[7] 결국 "교회"가 신앙 교육의 기관으로, 행정적으로 신앙생활의 마지막 권위요 최후의 보루임을 보여주는 것으로 보인다.

마태복음 16:19에서 베드로에게 주어진 "매고 푸는 권세"가 마태복음 18:18에서는 제자들에게 혹은 교회에 주어지는 것으로 보이는데, 이 권세가 본래는 교도권(敎導權, teaching authority)을 의미하는 것이었지만, 여기서는 치리권(治理權, the authority for discipline)을 의미하는 것을 보더라도[8] 마태 교회는 상당히 교육과 행정이 통합적으로 이루어지던 발전된 교회임을 반영해 주고 있는 것이다.

또한 마태복음은 이미 정교한 예전(禮典, liturgy)을 가지고 예배를 드리는 "교회"를 염두에 두고 있었던 것으로 보인다. 마태복음이 예배에 사용하기 위한 목적으로 기록되었다고 이해한 대표적인 학자는 킬패트릭(G. D.

---

7) Davies and Allison, *Matthew: A Shorter Commentary,* p. 305. 다른 한편, 군드리(R. H. Gundry)는 "추방 조치(ostracism)"를 의미하는 것으로 보고 있다. Cf. *Matthew: A Commentary on His Literary and Theological Art*(Grand Rapids: Eerdmans, 1982), p. 368.

8) Guenther Bornkamm, "The Authority to 'bind' and 'loose' in the Church of Matthew's Gospel: The Problem of Sources in Matthew's Gospel"(1970), in: Graham Stonton(ed.), *The Interpretation of Matthew*(Philadelphia: Fortress Press, 1983), 93.

Kilpartrick)이다.[9] 그는 마태복음을 "예배 예식에서 사용하기 위한 복음 전승의 개정판" 혹은 "교회 예배 예식을 위한 성구집"이라고 주장했다. 최근에는 루츠(U. Luz)도 그의 마태복음 주석에서 마태복음이 얼마나 예배와 깊은 관련성이 있는가를 여러모로 지적하고 있다.[10] 그에 의하면, 우선 마태복음의 주기도문이 누가복음의 주기도문보다 훨씬 더 예배 의식에 맞게 의도적으로 잘 손질되어 있으며(예: 하나님에 대한 호칭과 또 마지막 부분의 "송영" 첨가 등), 마태복음 26:26~28에 나오는 성만찬 제정에 관한 말씀도 교회의 성례전을 잘 반영해 주고 있다. 이와 함께 오직 마태복음에서만 예수가 제자들에게 주었던 "너희는 가서 모든 족속을 제자로 삼아 아버지와 아들과 성령의 이름으로 세례를 주라"(마 28:19)는 명령이 소개되고 있는 점도 주목할 만하다. 오직 마태만이 오늘날 교회가 실행하고 있는 두 예전, 곧 세례와 성만찬을 예수의 명령으로 제시하고 있는 점도 그만큼 마태의 교회가 예전적으로 발전해 있었음을 보여주는 증거로 볼 수 있다.

다른 한편으로 스트렉커(G. Strecker)는 그의 논문("The Concept of History in Matthew)에서 "마태복음에서 우리는 제도화의 시작에 대한 좀 더 분명한 증거를 발견하게 되는데, 성례전의 제시 역시 공동체 생활의 제도화와 연관이 있다"라고 말한다.[11] 이 점은 다음과 같은 사실에서 어느 정도 확인될 수 있다.

첫째로, 마태복음에서 신앙고백적 문구가 그의 문서 자료인 마가복음에 비해서 보다 분명하고 정교하게 수정 편집되어 있다. 예를 든다면 다음과 같은 것들이다.

---

9) Cf. *The Origin of the Gospels According to St. Matthew*(Oxford: Claredon, 1946, 1959), pp. 135~137.
10) Cf. "The Rooting in Worship," *Matthew 1~7*(Minneapolis: Augsburg, 1989), p. 77.
11) Cf. "The Concept of History in Matthew," in *The Interpretation of Matthew*, Graham Stanton(ed.), p. 93.

마태복음 14:33, "진실로 하나님의 아들이로소이다."
마태복음 16:16, "주는 그리스도시요 살아 계신 하나님의 아들이시니이다."
마태복음 27:54, "이는 진실로 하나님의 아들이었도다."

둘째로, 마태가 사용한 문서 자료인 마가복음에서는 단순한 간구문이었는데, 마태는 그런 간구문을 예전적인 기도문의 형태로 수정하여 편집하였다.

마태복음 8:25; 14:30, "주여, 구원하소서."
마태복음 9:27 15:22; 17:15; 20:31, "다윗의 자손이여, 불쌍히 여겨 주시옵소서."

이와 함께 우리는 "예배드리다"란 동사가 다른 복음서에 비해서 마태복음에 훨씬 많이 사용되어 있는데(마가에서 2번, 누가에서 3번, 그러나 마태에서는 13번), 특히 이 단어가 마태의 편집적 작업 가운데서 강조되고 있다는 점에 주목해야 한다. 결국 마태가 마태복음을 기록할 당시 마태의 교회는 상당히 조직된 공동체였고, 그래서 예배와 예전이 상당히 발전된 형태로 실행되고 있었다고 보는 것이 옳을 것이다.

4) 사도행전

누가는 사도행전을 통해서 초대 기독교를 실제보다 훨씬 더 영적으로는 통일된, 조직적으로는 훨씬 더 통합된 모습으로 묘사하려고 했던 것으로 보인다. 이런 점은 한편으로 누가가 초대 기독교 안에서 나타난 히브리파와 헬라파 간의 갈등, 그리고 예루살렘 사도들과 바울 간의 갈등을 가능한 한 은폐하면서 초대 기독교의 통일성과 화합을 강조하려고 했던 사실에서, 다른 한편으로는 누가가 누가복음이나 사도행전 모두를 예루살렘에서 시작함으로써 "누가는 예루살렘을 복음의 근원지요 기독교의 확실한 발생지이며 모교회로 묘사하고자 했던"[12] 사실에서 찾아볼 수 있다.

누가는 초대 기독교의 통일성을 열두 사도들이 주도하는 예루살렘 교회에 둠으로써 "예루살렘의 교회야말로 통일된 교회"였다는 인상을 주고 있다. 그래서 예루살렘 초대 기독교가 이방 지역에서 몰려온 디아스포라 기독교인들에 의해 크게 확장되었을 때, 열두 사도들은 그들을 별도로 지도할 지도자들로 "일곱 사람"을 선택하여 안수했고, 또 빌립이 사마리아에 처음으로 복음을 전파했다는 소식이 전해졌을 때에도, 예루살렘 교회는 사도들을 대표해서 베드로와 요한을 파송하여 성령을 받게 해달라고 기도함으로써 빌립의 사마리아 선교를 공식화했다. 더구나 이방인들이 구원을 받기 위해 그들에게 할례와 모세의 율법을 지키도록 요구해야 하는가에 대한 문제로 최초의 종교회의 혹은 사도회의로 모여서(행 15장) 이방인들에게는 "필요한 것들 외에는, 즉 우상에게 제사함으로 더러워진 것과 음란과 목매어 죽인 것과 피를 멀리하는 것 외에는 더 이상 무거운 짐을 지우지 않기로 결정"(행 15:20, 28~29)하여 "안디옥과 수리아와 길리기아에 있는 이방 사람 형제들에게"(행 15:23) 공문을 발송한 것도 예루살렘 교회에서였다. 누가에게는 예루살렘 교회야말로 초대 기독교회 모(母)교회였던 것이다. 그래서 이방인의 사도인 바울이 그의 선교 활동을 활발하게 전개했을 때에도 바울은 거듭 예루살렘으로 돌아와 자신의 선교 활동에 대해 계속 보고해야만 했다(행 9:28; 12:25; 15:2; 18:22 등). 이런 점 등은 예루살렘 교회가 이미 상당히 중앙집권적인 권위를 가진 교회였음을 보여주고 있다.

더구나 사도행전에서도 "사도들과 장로들[13]"(행 15:2, 4, 6, 22, 23; 16:4), "예

---

12) James D. G. Dunn, *Unity and Diversity in the New Testament*, p. 354.
13) 누가 문서에서 "장로"란 용어가 유대교와 관련하여 "대제사장과 서기관들"과 함께 사용된 경우도 많지만(눅 7:3; 9:22; 20:1; 22:52; 행 2:17; 4:5, 8, 23; 6:12; 23:14; 24:1; 25:15), "교회"와 관련해서도 많이 사용되었다(행 11:30; 14:23; 15:2, 4, 6, 22, 23; 16:4; 20:17, 18). 따라서 누가는 "장로 직분을 "사도"와 "예언자" 및 "감독" 등과 마찬가지로, 유대교에서 말하는 "장로"의 의미와는 달리, 교회 안의 직분으로 이해하고 있었던 것으로 보인다. 누가가 "사도와 장로"란 용어를 사용하고 있는 점에서 그렇게 이해할 수 있을 것이다.

언자"(행 15:32), "감독들"(행 20:28)이란 교회 직분과 관련된 용어가 자주 사용되고 있어서, 초기의 카리스마적인 공동체와는 구별된, 상당히 발전된 교회, 즉 특정한 성직자들이 존재하면서 역할을 담당했던 교회의 모습을 보여주고 있다. 누가에 의하면 바울도 이미 그의 선교 활동 과정에서 각 교회에 장로들을 임명하여 그들로 하여금 믿는 자들을 맡아 관리하게 한 것으로 기록되어 있다(행 14:23). 이런 점들 때문에 제임스 던은 "목회서신이나 누가 문서는 제도화의 증대라는 관점에서 초기 공교회적이란 칭호를 붙일 수 있는 유일하고도 중요한 신약성서의 후보 문서들"이라고 말한다.[14]

우리는 이 같은 신약성서의 본문 증거들을 토대로 초대 기독교는 아주 일찍부터 제도화 및 조직화, 혹은 기구화의 과정을 밟았던 것으로 추정할 수 있다. 이처럼 초대교회가 아주 이른 시기부터 제도화 혹은 조직화의 길을 걸을 수밖에 없었던 데에는 대체로 다음과 같은 두 가지 이유를 생각해 볼 수 있다. 첫째, 외적인 요인으로는 로마 당국으로부터의 정치적 박해와 더불어 유대교 회당 당국으로부터의 종교적 박해도 계속되던 때라서 그런 박해에 적절히 대처하여 살아남기 위해서는 당연히 "교회"라는 조직과 기구가 필요했을 것이다. 둘째, 내적인 요인으로는 초대교회가 발전하면서 다른 이단적 경향으로부터 교회와 교인들을 지키면서 신앙적으로도 올바로 지도하기 위해서는 교회의 제도화와 조직화가 필요했을 것이다. 그 밖에도 안으로는 믿는 형제들 간의 내적인 결속과 밖으로 효과적인 선교 활동을 전개해 나가기 위해서도 교회의 제도화나 조직화 혹은 기구화가 필요했을 것이다.

2. 개인과 성령을 강조하는 무교회주의적인 문서

기원후 50년대에 기록된 바울 서신들에서부터 이미 교회의 조직화와 기구화가 드러나고 있는 것에 비한다면, 그보다 훨씬 뒤인 기원후 100년경에

14) James D. G. Dunn, *Unity and Diversity in the New Testament*, p. 358.

기록된 요한복음, 90년경에 기록된 마태복음보다도 10여 년 뒤에 기록된 요한복음에서 우리는 교회의 제도화 혹은 조직화에 대한 관심을 거의 찾아보기 어렵다고 하는 점은 의외라는 생각이 들지 않을 수 없다.

우선 요한복음에서는 "교회"라는 단어 자체가 한 번도 사용된 바 없다. 요한복음보다 대략 50년 전에 기록된 바울 서신들에서 "교회"란 단어가 수없이 사용된 점을[15] 고려한다면, 요한복음의 경우는 좀 의외이다. 더구나 요한복음에는 "교회"란 단어는 물론이고 바울이 언급한 바 있는 교회 안의 여러 직분(롬 12:6~8; 고전 12:28~31 등)이나 조직, 기구 등에 대한 언급도 전혀 없다.[16] 또한 예수의 제자 그룹이나 초대교회 안에서의 권위의 서열에 대한 언급은 물론 교회의 주요 성례전에 속하는 성만찬이나 세례에 대한 언급조차 찾아볼 수 없다.

우리는 이런 사실들을 어떻게 설명할 수 있을까? 그 이유는 무엇일까? 이런 현상은 요한복음이 제도화된, 혹은 조직화된 교회에 대한 철저한 무관심 때문이든가, 아니면 그런 것에 반대하는 경향을 가졌기 때문으로 설명할 수 있을 것이다. 그런 점에서 요한복음은 무교회주의적인(non-ecclesiastical) 견해를 반영한다는 입장과 함께 더 나아가 반교회주의적(anti-ecclesiastical) 견해를 드러내고 있다는 입장도 제기되고 있다. 우리는 먼저 그런 생각을 뒷받침해 주는 요한복음의 본문상의 증거들부터 살펴보자.

1) 반교회주의적이며 반제도주의적인 경향

---

15) "교회(ἐκκλησία)"란 단어는 바울의 진정한 서신들에서만도 로마서에서 5번, 고린도전서에서 22번, 고린도후서에서 9번, 갈라디아서에서 3번, 빌립보서에서 2번, 데살로니가전서에서 2번, 데살로니가후서에서 2번이나 사용되었다.
16) 불트만(R. Bultmann)은 "(요한복음에는) 특별한 교회적 관심이 없다. 제도나 기구에 대한 관심도 없다"라고 말한다. Cf. *Theology of the New Testament*(London: ET, 1952), vol. II, p. 91; E. 슈바이처 (Schweizer)도 "여기서는 교회의 직분이나 여러 가지 상이한 은사도 없다"라고 말한다. Cf. *Church in the New Testament*(London: SCM Press, 1961), p. 127.

요한복음이 다른 복음서들과는 달리 예수의 성전 숙정 이야기를 그의 복음서 서두에서(요 2:13~22), 즉 예수의 공생애 활동 중 서두 부분에서 소개하고 있는 점에 주목해야 한다. 더구나 요한복음은 이 사건을 소개하면서 다른 복음서 기록에서는 볼 수 없는 구절, 곧 "이 성전을 허물어라. 내가 사흘만에 다시 세우리라"(요 2:19)는 말씀을 첨가함으로써, 반성전적 의도를 분명히 드러내고 있다. 요한은 이 말씀의 의미를 해석하면서 "예수께서 말씀하신 그 성전은 자기 몸을 두고 하신 말씀이었습니다"(요 2:21)란 해설까지 첨가하고 있다. 요한에게는 시온 산에 있는 예루살렘 성전은 전혀 중요하지 않았다. 그에게는 "손으로 만든" 성전보다 "손으로 만들지 않은" 성전이 더 중요했다는 말이다. "손으로 만들지 않은 성전"이란 말의 의미는 요한복음 4장에 나오는 사마리아 여인과의 대화에서도 찾아볼 수 있다. 예수는 여인을 향하여 "이 산에서도 말고 예루살렘 성전에서도 말고 오직 신령과 진정으로 예배드리는 것이 더 중요하다"(요 4:21)라고 강조하였다. 이 말씀은 예배를 드리는 것과 관련해서 장소나 건물보다는 오히려 내적인 마음의 태도가 더 중요함을 강조하는 것이다.

요한복음에서는 신앙생활에서 가장 중요한 것이 결코 교회 건물이나 장소, 혹은 거기서 행해지는 예배나 성례전이 아니며, 또한 성직을 맡은 교회의 주요 직분들과의 관계가 아니라, 도리어 예수와 믿는 사람 자신 간의 개인적이며 인격적인 관계이다. 즉 외적이며 형식적인, 즉 조직과 기구, 성직 등 제도적인 것이 결코 아니었다. 따라서 요한의 무교회주의나 반교회주의, 또는 반제도주의는 곧 그의 반형식주의에서 나온 것이라고 생각된다.

이런 점은 요한이 "참 제자직의 요건"에 대한 요한복음의 정의에서 찾아볼 수 있다. 요한에게서 참 제자직의 요건은 결코 형식적으로나 외형적으로 예수를 믿고 그 뒤를 따르는 데 있는 것이 아니며, 교회에 이름이 등록된 데 있는 것도 아니다. 오히려 예수와의 개인적이며 인격적인 관계 유지에서 참 제자직의 요건을 찾아볼 수 있다. 요한에게는 언제나 형식보다 내용이 더 중요했기 때문이다. 요한이 그의 복음서에서 제자직의 요건에 대해 다음과 같이 정의내리고 있는 데서 이 점이 분명하게 드러난다.

요한복음 8:31, "만일 너희가 내 말 안에 거하면 내 제자가 되리라."
요한복음 13:34~35, "만일 너희가 서로 사랑하면, …모든 사람이 너희가 내 제자인 줄 알리라."

요한복음에서만 유일하게 소개되는 두 비유, 곧 요한복음 10장에 나오는 선한 목자 비유와 요한복음 15장에 나오는 참 포도나무 비유의 메시지도 마찬가지이다. 두 비유에서 강조되고 있는 것도 목자와 양, 그리고 포도나무와 가지의 밀접한 내적 관계, 즉 개인적이며 인격적인 관계이다.

요한복음 10:14, "나는 선한 목자라 나는 내 양을 알고 양도 나를 안다."
요한복음 10:9, "내가 문이니 누구든지 나로 말미암아 들어가면 구원을 받고 또는 들어가며 나오며 꼴을 얻으리라."
요한복음 15:5, "나는 포도나무요 너희는 가지라. 그가 내 안에, 내가 그 안에 거하면 사람이 열매를 많이 맺나니 나를 떠나서는 너희가 아무것도 할 수 없음이라."
요한복음 15:1~2, "나는 참 포도나무요 내 아버지는 농부라. 무릇 내게 붙어 있어 열매를 맺지 아니하는 가지는 아버지께서 그것을 제거해 버리시고 무릇 열매를 맺는 가지는 더 열매를 맺게 하려 하여 그것을 깨끗하게 하시느니라."

이 산에서도 말고 저 산에서도 말고, 오직 하나님을 향해 신령과 진정으로 드리는 예배가 중요하다고 말했듯이, 요한복음은 예수와의 개인적이며 직접적인 관계를 더 중요시한다. "믿는 자와 그리스도의 직접적인 결합

(union)이 강하게 강조될수록 믿는 자는 한 사람의 개인으로 더욱 더 분명하게 드러나고 있다."[17] 이처럼 요한에게는 "예수 그리스도와 개인의 직접적이며 완전한 결합이 교회 제도의 특징이 되고 있다."[18] 그래서 요한은 외적이며 형식적이기보다는 내적이며 영적인 관계, 조직이나 제도, 혹은 기구나 성직보다는 인격적이며 개인주의적인 관계를 더 중요시한다.[19] 하나님과의 개인적이며 인격적인 관계에서 목사나 신부와 같은 중보자, 혹은 장로나 특정 직분의 필요성을 인정하지 않는 것이다. 오히려 그런 역할은 보혜사 성령으로 충분하다고 보는 것이다. 이 때문에 많은 요한복음 연구자들은 요한복음이 "개인주의적인 신앙"을, 특히 "개인적인 그리스도와의 하나 됨(union with Christ)"을 강조하고 있다고 지적한다. 요한복음의 이런 경향이 기독교의 신비주의를 강화한 것으로 보이기도 하는 것이다.

2) 반권위주의적인 경향

신약성서에서는 예수의 열두 제자들, 혹은 열두 사도들의 명단이 네 번, 즉 마태복음, 마가복음, 누가복음 그리고 사도행전에서 소개되고 있다. 그러나 요한복음에는 예수의 열두 제자 명단이 없을 뿐만 아니라, 열두 제자의 존재에 대한 언급이 없다. 열두 제자의 명단만 없는 것이 아니라, 열두 제자들을 한 사람씩 불러내는 그들의 소명 이야기도 없다. 갈릴리 바닷가에서 네 명의 어부들을 처음 제자로 불러내는 이야기나 이후 세관에서 세리 마태를 제자로 불러내는 이야기도 나오지 않는다. 열두 제자들의 소명 이야기가 없

---

17) E. Schweizer, *Church Order in the New Testament*(London: SCM Press, 1961), p. 122. C. F. D. Moule도 그의 논문에서 "요한복음이 신약성서 문헌들 중에서는 가장 개인적인 특징이 강하다"라고 말한다. Cf. "The individualism of the Fourth Gospel," *NT* 5(1962), p. 172.

18) E. Schweizer, *Church Order in the New Testament*, p. 124.

19) Gerd Theissen은 요한복음과의 관계에 대해서는 언급하지 않고, 외경 가운데 도마복음이 "철저하게 개인주의적"이라고 말한다. "이 복음서에서는 공동체가 보이지 않는다. 이 복음서의 독자는 독단적인 개인이다. 또한 이 복음서는 독자들에게 하나님과의 합일의 신비를 제공한다." Cf. 게르트 타이센, 박찬웅·민경식 옮김, 「기독교의 탄생: 예수 운동에서 종교로」(*Die Religion der ersten Christen: Eine Theorie des Urchristentums*) (서울: 대한기독교서회, 2009), pp. 512~513.

기 때문에, 다른 복음서에서처럼 열두 제자들의 파송 이야기도 나오지 않는다. 핵심적인 세 제자(베드로, 요한, 야고보)에 대한 언급도 없고, 그들만이 등장하는 이야기도 전혀 나타나지 않는다(야이로의 딸을 고칠 때, 변화산에 올라갈 때, 그리고 겟세마네 동산에서 기도할 때). 열두 제자 혹은 열두 사도들에 대한 이 같은 침묵 혹은 무관심이 요한복음의 주요 특징 가운데 하나로 지적되고 있는데,[20] 그 이유는 무엇일까?

요한복음 저자는 혹시 열두 제자 그룹의 존재에 대해 전혀 모르고 있었던 것은 아닐까? 그러나 요한복음 6:67~71에서 3번, 간단히 "열두 제자들"에 대한 언급이 나오는 것을 보면, 열두 제자의 존재에 대해 전혀 모르고 있었던 것은 아니다. 그렇다면 요한복음이 다른 복음서들과 달리 열두 제자들에 대해 별다른 언급을 하지 않는 이유는 무엇인가? 그것은 그가 열두 제자의 중요성을 부각시키지 않으려는 분명한 의도를 가지고 있었기 때문일 것이다. 이 점은 다음과 같은 사실에서도 잘 드러나고 있다.

첫째, 다른 복음서들에서는 예수가 마지막 만찬을 열두 제자들과 가진 것으로 소개되고 있다(막 14:17, 마 26:20~21; 눅 22:14). 그런데 요한복음 13장에 보면 예수가 유월절 전날 마지막 식사를 "열두 제자들"과 더불어 했다는 아무런 언급이 없다. 예수는 그냥 "제자들"과 마지막 식사를 한 것으로 기록되어 있다. 요한은 열두 제자들이란 말을 그냥 제자들로 바꾸어 버린 셈이다.

둘째, 이것은 예수의 첫 부활 현현 장면에 대한 언급에서도 마찬가지이다. 다른 복음서들에 의하면, 예수는 무덤에서 부활하신 지 3일 만에 "열한 제자들"에게 나타나 자신의 몸을 보여주셨다(막 16:14, 마 28:16~17, 눅 24:33 이하). 그러나 요한복음 20:19 이하에 보면 "제자들이 유대 사람들이 무서워서

---

20) Kaesemann은 요한복음의 "어느 곳에서도 사도들의 전통이 직접적으로 그리고 분명하게 나타나고 있지 않다"라고 지적한다. Cf. *The Testament of Jesus: A Study of the Gospel of John in the Light of Chapter 17*(Philadelphia: Fortress Press, 1969), p. 37; D. Moody Smith는 그의 요한복음 주석에서 "the absence of any emphasis on the role of the twelve person"에 대해 강조하고 있다. Cf. *John*(the Proclamation Commentaries, Philadelphia: Fortress Press, 1977), p. 63.

자기들이 모여 있는 집의 문을 모두 잠그고 있었습니다. 그때 예수께서 오셔서 한가운데 서시며 너희에게 평안이 있으라고 말씀하셨습니다."라고 되어 있다.

셋째, 마태복음에서는 이 땅에서 "매고 푸는" 권세가 오직 베드로에게만 주어진 것으로 기록되어 있는데, 요한복음(20:23)에서는 부활 후 제자들에게 "너희가 누구의 죄든지 사하여 주면 사하여질 것이요, 사하여 주지 않으면 그대로 남아 있을 것이다"라며 제자들에게 주어진 것으로 기록되어 있다.

요한은 이처럼 "열두 제자들"이란 용어보다, 그냥 "제자들", "형제들"이란 용어를 더 잘 사용하고 있다. 그 이유는 예수를 믿고 따르는 제자들 가운데 "열두 제자들"과 같은 어느 특별한 부류의 사람들만이 더 중요하다는 생각을 하지 않기 때문으로 보인다. 모두가 다 믿는 사람들이고 예수를 따르는 형제들이요 제자들이라면, 그들 가운데 열두 제자나 특별한 세 제자, 혹은 수제자나 으뜸제자와 같은 어떤 계급적인 구별은 중요하지도 않고 의미도 없다고 보았기 때문일 것이다. 바로 이런 특징 때문에 요한복음 연구자들은 마르틴 루터가 말했던 "만인사제직(萬人司祭職)"이란 용어를 이용하여 요한복음 저자가 "모든 제자들의 제사직(the priesthood of all believers)"[21] 혹은 "교회 내의 지도력의 민주화(the democratization of leadership in the community)"[22]를 강조하고 있다고 지적한다. 그리고 이 점은 특히 초대교회 안에서, 그리고 다른 복음서들에서 가장 중요한 수제자로 강조되고 있는 베드로의 중요성을 전혀 부각시키지 않는 것과도 연관되고 있다.

열두 사도들과 베드로까지 전혀 중요시하지 않는 이유는 무엇일까? 교인들의 신앙적인 지도자로 어떤 인간적인 존재의 중요성을 부각하기보다는 오히려 예수를 대신해서 오신 보혜사 성령만이 참다운 우리 신앙의 지도자임을 강조하기 위한 것으로 보인다. 그래서 요한에게는 "보혜사" 성령이 사도

---

21) E. Kaesemann, *The Testament of Jesus*, p. 29.
22) R. Kysar, *The Fourth Evangelist and His Gospel: An Examination of Contemporary Scholarship*(Minnesota: Augsburg, 1975), p. 247.

들 혹은 교회 지도자들을 대신한다!

(1) 보혜사 성령은 "우리를 가르치시는 분(A Teacher)": "보혜사 곧 아버지께서 내 이름으로 보내실 성령 그가 너희에게 모든 것을 가르치고 내가 너희에게 말한 모든 것을 생각나게 하리라"(요 14:26)

(2) 보혜사 성령은 "예수를 증언하시는 분(A Witness)": "내가 아버지께로부터 너희에게 보낼 보혜사 곧 아버지께로부터 나오시는 진리의 성령이 오실 때에 그가 나를 증언하실 것이요"(요 15:26)

(3) 보혜사 성령은 "죄에 대하여, 의에 대하여, 심판에 대하여 세상을 책망하시는 분": "그러나 내가 너희에게 실상을 말하노니 내가 떠나가는 것이 너희에게 유익이라. 내가 떠나가지 아니하면, 보혜사가 너희에게로 오시지 아니할 것이요, 가면 내가 그를 너희에게로 보내리니, 그가 와서 죄에 대하여, 의에 대하여, 심판에 대하여 세상을 책망하시리라. 죄에 대하여라 함은 그들이 나를 믿지 아니함이요, 의에 대하여라 함은 내가 아버지께로 가니, 너희가 다시 나를 보지 못함이요, 심판에 대하여 라 함은 이 세상 임금이 심판을 받았음이라."(요 16:7~11)

(4) 보혜사 성령은 "진리로 인도하시는 분(A Guide)": "그러나 진리의 성령이 오시면 그가 너희를 모든 진리 가운데로 인도하시리니 그가 스스로 말하지 않고 오직 들은 것을 말하며 장래 일을 너희에게 알리시리라."(요 16:13)

3) 반성례전주의적 경향

성만찬과 세례는 교회의 주요 성례전으로서 초대교회에서 아주 중요시되던 것으로 전해지는데, 요한복음에서는 두 성례전, 곧 세례와 성만찬에 대한 언급이 전혀 나타나지 않는다. 먼저 성만찬에 대해 생각해 보기로 하자. 마가복음 14:22 이하에 보면, 예수께서는 잡히시기 전날 밤에 제자들과 마지막 만찬을 나누는 자리에서 "떡을 가지사 축복하시고 떼어 제자들에게 주시며 이르시되 받으라. 이것은 내 몸이니라 하시고 또 잔을 가지사 감사 기도하시고 그들에게 주시며… 이르시되 이것은 많은 사람을 위하여 흘리는 나의 피 곧 언약의 피니라"고 말씀하셨다. 그리고 "이 떡을 먹고 이 잔을 마실 때마다 주의 죽으심을 그가 오실 때까지 전하라"(고전 11:23~26)고 명하셨다. 이것이 기독교 성만찬의 첫 시작이었다. 그리고 다른 복음서들에 의하면, 예수 자신이 공생애를 시작하시면서 세례 요한으로부터 세례를 받으셨고, 뿐만 아니라 마태복음 28:19에 보면, 예수 자신이 부활 승천하기에 앞에 제자들에게 "너희는 가서 모든 민족을 제자로 삼아 아버지와 아들과 성령의 이름으로 세례를 베풀라"고 명령하셨다. 그래서 교회에서는 성만찬과 세례를 아주 중요한 성례전으로 지켜오고 있다.

그런데 정말로 이해하기 어려운 점은 요한복음에서는 이 두 성례에 대한 언급이 전혀 나타나지 않고 있다는 사실이다.[23] 요한복음 저자가 이처럼 세례나 성만찬과 같은 성례전에 대해 아무런 언급도 하지 않는 사실은 요한복음 저자가 교회의 제도나 기구 등 직분에 대해 아무런 언급도 하지 않는 사실과 밀접히 연관이 있어 보인다. 즉 요한복음 저자는 제도주의나 형식주의에 반대하고 있는 것이다. 즉 교회에서 가장 중요한 것은 건물이나 조직이나 기구, 직분이 아니듯이, 또한 성만찬과 세례 예식과 같은 형식이 아니다. 오직 하나님과 나의 신앙적이며 인격적인 개인적인 관계가 더 중요하였다.

요한복음에서는 성례전과 관련하여 물로 세례를 받는다든가, 떡과 포도주를 먹는 것 자체가 중요한 것이 아니다. 그런 것이 참 제자직의 증거가 될수 없으며, 그런 것이 구원을 보장해 주는 것이 아니다. 베드로와 가룟 유다가 예수와 함께 성만찬의 떡과 포도주를 먹고 마시고도 예수를 부인하고 배반하지 않았던가? 중요한 것은 그런 예식이 아니다. 마음으로 거듭나는 것

---

23) 오직 요한복음에서만 예수께서 그의 공생애 초기에 세례 요한에게 세례를 받으셨다는 이야기와 함께, 예수께서 잡히시기 전날 밤에 마지막 만찬석상에서 성만찬을 제정하신 이야기가 소개되어 있지 않다. 요한은 물 세례 대신에 "성령 세례"를 말하고 있고(요 1:33), 성만찬 제정 이야기 대신에 예수가 제자들의 발을 씻어준 이야기(요 13:3~15)를 소개하고 있다.

이다. 그래서 요한은 "너희가 성령으로 거듭나지 않으면 결단코 하늘나라를 보지도, 들어가지도 못한다"라고 강조하고 있는 것이다. 요한복음 6:51에 보면, 예수께서는 "나는 하늘에서 내려온 살아 있는 떡이니 사람이 이 떡을 먹으면 영생하리라. 내가 줄 떡은 곧 세상의 생명을 위한 내 살이니라 하시니라"고 말씀하셨다. 요한복음 4:14에서는 "내가 주는 물을 마시는 자는 영원히 목마르지 아니하리니 내가 주는 물은 그 속에서 영생하도록 솟아나는 샘물이 되리라"고 말씀하셨다. 성만찬의 떡과 포도주가 아니라 예수가 주는 생명의 떡과 영생하도록 솟아나는 생명의 물이 더 중요하다는 말이다. 일종의 예식에 지나지 않는, 형식에 지나지 않는 성만찬과 세례보다는 영적으로 거듭나고, 영적으로 생명의 떡과 생명의 물을 먹고 마시는 것이 더 중요하다고 보는 것이다.

이런 의미에서 요한복음은 단순한 무(無)성례전 사상을 보여주는 것이 아니라, 반(反)성례전 사상을 드러내고 있는 것으로 보인다. 이것은 분명히 요한복음이 보여주는 반형식주의와 반제도주의와도 맥을 같이하는 것이다. 요한이 이렇게 무교회주의적 혹은 반교회주의적 경향을 보이는 이유는, 그 당시 교회가 너무 조직과 제도에 치중하면서 잘못된 방향으로 발전해 가는 것에 대한 일종의 반발로, 좀 더 바람직한 대안으로 보다 올바른 교회관을 제시하고자 한 것으로 받아들일 수 있다.

이처럼 신약성서 문서들 중에는 분명히 교회의 제도화 경향을 강하게 드러내는 목회서신과 같은 문서들과 더불어, 그런 교회 제도화 경향을 반대하는 요한복음과 같은 문서들도 있다는 점에 주목할 필요가 있다. 교회에 관해서도 신약성서는 한 가지 사상만을 전해주는 것이 아니라, 다양한 관점을 보여주고 있는 셈이다. 그래서 어느 하나만이 성서적인 진리라고 주장할 수는 없는 것이다.

제11장

복음서의 다양성

1. 예수 모습의 다양성

　신약성서 문서들에서 예수는 아주 다양한 모습으로 나타나고 있다.[1] 기독교인들이 신약성서를 읽을 때, 특히 복음서를 읽을 때, 그들은 복음서를 통해서 역사적 예수를 만난다는 기대로 읽게 된다. 그런데 복음서를 읽을 때 기독교인들은 복음서 기록 배후에 있는 예수, 가령 역사 속에 실제로 살았던 예수를 만나는 것이 아니라, 복음서라는 문서 기록을 통해서 나타나는 예수, 즉 그 문서들을 기록한 복음서 저자들이 소개하는 예수를 만나게 된다.

　그런데 신약성서나 복음서를 기록한 사람이 한 사람이 아니라 여러 사람

---

1) Luke Timothy Johnson은 그의 복음서 연구 저서인 *Living Jesus: Learning the Heart of the Gospels*(New York: HarperCollins Publishers, 2000)의 "Part Two: Jesus in the Gospels"의 제7장 제목을 "One Person in Four Portraits"라고 붙였다. 다른 한편, James D. G. Dunn은 그리스도와 기독론을 다루면서 "One Jesus, Many Christs?"란 제목을 달았으며, "1세기 기독교 내에는 단 하나의 기독론이 존재했던 것이 아니라, 도리어 기독론의 다양성이 있었다"라고 말하였다. Cf. *Unity and Diversity in the New Testament*, p. 226. Earl Richard도 신약성서의 기독론을 다룬 그의 저서 제목을 *Jesus: One and Many-The Christological Concept of New Testament Authors*라고 붙였다 (Delaware: Michael Glazier, 1988).

이기 때문에, 그들이 기록한 문서나 복음서에서 나타나는 예수의 모습도 한 가지 형태로 똑같을 수가 없다. 신약 문서나 복음서를 기록한 저자들이 한 사람이 아닌데다가 또 그들이 복음서를 기록한 목적과 의도가 서로 다르기 때문에 어쩔 수 없이 예수의 모습이 여러 문서에서 서로 다른 형태로 나타나고 있는 것이다. 가령 요한계시록에서 드러나는 예수의 모습과 서신들에서 만나는 예수의 모습은 똑같지 않다. 그리고 마가복음에서 만나는 예수와 요한복음에서 만나는 예수의 모습이 똑같지 않다. 물론 모든 문서가 다 예수를 현재와 미래의 주님으로 그리고 모든 기독교인이 본받고 따라야 할 분으로 증거하고 있는 것은 사실이다. 그러나 복음서를 포함해서 모든 신약성서 문서들이 다 인간의 손에 의해 기록된 것이기에 그것을 기록한 사람의 개인적인 경향이나 개인적인 약점과 한계 때문에 그들이 증거하는 내용은 어쩔 수 없이 부분적일 수밖에 없으며, 따라서 나름 어느 정도의 한계가 있게 마련이다. 어느 누구도 예수를 전체적으로, 완벽하게 이해하고 소개할 수는 없기 때문이다.

그러나 비록 그들이 기록한 문서들의 증거가 저자들의 기록 목적이나 의도에 따라 제약을 받기는 했더라도, 모두 나름의 독특성을 갖고 있기 때문에 분명히 모든 문서들의 증거가 다 값지고 귀한 것들임에 틀림없다. 물론 어느 한 문서라도 예수의 모습 전체를 완벽하게 다 보여줄 수는 없다. 그럼에도 불구하고 예수의 모습 전체를 다 보여주지 못하고 있다는 이유 때문에 어느 한 문서라도 부적당하거나 중요하지 않다고 배제될 수는 없다. 이 문서들이 기독교인들에게는 이미 하나님의 말씀인 "정경"이 되었기 때문이다. 그리고 독자들은 누구나 신약성서, 특히 복음서를 읽는 중에 예수의 모습을 볼 수 있으며, 또한 복음서들이 증거하는 바에 따라 사는 가운데서 예수의 진면목을 발견하게 된다는 것을 알고 있기 때문이다.

특히 복음서들은 다른 신약성서의 문서들과 몇 가지 점에서 비슷하다. 첫째로, 복음서들은 예수의 과거에 관한 이야기를 부활의 경험과 부활에 대한 확신의 관점에서 보고 있다는 점이다. 복음서들은 중립적인 관찰자나 혹은 객관적인 역사가에 의해 기록된 것이 아니라, 예수를 주님으로 믿고 헌신한 제자들에 의해 기록되었다. 복음서는 예수에 관한 정확한 역사 정보를 전해주기 위해 기록된 역사적 문서가 아니라, 예수를 믿는 사람들이 그 믿음을 토대로, 그 믿음을 전하기 위해서 기록한 신앙적인 문서라는 말이다. 그래서 그들이 갖고 있는 이 신앙의 관점이 복음서의 이야기들에 담긴 예수에 대한 모든 기억과 모든 기록에 깊이 채색되어 있다. 둘째로, 각 복음서가 예수에 관한 신앙공동체의 기억을 구체적으로 선택하여 기록할 때, 각 복음서 저자들은 독자들이 처해 있던 구체적인 역사적 상황에 대한 저자의 이해를 반영해 주고 있다. 독자들이 처해 있는 역사적 상황을 고려하면서 그들에게 적합한 이야기들을 선택하고 그들의 신앙에 도움을 주기 위해 기록하였다는 말이다. 셋째로, 그렇기 때문에 각 복음서가 소개하는 예수의 모습은, 동일한 인물에 대한 초상화가 그 사람을 그린 화가의 취향과 의도에 따라 각각 다른 것처럼, 그리고 초상화를 그릴 때의 방향과 각도에 따라 달라지는 것처럼, 나름의 독특한 모습, 즉 조금씩 다른 모습을 보여주고 있다.

2. 다양성에 대한 반대

고대나 현대를 막론하고 많은 기독교인들은 예수의 모습을 그린 초상화가 여러 가지라는 사실에 대해 저항해 왔으며 여러 가지 초상화에 대한 생각을 여러모로 부정하거나 극복하려고 노력했다. 왜 그랬을까? 예수에 관한 이야기에는 오직 두 가지 가능성, 이른바 "역사"이거나, "전설"이 있을 뿐이라고 생각했기 때문일지 모른다. 또는 "진리"는 오로지 "역사적인" 것에만 있을 뿐이라고 생각했기 때문일지도 모른다. 그러나 또 다른 어떤 요소가 작용했을지도 모른다.

최초의 그리스 철학자들 이래로, 서양 사상가들은 여러 가지(multiple)보다는 하나(single)를 더 좋아하는 경향을 보였다. 소크라테스 이전의 사상가들은 모든 다양한 현상들 배후에서 모든 것을 통합하는 하나의 원리를 발견하려고 했다. 플라톤은, 진리는 오직 하나 곧 유일한 것에서 발견될 수 있을 뿐이라고 선언하면서 그것을 논리적으로 증명하려는 경향을 보였다. 그는, 진리는 하나여야만 한다고 생각하였다. 그리고 그런 생각은 강력한 영향력을 발휘하였다.

실제로 2세기 초대교회 교사였던 타티안(Tatian)[2]은 서로 다른 다양한 복음서 전승들이 존재하는 것을 일종의 걸림돌, 즉 스캔들로 생각했다. 그는 그런 다양한 전승을 제거하기 위해서 "디아테사론(Diatessaron)"[3]을, 즉 네 권의 경전 복음서들로부터 예수에 관한 통일된 하나의 이야기를 만들어냈다. 마르시온(Marcion)[4]도 마찬가지였다. 그는 만약 복음서들이 신학적으로 서로 다른 점을 보이고 있다면, 그 복음서들 중 오직 하나만이 정확할 것이라고 생각했다. 그래서 그는 자기 마음대로 손질하여 구성한 누가복음 하나만을 열 개의 바울 서신과 함께 자신이 처음으로 시도했던 정경 목록에 포함시켰고, 다른 세 권의 경전 복음서들은 예수 메시지에 대한 잘못된 기록이라고 생각하여 제외시켰다.

"세상에서 옳은 것은 오직 하나뿐이다. 진리는 오직 하나에서만 찾을 수 있을 뿐이다." 타티안의 "디아테사론"이나 그와 유사한 모든 "Gospel harmonies" 배후에는 바로 이 같은 전제가 깔려 있다. 그 명칭이 보여주는 바와 같이, 그런 책들은 모든 차이점을 배제시킴으로써 결과적으로 다양성을 없애 버렸기 때문이다.

대부분의 비판적인 학자들이 처음엔 마가복음이 가장 최초로 기록된 복

---

2) Tatian은 "an Assyrian convert"였으며 Justin Martyr의 제자로 알려져 있다.
3) 시리아의 Tatian은 일찍이 네 복음서를 조화시켜 단일 복음서인 "Diatessaron"을 만들었는데, 이것이 시리아에서는 표준이 되는 복음서가 되었다. 단일 복음서에서 하나의 통일된 복음에 대한 소식을 읽고자 원했기 때문이다.
4) Marcion은 기독교 역사상 최초로 정경 형성을 시도한 2세기의 초대교회 교부 가운데 한 사람이다. 그러나 초대교회 이단 사상 중 하나인 영지주의에 빠져서 결국 교회로부터 이단자로 정죄받은 인물이기도 하다.

음서이기에 후대의 신앙적인 관점으로부터 가장 영향을 덜 받은 복음서라고 생각했고, 따라서 역사적 자료로서 가장 믿을 만하다고 생각했다. 그러나 마가복음조차 사실에 대한 정확한 역사적 보도이기보다는 오히려 해석이라는 점이 알려지게 되면서 역사적 예수의 참 모습을 찾을 수 있다는 생각은 끝나버리게 되었다. 복음서들 "배후에" 있는 역사적 예수를 찾으려는 시도는 예수에 관해 최소한의 사실만을 전해주는 이교도나 유대교 자료들로부터 나오는 몇몇 증거들 외에는 더 이상 아무것도 밝힐 수 없게 되었다. 우리가 예수에 대해 알고 있는 모든 것은 다 신앙공동체로부터, 신앙인들의 손으로부터 나온 것들이다. 다른 말로 한다면, 복음서는 예수에 관한 기억을 단순히 어떤 확신에 따라서 구성된 것만이 아니다. 그 기억들 자체가 예수에 대한 신앙적인 확신을 가진 사람들에 의해 선정되고 구성되었다. 우리는 예수에 관한 "중립적이며 객관적인" 증거를 전혀 갖고 있지 않다는 점을 인정해야 한다.

3. 다양성(multiplicity)에 대한 인정

교회는 마르시온과 타티안이 다양성에 대해 반대하며 거부했던 일종의 "해결책"을 받아들이지 않고 배격했다. 교회는 모든 다양성과 차이점에도 불구하고 네 권의 복음서를 경전으로 확정했다. 그렇게 함으로써 교회는 암암리에 복음서들이 예수에 관한 사실을 정확히 기록해 놓은 역사적 전기(biographies)라기보다는 오히려 예수란 인물에 대한 간증이며 해석으로서 가치가 있음을 인정했다. 교회는 예수란 인물에 대한 네 복음서의 서로 다르게 전해준 기록이 예수의 말씀과 행동에 대해 네 복음서가 역사적으로 정확히 전해주는 일에 잘못을 한 것보다 훨씬 더 중요하다는 점을 인정했다. 결과적으로 교회는 예수란 인물과 관련해서 진리는 결코 하나(single)가 아니라 복수(plural)임을 인정하고 있는 셈이다. 예수가 한 사람의 목소리에 의해 소개되기보다는 도리어 네 명의 믿을 만한 목소리에 의해 증거되고 있는 것이 훨썬 더 신빙성이 있다는 생각이다. 복음서는 "사진(photograph)"이 아니라 "초상화(portrait)"이기에 보다 많은 여러 가지 초상화를 통해 우리는 예수란 인물에 대해 여러모로 더 잘 이해하게 된다.

사실 우리는 초상화보다는 사진을 더 좋아하는 순진함을 갖고 있다. 초상화보다는 사진이 보다 더 정확하게 인물의 모습을 전해준다고 생각하기 때문이다. 그러나 사진이라고 해서 사물을 중립적으로 그리고 객관적으로 더 잘 보여주는 것은 결코 아니다. 그와는 반대로 사진들도 사진사들의 개인적인 해석을 반영해 주고 있을 뿐이다. 사진 찍을 대상의 선정, 촬영의 각도와 방향, 촬영의 순간 선택 등등에 따라 사진에 찍힌 대상의 모습은 얼마든지 달라질 수 있다. 물론 초상화를 그리는 화가가 사진사보다는 훨씬 더 해석적인 작업을 거치는 것이 사실이다. 초상화를 그리는 사람이, 보다 전문적인 기술을 가진 사람일수록 그림의 대상이 개인적인 관심과 개인적인 관점으로 인해 훨씬 더 심오하게 드러날 수 있기 때문이다. 훌륭한 초상화를 만드는 중요한 요소는 외면적인 실재를 잘 표현하는 능력이 아니라, 도리어 내면적인 실재를 잘 표현하는 능력이 아닐까? 초상화에 대한 가장 훌륭한 찬사는 "그 사람처럼 그렸네"가 아니라 "바로 그 사람이로구먼"이다. 정말로 훌륭한 "참된(true)" 초상화는 다른 사람이 초상화에서 그 인물을 얼마나 잘 볼 수 있는가에 달려 있는 것이 아니라, 우리가 얼마나 그 초상화를 "참된" 것으로 생각할 수 있는가에 달려 있다.

만약 우리가 어떤 인물에 대한 초상화를 네 개나 가질 수 있다면, 우리는 정말로 다행이 아닐 수 없다. 동일한 인물이 갖고 있는 서로 다른 여러 면을 네 명의 초상화가가 각각 놀랍게 잘 표현해 줄 것이기 때문이다. 네 개의 초상화가 세세한 면에서 서로 아주 다르다고 하더라도, 우리가 여러 개의 초상화를 통해서 같은 인물을 더 잘 "보며" "인식할" 수 있다는 것은 얼마나 매혹적인 일인가? 초대교회가 정경을 결정할 때, 네 권의 복음서를 포함시켰다는 사실은 얼마나 다행한 일인가? 얼마나 놀라운 하나님의 축복인가 말이다!

제12장

정경의 다양성

1. "태초에 성서가 있었다"(In the beginning was the holy scriptures)

기독교회가 시작되고 성장해 가면서, 곧바로 많은 신앙적인 "거룩한 문서들" 곧 성서들(the holy scriptures)이 기록되기 시작했다. 초대 교인들 가운데 신앙적으로 열정이 있는 지도자들 중 많은 사람들이 선교적인 목적으로 혹은 교육적인 목적으로 혹은 다른 사람들에게 신앙적으로 도움을 주기 위해서 "거룩한 문서들"을 기록하기 시작한 것이다. 그들이 남긴 문서들 가운데에는 "복음서" 형태도 있었고, "행전" 형태도 있었고, "서신" 형태의 글도 많았다.

역사적으로 확인 가능한 최초의 "거룩한 (기독교적) 문서들"은 바울이 전도 여행을 하면서 자기가 세웠거나 개종시킨 교회나 교인들에게 보낸 편지들, 곧 "서신들"이었다. 그의 편지들은 대부분 기원후 50년경부터 그가 네로 황제의 박해로 순교한 때로 알려진 기원후 64년경 사이에 기록된 것들이다. 이후 최초의 "복음서"로 알려져 있는 마가복음이 기원후 70년경에 기록되었고, 다른 복음서들, 곧 마태복음과 누가복음 그리고 요한복음이 모두 기원후 70년경에서 기원후 100년경 사이에 기록되어 나왔다. 예수에 관한 전승들을 수집하여 기록한 복음서들 중에는 예수의 행적(narratives 혹은 stories)을 중심으로 기록한 마가복음과 같은 것이 있는가 하면, 예수의 말씀(words)만을 주로 수집하여 기록한 "도마복음"이나 "Q 자료"[1]도 있다. 비록 지금에 와선 그 많은 문서들이 정경과 외경으로 구분되기는 했지만, 처음에는 그런 구분이 없이 그냥 "거룩한 문서들"로서 기독교인들에 의해 널리 읽혀졌다.

오늘날 "정경(正經)"과 "외경(外經)", 그리고 "위경(僞經)"으로 알려진 문서들이 모두 그 당시에는 신앙적인 목적으로 기록된 "거룩한 문서들" 곧 성서들이었다.[2] 분명히 초대교인들은 자기들이 거주하는 지역에서 활동하는 교회 지도자들의 거룩한 문서들이나 그들이 추천하는 거룩한 문서들을 읽으며 신앙생활을 했을 것으로 보인다.

그러나 초대교회 지도자들에 의해서 혹은 그들의 이름으로 기록되어 나온 수많은 거룩한 문서들의 출현은 곧바로 초대교회 안에 많은 문제를 불러일으켰다. 그런 문서들 중에는 신앙에 도움이 되는 유익한 문서들도 있었지만, 신앙에 아무런 도움이 되지 못하는 문서, 곧 내용적으로 허황되거나 질적으로 수준에 미달되는 문서들도 있었을 뿐 아니라, 신앙에 도움이 되기는 커녕 오히려 위협이 되는 이단적인 문서들도 많이 생겨났기 때문이다. 그런데다가 똑같은 문서들이 어떤 지역에서는, 그리고 어떤 교회 지도자들에 의해서는 높이 평가되어 추천되는가 하면, 다른 지역이나 다른 지도자들에 의해서는 전혀 인정되거나 추천되지 않는 등 교회의 통일된 태도를 찾아보기

---

1) 독일어로 "자료"란 뜻을 가진 "Quelle"의 약자(略字)인데, 마가복음에는 나오지 않으면서 마태복음과 누가복음에서만 공통적으로 나타나는 전승 자료를 가리킨다. 현존하는 문서 자료는 아니고, 마태복음과 누가복음의 저자가 마가복음 이외에 공동으로 사용한 것으로 생각되는 가상의 문서 자료이다.

2) 영어에서는 소문자 "the holy scriptures"나 대문자 "The Holy Scriptures"가 모두 "거룩한 문서" 곧 "성서"로 번역될 수 있지만, 후자만이 오늘날 기독교인들이 말하는 "성서"(The Bible)다. 따라서 우리말에서는 소문자 영어로 된 "the holy scriptures"는 "성서"로, 대문자로 된 "The Holy Scriptures"는 "정경"이라고 번역하는 것이 더 옳고 분명할 것으로 보인다.

어렵게 되었다. 이런 상황은 교인들의 신앙생활에 혼란을 가중시켜 결과적으로 교회에는 물론 교인들의 신앙생활에도 아무런 도움이 되지 못하였다. 따라서 교회의 신앙생활에 표준이 되는, 그래서 기독교회에서는 어느 곳에서나 통일적으로 인정될 수 있는 문서들을 선정하여 확정지을 필요성과 요구가 제기될 수밖에 없었다. 이런 필요성과 요구에 따라서 초대교회 역사 속에서는 이른바 정경화 작업의 과정이 탄생하게 되었다.

2. "성서(the holy scriptures)에서 정경(the Holy Scriptures)이 태어났다"

오늘날 기독교인들의 성서는 두 번 태어났다는 말이 있다. 한 번은 "거룩한 문서들"로 기록되어 태어났는데, 이후 다시 한 번 그런 "거룩한 문서들"로부터 기독교인들이 "하나님의 말씀"으로 받아들이고 있는 "성서"(the Holy Scriptures 또는 the Bible) 혹은 "정경"(the Canon)으로 확정되어 태어나게 되었다. 처음에는 교회 지도자들이 단독으로, 즉 개인적인 차원에서 거룩한 문서들 중에서 일정한 문서만을 교인들에게 읽도록 추천하는 형태였지만, 나중에는 교회 지도자들이 "교회회의" 혹은 "종교회의"에 의한 합의를 통해서 일치된 견해를 보일 필요를 느끼게 되었다. 예를 든다면 다음과 같다.

가령 교회가 최종적으로 정경을 확정짓기 이전에 예루살렘 교회의 감독이던 시릴(Cyril, AD 315~386)은 기원후 350년경에 부활절을 앞두고 교회 입교인이 되기 원하는 사람들에게 성서 말씀에 대해 강의하면서 그들이 앞으로 읽어야 할 "거룩한 문서들" 목록을 소개한 바 있는데, 그는 우리가 지금 갖고 있는 신약정경 27권 중에서 요한계시록을 제외한 26권을 거룩한 "성서"로 소개하였다. 그러나 물론 그것은 개인적인 추천에 지나지 않았을 뿐이다. 그런데 이후 기원후 360년경에 모인 라오디게아 종교회의에서는 "구약과 신약의 경전화"를 결의한 제59조에서 요한계시록을 제외한 26권을 기독교의 거룩한 성서로 확정하였다. 이전 시릴 감독의 개인적인 결정이 교회의 결의를 통해서 교회의 공식적인 결정이 된 셈이다.

이후 기원후 367년경에 애굽 알렉산드리아의 감독인 아타나시우스(Athanasius)는 그의 교구 안에 있는 여러 교회들에 부활절 목회서신을 보내면서, 지금의 신약성서와 똑같은 27권의 책 목록을 기독교의 거룩한 "성서"로 추천하며 읽도록 권면하였다. 물론 이것도 개인적인 차원의 추천이었을 뿐이다. 그러나 기원후 393년에 모인 힙포 레기우스 종교회의와 기원후 397년에 있은 제3차 아프리카의 카르타고 종교회의(성 아우구스티누스도 참석했던)에서 지금의 신약성서 27권이 기독교의 경전으로 계속해서 공식 확정되었다. 아타나시우스의 개인적인 결정이 다시금 교회의 결정으로 공식화된 것이다. 이처럼 수많은 "거룩한 문서"들로부터 27권의 문서만이 오랜 시간을 거치면서, 그리고 여러 번의 교회 회의를 거치면서 "거룩한 성서" 곧 "정경"으로 확정되었다. 이후 기원후 419년에 모인 카르타고 종교회의에서 "정경으로 인정되지 않은 책은 어떤 책이라도 교회에서 성서라는 이름으로 읽을 수 없다"라고 결의하였다. "우리가 읽는 27권의 문서만이 기독교의 성서며 하나님의 말씀이라"고 결정한 것이다. 결국 신약성서에 포함된 27권의 문서를 하나님의 말씀으로 읽는 기독교인만이 진정한 기독교인이 되는 셈이다(We are what we read!).

3. 정경의 역할은 무엇인가

첫째로, 신약성서는 기독교의 통일성을 정경화해 주고 있다. 신약성서가 아무리 다양한 내용과 다양한 표현으로 기록되어 있다고 하더라도, 신약성서는 기독교의 통일적인 중심점, 즉 인간 예수가 하나님의 아들 그리스도가 되었다는 신앙(cf. 막 1:1; 마 16:16; 요 20:31)을 구체적으로 표현해 주고 있다. 그래서 초대 기독교는 예수의 신성에만 치중하는 영지주의 문서들이나 예수의 인성에만 몰두하는 에비온주의 문서들을 거부함으로써 다양성에는 어느 정도 한계가 있음을 주장했고, 예수의 모습에 대한 다양한 증거 가운데서도 다른 문서들에서는 찾아볼 수 없는 통일성을 인정했다. 따라서 신약성서의 모든 다양성이 그리스도 사건에 대한 정당한 해석이라고 주장할 수 있다는 것은 놀라운 일이 아닐 수 없다. 바울뿐만 아니라 야고보도, 그리고 목회서신만 아니라 계시록도 말이다.

둘째로, 신약성서는 기독교의 다양성을 정경화해 주고 있다. 신약성서는 때때로 그 위험성에도 불구하고 통일성을 갖춘 신앙의 표현이 얼마나 다양해질 수 있는지를 보여준다. 일단 신약성서의 다양성에 대해 눈을 떴다면, 신약성서는 각 개인과 각 교회가 기독교의 경계와 한계에 대해서 보다 제한적인, 보다 편협한 인식을 갖고 있는 것에 대한 계속적인 시정책이 될 수 있다. 우리는 신약성서를 읽으면서 오직 한 종류, 오직 한 형태의 기독교만을 생각하면서 "이것만이 기독교이다"라고 말하고자 하는 모든 사람들에게 신약성서는 "그리고 저것도, 그리고 저것 역시 기독교이다"라고 대답하고 있다는 사실에 주목할 수 있어야 한다. 신약성서는 바울의 기독교만 아니라 요한의 기독교도 정경으로 받아들였기 때문이다.

셋째로, 신약성서는 승인이 가능한 다양성의 범위와 함께 승인이 불가능한 다양성의 범위를 정경화해 주고 있다. 다른 말로 한다면, 신약성서 정경은 "받아들일 수 있는 다양성의 한계를 정해 주고 있다."[3] 그래서 신약성서는 마태복음은 인정했지만 에비온복음서는 인정하지 않았고, 요한복음은 인정했지만 도마복음은 인정하지 않았으며, 사도행전은 인정했지만 바울행전은 인정하지 않았고, 요한계시록은 인정했지만 베드로계시록은 인정하지 않았다. 만약 하나님이 지금 나사렛의 예수였던 사람을 통해 우리를 만나주신다는 확신이 기독교의 시작과 핵심을 특징지어 주고 있다면, 그 확신은 또한 기독교의 한계와 테두리를 특징지어 주는 것이기도 하다.

---

3) James D. G. Dunn, *Unity and Diversity in the New Testament*, p. 378. "it marks out the limits of acceptable diversity."

그러나 정경의 이 같은 역할에도 불구하고 우리는 신약성서를 깊이 연구하면 할수록 1세기 기독교 내의 다양성의 정도가 아주 심각하다는 사실(a marked degree of diversity within first-century Christianity)[4]을 인식하지 않을 수 없다. 통일성보다는 오히려 다양성이 더 크기 때문일 것이다.[5] 이것은 곧 1세기에는 기독교가 오직 하나의 규범적인 형태만을 갖고 있지 않았다는(no single normative form of Christianity) 말이기도 하다.[6] 출신 지역 및 인종 등 상황과 환경에 따라서 기독교 신앙에 대한 이해와 고백이 상당히 다양한 형태로 나타났고, 그 다양한 형태의 신앙을 비교해 볼 경우 서로 보충적인 경우도 있지만 때로는 날카롭게 충돌되는 경우도 있었다.[7] 다른 말로 한다면, 예수 그리스도에 대한 동일한 신앙이 서로 다른 사람들에 따라, 그리고 서로 다른 환경에 따라, 서로 다른 형태로 고백되었다는 말이다. 따라서 우리는 신약성서 신앙의 다양성을 인정하지 않을 수 없고, 그 경우 더 이상 두루뭉술하게 "신약성서의 가르침"이 이러저러하다고 말할 수는 없고, 도리어 마태가 전해주는 예수의 가르침은 이러하고, 요한이 전해주는 예수의 가르침은 저러하다고, 또 바울과 베드로의 교훈과 사상은 각각 이러저러하다고 말할 수밖에 없고, 그렇게 말하는 것이 옳을 수밖에 없다.

신약성서 내의 신앙의 다양성이 인식되기 시작하면서 통일성보다는 오히려 "정경이 그 다양성을 받아들여 정경화해 주고 있다"라는 인식이 나타나기도 했다. 그래서 제임스 던은 다음과 같이 주장하였다. "정경이 중요한 이유는 그것이 기독교의 통일성을 정경화해 주고 있기 때문만이 아니라, 기독교의 다양성을 정경화해 주고 있기 때문이다."[8] 신약성서의 정경은 "다양

---

4) James D. G. Dunn, *Unity and Diversity in the New Testament*, p. 372. "the diverse expression of first-century Christianity," "there are many different expressions of Christianity within the NT."
5) 던(Dunn)은 "minimal unity, wide-ranging diversity"란 표현을 쓰고 있다(p. 374).
6) *Ibid.*, p. 373. Rodney A. Whitacre도 다음과 같이 주장한다. "the New Testament is far from witnessing to a monolithic view of christianity, actually supports a variegated, pluriform view." Cf. *Johannine Polemic: The Role of Tradition and Theology*, p. 183.
7) 갈라디아서 1:6~9에서 볼 수 있듯이 "다른 복음"에 대한 저주 선언까지 나타나고 있다.
8) James D. G. Dunn, *Unity and Diversity in the New Testament*, p. 376. R. A. Whitacre도 "the

성의 타당성을 인정하고 있다. 정경은 기독교의 아주 다른 표현을 정경화 해 주고 있다"(p. 376). "신약성서의 정경을 인정한다는 것은 기독교의 다양성을 긍정하는 것이다"(p. 377). 신약성서 안에는 "예수의 자유주의뿐만 아니라 최초 예루살렘 교인들의 보수주의도 있고, 바울의 세련된 신학적 진술(the theological sophistication)만 있는 것이 아니라 누가의 무비판적인 열정주의도 있으며, 목회서신들의 제도화 혹은 조직화 경향(institutionalization)이 있는가 하면, 요한의 개인주의(individualism)도 있다. 다른 말로 표현한다면, 에비온 주의에도 불구하고 야고보서가 정경 안에 들어 있으며, 마르시온에도 불구하고 바울 서신이 경전으로 받아들여졌으며, 몬타니즘에도 불구하고 계시록이 경전의 지위를 갖고 있다"(pp. 376~377). "따라서 만약 우리가 신약성서 정경을 진지하게 받아들인다면, 우리는 기독교의 다양성을 진지하게 받아들여야 한다"(p. 377). 이 말은 또한 우리가 "신약성서에 통일성이 없는 것이 신약성서의 특징"9)이라는 존 류만(John Reumann)의 말까지도 동의할 수 있어야 한다는 의미이다. 우리가 만일 이런 주장들을 진지하게 받아들인다면, 내가 믿는 신앙과 조금 다르다고 함부로 배격하거나 이단시하는 것은 오히려 신약성서의 정신, 곧 정경의 정신에 위배되는 것이라는 점도 받아들여야만 할 것이고, 좀 더 열린 마음을 가지고 그리스도를 믿는 다른 형제들을 대할 수 있어야 할 것이다.

canon canonizes diversity"를 강조한다. Cf. *Johannine Polemic*, p. 183.
9) "'New Testament disunity' as the characteristic of the canon." Cf. *John Reumann, Variety and Unity in New Testament Thought*(Oxford University Press, 1991), p. 10.

제13장

다양성에 대한 마가복음의 설교
우리를 따르지 않는 축귀사 이야기(막 9:38~41)

　　마가복음 9:38~41에 보면, 예수의 열두 제자 중 하나인 요한이 예수에게 "주님의 이름으로(원문에는 "ἐν τῷ ὀνόματί σου"; "당신의 이름으로")" 귀신을 쫓아내면서도 "우리를 따르지 않기" 때문에 그런 일을 하지 못하게 했던 일에 대해 보고하는데, 예수께서는 오히려 그런 사람을 "금하지 말라"고 하시면서, "우리를 반대하지 않는 자는 우리를 위하는 자니라"고 말씀하시는 이야기가 소개되고 있다.

　　같은 이야기가 누가복음 9:49~50에도 실려 있다.[1] 본문 이야기의 형태가 비슷할 뿐만 아니라, 문맥도 아주 비슷하다. 마가복음이나 누가복음이나 똑같이 이 이야기는 예수의 제자들이 귀신을 쫓아내는 데 실패한 이야기(막 9:14~27; 눅 9:37~43)에 뒤이어 나온다. 그리고 예수의 뒤를 따르는 제자들

---

1) 그러나 마가복음 9:39b와 9:41은 누가복음에 평행 본문이 없다. 그리고 이 본문 이야기 전체가 마태복음에서는 소개되어 있지 않다. 다만 마가복음 9:40에 나오는 말씀("우리를 반대하지 않는 사람은 우리를 지지하는 사람이다")이 마태복음 12:30에서 "나를 지지하지 않는 사람을 나를 반대하는 사람이다"라는 말씀으로 소개되고 있는데, 아마도 마가가 Q 자료에 나오는 말씀("나를 지지하지 않는 사람은 나를 반대하는 사람이다," 마 12:30)을 뒤집어 표현한 것으로 보인다.

이 "누가 더 높으냐?"라고 다투는 이야기(막 9:33~37; 눅 9:46~48) 직후에 소개되고 있다는 점이 아주 흥미롭다. 예수의 제자들은 자기들이 하지 못한 일을 다른 축귀사가 하고 있는 점을 문제 삼고 있는 듯하다. 그리고 제자들은 서로 자기가 다른 사람들보다 더 위대하다는 배타적인 생각을 갖고 논쟁을 벌인 것으로 보인다. 특히 본문 이야기의 바로 앞에서 예수가 "누구든지 이런 어린이 하나를 내 이름으로 영접하는 것이 나를 영접하는 것이고, 누구든지 나를 영접하는 것은 나를 영접하는 것이 아니라 나를 보내신 이를 영접하는 것이다"(막 9:37)라는 말씀, 곧 "배척이 아닌 포섭에 대한 권면(an exhortation to inclusion, not exclusivity)"[2]의 말씀을 주신 직후에 소개되고 있다는 점에서, 이 본문은 여러모로 아주 흥미 있고 또한 의미 있는 구성이라고 말하지 않을 수 없다.

아마도 이 본문 이야기 형성에는 구약 신명기 11:27~29의 영향이 있었던 것으로 보인다. 신명기 본문에서도 한 소년이 모세에게 달려와서 엘닷과 메닷이란 사람이 진중에서 예언을 한다고 전했을 때, 곁에 있던 여호수아가 "내 주 모세여, 그들을 말리소서"라고 말했는데, 도리어 모세는 그를 향해 "네가 나를 두고 시기하느냐? 여호와께서 그의 영을 그의 모든 백성에게 주사 다 선지자가 되게 하시기를 원하노라"고 말하면서 결국 엘닷과 메닷이 예언하는 것을 금하지 말라고 명하는 것으로 기록되어 있다. 하나님의 영을 통해 예언하는 일이 어느 특정한 사람에게만 주어진 특권이 아니라, 모든 사람에게 주어진 특권일 수 있다는 교훈을 주고 있는 셈이다. 이런 관점에서 볼 때, 분명히 마가 본문의 교훈과 신명기 본문의 교훈 사이에는 서로 유사점이 있어 보인다.[3]

---

2) Ched Myers, *Binding the Strong Man: A Political Reading of Mark's Story of Jesus*(New York: Orbis Books, 1988), p. 261.

3) 이 점은 Ched Myers가 그의 마가복음 주석(*Binding the Strong Man: A Political Reading of Mark's Story of Jesus*, p. 261)에서 지적하고 있는데, 그는 본문상의 유사점을 다음과 같이 밝히고 있다. 신명기 11:28, "Lord Moses, forbid them(LXX, "koluson autous"); 마가복음 9:38, "Do not forbid him"("me koluete auton").

복음서에서는 이 본문 이야기가 마가복음과 누가복음에서만 소개되고 있지만, 평행 본문처럼 보이는 두 본문 사이에는 다음과 같은 몇 가지 중요한 차이점이 나타난다. 첫째는 마가복음에서는 "우리를 반대하지 않는 자는 우리를 위하는 자니라"(막 9:40)고 되어 있는데, 누가복음에서는 "너희를 반대하지 않는 자는 너희를 위하는 자니라"(눅 9:50)고 기록되어 있다. 마가복음 9:38에서 요한이 "우리를 따르지 않는 사람"에 대해 말했기 때문에 9:40에 나오는 "우리를 반대하지 않는 사람"이란 문구와는 "우리"라는 복수 1인칭 대명사로 잘 연결되고 있는 반면에, 누가는 복수 1인칭 대명사인 "우리"를 복수 2인칭 대명사인 "너희"로 바꾸어서 속담 형태에 더 잘 어울리는 표현으로 소개하고 있다.

둘째로, 마가복음에서는 요한이 예수를 향해 "선생님이여(διδάσκαλε)"란 호칭을 사용하고 있는데, 누가복음에서는 "주여(ἐπιστάτα, "master")"란 호칭이 사용되고 있다.[4]

셋째로 마가복음에서는 "우리를 따르지 않는다(οὐκ ἠκολούθει ἡμῖν, "he were not following us")"라는 문구가 사용되었는데, 누가복음에서는 "우리와 함께 따르지 않는다(οὐκ ἀκολουθεῖ μεθ᾽ ἡμῶν, "he does not follow with us")"라고 표현되어 있다. 이 두 번째 차이는 중요한 의미를 갖고 있다. 누가가 "우리와 함께 따르지 않는다"고 했을 때는 신앙과 추종의 대상인 예수를 자기들과 함께 따르지 않는다는 것을 의미하지만, "우리를 따르지 않는다"는 문구에서의 "우리"는 "요한을 비롯한 사도들"을 뜻하는 것이기에 예수를 따르는 것과는 별도로 자기들을 추종하지 않는다고 불평하며 고발하는 것을 의미할 수 있기 때문이다. 이 경우, 누가의 문구가 보다 초기의 예수의 역사적 상황을 반영해 주는 반면에(예수를 추종의 대상으로 보고 있다는 점에서), 마가의 표현은 자신들("우리" 곧 요한을 비롯한 사도들)의 설교와 지도를 따르지 않는다

---

4) 마가는 마가복음 4:38에서도 제자들이 예수를 향해 "διδάσκαλε"(teacher)란 호칭을 사용한 반면에 누가는 그 평행 본문인 누가복음 8:24에서 "ἐπιστάτα"(master)란 호칭을 사용한 것으로 기록하고 있다.

는 것을 의미하기에 역사적 예수가 부활 승천한 이후의 상황, 곧 열두 제자들이 예수의 뒤를 이어 초대교회의 지도자로 활동하던 초대교회의 역사적 상황을 반영해 주는 것으로 볼 수 있다.

이 본문의 이야기(막 9:38~39; 눅 9:49~50)가 "예수의 이름으로(원문에서는 "당신의 이름으로")"[5] 귀신을 쫓아내는 이야기란 점에서, 특히 38절의 주제가 "예수를 따르는 문제"가 아니라 "사도들("우리를")을 따르는 문제"와 연관되어 있다는 점에서,[6] 기원후 30년경 역사적 예수의 삶의 자리에서 있었던 역사적 사실을 반영한다기보다는 도리어 초대교인들이 예수의 후계자들인 열두 제자들을 추종하던 초대교회의 상황에서 복음서 기자들이 나름 어떤 의도를 갖고 소개하는 교회의 산물(community product)이라고 생각하는 것이 옳을 것이다.[7]

슈바이처(E. Schweizer)도 신약성서에서는 예수를 따르는 문제가 아닌 제자들을 따르는 문제를 다룬 실례가 없기 때문에 "우리를 따르다"란 표현 자체가 아주 놀라운 문구일 수 있다면서, 본문의 이야기가 "예수의 시대를 가리키는 것이 아니라, 이런 문제가 교회 안에서 주요 논쟁의 초점이 되고 있던 시대를 가리킨다"라고 지적하고 있다.[8] 더구나 본문에서 이 질문을 제기하는 제자가 "요한"으로 되어 있는 것도 흥미로운데, 사도 바울이 이미 인정했듯이 요한은 "야고보와 베드로"와 더불어 예루살렘 초대교회에서 기둥과 같이 중요한 역할을 한 삼인방(triumvirates)[9] 가운데 한 사람이었다(갈 2:9).

---

5) 초대교회에서 사도들이 예수의 이름을 사용하여 기적을 행한 것으로 기록된 경우가 여러 번 있다(행 3:6; 4:10; 4:30 등등).

6) 누가복음에서는 "우리와 함께 따르지 않는다"라고 했는데, 마가복음에서는 "우리를 따르지 않는다"라고 되어 있다. 복음서에서는 일반적으로 "따르다"라는 동사가 예수의 제자가 되는 것을 뜻하는 전문적인 문구인 것으로 보아, "예수"가 아닌 "우리"를 따르지 않는다는 표현은 같은 공동체에 속하지 않는 것이 문제가 되던 더 후대의 상황, 곧 초대교회의 상황을 반영하는 것으로 보인다.

7) R. Bultmann, *The History of Synoptic Tradition*(New York: Harper & Row, 1968), p. 25.

8) E. Schweizer, *The Good News According to Mark*(Virginia: John Knox Press, 1970), p. 194.

9) 공관복음서에 의하면 예수의 열두 사도들 중에서도 "베드로, 요한, 야고보"는 다른 제자와 구별되는 "삼인방"인데, 여기에서 야고보는 "요한의 형제"인 반면 갈라디아서에서 언급되는 야고보는 "주의 형제" 야고보란 점에서 차이가 있지만, 베드로와 요한은 공관복음서나 갈라디아서에서 모두 아무런 변화 없이 주

복음서 기자들, 특히 마가와 누가가 이 본문 이야기를 통해서 독자들에게 주려고 한 교훈의 초점은 "우리를 따르지 않는 사람"이라고 하더라도, "우리와 함께 따르지 않는 사람"이라고 하더라도, 다른 사람이 "주님의 이름으로" 하는 일을 금지해서는 안 된다는 점을 강조하는 데 있는 것으로 생각된다. 마가복음 기자는(그리고 누가복음 저자도) 비록 예수가 열두 제자들에게 모든 귀신을 제어할 수 있는 능력을 주었다고 하더라도, 예수가 그의 이름을 이용하여 귀신을 쫓아내는 능력의 사용을 오직 그들에게만 준 것은 아니라는 점을 가르치려고 했던 것으로 생각된다. 즉 마가와 누가는 초대교회 교인들을 향해서, 예수의 이름으로 하나님의 은총을 불쌍한 사람들에게 전하는 사람들의 경우, 비록 그들이 자기들과 같은 생각으로 같은 신앙 그룹을 형성하지 않는다고 하더라도, 그런 사람들을 향해 열린 마음의 태도(an attitude of openness)와 함께 관용의 정신을 가질 것을 가르치는 것이다. 아무리 자기들이 위대하다고 생각하더라도(cf. 막 9:34; 눅 9:46) 다른 사람이 "주님의 이름으로" 하는 일을 금지시킬 수 있는 사람들은 아니다.

마가와 누가가 이런 본문 이야기를 기록하게 된 동기를 알아보기 위해서는 먼저 그들이 복음서를 기록하기 이전 초대교회의 상황이 어떠했는지를 이해해야 할 것이다. 여러 지역에서 여러 형태의 신앙공동체가 생겨나면서 서로 다른 신앙공동체와의 사이에 여러 가지 이유로 서로 시기하거나 배타적인 태도를 보이기도 했다. 그럼에도 불구하고 그런 것들을 어느 정도 통제할 수 있는 중심적인 기구가 아직 구성되지 못한 상황이라서 문제는 더욱 혼란스러울 수밖에 없었을 것이다. 이런 상황을 이해하기 위해서는 우선 신약성서 가운데서 초대교회의 여러 신앙공동체 상호간의 차이와 대립의 문제점이 다음과 같이 나타나고 있다는 사실을 잠깐 살펴보는 것이 필요하다.

첫째, 예수가 부활 승천한 직후에, 예루살렘 초대교회 안에서 이미 열두

요 사도로만 언급되고 있는 셈이다. 아마도 이 두 삼인방 명단의 차이는 "요한의 형제" 야고보가 기원후 42년경에 헤롯 아그립바에 의해 첫 순교를 당한 후에(행 12:1~2), 요한의 형제 야고보를 대신하여, "주의 형제"가 새로이 삼인방의 자리에 오른 것일 수도 있다.

사도들을 따르는 "히브리파" 교인들, 즉 팔레스틴 본토 출신으로 히브리말만 사용하는 교인들이 있었는가 하면, 디아스포라 유대인 출신으로서 헬라 말만 사용할 수밖에 없어서 지역적으로도 그들과 구별되고 분리되어, 스데반과 빌립 등 "일곱 지도자"를 따르는 "헬라파" 교인들도 있었다. 그들 사이에 최소한 구제금의 분배 문제와 관련하여 헬라파 교인들이 히브리파 교인들에 비해서 차별 대우를 받는 것 때문에 "불평(γογγυσμός)"[10]이 생겨났다.

둘째, 사도행전 15:37~40에 보면, 초대교회의 첫 이방인 선교사들인 바울과 바나바 사이에도 "심한 다툼(παροξυσμός)"[11]이 있어서 두 사람이 갈라서는 이야기가 나오는데, 누가에 의하면 그 다툼과 결별의 원인이 자신들의 선교 여행에 "마가라는 요한"을 동행시키는 문제에 이견이 있었던 것으로 알려져 있지만, 갈라디아서 2:11~14에 의하면, 바울과 바나바 사이에 율법을 지키는 문제에서 큰 견해 차이가 있어 서로 갈라서게 된 것으로 보인다. 그래서 헹엘(Martin Hengel)은 바울과 바나바의 결별을 "이방인들에 대한 한 사람의 참된 선교사인 바울과 좀 더 보수적인 바나바의 분열"이라고 말하였다.[12]

셋째, 기원후 50년경에, 이미 고린도 교회 교인들 가운데서도 자신들의 신앙적 모델로 "게바를 따르는 신도들(게바파)," "아볼로를 따르는 신도들(아볼로파)," 그리고 "바울을 따르는 신도들(바울파)"로 나뉘어 있는 가운데 상호간에 서로 "다툼(ἔριδες)"이 있었다(고전 1:11~12).

넷째, 갈라디아서 1:6~9에 의하면, 초대교회 안에서 예수를 받아들여 믿으면서도 바울이 전한 복음을 믿고 따르는 사람들이 있었는가 하면, 바울이

---

10) 똑같은 단어가 빌립보서 2:14와 베드로전서 4:9에서도 사용된 바 있다.
11) 이 단어의 사전적 의미는 "좋지 않은 의미로, 극심한 의견의 불일치(sharp disagreement)"를 뜻한다. Cf. W. Bauer, *A Greek-English Lexicon of the New Testament and Other Early Christian Literature*(The University of Chicago Press, 1957), p. 634.
12) Matin Hengel, *Between Jesus and Paul: Studies in the Earliest History of Christianity*(London: SCM Press, 1983), p. 3.: "a conflict: with the separation of the one true missionary to the Gentiles, Paul, from the more conservative Barnabas(15:36ff.)."

전하는 복음과는 "다른 복음을 따라간 사람들"도 있었다. 그래서 바울은 자기가 전하는 복음과 "다른 복음을 전하는 사람"들에 대해 저주 선언을 하기도 했다.

다섯째, 요한1서 2:19에 "요한의 공동체"라는 같은 울타리 안에서 함께 신앙생활을 하다가 "우리를 따르지 않고 우리에게서 나간" 형제들도 있었다는 사실에 대한 언급이 나온다. 이 말은 신앙적인 차이 때문에 교인들 간에 서로 갈라서고 분리되는 상황이 있었음을 반영해 주는 것이다.

여섯째, 마태복음 7:22에 보면 "주여, 주여 하면서 예언을 하고 주의 이름으로 귀신을 쫓아내며, 주의 이름으로 많은 기사를 행하는 사람들"이 있었지만, 마태복음의 예수께서는 그런 사람들을 향해서 "나는 너희를 도무지 알지 못한다. 불법을 행하는 자들아 내게서 물러가라"고 말씀하시며 배척하신 것으로 기록되어 있다. 마태가 소개하는 이런 말씀도 마태복음이 기록될 당시 마태 신앙공동체의 주변에서 예수를 믿고, "주여 주여" 하면서 귀신을 쫓아내며 기사를 행하는, 그런 종류의 신앙을 추구하는 사람들이 있었다는 사실과 함께 그런 사람들을 배척하는 일이 있었음을 보여주고 있다.[13] 더구나 마태의 신앙공동체에서는 "예수의 입을 통해서," 즉 예수의 교훈의 형태로 자신들의 신앙과 다른 형태의 신앙을 보이는 사람들을 인정하지 않고 배척하고 있음을 엿볼 수 있다.

일곱째, 바울이 빌립보서 1:15에서 "어떤 사람들은 시기와 다투는 마음으로 그리스도를 전한다"라고 말한 것만 보더라도 초대교인들 가운데 "시기와 다툼"으로 서로를 배척하면서 경쟁하던 상황이 있었음을 알 수가 있다.

초대교회 초기에 이런 여러 "원망"과 "다툼," "갈등"과 "분열"의 상황이 있었음을 염두에 둘 때, 우리는 본문에서 요한이 제기하는 질문은, 예루살렘에서 열두 제자들을 중심으로 시작된 초대 기독교 주류와 연관되지 않는 사

---

13) 고린도전서 12:9~10과 12:28 등에 보면, 고린도 교회 안에서도 성령의 은사 중 병 고침과 기적을 행하는 능력을 받은 사람들에 대한 언급이 나온다.

람들이 하는 사역을 과연 인정해야 하는지 고민하던 초대교회의 상황을 반영해 주는 것이란 사실을 부인하기 어렵다. 그리고 자신들의 그룹에 속하지 않는 사람들에게는 마치 예수의 이름을 사용할 수 있는 권한이 없다는 식으로 말하는 요한의 태도는 오늘날 "자기들의 독특한 교파에 속하지 않는 사람들은 예수의 이름을 말할 자격이 없다고 믿는 많은 교회의 태도와 아주 비슷하다"라고 말하지 않을 수 없다.[14] 실제로 오늘날 많은 교회나 교파들이 마치 자기들은 더 위대하다고 생각하는 착각 속에 빠져서(cf. 막 9:34; 눅 9:46), 자기들을 따르지 않으면서 "주님의 이름으로" 귀신을 쫓아내는 일을 하지 못하게 금지하려고 했던 제자들처럼, 자기들에게는 다른 사람들이 예수의 이름을 사용하거나 자신들을 기독교인이라고 부르는 것을 금지할 수 있는 권한이 있는 것처럼 행동하는 것이 사실이 아닌가?

초대교회의 초기에는 기독교 운동이 여러 지역에서 여러 사람들에 의해서 활발하게 전파되던 때였고, 그런 시기에는 어느 누구도 다른 사람들의 복음 전파나 기독교적 사역에 대해 별다른 비판이나 판단을 하지 않던 때였다. 그런 일을 할 수 있는 통일된 조직이나 합의된 기준도 없는 때였기 때문이다. 그런데도 마가복음 저자나 누가복음 저자가 이 본문 이야기를 그들의 복음서에 기록할 때에는 이미 자기들의 신앙공동체에 속하지 않는 다른 사람들이 예수의 이름으로 기독교 사역을 하는 것에 대해 마구 비판하며 금지하려는 경향이 강하게 드러나 있었던 것으로 보인다.

그런 상황을 배경으로 본문 이야기를 읽을 때, 우리는 마가나 누가가 왜 이 본문을 소개하고 있는지 좀 더 잘 이해하게 된다. 마가나 누가는 복음서를 읽는 독자들에게 예수의 제자들이라고 해서 어떤 우월감 속에서 자기들만이 예수의 이름을 독점하여 사용할 수는 없다는 점을 가르치려고 했던 것이다. 슈바이처가 "마가는 이 구절을 33~37절과 연관시켜서 교회 측의 오만

---

14) Justo L. Gonzalez, *Luke: A Theological Commentary on the Bible*(Westminster John Knox Press, 2010), p. 128.

에 대한 경고로 해석하고 있다"라고 말한 것도 바로 그런 이유 때문일 것이다.[15] 요한은 예수에게 그 사람이 "우리를 따르지 않고 있다"라고 말하고 있는데, 문제는 "제자들이 자기들이 따르는 사람임을 깨닫지 못하고 도리어 다른 사람들이 자기들을 따르기 원한다는 점(the disciples want to be followed, not follower)"에 있다.[16] "우리"란 말을 특권적으로 사용하는("royal we") 생각부터 버려야 할 것이다. 결국 이 본문 이야기는 "배척이 아닌 포섭에 대한 권면(an exhortation to inclusion, not exclusivity)"을 주는 교훈으로, 동시에 신앙이나 복음 사역의 다양성을 인정하고 금지하지 말아야 한다는 교훈으로 읽는 것이 옳다고 생각된다.

---

15) E. Schweizer, *The Good News According to Mark*, p. 195.
16) Ched Myers, *Binding the Strong Man*, p. 261.

제2부

복음서 본문 해석

제1장

예수의 성전 저주 사건
(막 11:15~19)

예수는 갈릴리 사역을 마치고 예루살렘으로 올라가셨다. 많은 사람들이 예루살렘에 입성하는 예수를 향하여 "호산나, 주의 이름으로 오시는 이여, 복이 있으라. 지극히 높은 곳에 계신 하나님, 호산나"(막 11:9~10)라고 외쳤다. 그런데 예수는 예루살렘에 입성하신 직후에 곧바로 "성전에 들어가셨다"(막 11:11).[1] 그리고 거기서 성전의 모든 상황을 둘러보신 다음에 열두 제자들을 데리고 다시 베다니로 가셨다. 그 다음 날, 예수는 다시 예루살렘에 들어가셨고, 곧바로 성전에 들어가 성전 안에서 물건을 팔고 사는 사람들을 쫓아내시고, 돈 바꾸어 주는 사람들의 상과 비둘기를 파는 사람들의 의자를 둘러엎으셨다. 그러면서 "'내 집은 만민이 기도하는 집이라 부를 것이다'라고 성서에 기록되어 있지 않느냐? 그런데 너희는 강도의 소굴을 만들어 버렸다"라고 탄식하셨다(막 11:17).

이 이야기는 흔히 예수의 성전 정화 사건 혹은 성전 청소 사건으로 이해

---

1) 예수의 예루살렘 여행의 최종 목적지는 예루살렘이 아니라 성전이었던 것처럼 기록되어 있다. 마태복음에서는 예수가 예루살렘에 입성하신 직후에 성전에 들어가 성전을 정화하신 것으로 기록되어 있다.

되어 왔다.[2] 그러나 이 이야기를 소개하는 마가의 의도가 정말 예수께서 성전에 들어가 성전을 청소 혹은 정화하셨다는 것을 말하는 데 있을까? 마가가이 이야기를 소개하는 의도가 무엇인지 올바로 알아볼 필요가 있다.

1. 성전을 저주한 예수

예수가 성전을 정화한 이야기를 소개하는 마가의 의도를 정확히 이해하려면, 먼저 마가가 이 이야기를 어떤 문맥에서 어떤 이야기와 연결시켜 소개하고 있는지부터 살펴보아야 한다. "텍스트(text)는 문맥(context)에서 읽어야한다"라는 해석학적 충고를 따르는 것이 필요하기 때문이다.

예수가 성전에 들어가 성전을 정화 혹은 청소한 이야기는 네 복음서에 모두 소개되어 있다. 그러나 네 복음서에서 이 이야기를 "무화과나무 저주 사건"과 연관시켜 소개하고 있는 복음서는 마가복음과 마태복음이다. 두 복음서만이 성전 정화 사건을 무화과나무 저주 사건과 밀접히 연관시켜 소개하고 있다. 마태복음이 마가복음을 자료로 이용하여 구성된 좀 더 후대의 문서라는 점을 고려한다면, 성전 숙정 사건과 무화과나무 저주 사건을 밀접히 연결시켜 소개한 최초의 사람은 마가로 추정된다. 복음서가 문서화되기 이전의 구전 단계에서는 예수에 관한 거의 모든 전승 자료들이 아무런 연관성 없이 단편적이고 독립적으로 전달되어 왔다는 것이 양식비평가들의 결론이기 때문이다. 성전 정화 사건이 본래 무화과나무 저주 사건과 아무런 연관도 없이 전해졌다는 사실은, 누가복음에서 또한 요한복음에서 성전 정화 사건이 무화과나무 저주 사건과 별도로 따로 떨어져서 소개되고 있는 점에서도 어느 정도 분명히 드러난다. 따라서 이 두 사건을 밀접히 연관시켜 소개한 최초의 인물은 분명히 마가였던 것으로 보인다.

---

2) 우리말 성서 개역개정에서는 "성전을 깨끗하게 하시다"라는 제목을 붙였다. 영어 성서에서도 대체로 "The Cleansing of the Temple"이란 제목을 붙이고 있다.

그런데 마가는 성전 정화 사건과 무화과나무 저주 사건을 서로 연결시키되 마태복음에서 볼 수 있는 것처럼, 한 이야기 다음에 다른 이야기를 나란히 연결하여 소개하는(one after another) 소위 단순한 연결 편집 방법을 택하지 않고, 한 이야기를 다른 이야기 속에 편집해 넣어 두 이야기를 마치 한 이야기처럼(two in one) 소개하는 이른바 "샌드위치 편집 방법"(sandwiching method)을 택했다. 전승 자료들을 샌드위치 편집 방법으로 소개한 구체적 실례가 마가복음에 많이 나타나기 때문에 오늘날 많은 마가복음 연구자들은 샌드위치 편집 방법이 전승 자료들을 편집하는 마가의 독특한 편집 방법 중 하나라고 널리 인정하고 있다.[3] 이런 샌드위치 편집 방법을 사용하는 주요 목적은 샌드위치한 이야기와 샌드위치당한 이야기를 별개의 이야기로 읽거나 이해하지 않고, 두 이야기를 "하나의 이야기"로 함께 읽고 이해하게 하기 위함이다. 즉 샌드위치되어 있는 두 이야기를 읽을 때에는 샌드위치를 먹을 때처럼 "속"의 것과 "바깥"의 것을 동시에 읽고 이해해야 한다는 의미이다. 즉 마가에게서 성전 정화 이야기는 무화과나무 저주 이야기와 함께, 그리고 무화과나무 저주 이야기는 성전 정화 이야기와 함께 서로 연관시켜 읽고 이해해야 한다는 말이다.

그렇다면 마가가, 아니 오직 마가만이 이 두 사건을 이렇게 샌드위치시켜 소개한 이유는 무엇일까? 나인햄(D. E. Nineham)은 마가가 두 이야기를 서로 샌드위치시켜 편집한 의도에 대해 다음과 같이 말한다. "이 이야기를 삽입한 방법과 위치는, 이 이야기가 교훈적인 요점 곧 무화과나무의 운명이 예루살렘과 유대 백성 및 그 종교의 운명을 상징하고 있음을 밝히기 위한 의도임을 강력히 시사하고 있다. 잎만 무성한 무화과나무처럼 유대 백성들도 그들의 수많은 예식과 외면적인 준수로 훌륭한 쇼(show)를 하고 있지만, 메시아가

---

3) 예를 들어, 마가복음 3:22~30이 3:19b~21과 31~35 사이에, 마가복음 5:25~34가 5:21~24와 35~43 사이에, 마가복음 6:14~29가 6:6b~13과 30~31 사이에, 마가복음 14:3~9가 14:1~2와 10~11 사이에, 마가복음 14:55~65가 14:53~54와 66~72 사이에, 그리고 마가복음 15:16~20이 15:6~15와 21~32 사이에 삽입되어 있는 경우들이다.

오셔서 의의 열매를 구할 때 찾지 못하면 그 결과는 무화과나무의 경우처럼 유대교를 위한 정죄와 파멸뿐이다."[4] 나인햄의 말대로 마가는 이 두 이야기를 밀접히 연관시켜 편집함으로써 예수가 잎사귀만 무성할 뿐 실제로는 아무런 열매도 없는 무화과나무를 저주했듯이, 제사 형식과 건물만 화려하고 웅장할 뿐 실제로는 아무런 내용이나 진심도 담겨 있지 않은 성전 제사 제도를 저주한 것이라고 보고 있다.

킹스베리(J. D. Kingsbury)도 예수로부터 저주를 받아 말라죽은 무화과나무는 "열매를 맺지 못하는 참된 예배, 그래서 어느 날 멸망하게 될 성전을 상징하는 것"으로 보고 있다.[5] 이 경우 우리는 성전 숙정 사건과 무화과나무 저주 사건 사이에 다음과 같은 알레고리적 연관성이 성립된다고 볼 수 있다.

성전 = 무화과나무
화려한 예식 = 무성한 잎사귀
믿음 = 열매
숙정 = 저주

똑같은 의미에서 켈버(W. H. Kelber)는 "무화과나무는 성전을 예증하며, 죽은 나무는 성전의 죽음을 상징한다"라고 말한다.[6]

결국 마가복음의 경우 무화과나무 저주 이야기는 예수의 성전 정화 이야기의 의미를 더욱 강조하기 위해서 소개된 이야기에 지나지 않는다. 따라서 마가의 이런 의도를 감안한다면, 예수가 성전을 "숙정" 혹은 "청소"하신 것으로 알고, 이 본문 이야기에 "성전을 깨끗하게 하신 예수"(새번역) 혹은 "성

---

4) D. E. Nineham, *The Gospel of St. Mark*(Pelican Gospel Commentary, Baltimore: Penquin Books, 1973), p. 299.
5) Jack Dean Kingsbury, *Conflict in Mark: Jesus, Authorities, Disciples*(Minneapolis: Fortress Press, 1989), p. 77.
6) Werner H. Kelber, *Mark's Story of Jesus*, p. 62.

전을 깨끗하게 하시다"(개역개정)란 제목을 붙인 것은 본문의 올바른 의미를 파악하는 데 오히려 방해 혹은 와전시키는 일이라고 보아야 할 것이다.

마가의 문맥 설정에 대한 이해를 토대로 이 본문에 가장 적합한 제목을 붙인다면, 그것은 당연히 "무화과나무 저주 사건"과 짝을 이루는 "성전 저주 사건"일 것이다. 따라서 이 본문에 대해 무비판적으로 흔히 붙여온 "성전 청소"(the cleansing of the temple)라는 명칭은 결코 마가의 의도에 적합한 명칭이라고 볼 수 없다. 마가의 의도는 이 이야기를 통해서 "성전의 종말"(the ending of the temple) 혹은 "성전의 무력화"(the disqualification of the temple) 를 선포하는 것이기 때문이다. 그래서 켈버도 "이것을 정말로 성전 청소라고 부를 수 있는지 의문을 제기해야 한다"라면서 이 본문이 말하는 것은 "성전이 갖고 있는 상업적이며 종교적인 기능의 폐쇄"(the shutting down of the business and religious functions of the temple)라고 전한다.[7]

특히 마가복음 11:16에서만, "누구든지 물건들을 가지고 성전 뜰을 통로처럼 사용하는 것을 금하셨습니다"란 말이 나오는데, 이 말은 마가에 의하면, 예수께서는 사람들이 성전을 가로질러 종교 예식상의 물건들, 곧 제사용 용기들을 들고 다니며 운반하는 것조차 금지시킴으로써, 성전의 종교적 예식 행사의 진행 자체를 금지 혹은 중지시킨 것으로 기록되어 있다. 성전 뜰에서 행해지던 모든 상업적 행동조차 다 제의적인 목적을 위한 것임을 염두에 두어야 한다는 것이다.[8] 따라서 요약한다면, 예수는 예루살렘에 입성한 후 성전에 들어가서, 그 당시 제사장 계급에 의해 주도되던 성전의 상업적이며 종교적인 기능들을 전적으로 폐쇄시키고 종결시킨 것이다. 이것은 성전 비판의 극대화이며, 따라서 성전의 무효화와 성전 기능의 종결을 뜻하는

---

7) Kelber, *Mark's Story of Jesus*, p. 62. Ched Myers도 Kelber와 비슷하게 "shutting down of temple operations altogether"라고 말한다. Cf. *Binding the Strong Man: A Political Reading of Mark's Story of Jesus*(New York: Orbis Books, 1988), p. 301.
8) "In fact, commercial activity was an entirely normal aspect of any cult in antiquity." Cf. Ched Myer, *Binding the Strong Man*, p. 300.

것이었다. 결국 마가복음의 경우 무화과나무 저주 이야기는 예수의 성전 정화 이야기의 의미를 더욱 강조하기 위해서 소개된 보조적인 이야기에 지나지 않는다. 마가의 이런 의도를 감안한다면, 예수가 성전을 숙정 또는 청소하신 본문에 대한 보다 적절한 명칭이나 제목은 앞에서 말한 바와 같이 "무화과나무 저주 사건"과 짝을 이루는 "성전 저주 사건"이라고 하여야 할 것이다.[9]

성전에 대한 이 같은 마가의 비판적이며 공격적인 의도는 이 이야기에 뒤이어 소개되고 있는 또 다른 이야기들을 통해서도 분명히 드러난다. 즉 마가는 이 이야기를 한편으로 무화과나무 저주 이야기와 연관시키기도 했지만, 다른 한편으로는 이 이야기에 뒤이은 악한 포도원 일꾼 비유(막 12:1~12)와도 관련시키고 있다. 이 비유의 내용을 보면, 어떤 주인이 포도원을 일꾼들에게 맡기고 멀리 갔다가 소출을 거두어들일 때가 되어 종들을 보내어 열매를 얻으려고 했는데, 포도원 일꾼들이 그 종들을 죽여 버렸고, 나중에는 주인이 보낸 아들까지 죽여 버렸다. 그러자 주인이 친히 포도원에 찾아와 열매를 바치지 않는 일꾼들을 다 죽여 버리고 포도원을 빼앗아, 열매를 바칠 다른 일꾼들에게 넘겨준다는 이야기이다. 이 비유의 본래 형태가 어떠했든지 간에 현재 상태에서 이 비유는 분명히 이스라엘(일꾼들)이 하나님께 열매를 바치

---

9) 누가복음의 경우에는 예수가 성전을 청소한 후에 성전에서 가르치셨다고 말함으로써 성전 청소의 목적이 성전에서의 교훈을 위한 준비 작업이었음이 드러나고 있다. 이렇게 누가는 성전을 예수의 교육 장소로 보고 있기에 성전에 대해 어느 정도 긍정적인 관점을 갖고 있다고 말할 수 있다. 마태복음의 경우 예수는 성전을 청소한 후에 "성전 뜰에서" 맹인이나 앉은뱅이 같은 병자들을 고쳐주셨다고 말함으로써 성전을 예수께서 사람들을 온전케 만드는 곳으로 이해하고 있다. 이 점에서 마태 역시 성전에 대해 긍정적인 관점을 갖고 있다고 볼 수 있다. 이런 의미에서 누가의 경우에는 "성전 청소," 마태의 경우에는 "성전 숙정"이란 명칭이 더 잘 어울릴 수 있다. 그러나 요한복음의 경우에는 마가와 마찬가지로 성전에 대해 아주 부정적이다. 요한은 성전 청소의 이야기를 예수가 갈릴리 가나의 혼인 잔치에서 물로 포도주를 만든 표적 뒤에 소개함으로써, 즉 먼저 나온 포도주보다 나중 나온 포도주가 훨씬 더 맛있다는 이야기를 통해 먼저 나온 유대교 신앙보다 나중 나온 기독교 신앙이 훨씬 좋다는 종교적 변증 뒤에 소개함으로써, 그리고 다른 복음서에서는 나타나지 않는 말씀, 곧 "이 성전을 허물어라. 그러면 내가 사흘 만에 다시 세우겠다"(요 2:19)라는 말씀과 함께 "예수께서 말씀하신 그 성전은 자기 몸을 두고 하신 말씀이었습니다"(요 2:21)라는 말씀을 첨가함으로써 유대교의 성전이 보다 나은 성전인 예수에 의해 대치될 것임을 증거하고 있다. 따라서 "성전 저주"(the cursing of the temple)를 선언하고 있는 마가와 마찬가지로 "성전 대치"(the replacement of the temple)를 주장하고 있는 요한은 똑같이 성전에 대해 부정적인 관점을 보이고 있는 셈이다.

지 않아서 심판을 받는다는 일종의 알레고리적 비유이다. 예레미아스는 이 비유에 관해서 실제로 다음과 같은 알레고리 도식을 제시하고 있다.10)

> 포도원 = 이스라엘
> 농부들 = 이스라엘 지도자들
> 포도원 주인 = 하나님
> 종들 = 예언자들
> 아들 = 그리스도
> 농부들에 대한 형벌 = 이스라엘의 멸망
> 다른 백성 = 이방인

이적 이야기 본문에서는 "열매"를 맺을 것으로 기대했던 무화과나무가 아무런 열매를 맺지 못하자 "이제부터는 영원히 네게서 열매(καρπός)를 따먹을 사람이 없을 것이다"(막 11:14)라고 저주를 받아 죽어버리는데, 악한 포도원 일꾼 비유에서는 "열매"("καρπός," 막 12:2)를 바칠 것으로 기대했던 포도원 일꾼들이 아무런 열매도 바치지 못해 주인으로부터 죽임을 당한다. 결국 무화과나무 저주 이야기와 악한 포도원 일꾼 비유는 "열매"라는 똑같은 연결어에 의해서 서로 연결되었을 뿐만 아니라,11) 똑같은 메시지를 드러내고 있는 셈이다. 곧 열매를 내지 못하면 저주를 받아 죽게 된다는 메시지이다.

따라서 마가가 성전 저주 사건 이야기를 무화과나무 저주 이야기 및 악한 포도원 일꾼 비유와 연관시켜 편집한 것은 아주 의도적이었을 것으로 생각된다. 즉 마가는 이 비유를 성전 저주 사건에 뒤이어 편집함으로써 성전 저주와 무화과나무의 저주 이야기에 담긴 성전 및 성전 관리들에 대한 저주와 심판의 메시지를 더욱 강조하고 명확하게 밝히려고 했던 것이다.

---

10) Lohmyer도 "포도원 = 성전, 농부들 = 제사장들"로 이해하고 있다. Cf. *Lord of the Temple*, p. 44.
11) 열매를 맺지 못한 무화과나무와 악한 포도원 농부 비유는 "때"(καιρός)라는 또 다른 연결어(catch-word 혹은 keyword)에 의해 서로 연결되어 있다(막 11:13과 막 12:2).

2. 성전 모독죄로 고소당한 예수

마가복음에 의하면, 예수는 성전 모독죄로 고소당한 것으로 알려지고 있다. 대제사장들과 장로들과 서기관들이 예수를 체포하여 죽일 죄목을 찾을 때, (거짓) 증인들이 나서서 고발한 내용은 예수가 "손으로 지은 이 성전을 헐고 손으로 짓지 아니한 다른 성전을 사흘 동안에 지으리라"(막 14:58)고 말했다는 것이다. 그래서 예수가 나중에 십자가에 처형되었을 때도 지나가는 행인들이 예수를 조롱하면서 했던 말이 "아하 성전을 헐고 사흘에 짓는다는 자여"(막 15:29)라는 모욕의 말이었다. 실제로 예수는 감람산에서 성전을 마주 대하고 앉으셨을 때 베드로와 야고보와 요한과 안드레를 향해서 성전 건물이 "돌 하나도 돌 위에 남지 않고 다 무너뜨려지리라"(막 13:2)고 성전의 멸망을 말씀하신 바 있다. 이처럼 마가는 예수의 입을 통해서, 예수를 고발하는 거짓 증인들의 입을 통해서, 그리고 십자가 처형장을 지나가는 행인들의 조롱의 말을 통해서 예수가 예루살렘 성전에 대해 아주 부정적이며 공격적인 말, 곧 성전의 파괴에 대해 말했음을 강조하고 있다. 이것은 분명 마가 자신의 신학적 의도에서 나온 것이라고 생각된다.

그런데 특히 도나휴(Donahue)는 마가복음 14:58 상반절을 마가의 전체적인 반성전신학(막 11:11~14:1)의 불가결한 부분으로 해석한다. 예수께서 예루살렘에 들어가신 의도와 목적 자체가 성전의 기능을 무력화(disqualify)시키기 위한 것이었으며, 예루살렘에서 체포되어 심문받고 십자가에 처형된 것도 그의 반성전 활동 때문이었다. 마가복음에서는 예수의 반성전 활동과 죽음이 밀접하게 연관되어 있는 것으로 나타난다. 가령 예수의 생명을 노리는 적대자들의 음모가 세 번 언급되는데, 그때마다 그런 음모는 예수의 반성전적 말씀이나 행동 때문이었다. 마가복음 11:18에서 첫 번째 음모가 나타나는데, 그것은 예수의 성전 저주 사건에 대한 반응이었다. 두 번째 음모는 마가복음 12:12에 기록되어 있는데, 그것은 예수께서 성전이 기독교 공동체에 의해서 대치될 것이라고 말씀하신 것에 대한 반발이었다(막 12:1~12의 비유가 "성전 안에서" 말씀하신 비유였다). 세 번째 음모에 대한 언급은 마가복음 14:1 에서 나타나는데, 이것은 예수께서 13:2에서 성전이 멸망할 것을 예언한 이후에 나타나고 있으며, 마가복음에서는 결국 이 음모가 예수를 체포하여 심문하고 처형하는 행동으로 발전하고 있다. 따라서 예수가 붙잡혀 심문과 고문을 당한 후에 십자가에 달린 것은 예수의 반성전적 활동으로부터 직접 연유된 것이다. 마가복음에 의하면, 결국 예수는 죽기까지 성전에 대해 비판적이며 공격적이었다는 이야기이다.

마가복음에서 반예루살렘적인 경향과 더불어 이처럼 강한 반성전적 경향이 나타나는 이유는 무엇인가? 마가가 그의 복음서를 기록할 당시 그가 처해 있던 상황(Sitz im Leben)에 비추어볼 때 우리는 우선 다음과 같은 두 가지 가능성을 생각해볼 수 있다.

첫째는 반유대적 논쟁(the anti-Jewish religious polemic) 때문이다. 우리는 마가의 공동체를 비롯하여 모든 초대 기독교 공동체가 유대교 당국으로부터 종교적 박해를 받았다는 여러 가지 증거를 신약성서 문서를 통해서 알 수 있다. 스데반의 순교(행 7장)로부터 시작된 유대교 당국의 박해는 예수의 열두 제자들 중 하나인 야고보가 순교당하는 일(행 12:2)로 이어졌다. 유대교 당국의 종교적 박해의 원인들 중에는 유대인들로서는 도저히 용납하기 어려운 기독교인들의 반(反)성전관이 있었을 것으로 생각된다. 우리는 그 분명한 증거를 스데반의 성전관과 그의 순교에서 찾아볼 수 있다. 헬라적 유대 기독교인의 지도자로 알려진 스데반에게서 성전은 "손으로 만든" 것이었고, 그 점에서 "손으로 만든" 금송아지와 다름없는 우상에 지나지 않았다(행 7:41~50). 사도행전 7장에 나오는 스데반의 설교는 기독교인의 성전관이 예루살렘과 그 성전을 신성시하던 유대인들에게 얼마나 용납될 수 없는 이단적인 관점이었는지를 잘 보여준다. 그러나 탈(脫)지역주의, 탈(脫)유대주의를 지향하는 초대 기독교인들에게는, 예루살렘에 집착하면서 성전 건물에 몰두하는 유대교인들의 성전관이 더 이상 용납될 수 없었을 것이며, 기독교의 세계적 선교와 함께 자연히 반유대적·반성전적 경향이 강하게 드러나게 되었을 것으로 보인다.

둘째는 마가의 친로마적인 정치적 변증(the pro-Roman political apologetic) 때문이었을 것이다. 마가복음이 기원후 70년경, 예루살렘이 멸망하고 아울러 성전이 멸망하던 시기에 기록되었다는 점을 염두에 둘 때 혹시 마가가 예루살렘과 성전을 멸망시킨 로마 당국을 의식해서, 친로마적(pro-Roman apologetic) 관점에서 그런 반(反)예루살렘적이고 반(反)성전적인 경향을 드러내는 것은 아닌가 하는 생각을 해보게 된다. 예루살렘과 성전을 신성시하면서 그것을 지키기 위해서 목숨을 내걸고 싸운 유대인들과는 달리 기독교인들은 예수의 예언을 통해서(막 13:2) 성전의 멸망과 예루살렘의 멸망을 이미 알고 있었던 사람들이며, 그래서 그들은 예루살렘 대신에 오히려 갈릴리를 선택한 사람들임을 강조하기 위한 것이다. 부활하신 예수께서 제자들에게 속히 갈릴리로 가라고 명령하신 것을 강조하는 것이나, 마가복음의 예수가 손으로 만든 성전을 파괴할 자로 고소당한 것을 강조하는 이유는 바로 이 때문이다.

켈버가 다음과 같이 말하는 것도, 같은 사실을 지적하는 것으로 보인다. "예루살렘의 멸망에 대한 예언과 예수가 예루살렘에 현현하지 않은 사실은 기독교인이 예루살렘에 연루된 것을 정당화하지 않는다. 심문 장면에서 마가는 예루살렘에 집착된 기독교적 소망을 배격하고 있다. 예수가 죽은 것은 그가 이적적으로 예루살렘의 위기에 관여했기 때문이 아니라, 또는 그가 예루살렘에 충성했기 때문이 아니라, 오히려 그가 인자로서의 자기의 미래 권위를 고백했기 때문이다."[12] 결국 마가의 반예루살렘적인 그리고 반성전적인 관점은 마가가 처해 있던 삶의 자리에서 나온 것이고, 반유대교적인 그리고 친로마적인 관점의 한 형태였다고 볼 수 있을 것이다.

---

12) Werner H. Kelber(ed.), *The Passion in Mark: Studies on Mark 14~16*(Philadelphia: Fortress Press, 1976), p. 172.

제2장

과부의 헌금(막 12:41~44)
칭찬인가, 경고인가

마가복음 12:41~44에 보면 과부가 두 렙돈을 헌금한 이야기가 소개되고 있다. 예수께서 갈릴리 활동을 마치고 예루살렘에 입성(막 11:1~11)하신 이후, 성전에서 종교 지도자들과 긴 논쟁(막 11:27~12:37)을 벌이는 가운데 사람들이 헌금궤에 돈을 넣는 것을 보셨다. 많은 부자들이 헌금궤에 많은 돈을 넣었고, 한 가난한 과부는 두 렙돈을 넣었는데, 예수께서는 이 가난한 과부가 구차한 중에서 자기가 가지고 있는 생활비 전부를 바쳤기 때문에 누구보다도 많이 넣었다고 말씀하셨다는 이야기이다. 이 이야기는 마가복음 이외에 누가복음에서도 거의 같은 형태로 전해지고 있다(눅 21:1~4).

우선 우리는 이 이야기가 예수의 역사적 삶의 자리에서 과연 실제의 사건을 기록한 것일까 하는 질문을 던져볼 수 있다. 만일 이 이야기가 실제의 사건을 반영한 것이라면, 예수는 과부가 두 렙돈이란 적은 금액의 헌금을 바친 사실을, 그리고 부자들이 많은 돈을 헌금궤에 넣은 사실을 어떻게 알았을까? 물론 마가복음 12:41의 기록에 의하면, "예수께서 헌금궤 맞은편에 앉아서 사람들이 헌금궤에 돈 넣는 것을 지켜보고 계셨다"라는 언급이 있기는 하다.

그리고 누가복음 21:1~2에 보더라도 "예수께서 눈을 들어 부자들이 헌금궤에 돈을 넣는 것을 보시고 또 가난한 과부가 렙돈 두 닢을 넣는 것을 보셨다"라고 전하고 있기는 하다. 그러나 헌금궤에 넣은 액수를 실제로 그처럼 정확히 알 수 있을까?

이 이야기의 역사성에 대해 의문을 제기하는 데에는 또 다른 이유들이 있다. 첫째는 복음서의 모든 기록 자체가 실제의 역사적 사건에 대한 역사적 정보를 제공하려는 데 있지 않다는 점을 고려할 때(cf. 요 20:31), 이 이야기도 실제의 역사적 사건에 대한 기록이라고 받아들이기 어렵다는 것이다. 그래서 이 이야기는 실제의 역사적 사건에 대한 기록이라기보다는 오히려 초대교회에서 신앙적인 혹은 교육적인 목적을 위해 구성된 이야기라고 생각하는 편이 옳을 수도 있다. 복음서 기자들은 단순히 전승의 수집자(collectors) 혹은 전달자(transmitters)만이 아니라 흔히 전승의 새로운 형성자(creators)이기도 했기 때문이다.[1] 둘째로는 이 이야기와 아주 비슷한 이야기가 인도 및 불교 문헌[2]에서도 나타나고, 유대교 자료에서도 많이 나타나기 때문이다.[3] 그 중 하나를 예로 든다면, 한 제사장이 가난한 여인이 바치는 한 줌의 곡식을 거부하자 하나님이 환상 가운데서 그 제사장을 꾸짖으며 말하기를 "이 여자를 업신여기지 마라. 이 여자는 자신의 생명을 바친 것과도 같다"라고 하였

---

1) 양식비평(form criticism)에서는 복음서 저자들을 전승의 "수집자" 혹은 "전달자"로만 보지만, 편집비평(redaction criticism)에서는 전승의 "편집자"나 "저자" 또는 "형성자"나 "창조자"로 보기도 한다. Nickle은 이미 구전 단계에서부터 "전체 기독교 공동체가 예수 전승의 저자이며 창조자"(p. 19)이고 "때로는 기록된 복음서들 가운데서 예수 전승으로 보존된 것이 실제로는 community construction이며⋯초대교회 안에서 어느 누군가에 의해 만들어진(formulated) 것"이라고 지적한다. Cf. Keith F. Nickle, *The Synoptic Gospels: An Introduction*(Atlanta: John Knox Press, 1980), p. 47.

2) 불트만(Bultmann)은 "마가복음 12:41~44는 불교 전승 가운데 하나와 너무도 밀접하기 때문에 이 이야기가 거기에 나오는 이야기에 의존되었다는 결론을 피하기 어렵다"라고 말하였다. Cf. R. Bultmann, *The History of the Synoptic Tradition*(New York: Harper & Row, 1968), p. 33.

3) F. W. Danker는 이 과부의 이야기를 다룬 그의 누가복음 주석에서 아리스토텔레스(Aristotle)의 *Nikomachean Ethic* 4.1.19에 나오는 다음의 말을 소개하고 있다. "어떤 사람의 관대함은 그 사람의 재원과 관련해서 평가되어야 한다. 베푼 금액에 따라 관대함이 평가되어서는 안 된다. 관대함은 기부자의 태도에 달려 있다. 정말로 관대한 사람은 실제로 자기가 갖고 있는 것에 비례해서 준다. 따라서 아주 적은 재원에서 아주 조금만을 내어주는 사람이 다른 사람보다 더 관대할 수 있다." Cf. *Jesus and the New Age: A Commentary on St. Luke's Gospel*(Philadelphia: Fortress Press, 1988), p. 328.

다는 이야기가 있다.[4] 따라서 실제로는 예수가 비유 형태로 말씀하신 것인데 그것이 구전 시대에 와서 혹은 복음서 기자들의 손에 의해 하나의 실제적 사건으로 변형되어 전해졌을 가능성도 없지 않다.[5]

그리고 구전 단계에서는, 초대교회가 이 이야기를 전통적으로 그렇게 해석했듯이, 이 과부는 넉넉한 가운데서가 아니라 부족한 가운데서도 자기가 가진 모든 것을 바친 대범하고도 헌신적인 희생의 모범으로 이용되었을 수도 있다. 그래서 오늘날 많은 교회 목회자들도 모범적인 헌금자, 이상적인 기부자의 모델로 이 과부를 곧잘 내세운다. 실제로 초대교회에서도 이 과부의 헌금 이야기가 교회 내의 보다 부유한 교인들을 겨냥한 실제적인 교훈과 도전으로 제시되었을 가능성이 있다. 즉 부자들이 공동체 내의 다른 가난한 사람들을 돕기 위해 돈을 잘 내지 않거나, 돈을 내더라도 마지못해서 억지로 내는 사람들이 많았을 터인데, 초대교회는 그런 부자들을 향해서 "너희가 내는 돈이 비록 이 과부와 같이 가난한 사람들이 내는 돈보다 많은 액수라고 하더라도, 그것이 가난한 사람들이 바치는 적은 돈의 가치를 능가하는 것이 아니라"는 의미의 메시지로 사용되었을 수 있다.

그러나 우리에게 중요한 것은 이 이야기가 예수의 역사적 삶의 자리에서, 혹은 이 이야기가 구전으로 전달되던 초대교회의 삶의 자리에서 어떤 의미를 갖고 있었는가 하는 것이 아니다. 우리에게 정말로 중요한 것, 그래서 우

---

4) Cf. Eduard Schweizer, *The Good News According to Mark*(John Knox Press, 1970), p. 259; Hugh Anderson, *The Gospel of Mark*(The New Century Bible Commentary, Wm. B. Eerdmans, 1984), p. 286.

5) 실제로 D. E. Nineham은 그의 마가복음 주석에서 "This beautiful story is perhaps best explained as originally a Jewish parable which Jesus took over in his teaching and which was later transformed into an incident in his life"라고 말하였다. Cf. *The Gospel of St. Mark*(The Pelican New Testament Commentaries, Penguin Books, 1973), p. 334. 다른 한편으로 M. Dibelius는 이 이야기가 "to a saying of Jesus and especially to a parable"로 소급될 수 있다고 생각한다. Cf. J. Fitzmyer, *The Gospel According to Luke*(Anchor Bible), p. 1320. W. R. Telford도 "비유적인 교훈이 어떤 상황에선 역사적 사실로 바뀔 수도 있음(Parabolic teaching can in certain circumstances be converted into historical fact)"을 언급하면서 그 실례로 이 이야기를 지적하고 있다. Cf. *The Barren Temple and The Withered Tree*(JSNT Supplement Series 1, Sheffield, 1980), p. 235.

리가 명확히 밝혀야 할 문제는 이 과부의 헌금 이야기가 마가복음(혹은 누가복음) 저자에 의해서 어떤 의미의 이야기로 전해지고 있는가 하는 것이다. 이것은 바로 복음서 본문의 의미를 올바로 밝히는 일이다.

과부의 헌금 이야기는 정경의 복음서들 중 마가복음과 누가복음에 나온다. 자료의 내용과 순서를 마가복음에 전적으로 의존하고 있는 마태복음에 6) 이 이야기가 나오지 않는 것이 오히려 이상하다. 아마도 마태는 마가복음의 내용과 순서를 그대로 따라 소개하다가, 서기관들에 대한 예수의 책망 부분(막 12:38~40)에 와서 자신만이 입수한 서기관과 바리새인들에 대한 길고도 상세한 저주 선언에 관한 자료(마 23장)를 가지고, 마가의 서기관에 대한 예수의 간단한 책망(막 12:38~40)을 대치시켰던 것으로 보인다. 그렇게 서기관과 바리새인에 대한 저주 선언에 관심을 집중하는 바람에, 거기에 많은 지면을 할애하느라 그 주제와 직접 관련이 없어 보이는 과부의 헌금 이야기(막 12:41~44)는 쉽게 삭제될 수밖에 없었던 것으로 보인다.

반면에 누가는 예수가 예루살렘에 입성한 후 성전에서 종교 지도자들과 벌인 일련의 논쟁 이야기를 소개하면서 마가복음의 내용과 순서를 비교적 충실히 따르고 있다. 다만 과부의 헌금 이야기와 관련해서는 "예수께서 연보궤를 대하여 앉으사 무리의 연보궤에 돈 넣는 것을 보실새"(막 12:41)라는 마가복음의 서론을 생략한 채 곧바로 "부자들"의 헌금과 "가난한 과부"의 헌금을 대조시키고 있고, "두 렙돈"7)이 "한 고드란트"에 해당된다는 마가의 부연 설명을 삭제함으로써 부자와 가난한 자에 대한 관심을 더 부각시키고 있는 점이 다르다.

물론 마가의 본문에서도 형식적으로는 41절의 "부자(rich)"와 42절의 "가

---

6) 마가복음 전체 내용의 65%가 누가복음에 그대로 나온다(마가복음의 전체 662구절 중 357구절). 그러나 마태는 마가복음의 95%(마가의 662구절 중 609절)를 그대로 받아들이고 있어 그 의존도가 훨씬 더 높다. Cf. H. A. Guy, *A Critical Introduction to the Gospels*(London: MacMillan, 1955), p. 41.

7) "두 렙돈"은 당시 팔레스틴에서 통용되던 화폐 가운데 가장 적은 금액의 "두 동전"을 뜻한다. 한 데나리온의 100분의 1 가치, 미국 화폐 1센트의 8분의 1 가치이다. 누가복음 12:59에서 한 번 더 사용된 바 있다.

난한(poor)" 과부가 대조되고 있고, 41절의 "많은(many)" 부자와 42절의 "한 (one)" 과부가 대조되고 있어서 언뜻 보기에 부자의 많은 헌금과 과부의 적은 헌금이 대조되는 것 같이 보인다. 그렇지만 내용적으로는 오히려 자신의 가진 것 모두를 바친 가난한 과부와, 위선적이며 탐욕적인 종교 지도자들이 아주 대조적으로 부각되고 있다. 이 점은 이 이야기가 "과부의 집을 삼키는" 유대교 종교 지도자들에 대한 예수의 경고(막 12:38~40)에 뒤이어 소개되고 있는 점에서, 또한 마가가 앞의 이야기와 뒤의 이야기를 "과부"란 연결어에 의해 문학적으로 밀접히 연결시키고 있는 점에서 분명히 드러나고 있다. 이 점은 누가복음의 경우에도 마찬가지이다. 그래서 마가와 누가는 이 이야기를 같은 문맥에 편집하여 소개함으로써 어느 정도 거의 비슷한 의도를 드러내고 있다.

마가가 소개하는 이 본문을 올바로 이해하기 위해 먼저, 우리는 이 본문의 마지막 절 마지막 부분, 곧 "이 과부는 그 가난한 중에 자기가 가지고 있는 생활비 전부를 넣었느니라"(막 12:44; cf. 눅 21:4)는 말씀에 이중적인 의미가 있다는 사실을 아는 것이 중요하다. "생활비"라고 번역된 헬라어 "βίος" 는 본래 두 가지 의미를 갖고 있다. 하나는 "생명 자체(life itself)"를 의미하며, 다른 하나는 "살아가기 위한 수단(means of subsistence)"을 의미한다. 따라서 우리말 성서에서 "생활비"라고 번역한 것은 후자의 의미를 받아들인 것으로 보아야 한다. 그러나 이 이중적인 의미를 다 받아들여 다음과 같이 두 가지로 번역할 수도 있다. 즉 우리말 성서처럼 "그녀는 그녀가 살아가기 위해서 의존해야 할 모든 수단(곧 생활비)을 다 넣었다"라고 번역할 수도 있지만, "그녀는 그녀가 갖고 있는 모든 생명을 다 넣었다"라고 번역할 수도 있다. 그런데 현재의 문맥에서는 오히려 두 번째의 의미가 더 적절하다고 생각된다.

다음으로, 우리는 이 이야기를 소개하는 마가의 의도를 알아보기 위해서 복음서 기자가 이 이야기를 편집해 넣은 앞뒤 문맥에 보다 많은 관심을 기울이는 것이 필요하다. 언제나 본문(text)의 의미는 문맥(context) 안에서 더 분명하고 정확하게 드러나기 때문이다. 우리는 마가복음에서(그리고 누가복음에서도) 과부의 헌금 이야기가 예수께서 예루살렘에 입성한 후 성전에서 종교 지도자들과 벌인 일련의 긴 논쟁 직후에, 그리고 그들에 의해 십자가에 달려 죽기 직전에 편집되어 있는 점에 주목해야 한다. 왜냐하면 현재의 문맥에서 이 이야기는 한편으로 예루살렘 성전과 성전 지도자들에 대한 마가의 부정적인 관점이 잘 드러나고 있을 뿐만 아니라, 다른 한편으로는 자기의 모든 생명을 바친 이 과부가 곧 다른 사람들을 위해서 자신의 모든 생명을 바친 예수를 상징하고 있고, 그것을 미리 예시(豫示)하고 있는 것으로 비쳐지고 있기 때문이다. 이 과부는 성전에서 자기의 모든 생명을 쏟아놓았는데, 마가복음과 누가복음 모두에서 예수는 나중에 십자가 위에서 자기의 모든 생명을 쏟아놓으신 것으로 증거되고 있다. 따라서 본문에 나오는 이 과부의 이야기는 독자들로 하여금 자신의 모든 생명을 쏟아놓으신 예수를 상기시키면서 이와 똑같은 일을 하도록 가르치는 것으로 볼 수 있다. 이 이야기가 마가복음 12:42와 누가복음 21:3에서 각각 "제자들에게" 주어진 것으로 기록되어 있기 때문이다.

그러나 이 본문에서 이런 교훈만을 읽는 것으로 만족해서는 안 된다. 우리가 이런 해석에서 잠깐 눈을 돌려 이 이야기의 전후 문맥에 대한 새로운 눈을 가지고 이 본문을 다시 읽는다면, 우리는 이 이야기에서 아주 새롭고 중요한 또 다른 메시지를 읽을 수 있다. 그리고 이 본문의 주요 목적과 의도가 단순히 이 과부의 희생적인 헌금을 높이 평가하며 칭찬하거나, 이 과부의 행동을 모범으로 제시하는 데 있는 것이 아니라는 점을 발견하게 된다. 무엇보다도 우리는 앞에서도 지적한 바와 같이 이 과부의 헌금 이야기(막 12:41~44; 눅 21:1~4)가 현재의 문맥 속에서 책망받은 서기관의 이야기(막 12:38~40; 눅 20:45~47)에 뒤이어서, 더욱이 그 이야기와 나란히 소개되고 있다는 사실에 주목해야 한다. 특히 책망받은 서기관의 이야기 가운데서 "저희가 과부의 가산을 삼키고 있다"(막 12:40; 눅 20:47)라는 말씀에 주목해야 한다. 실제로 마가복음과 누가복음 저자들은 "과부"란 연결어를 가지고 의도적으로 이 두 이야기, 곧 과부의 가산을 삼키는 서기관의 이야기와 두 렙돈을 헌금으로 바친 과부의 이야기를 서로 연결시키고 있기 때문에(막 12:40, 42와 눅 20:47과 21:2), 우리는 복음서 기자들이 두 이야기를 그렇게 소개하는 의도가 무엇인지를 분명히 알아야 한다. 바로 앞에 나온 본문에서 예수는 사람들에게 인사받기를 좋아하고 대접받기를 원하는, 그래서 세상의 명예와 권세를 누리고자 하는 서기관들을 꾸짖으면서 제자들에게 그런 사람들을 삼가라고 가르쳤다. 특히 예수는 그들이 "과부의 가산을 삼키고 있는" 사실을 지적하며 그런 사람들을 삼가라고 경고하셨다. 따라서 문맥상으로 이해한다면, 과부가 자기의 생활비 전체를 바쳤다고 하는 우리의 본문 이야기는 서기관들이 얼마나 또는 어떻게 "과부들의 가산을 삼키고 있는지"에 대한 구체적인 예화로 소개되고 있는 것이다.

서기관들이 물질적으로 풍요한 생활을 누리는 것은 "길게 기도해 준다는 구실로 과부들의 가산을 삼킨"(막 12:40) 결과이기도 했다. 이 문구에 대한 해석에는 두 가지 가능성이 있다. 데레트(M. Derrett)는 마가가 당시 서기관들이 과부들의 가산 혹은 재산을 위탁 관리하던 관습을 지적하고 있다고 주장한다.[8] 당시 과부는 여자로서 죽은 남편의 유산을 관리할 수 없었다. 서기관들은 공공연하게 알려진 그들의 경건과 신망 때문에("길게 기도해 준다는 구실로") 과부들의 재산이나 유산을 관리할 수 있는 법적인 권리를 갖고 있었고, 당연히 그 보상으로 보통 유산이나 재산의 1퍼센트를 취하였다. 그런데 이런 관례는 횡령과 남용으로 악명을 남겼다. 이런 경우 본문의 문제는 예수가 마가복음 7:9~13에서 반대하던 고르반 관례와도 아주 비슷했다. 유대교 율법의 본래 뜻은 "고아와 과부를 보호하는 것"이었다. 그러나 실제로 사회적으

---

8) J. Duncan M. Derrett, " 'Eating up the Houses of Widows': Jesus' Comment on Lawyers?" NovTest, 14, pp. 1ff.

4 초대 기독교와 복음서

로 약자일 수밖에 없는 이들 고아와 과부는 종교 지도자들의 경건이라는 이름 아래 착취를 당하였고, 반면에 서기관 계급은 더욱더 부를 누리게 되었다. 결국 서기관들의 경건이라고 하는 것은 종교를 빌미로 한 경제적 편의주의와 착취를 위한 가면에 지나지 않았던 것이다.

우리가 본문의 이야기를 이런 각도에서 이해할 경우, 예수는 이 과부의 헌금을 일종의 모범으로 칭찬하고 있는 것이 아니라, 이 불쌍한 과부로 하여금 마지막 동전 한 닢까지도 바치게 만든 종교 지도자와 그 성전 제도에 대해 비판하는 것이라고 생각할 수 있다.[9] 샤론 린지(Sharon H. Ringe)도 그의 누가복음 주석에서 "이것은 방금 전에 예수가 서기관을 향해 퍼부었던 비난(눅 20:47)의 구체적 표현이다. 우리는 이 이야기를 이 과부의 신앙에 대한 찬양으로 보아서는 안 되고, 오히려 이 과부를 학대의 희생물이 되게 한 왜곡된 종교에 대한 절규로 읽어야 한다"라고 말한다.[10] 피츠마이어(J. A. Fitzmyer)[11]도 이 이야기를 바로 직전에 소개한 서기관에 대한 정죄 이야기와 연관시켜 "앞의 이야기에서는 예수가 서기관들이 과부의 재산에 대해서 하고 있는 일에 기뻐하시지 않으셨는데, 여기서도 예수는 자신이 보고 있는 일에 대해서 기뻐하지 아니 하신다"라고 지적하고 있다.

그에 의하면, 예수는 과부에 대한 칭찬을 내세우고 있는 것이 아니라, 오히려 당시의 비극을 한탄하고 있다. "과부는 종교 지도자들에 의해서 그녀가 하고 있는 것처럼 (성전을 위해) 바치도록 교육받고 격려받았으며, 예수는 그녀의 행동을 유발시킨 가치체계를 정죄하고 계신 것이다."[12] 간단히 말해서 예수의 말씀에는 칭찬의 말이 포함되어 있는 것이 아니라, 도리어 탄식의

9) Cf. Addison G. Wright, "The Widow's Mites: Praise or Lament?: A Matter of Context," CBQ 44(1982), pp. 256~265; Barbara E. Reid, Choosing the Better Part?: Women in the Gospel of Luke(Minnesota: the Liturgical Press, 1996), p. 196.

10) Sharon H. Ringe, Luke(Westminster Bible Companion: Westminster John Knox Press, 1995), p. 250.

11) Fitzmyer, The Gospel According to Luke, p. 1321.

12) Fitzmyer, The Gospel According to Luke, p. 1321.

말이 담겨 있다는 말이다. 불쌍하고 가난한 과부들을 억누르고 이용하는 그런 제도를 위해 이 과부가 계속 헌금을 바치며 지원하는 일은, 마치 혈루병을 앓던 여인이 전혀 고침을 받지 못하면서도 계속 의사들에게 가산을 다 허비한 것(막 5:26; 눅 8:43)과 크게 다르지 않을 것이다. 더구나 이 과부의 헌금 이야기 바로 뒤에 나오는 성서 본문들(막 13:1~3; 눅 21:5~6)은 이 과부가 성전을 위해 성전에서 헌금을 바치는 일이 결국은 쓸데없는 낭비에 지나지 않음을 보여주고 있다. 왜냐하면 예수께서는 성전이 돌 위에 돌 하나도 남지 않고 다 무너지게 될 것이라고, 성전 멸망에 대한 예언의 말씀을 하고 있기(막 13:2; 눅 21:6) 때문이다.

예수는 본문의 이야기에서 과부가 헌금한 액수에 대해서만 말할 뿐이다. 예수께서 칭찬하셨는지 혹은 한탄하셨는지에 대한 언급은 전혀 없다. 더구나 이 과부를 본받으라는 말씀도 없다. 만약 예수의 이 말씀을 들은 청중이 그의 제자들이었다면(막 12:43; 눅 20:45), 이 이야기가 그들에게 주어진 경고의 말씀이었을 가능성이 있다. 예수는 그를 따르는 자들에게 서기관들과 같이 행동하거나 처신하지 말도록, 특히 과부의 가산을 빼앗아 삼키는 그런 일을 하지 말도록 경계하셨을 것이다. 예수의 제자들은 당시 종교 지도자들의 잘못된 본을 쉽게 따를 수도 있었을 것이다. 그래서 마가는 이 과부의 헌금 이야기에 뒤이어 예루살렘 성전의 멸망을 예언하면서 거듭거듭 "조심하라"는 경고의 말씀을 반복하고 있고(막 13:3, 9, 23, 33), 누가도 이 이야기에 뒤이어(특히 눅 22:24 이하에서) 예수가 제자들에게 유대 종교 지도자들과는 반대되는 제자직의 모델, 아니 참된 지도자의 모델을 제시하고 있는데, 곧 지도자는 오히려 섬기는 자가 되어야 한다는 교훈이 그것이다(눅 22:26~27).

그러나 이 이야기를 꼭 경고의 말씀으로만 받아들이기는 어렵다. 아마도 비유처럼 이 말씀도 열린 본문으로서 이 본문을 읽는 사람이 어디에 서 있는가에 따라서 얼마든지 다른 의미를 줄 수 있을 것이다. 탐욕스러운 서기관과 같은 사람들에게는, 이 본문이 특히 종교와 경건의 이름으로 가난한 자들의 최소한의 생활비까지 걷어내는, 그런 모든 방법을 다 버리라는 도전과 경고의 말씀이 될 수 있다. 가난하고 억눌린 사람들에게는 그들을 더욱 불의하게 다루는 그런 제도를 위해서 생계에 필요한 얼마 안 되는 마지막 렙돈마저 계속 헌금하며 지원하는 일을 그만두라는 경계의 말씀이 될 수도 있다. 마지막으로 그리고 무엇보다도 중요한 것은, 이 과부의 행동은 부요한 데서가 아니라 빈곤한 가운데서 자신의 모든 생명을 바친 예수의 희생에 대한 전조(前兆)라는 사실을 받아들여야 할 것이다. 이 때문에 이 과부의 헌금 이야기가 예수의 수난 이야기 직전에, 즉 예수의 십자가 죽음 직전에 소개되고 있는 것이다. 이것은 바울이 고린도후서 8:9에서 "우리 주 예수 그리스도의 은혜를 너희가 알거니와 부요하신 이로서 너희를 위하여 가난하게 되심은 그의 가난함으로 말미암아 너희를 부요하게 하려 하심이라"고 말했던 것처럼, "그의 가난함으로 말미암아 우리를 부요하게 하신 예수 그리스도"를 본받으라는 권면의 말씀이기도 하다.

마지막으로 우리는 이 과부의 헌금 이야기가 예수께서 예루살렘에 입성하신 후 성전에서, 그것도 성전의 저주 혹은 성전 제의 기능의 종결을 선언하는 메시지(막 11:12~21)에 뒤이어, 유대 종교 지도자들에 대한 심판의 메시지(막 12:1~12, 특히 9절과 12절; 눅 20:9~19, 특히 16절과 19절)를 소개하는 문맥속에 위치해 있다는 점에 주목해야 한다. 이것은 과부의 헌금 이야기를 마가의 반(反)성전 주제(the anti-temple theme)와 관련해서 읽어야 한다는 말이다. 무엇보다도 마가가 이 이야기를 예수의 예루살렘 입성, 성전 방문, 성전 저주,13) 성전 관리들과의 논쟁 이야기를 통해 예수가 성전을 저주하고 성전 제

---

13) Kelber는 예수가 성전을 "숙정" 혹은 "청소"하신 것으로 알려진 마가의 본문에 대한 가장 적절한 명칭이나 제목은 무화과나무 저주 사건과 짝을 이루는 "성전 저주 사건"일 것이라고 주장한다. 따라서 마가의 이 본문에 대해 무비판적으로 흔히 붙여온 "성전 청소"(the cleansing of the temple)란 명칭은 결코 마가의 의도에 적절한 명칭이라고 볼 수 없다고 본다. 오히려 마가의 의도에 가장 가까운 가장 적절한 명칭은 "성전의 종말"(the ending of the temple), 혹은 "성전의 무력화"(the disqualification of the temple)일 것이다. 그래서 Kelber도 "이것을 정말로 성전 청소라고 부를 수 있는지 의문을 제기해야 한다"고 말하면서 "성전이 갖고 있는 상업적이며 종교적인 기능의 폐쇄"(the shutting down of the business and religious functions of the

의의 중지를 선언하는 문맥 안에서 소개하고 있기 때문이다. 더구나 이 과부의 헌금 이야기가 마가복음 13:2에서 예수가 성전을 가리키면서 "돌 하나도 돌 위에 남지 않고 다 무너뜨려지리라"고 하신 말씀과 연관되어 소개되고 있다는 사실이 중요하다. 과부의 헌금 이야기는 앞의 이야기들과만 관련된 것이 아니라, 바로 뒤에 나오는 성전 멸망에 대한 말씀, 곧 반성전 논쟁과도 밀접히 연관되어 있다는 말이다.

과부의 헌금 이야기는 "예수께서 연보궤를 마주 대하여 앉으사"[sat down facing the (temple) treasury]라는 말로 시작되고 있는데, 바로 뒤에 나오는 성전 건물의 멸망에 대한 말씀도 "예수께서 감람산에서 성전을 마주 대하여 앉으셨다"(sat down on the Mount of Olives facing the temple, 13:3)라는 말로 시작되고 있다. "마주 대하여 앉으셨다"는 말이 반복되면서 두 본문, 곧 과부의 헌금 이야기와 성전 건물 멸망의 말씀 또한 밀접히 연결시켜 주고 있는 것이다. 그런데 "마주 대하여"라고 번역된 헬라어 원문(κατέναντι)은 "반대편에 (opposite)"라는 의미를 가진 부사이다. 따라서 마가가 12:41과 13:3에서 각각 예수가 "헌금궤"와 "성전" 반대편에 앉았다고 말하는 것은[14] 단지 예수께서 앉은 방향이 헌금궤와 성전의 맞은편이란 의미 이외에 예수가 성전 및 헌금궤에 "반대"한다는 의미로 읽을 수도 있다. 거의 똑같은 의미에서, 우리는 마가가 마가복음 13:1에서 "예수께서 성전에서 나가셨다"라고 말한 것에서도

temple)라고 말한다. Cf. W. H. Kelber, *Mark's Story of Jesus*(Philadelphia: Fortress Press, 1985), p. 62. 실제로 마가복음 11:16에 의하면 예수께서는 사람들이 성전을 가로질러 종교 예식상의 물건들을 운반하는 것조차 금지시킴으로써 성전의 종교적 예식 자체를 금지 혹은 중지시켰다. 요약하면 예수는 성전의 상업적이며 종교적인 기능들을 전적으로 폐쇄시켰고 종결시켰다. 이것은 성전 비판의 극대화이며, 따라서 성전의 무효화와 성전 기능의 종결을 뜻하는 것이었다. 따라서 마가의 이런 의도를 감안한다면 예수가 성전을 숙청 또는 청소하신 본문에 대한 보다 적절한 명칭이나 제목은 앞에서 말한 바와 같이 "무화과나무 저주 사건"과 짝을 이루는 "성전 저주 사건"일 것이다.

14) 마가가 이 두 곳에서 사용한 이 단어에[κατέναντι]가 평행 본문인 누가복음 21:1과 21:7, 마태복음 24:3에서는 전혀 사용된 바 없는데다가, 이 단어가 신약성서 전체에서 모두 8번 사용되었는데, 마가복음에서만 3번 사용되었고, 복음서 중에서는 마태와 누가가 각각 1번씩만 사용한 것으로 보아서 이 단어의 사용은 아마도 마가가 잘 사용하는 그리고 마가의 의도를 잘 드러내는 단어라고 볼 수 있다.

다만 지리적으로 성전에서 밖으로 나가시는 예수의 모습만을 읽을 것이 아니라, 성전을 등지고 성전을 버리고 떠나시는 모습 곧 예수의 탈성전·반성전의 모습도 읽을 수 있어야 할 것이다.

따라서 과부의 헌금 이야기는 성전 멸망과 관련된 반(反)성전 주제를 드러내는 이야기들의 연속 가운데 하나라고 보는 것이 옳을 것이다. 마가는 성전 건물만 아니라 성전 제의 자체, 성전을 유지 관리하기 위해 존재하는 성전 관리들인 종교 지도자들, 그리고 성전 유지를 위해 가난한 자를 착취하는 모든 종교 제도는 물론 종교 지도자들의 잘못된 경건까지도 비판하고 있는 것이다.

제3장

예수를 부인한 베드로 이야기
(막 14:53~54, 66~72)

일찍이 켈러(Martin Kaehler)는 복음서를 가리켜 "확대된 서론이 첨가된 수난설화"라고 불렀는데,1) 이것은 마가복음에 가장 잘 어울리는 명칭이라고 알려져 왔다. 그래서 "켈러의 길(Kaehlerstrasse)"은 마가복음 연구를 위한 "대로(大路, Hauptstrasse)"가 되어버렸다.2) 마가복음의 수난설화가 마가복음의 핵심이며, 마가복음 해석에 필요한 주요 열쇠로 생각되어 온 것이다. 그런데 마가복음의 수난설화는 예수가 가룟 유다에 의해 배반당하고(막 14:10~11, 17~21, 43~47), 모든 제자들로부터 버림을 받고(막 14:27, 50), 심지어 베드로에 의해서도 부인당하고(막 14:30~31, 53~54, 66~72), 이후 체포되어 산헤드린(막 14:53~64)과 빌라도(막 15:1~15) 앞에서 심문을 당하고 십자가에 달려 죽은 이야기(막 15:27~39)로 이어지고 있다. 이처럼 마가복음에서 예수는 제자들로부

---

1) Martin Kaehler, *The So-called Historical Jesus and the Historic, Biblical Christ*, Trans. by Carl E. Braaten(Philadelphia: Fortress Press, 1964), p. 80, n.11.
2) N. Perrin은 "브레데의 연구가 마가복음 연구의 큰 길(大路)을 열어놓았다"라는 의미로 말했지만[Cf. "The Wredestrasse becomes the Hauptstrasse," *JR* 46(1966), pp. 296ff.], 마가복음에 대한 최근의 연구들 대부분이 Martin Kaehler의 복음서에 대한 정의를 인용하는 것으로 시작한다는 점에서 Kaehler의 길이 마가복음 연구의 대로가 되었다는 말은 현실이 아닐 수 없다.

터(가룟 유다의 배반, 제자들의 도망, 베드로의 부인), 유대 종교 지도자들과 유대인 무리들로부터, 또한 로마의 군인들과 총독으로부터 철저히 버림을 받고 있다. 예수가 십자가 위에서 한 최후 발언이 마가복음에서 "나의 하나님, 나의 하나님, 어찌하여 나를 버리시나이까"(막 15:34)로 증거되고 있는 것도 바로 이 때문이다.[3]

그런데 예수가 베드로에 의해서 모른다고 부인당한 이야기는 가룟 유다의 배반 이야기와 함께 예수가 자기를 믿고 따르던 제자로부터 당한 배신이란 점에서 특별히 많은 사람들의 관심의 초점이 되어 왔다. 마가복음에 나오는 다른 수난 이야기들은 대체로 예수가 믿지 않는 유대인, 혹은 유대인들의 종교 지도자들, 로마 당국이나 군인들로부터 당한 것이다. 그러나 가룟 유다의 배반 이야기와 특히 베드로의 부인 이야기는 예수가 그의 제자들로부터 버림을 당하며 부인당했다는 점에서 다른 수난 이야기들과는 다르다. 우리는 여기서 마가복음 저자가 그의 복음서를 기록할 때, 제자들의 부정적인 모습을 보여주는 이런 이야기를 선택하여 소개하는 이유는 무엇인지, 이 이야기를 소개할 때 이야기 자체에 어떤 편집적 손질을 가했는지, 그리고 그런 편집적 손질을 통해서 어떤 의도를 드러내고 있는지 등을 알아보고자 한다. 그렇게 함으로써 마가가 이 이야기를 통해서 마가복음 독자들에게 주려고 한 메시지가 무엇이었는지를 밝혀보려고 한다.

1. 본문의 본래 전승 형태

복음서 연구자들 가운데에는 베드로가 예수를 부인한 이야기가 역사적 사실에 근거한 전승이기보다는 설교적인 목적으로 구성한 마가의 창작이라

---

3) 정경 복음서에서는 예수의 십자가 위의 최후 발언으로 모두 7개가 전해지고 있다. 그런데 마가복음(막 15:34)에서 오직 이 말씀 하나만(마 27:46에서도) 전해지고 있는 것은(나머지 6개 중 3개는 누가복음 23:34, 43, 46에, 다른 3개는 요한복음 19:26, 28, 30에 나온다) 분명히 마가복음의 기록 목적이, 마가복음이 기록되던 당시 상황과 관련이 있는 것으로 생각된다.

고 보는 사람들이 더러 있다.[4] 예수가 겟세마네 동산에서 체포될 때 "모든 제자들"이 다 도망했는데, 예수가 체포되어 심문당하는 현장 가까이에 베드로가 갑자기 그 모습을 드러내고 있는 것이 쉽게 이해되지 않는 데다가, 베드로의 부인 이야기 자체가 마가복음에서 "너무 인위적이며"[5] 또한 "의도적인 문학적 계획의 결과"[6]처럼 보이기 때문이다. 더구나 "대제사장의 집"에서 예수를 심문했다는 기록 자체에 역사적인 문제점이 있다는 지적이 있었다. 왜냐하면 대제사장의 집이 죄인의 심문 장소가 될 수 없을 뿐만 아니라, 사형죄에 해당하는 사건과 관련된 심문이 밤에 있을 수도 없었기 때문이다. 그런 심문은 낮에 있어야만 했고, 선고가 있기 전에 두 번째 날에 다시 두 번째 모임이 있어야만 했다.[7]

그러나 보다 많은 학자들은 이 전승이 어느 정도 역사적 사실에 근거된 것이라고 보고 있다. 이 이야기 자체가 베드로의 기억에서 나온 것이라며, 전승의 궁극적 기원을 베드로 자신에게 두는 사람들도 있다.[8] 그리고 베드로가 초대교회에서 아주 중요한 위치에 있었기 때문에, 초대교회가 베드로의 실수나 실패와 관련된 이런 이야기를 일부러 만들어냈다고 믿기는 어렵다고 보기도 한다.[9] 더구나 이 이야기가 조금씩 다른 형태로 네 복음서에 모

---

4) R. E. Brown(*The Death of the Messiah*, New York: Doubleday, 1994, p. 616)은 이처럼 베드로가 예수를 부인한 이야기의 역사성을 부인하거나 진지하게 의심하는 학자들로 Goguel, Bultmann, Loisy, Klein, 그리고 Linemann 등을 소개한다. Cf. p. 616. G. Klein은 마가가 이 이야기를 창작한 까닭이, 부활하신 예수께서 베드로에게 제일 먼저 나타났다는 이야기(고전 15:5)를 복음서 전승으로부터 감추려는 반베드로적 움직임의 일환에 있다고 본다. Cf. "Die Verleugnung des Petrus. Eine traditionsgeschichtliche Untersuchung," *Zeitschrift fuer Theologie und Kirche* 58(1961), pp. 285~328.
5) M. Dibelius, *From Tradition to Gospel*, p. 214.
6) W. E. Bundy, *Jesus and the First Three Disciples*(Cambridge, 1955), p. 521.
7) Cf. D. E. Nineham, *The Gospel of St. Mark*(the Pelican New Testament Commentaries, 1973), p. 405.
8) 가령 V. Taylor는 "기독교 전승은 가장 높은 증거, 곧 베드로 자신의 증거가 아니고서는 그것을 보전하지 않았을 것"이라고 말한다(*The Gospel According to St. Mark*, London: Macmillan, 1957, pp. 550, 572). 다른 한편으로 Loisy는 "만일 마가복음 안에 베드로로부터 나온 실제의 기억이 있다면, 가장 분명한 사실은 그것이 마가복음에서 발견되는 형태로 전해지고 있는 베드로의 부인 이야기이다"라고 말한다. Cf. Brown, *The Death of the Messiah*, p. 615.
9) Cf. E. Schweizer, *The Good News According to Mark*(Virginia: John Knox Press, 1970), p. 328;

두 나타나고 있는 점도 이 이야기가 실제의 역사적 전승에 근거한 것으로 보게 만드는 요인이다. 이 이야기가 네 복음서에 조금씩 다른 형태로 소개되고 있는 것은 각 복음서 기자들이 전해진 전승 자료에 나름으로 편집적 손질을 가했기 때문으로 보인다. 따라서 우리는 복음서 기자들의 손에 입수될 때의 본래 이 이야기의 전승 형태가 복음서 기자들의 편집적인 손질에 의해 어느 정도로 그 형태가 바뀌었고 왜 그런 변화가 생겨나게 되었는가를 물어보아야 할 것이다.

듀이(Kim E. Dewey)는 그의 논문 "Peter's Curse and Cursed Peter"[10]에서 본문에 나타난 마가의 편집적인 손질을 모두 제거했을 경우, 우리는 다음과 같이 이 전승의 본래 형태를 찾아낼 수 있을 것이라고 본다. "예수는 대제사장에게로 인도되었다(막 14:53a). 베드로가 뒤를 따라갔다(막 14:54). 그리고 대제사장의 여종을 만나게 되었다(막 14:66b). 그런데 그 여종이 베드로가 예수와 함께 있던 사람이라고 고발하자(막 14:67b), 베드로가 이 말을 부인하면서 자기는 그녀가 무슨 말을 하는지 모르겠다고 혹은 이해하지 못하겠다고 말한다. 베드로는 대제사장의 집 뜰에서 도망 나왔고(막 14:68), 그 후에 예수의 예언을 기억하고 울었다(막 14:72b)."

이렇게 전승 자료의 본래 형태를 구성해놓고 보면, 거꾸로 마가의 편집적 손길이 가장 두드러지게 나타나는 부분이 어떤 곳들인지를 알게 된다. 첫째는 베드로가 예수를 부인하는 장면을 세 단계, 즉 3막극 형태로 발전시킨 것이고, 둘째는 베드로의 부인 장면을 예수의 심문 장면과 샌드위치시켜 편집한 구성 부분이고, 셋째는 베드로가 예수를 저주하며 부인하자 닭이 울었다고 말함으로써 예수의 예언이 이루어졌음을 언급하고 있는 점이다. 이 밖에

Hugh Anderson, *The Gospel of Mark*(The New Century Bible Commentary, Eerdmans, 1976), p. 332. R. E. Brown은 *The Death of the Messiah*에서 이런 입장을 취하는 학자들의 이름을 길게 소개하고 있다. Origen과 같은 초대 교부는 복음서들이 제자들에게 이런 불빙예스런 이야기까지 감추지 않고 있다는 점을 들어 복음서의 신빙성을 보여주려고 했다(Contra Celsum 2.15).

10) Kim E. Dewey, "Peter's Curse and Cursed Peter," in: *Passion in Mark: Studies on Mark 14~16*(W. H. Kelber, ed., Philadelphia: Fortress Press, 1976), p. 104.

도 마가의 편집적 손길로 생각되는 곳은 더 있다. 무엇보다도 대제사장의 여종이 베드로를 향해서 "너도 나사렛 예수와 함께 있었다"라며 예수를 나사렛 사람으로 지칭한 점이다. "나사렛 사람(Nazarene)"이란 명칭은 마가의 독특한 것으로,[11] 마가복음 1:24, 10:47, 14:67, 16:6에서 사용되고 있다. 그리고 베드로가 세 번째 부인하는 부분에서도 "너는 갈릴리 사람이라"는 말은 마가복음의 주요 관심사인 마가의 갈릴리 주제를 드러내고 있는 것으로 보아서 마가의 편집적 손질로 생각된다. 이렇게 마가가 이야기의 세 번째 단계에서 계집종의 질문을 스스로 만들어낸 것이라면, "베드로가 저주하며 맹세하되 나는 너희가 말하는 이 사람을 알지 못하노라"(막 14:71)고 한 베드로의 대답 역시 마가의 편집적인 구성으로 보아야 한다.

그러나 우리는 현재의 문맥에서 마가의 편집적인 손질이 가장 분명하게 드러나는 부분에 대해서만 집중해서, 마가가 예수를 부인한 베드로의 이야기를 소개하는 의도가 무엇인지를 밝혀보고자 한다.

2. 베드로의 부인과 예수의 심문의 샌드위치 편집

한 이야기를 다른 이야기에 샌드위치시켜 소개하는 이른바 샌드위치 편집 방법은 마가의 독특한 편집 방법으로 잘 알려져 있다. 마가복음에서 이런 형태의 자료 편집은 여러 곳에서 여러 번 나타난다. 대표적인 것으로는 혈루병 여인의 이야기(막 5:25~34)가 회당장 야이로의 딸을 고치는 이야기(막 5:21~24, 35~43)에 의해 샌드위치되어 있고, 세례 요한의 죽음 이야기(막 6:14~29)가 열두 사도들의 선교 파송 이야기(막 6:7~13, 6:33 이하)에 의해 샌드위치되어 있고, 예수의 성전 숙정 이야기(막 11:15~19)가 무화과나무 저주 사건(막 11:12~14, 20~25)에 의해 샌드위치되어 있는 것 등이다. 마가는 이처럼

---

11) Gaston의 *Horae*(p. 20)에 의하면, 누가복음에서는 이 용어가 2번(4:34와 24:19)에서 사용되었고, 마태복음에서는 이 용어 대신에 "Nazoraios"란 말을 사용했는데, 누가는 이 용어를 사도행전에서 7번 사용했고, 요한복음은 3번 사용했다. Cf. Kim E. Dewey, "Peter's Curse and Cursed Peter," p. 99, n.10.

여러 곳에서 서로 다른 두 이야기를 의도적으로 샌드위치시켜 편집함으로써, 두 이야기를 별개의 것으로 소개하지 않고, 하나의 전체로, 그러면서도 독자들의 눈앞에 두 이야기를 서로 비교하며 대조시키고 있다. 이런 경우 우리는 복음서 기자의 샌드위치 편집 방법의 의도에 따라서 두 이야기를 함께 읽고 동시에 이해할 수 있도록 노력해야 한다. 다시 말해서 복음서 기자가 두 전승 자료를 샌드위치시켜 편집했을 때는 독자들이 그 두 이야기를 마치 샌드위치를 먹을 때와 마찬가지로 바깥의 것과 안의 것을 동시에 읽고 이해해야 한다는 말이다. 안의 이야기를 바깥의 이야기에 비추어서, 그리고 바깥의 이야기는 안의 이야기에 비추어서 읽어야 한다. 이것이 샌드위치 편집된 본문들을 올바로 이해하는 방법이다.

실제로 마가는 우리의 본문 이야기에서 마치 이 사건이 대제사장의 집을 무대로 거의 같은 때에 거의 같은 장소에서("대제사장의 집 안마당에서," 막 14:54) 동시적으로 일어난 것처럼 소개하고 있다. "의심할 여지없이 이 동시성의 일차적인 목적은 신학적인 것으로서 베드로의 부인과 예수의 고백을 극적으로 대조시키는 것이다."[12] 실제로 두 장면은 서로 대조적으로 묘사되어 있다. 마가는 베드로의 부인 이야기의 서론인 54절에서 예수와 베드로가 똑같이 대제사장의 집 안마당까지 들어갔다고 말한다. 두 사람 모두 시험과 시련의 때에 직면해 있는 것이다. 그 둘이 비록 육체적으로는, 그래서 공간적으로는 좀 분리되어 있지만,[13] 그들은 똑같은 상황을 향해 똑같은 길을 걸어 나가고 있었다.

그러나 마가는 본문 이야기에서 예수와 베드로 간의 근본적인 차이점을 더욱 부각시키고 있다. 첫째로 예수는 지금 대제사장의 "집 뜰 안"(막 14:54)에서 그의 정체에 대해서 고소를 당해 심문을 받고 있는데("네가 찬송 받을

---

12) R. E. Brown, *The Death of the Messiah*(New York: Doubleday, 1993), Vol. I, p. 592.
13) "a spatial tension between Peter(outside in the courtyard) and Jesus(in the deck)." Cf. Ched Myers, *Binding The Strong Man: A Political Reading of Mark's Story of Jesus*(New York: Orbis Books, 1988), pp. 374~375.

자의 아들 그리스도냐," 막 14:61), 베드로는 대제사장의 집 "아랫뜰"(막 14:66)에서, 또 "바깥뜰에서"(막 14:68)[14] 고소당해 심문을 받고 있다("너도 나사렛 예수와 함께 있었도다," 막 14:67; "너도 갈릴리 사람이니 참으로 그 당이니라," 막 14:69~70). 둘째로 예수의 심문 이야기는 예수와 대제사장의 대면으로부터 시작된다(막 14:55). 그런데 베드로의 부인 이야기는 예수의 제자요 그의 종인 베드로와, 대제사장 집의 권속인 그의 계집종과의 대면으로 시작되고 있다(막 14:66). 안에서는 주인(대제사장)이 주인(예수)을 심문하고, 바깥에서는 그 종(계집종)이 그 종(베드로)을 심문하는 형태로 묘사되어 있다. 셋째로 예수는 대제사장들 앞에서 자신의 정체에 대해 추궁당했을 때, 담대히 서서 당당하게 자신의 정체를 고백하였다("내가 바로 그니라," "I am," 막 14:62).[15] 그런데 베드로는 계집종과 사람들 앞에서 자신의 정체에 대해 추궁 당했을 때 비겁하게 그리고 강경하게 부인하였다("나는 네가 말하는 것이 무엇인지 알지도 못하고 깨닫지도 못하겠노라," 막 14:68; "저주하며 맹세하되 나는 너희가 말하는 이 사람을 알지 못하노라," 막 14:71). 예수는 그의 공생애 활동 전반에 걸쳐 자신의 정

---

14) 대제사장의 집("αὐλή") 건물 구조와 "αὐλή"의 의미에 대해서는 Brown, *The Death of the Messiah*, pp. 593~594를 참조하라. "복음서들에 의하면 베드로가 예수를 부인한 장소는 대제사장의 αὐλή 안 혹은 근처였다. 헬라어 αὐλή는 대제사장의 주재하는 건물 전체(court)를 가리킬 수도 있고, 그 건물 안에 있는 한 방(room 혹은 hall)을 의미할 수도 있으며, 혹은 건물 밖을 뜻하기도 한다. 마태복음 26:69는 예수가 산헤드린에 의해 심문당한 곳의 바깥에서 베드로가 부인한 것으로 되어 있어 세 번째 의미가 분명하다. 그러나 마태복음 26:3에서는 대제사장과 장로들이 모인 장소를 αὐλή라고 말하고 있어 첫 번째나 두 번째 의미를 가리키는 본보기라고 볼 수도 있다. 그런데 마가복음에 보면 대제사장의 집이 한 층 이상의 건물로 보이기도 한다. 그래서 마가복음 14:66에 보면 예수가 한 장소에서 산헤드린에 의해 심문당할 때 베드로는 "αὐλή" 아래에서(개역개정 성서에선 "아랫뜰") 예수를 부인하고 있다. 아마도 마가에게서 αὐλή는 건물 내에 있는 어떤 공간(a hall)이나 뜰(court)을 의미했고, 14:68b의 "proaulion"은 αὐλή의 밖에 있는 앞뜰이나 앞마당을 가리키는 것으로서 베드로의 두 번째 부인이 여기서 있었던 것으로 보인다. 그런데 누가복음 22:66에 보면 예수가 대제사장의 αὐλή에서 부인당하고 조롱당한 후 예수가 제사장과 서기관들의 산헤드린으로 인도되었고, 요한복음 18:24에 의하면 예수가 대제사장 안나의 αὐλή에서 심문을 당한 후에 대제사장 가야바에게로 보내진 것을 보면 누가와 요한에게서 αὐλή는 마치 두 날개를 가진 건물이었던 것으로 보이기도 한다."

15) 예수는 마가복음에서는 14:62에서 처음으로 그리고 유일하게 자신의 정체를 공개적으로 밝히고 있다. D. E. Nineham에 의하면, 이것은 예수의 메시아 되심이 십자가 처형 이후까지도 비밀로 붙여지고 있는 마가복음의 근본적인 계획에 배치되기 때문에 놀라운 것이 아닐 수 없다(*The Gospel of St. Mark*, p. 405). 마가가 예수의 심문 이야기와 베드로의 부인 이야기를 연결시켜 소개하는 이유가 아마도 여기에 있을 것이라고 말한다(*The Gospel of St. Mark*, p. 399).

체에 대해서는 아무 말도 한 적이 없다. 그런데 바로 여기 대제사장들 앞에서, 그들이 "네가 찬송 받을 이의 아들 그리스도냐"라고 물었을 때, "내가 그니라"(I am)라고 분명히 밝힌다. 그런데 이미 앞에서 예수를 그리스도라고 분명히 고백했던(막 8:29) 베드로는 이제 와서 그 예수를 모른다고 맹세하며 부인하고 있다.16) 결국 마가의 의도는 자신의 정체에 대해 심문을 당했을 때 당당히 자신을 고백한 예수와 자신의 정체에 대해 추궁당했을 때 비겁하게 자신을 부인한 베드로를, 하나의 본문 안에서, 하나의 장면으로 대조시키는 데 있었던 것이다.17)

3. 마가가 그의 공동체에 던지는 메시지

예수가 그의 제자, 그것도 으뜸 제자에 해당하는 베드로에 의해 부인당하는 이야기는 예수 당시에도 많은 사람들, 예수를 믿고 따르는 제자들이나 그렇지 않은 사람들을 막론하고 모든 사람들에게 상당히 충격적인 사건으로 알려졌을 것이다. 그래서 이 이야기는 많은 사람들의 입에 오르내리면서 독자적인 구전 전승으로 발전되었을 것으로 보인다. 그러나 예수를 열심히 전파하던 초대교회의 입장에서 생각한다면, 이런 전승은 결코 자랑스러운 이야기도 아니고, 따라서 널리 알려지기를 원하지 않는 이야기 가운데 하나였을 것이다. 더구나 초대교회 시절 베드로는 대표적인 교회 지도자로 활동하던 사람이 아닌가? 초대교회 지도자의 개인적인 약점이며, 보기에 따라서는 초대교회의 부끄러운 부분이기도 한 이런 이야기는 오히려 감추어져야 할

---

16) 마태복음에서는 이 대조가 좀 더 분명히 드러난다. 왜냐하면 대제사장이 예수에게 물었던 질문이 "네가 하나님의 아들, 그리스도냐"(마 26:63)였는데, 베드로가 가이사랴 빌립보에서 예수를 살아 계신 "하나님의 아들, 그리스도"(마 16:16)라고 고백했기 때문이다.

17) "Confessing Jesus"와 "denying Peter", 혹은 "the confession of Jesus and the denial of Peter"가 대조되고 있다. 다른 말로 하면, 베드로의 "unfaithfulness is contrasted to the faithfulness of Jesus." Cf. E. Schweizer, *The Good News According to Mark* (Richmond: John Knox Press, 1970), p. 320.

이야기였을 것이다. 그런데 초대교회 역사 속에서 최초로 예수의 구전 전승을 기초로 복음서를 기록한 마가는 베드로가 예수를 부인한 이 전승 이야기를 그의 복음서에서 소개하고 있다. 그렇다면 그 당시 마가가 갖고 있던 의도와 목적은 무엇이었을까?

마가는 예수의 공생애 활동 당시, 특히 예수가 수난당하기 시작하던 때에 베드로가 그의 선생이신 예수를 대제사장의 계집종 앞에서 모른다고 부인한 일이 있었기 때문에, 또 그런 일이 실제로 구전으로 전해지고 있었기 때문에 그 사실을 초대교인들에게 알려주기 위해 기록한 것만은 아니었을 것이다. 마가복음 저자는 분명히 역사 기록이 목적인 역사 편찬자가 아니라, 전해진 전승 자료들을 가지고 자기 시대의 교인들에게 복음을 전파하는 복음 전도자였다. 마가복음이 이렇게 과거의 역사적 사실을 보도하기 위한 역사 기록의 목적을 가진 문서가 아니라, 도리어 복음서를 기록하던 당시의 기독교인들, 즉 마가 교회 교인들을 위한 신앙적 지도가 목적인 신앙 문서라는 점을 감안할 때, 우리는 마가가 이 이야기를 소개하는 목적과 의도를 마가 교회 당시의 상황에 비추어 이해해야 한다. 마가복음이 진공 가운데서 생겨난 책이 아니라, 구체적인 역사적 상황 속에서 구체적인 목적과 필요에 의해서 기록된 책이기 때문에 그러하다.

그렇다면 마가가 그의 복음서를 기록하려고 결심하였을 때 구태여 베드로가 예수를 모른다고 부인한 이 이야기를 소개해야 할 필요성과 그 의도는 무엇이었을까? 이것을 알아보기 위해서라도 우리는 다음과 같은 질문을 던져보아야 한다. 마가복음이 기록될 당시 마가의 주변에서는 어떤 일이 일어나고 있었는가? 그런 일들을 보면서 마가는 왜 하필 이 이야기를 골랐으며, 이 이야기를 통해 어떤 설교를 하고자 했을까?

마가복음 연구자들은 일반적으로 마가복음이 기록된 시기를 70년경으로 추산하고 있다. 물론 예루살렘 성전이 무너진 70년 이전이냐, 아니면 이후냐를 두고 다소 논란이 있는 것은 사실이지만, 마가복음의 기록 시기가 대략 70년경이라는 점에는 별다른 이의가 없다.[18] 우리가 잘 아는 대로 기원후 70년은 예루살렘 성전이 돌 위에 돌 하나 남지 않고 무너진 해이고, 유대 나라가 로마의 의해 멸망당한 해이다. 그리고 이 유대 나라의 멸망은 66년부터 유대 열심당원들의 주도로 시작된 소위 유대전쟁(the Jewish War)의 마지막 결과였다. 그런데 이 유대전쟁의 주요 원인 가운데 하나가 기원후 64년에 있은 네로 황제의 기독교인 및 유대인들에 대한 극심한 박해 때문으로 알려지고 있다. 박해의 주요 대상인 기독교인들의 대부분이 유대인이었다. 더구나 유대인들, 특히 열심당원들은 로마란 이방 세력이 거룩한 땅 예루살렘에, 그리고 거룩한 성전 땅에 발을 들여놓는 것을 참을 수 없었다. 감히 로마를 상대로 "거룩한 전쟁(聖戰)"을 일으켰다. 그러나 결과는 완전한 패배였고, 유대 백성들은 나라를 잃고, 예루살렘 성전도 잃어버렸다. 따라서 기원후 64년 네로 황제의 박해 때로부터 예루살렘 성전이 무너지고 유대 나라가 완전히 멸망하기까지 약 10년간은 유대인들에게나 마가 시대의 교인들에게 글자 그대로 고난과 박해의 기간이었다. 그런데 마가복음이 바로 이런 시기의 정점에서 기록되었다. 마가복음을 가리켜 "박해 문학"[19] 또는 "고난의 복음"이라고 말하는 이유가 이것이다. 우리는 당시 로마 역사가의 글을 통해서도 그 시기 기독교인들이 당한 박해와 고난의 참상이 어떠했는지를 분명히 엿볼 수 있다.

"네로는 백성들이 기독교인이라고 부르는 사람들, 혐오의 대상으로 미워하던 부류의 사람들에게 가장 잔혹한 고문을 가했다. …네로는 자신을 기독교인이라고 시인하는 자들을 잡아들였다. 그리고 그들의 자백에 따라 엄청난

---

18) Torrey의 경우는 40년경으로, Albertz, Hoepfl-Gut, Mariani, Meinertz, Trocme, Schreiber, Kertelge 등의 경우는 50~60년경으로, 다른 한편으로 Hohson, Beach, Brandon, Hamilton, Menette de Tellesse, Masson, Pesch 등의 경우는 70년 이후로 추산하고 있다. 그러나 W. G. Kuemmel은 70년 이전이나 이후에 관한 주장들 중 어느 것에도 확실한 논증이 없기 때문에 "마가복음은 70년경에 기록되었다고 말하는 것으로 만족해야 한다"라고 지적한다. Cf. *Introduction to the New Testament*(SCM Press, 1978), p. 98.

19) Ralph Martin, *Mark: Evangelist and Theologian*(Michigan: Zondervan Publishing House, 1973), pp. 65~66.

수의 사람들이 추가로 정죄당했다. 그들의 죄목은 방화죄가 아니라 인류에 대한 미움이었다. 그들의 죽음에는 모든 종류의 조롱이 뒤따랐다. 기독교인들은 짐승의 가죽에 쓴 채 사나운 개에게 물려 갈기갈기 찢겨 죽었으며, 또는 십자가에 못 박혀 죽었고, 또는 해가 진 다음에 그들의 몸을 불사르는 야간 조명으로 이용되기도 했다."[20]

"네로의 통치 기간 동안에… 새로운 그리고 잘못된 미신에 빠진 사람들로 알려진 기독교인들에게 형벌이 가해졌다."[21]

"사실상 네로는 그가 어떤 방법을 쓰건 로마의 방화가 그의 명령에 의한 것이라는 비난으로부터 벗어날 길이 없었다. 따라서 그는 그 비난을 기독교인들에게 돌렸으며, 아울러 가장 잔인한 고문을 무죄한 자들에게 부과했다. 아니 아주 새로운 종류의 처형 방법을 만들어내기까지 했다. 그래서 기독교인들에게 들짐승의 가죽을 뒤집어씌운 채 기독교인들을 개에 물려 죽게 했고, 다른 한편으로는 많은 사람들을 십자가에 달아놓거나 혹은 불로 태워 죽였고, 해가 진 다음에 야간 조명의 목적으로 불에 타 죽인 사람들도 적지 않았다. 처음에는 이런 식으로 기독교인들에 대한 잔인성이 나타나기 시작했다. 그런데 나중에는 그들의 종교가 법으로 금지되었다. 칙령에 의해 기독교인으로 되는 것이 불법임이 공포되었다. 이때에 바울과 베드로가 사형 언도를 받아 바울은 칼로 목이 잘려 죽었고, 베드로는 십자가에 달려 죽었다."[22]

이런 박해 상황에서 우리는 마가 시대 교인들이 일상생활에서 수시로 그리고 끊임없이 로마 군인들로부터 기독교인 정체성에 대해 추궁당했을 것으로 쉽게 짐작할 수 있다. 그런 상황에서 자신의 정체가 기독교인임을 시인

20) Tacitus, Annals, 15:44.
21) Suetonius, Nero, 16.
22) Sulpicius Severus, Chronicle, ii. 29.

(=고백)하는 것은 곧바로 죽음을 의미하는 것 이외에 다른 것이 아니었다. 분명히 기원후 30년경 베드로가 대제사장의 계집종 앞에 처해 있던 상황은, 약 40년이 지난 박해 시대에, 마가 시대 교인들이 자신들의 기독교인 정체성을 추궁하는 로마 군인들 앞에서 당했던 상황과 똑같은 것이었다. 마가 시대의 수많은 교인들이, 과거 베드로가 처해 있던, 그 비슷한 추궁의 자리에 똑같이 서게 된 것이다. 이런 상황에서 마가 시대의 교인들이 모두 당당히 자신의 기독교인 정체성을 고백하고 기꺼이 형장의 이슬로 사라졌을 것으로 생각하기는 쉽지 않다. 그 가운데 적지 않은 교인들이 과거 베드로의 경우처럼 자신의 기독교인 정체성을 숨긴 채, 과거의 베드로처럼 예수를 모른다고 자신의 정체성을 부인하였고, 그렇게 자신의 기독교인 정체성을 부인함으로써 위기의 순간을 모면하고 목숨을 보전한 사람들도 많았을 것으로 생각된다.

이 상황이 바로 마가가 과거부터 전해진 베드로의 부인 전승을 거리낌 없이 선택하여 그의 복음서에 기록하게 만든 상황이다. 거의 똑같은 상황이 반복되고 있었다. 이런 상황에서 마가는 베드로가 예수를 모른다고 부인했던 전승 자료를 가지고, 당시 비슷한 상황에 처하게 될, 또는 이미 거의 똑같은 상황에 처하게 된 동료 기독교인들을 신앙적으로 지도하고자 했을 것이다. 마가의 의도는 무엇이었을까? 나인햄의 설명에 의하면, 마가는 베드로가 예수를 모른다고 부인했던 이 이야기를 가지고 "베드로와 같은 경험을 했던 사람들에게 주는 격려"로 이용하려 했다는 것이다.[23] 위기의 순간에, 죽음의 목전에서 예수를 부인하고, 기독교인 정체성을 부인함으로써 목숨을 건지긴 했으나, 이후 자신들이 범한 실수와 과오를 기억하면서 얼마나 자책하며 때로는 절망하며 얼마나 괴로워했을까? 기독교인의 정체성을 부인하고 목숨을 유지한 자신들이야말로 또 다른 베드로, 제2, 제3의 베드로라고 생각하면서 가슴을 치며 괴로워하는 교인들이 많았을 것이다. 마가는 그런 교인들을 향해서 이미 과거에, 예수의 으뜸 제자였던 베드로도 위기의 순간에 그런 실

---

23) D. E. Nineham, *The Gospel of St. Mark*, p. 399.

수와 과오를 범했던 사실을 알려줌으로써, 그들에게 자책하며 절망하지만 말고 오히려 돌이켜 회개하라고 권고하려는 것이라고 볼 수 있다. 마치 베드로가 예수를 부인했지만 곧바로 회개했을 때 하나님께서는 그에게 또 다른 기회를 주셔서 초대교회 안에서 수천 명을 회개시키는 놀라운 일을 행하게 하신 것처럼, 그의 시대 교인들에게 돌이켜 회개하고 새 마음으로 새 출발하도록 권면하려고 했던 것으로 보인다. 이런 식으로 이해한다면, 마가는 박해 시대에 순간적으로 예수를 부인함으로써 목숨을 보전했다가 나중에 자신의 행위를 자책하면서 가슴 아프게 회개하는 심령들에게 위로와 격려의 메시지를 제시하려고 했던 것으로 생각할 수 있다.

그러나 이런 해석이 비록 의미 있고 당시 상황에 비추어 이해할 만한 해석이라고 생각되지만, 이것이 마가의 의도를 올바로 읽어낸 해석이라고 보기는 어렵다. 왜냐하면 마가는 베드로가 예수를 모른다고 부인한 이야기를 독자적인 전승으로 전하는 것이 아니라, 다른 이야기, 즉 "예수가 심문받는 이야기"와 밀접히 연관시켜 전하고 있기 때문이다. 마가는 소위 샌드위치 편집 방법[24]에 의해 베드로의 부인 이야기를 예수의 심문 이야기와 하나로 통합시켜 소개하고 있기 때문에 우리는 "베드로의 부인 이야기"를 마땅히 "예수의 심문 이야기"와 더불어, 그것과 연관시켜 읽고 해석해야 한다는 문제 앞에 직면하게 된다. 그렇게 읽고 해석할 때 우리는 마가의 의도를 보다 잘 이해하게 될 것이며, 다른 결론에 도달하게 될 수밖에 없을 것이다.

마가는 샌드위치 편집 방법에 의해 "예수의 심문 장면"과 "베드로의 부인 장면"을 하나로 엮어 소개함으로써, 예수가 대제사장 앞에서 용감히 자신

---

24) 샌드위치 편집 방법이 마가의 독특한 편집 방법이라는 점에 대해서는 마가복음 연구자들 가운데 의견이 일치하고 있다. Cf. Frans Neirynck, *Duality in Mark: Contribution to the Study of the Markan Redaction*(Leuven University Press, 1972), p. 133; T. Alec Burkill, *Mysterious Revelation: An Examination of the Philosophy of St. Mark's Gospel*(Ithaca: Cornell University Press, 1963), p. 121, n.10 and p. 243, n.43; D. E. Nineham, *The Gospel of St. Mark*(Pelican Gospel Commentary, Baltimore: Penguin Books, 1973), pp. 112, 370~373; Donahue, *Are You the Christ?*, pp. 42, 58~63.

을 고백하는 동안에 베드로는 대제사장의 종 앞에서 비겁하게 예수를 모른다고, 자신은 예수와 한 패가 아니라고 부인하는 것을 아주 분명히 독자들의 눈앞에 제시하고 있다. 바로 이 점에 주목해야 한다. 마가는 이런 형태의 본문 구성을 통해서 베드로와 비슷한 상황에 처하게 될 마가복음 독자들을 향해서, "너희가 박해의 시기에 기독교인 정체성에 대해 추궁당할 때 결코 베드로처럼 비겁하게 예수를 모른다고 부인할 것이 아니라, 그래서 생명을 보전하려고 할 것이 아니라, 예수처럼 당당하고 용감하게 너희의 기독교인 정체성을 고백하라"고 가르치려는 목적과 의도를 가지고 있었던 것으로 생각되기 때문이다. 마가는 이미 제자직과 관련하여 마가복음 8:35에서 "누구든지 자기 목숨을 구원하고자 하면 잃을 것이요 누구든지 나와 복음을 위하여 자기 목숨을 잃으면 구원하리라"고 가르쳤고, 또 마가복음 8:38에서는 "누구든지 이 음란하고 죄 많은 세대에서 나와 내 말을 부끄러워하면 인자도 아버지의 영광으로 거룩한 천사들과 함께 올 때에 그 사람을 부끄러워하리라"고 가르친 바 있다. 마가 시대의 기독교인들은 육체가 죽는 것을 두려워할 것이 아니라, 오히려 영혼이 영원히 죽는 것을 두려워해야 했다. 이렇게 이해한다면 마가의 의도 가운데에는 분명 박해와 고난의 시기에 있을 수 있는 "배교의 위험을 겨냥한 경고(a warning against the perils of apostasy)"[25]의 뜻이 담겨 있었을 것으로 생각된다.

4. 마가복음의 반(反)베드로적 경향(Anti-Petrine Tendency)

마가가 그의 복음서에서 베드로가 중요한 순간에 예수를 부인한 실수 혹은 실패의 이야기를 소개한 것 이외에도 베드로의 부정적인 모습이 여러 번 나타난다는 사실에 주목할 필요가 있다. 이 때문에 마가복음 연구자들 중에는 마가복음에 베드로를 부정적인 모델로 제시하려는 반베드로적 주제가 강

---

25) Nineham, *The Gospel of St. Mark*, p. 399.

하게 나타나 있다고 말하기도 한다. 몇 가지 예를 들어볼 수 있다. 변화산에서 예수가 제자들 앞에서 그 모습을 변화했을 때 베드로는 "선생님, 우리가 여기 있는 것이 참 좋습니다. 우리가 초막 셋을 지어 하나는 선생님을, 하나는 모세를, 하나는 엘리야를 모시도록 하십시다"(막 9:5)라고 말했는데, 베드로가 이런 말을 한 것은 무슨 말을 해야 좋을지 몰랐기 때문이라며 마가는 베드로의 어리석음을 지적하고 있다.26) 또 겟세마네 동산에서 베드로는 마땅히 깨어 기도해야 할 위기의 순간에 기도하지 않고 잠들어 있음으로써 예수로부터 "시몬아, 자느냐? 한 시간도 깨어 있을 수 없더냐?"(막 14:37) 하고 책망받는 제자로 소개되고 있다. 여기서 주목할 점은 다른 제자들도 잠들어 있었음에도 불구하고 "베드로가 잠들어 있음이 초점이 되고 있고, 그의 이름이 거론됨으로써 그가 질책을 당하고 있다"27)는 사실이다.

예수를 부인한 베드로의 이야기에서도 그렇지만, 특히 가이사랴 빌립보에서 예수를 그리스도로 고백한 이야기(막 8:27~33)에서도 거의 같은 주제가 나타나고 있다.28) 거기서도 예수와 베드로가 각각 대립적인 모델로 제시되고 있다. 계집종 앞에서 예수를 부인한 베드로의 이야기와 가이사랴 빌립보에서 예수를 그리스도로 고백한 이야기는 우선 예수가 자신을 "인자(the Son of Man)"로 고백하고 있다는 점에서 유사하며(막 8:31, 14:62), 베드로가 예수의 반대자로 나타나 있는 점에서도 그러하다. 예수와 베드로 간의 적개심과 반대의 분위기는 베드로가 예수를 그리스도로 고백하면서도 베드로가 고난과 부활을 예고한 예수를 꾸짖는 데서 잘 드러나고 있다. 즉 베드로는 많은 고난을 받고 죽임을 당할 것이라고 말씀하시는 "예수를 붙들고 꾸짖었고"(막 8:32), 예수는 이런 "베드로를 꾸짖어 이르시되 사탄아"(막 8:33)라고 말씀하셨다. 마가복음의 문맥에서는 이 장면이 예수와 베드로가 서로 상대방을 꾸

---

26) Weeden은 마가복음 9:6을 통해서 베드로를 마치 "열등생"이나 "저능아"(a dunce)처럼 소개하고 있다고 주장한다. Cf. *Mark-Traditions in Conflict*(Philadelphia: Fortress Press, 1971), p. 123.
27) R. E. Brown(ed.), *Peter in the New Testament*, p. 61.
28) J. Dewey, "Peter's Curse and Cursed Peter," p. 111.

짖는 마귀적 전투의 성격을 띠고 있다. 우리는 "꾸짖다"는 동사가 마가복음 1:25; 3:12; 4:39; 9:25에서도 각각 마귀를 꾸짖는 데 사용되고 있다는 사실에 주목해야 한다. 그리고 이야기의 마지막 부분에서 결국 베드로는 "사탄"으로 규정되고 있다(막 8:33).

이와 같은 마가복음의 기록으로 보아, 마가복음 저자가 그의 복음서를 기록할 때 베드로를 좋게 소개하려는 의도가 없었던 것이라는, 오히려 반(反)베드로적인 경향을 갖고 있었다는 생각을 하게 된다. 위든(Th. J. Weeden)은 마가복음 저자가 베드로뿐만 아니라 열두 제자들을 부정적으로 소개하고 있다면서, 마가복음은 반제자적인, 반베드로적인 공격을 하고 있는 복음서라고 보기도 한다.29) 이 점은 나중에 기록된 마태복음이나 누가복음 등에서 베드로의 모습이 현저하게 긍정적인 방향으로 수정되어 있는 사실에서도 잘 알 수 있다.

가령 마태복음에서는 베드로가 교회의 터전인 반석으로, 천국의 열쇠를 갖고 있고, 하늘과 땅의 모든 권세를 갖고 있는 자로 아주 긍정적으로 강조되고 있고(마 16:17~19), 비록 잠시 동안이지만 예수처럼 바다 위를 걸었던 제자로(마 14:28~31), 그리고 열두 제자들 중에서 "첫 번째" 제자(마 10:2)로 강조되어 있다. 누가복음에서는 베드로의 실수와 실패의 이야기에도 불구하고 예수께서 "시몬아, 시몬아, 조심하라, 사탄이 너를 밀 까부르듯이 까부르려고 한다. 그러나 나는 네 믿음이 넘어지지 않도록 너를 위하여 기도해왔다"(눅 22:31~32)라고 베드로의 명예를 완전히 회복시켜 초대교회의 위대한 전도자 혹은 위대한 지도자로 소개하고 있다. 요한복음의 경우에는 베드로가 "사랑하는 제자" 때문에 그리고 그 그늘에 가려진 채 빛을 잃는 것으로 나타나기도 하지만,30) 복음서의 마지막 부분에서는 부활하신 예수로부터 "내

29) Cf. Theodore J. Weeden, "The Heresy That Necessitated Mark's Gospel," *ZNW* 59(1968), pp. 145~158; *Mark-Traditions in Conflict*(Philadelphia: Fortress Press, 1971).
30) Cf. G. F. Snyder, "John 13:16 and the Anti-Petrinism of the Johannine Tradition," *Biblical Research* 16(1971), pp. 5~15; Arthur J. Droge, "The Status of Peter in the Fourth Gospel: A

양을 먹이라"는 책임과 사명을 맡은 자로 부각되어 있다.

이렇게 본다면 복음서 중 오직 마가복음에서만 베드로는 아주 부정적으로 소개되고 있고, 그 명예가 회복되지 않은 존재로 나타나고 있다. 마가복음이 아주 반베드로적인 복음서라고 말할 수 있는 셈이다. 베드로가 예수를 모른다고 부인한 이야기도 결국 이런 관점에서 이해해야 할 것이다. 마가는 다른 열한 제자들과 더불어 베드로를 부정적인 모델로 소개함으로써 박해와 고난의 시대를 사는 마가 공동체의 교인들에게 베드로와 같은 실수와 실패를 반복하지 말도록 권면하고자 했던 것으로 생각된다.

이처럼 마가복음에서 베드로는 예수를 반대하고 부인함으로써 결국 8:35~38의 말씀, 곧 "누구든지 자기 목숨을 구원하려고 하는 사람은 잃을 것이요, 나와 복음을 위하여 자기 목숨을 잃는 사람은 구원할 것이다. …음란하고 죄 많은 이 세대에서 누구든지 나와 내 말을 부끄럽게 여기면 인자도 아버지의 영광으로 거룩한 천사들을 거느리고 올 때 그를 부끄럽게 여길 것이다"라는 중대한 선언 아래 설 수밖에 없다. 베드로는 제자직의 주요 역할인 "자기를 부인하고 자기 십자가를 짊어지는 일"(막 8:34)을 하지 못한 셈이다. 베드로는 자기 대신에 예수를 부인하며 저주했고, 그렇게 함으로써 끝내 사탄과 한 편이 되었다. 아무리 박해와 고난의 시기라고 하더라도 이렇게 베드로처럼 처신하는 사람은 베드로와 똑같은 운명에 처하게 되리라는 것이 마가의 메시지이다. 이런 의미에서는 예수를 부인한 베드로의 이야기가 "주요 제자의 실패에 관한 비유"[31] 이야기로, 그래서 그런 실패가 독자들 사이에서 또다시 반복되어서는 안 될 것을 가르치는 설교로 읽힐 수 있을 것이다.

Note on John 18:10~11," *JBL* 109(1990), pp. 307~311. 요한복음의 부정적 베드로 상(像), 혹은 반베드로적 경향을 위해서는 김득중, 「복음서 신학」(컨콜디아사, 1985), pp. 299~302 또는 김득중, 「요한의 신학」(컨콜디아사, 1994), pp. 190~196을 참조하라.

31) "a parable about the failure of the chief disciple." Cf. Brown, *The Death of the Messiah*, p. 616. Frank J. Matera는 "기독교인들이 이 이야기를 반복해 말함으로써 배울 수 있는 중요한 교훈은 예수의 가장 가까운 동료들과 교회의 최고 지도자들이 예수를 배반할 수 있다는 점"이라고 말한다. Cf. *Passion Narratives and Gospel Theologies: Interpreting the Synoptics Through Their Passion Stories*(New York: Paulist Press, 1986), p. 34.

제4장

마태복음의 성령 잉태 이야기의 신학적 배경

그리스 로마 신화에는 신과 인간의 결혼 이야기(hieros gamos)가 많이 나온다. 창세기 6:1~2에 보더라도, "사람이 땅 위에 번성하기 시작할 때에 그들에게서 딸들이 나니 하나님의 아들들이 사람의 딸들의 아름다움을 보고 자기들이 좋아하는 모든 여자를 아내로 삼는지라"가 나오는 것으로 보건대, 창세기의 기록 배후에도 당시 그리스 로마 신화의 영향이 있었던 것으로 추정된다. 그런데 예수의 탄생 이야기에서 마리아가 요셉과의 관계에서 예수를 잉태한 것이 아니라, 신적인 존재인 성령과의 관계에서 예수를 잉태하여 해산했다는 이야기는 아주 놀라운 기록이 아닐 수 없다. 이 점과 관련하여 마태복음 1:18에서 예수의 "어머니 마리아가 요셉과 약혼하고 아직 결혼하기 전에 성령으로 잉태된 것이 드러났습니다"라고 말한 점은 아주 주목할 만하다.

마태복음에 의하면, 예수는 요셉과 마리아의 관계에서 태어난 것이 아니라 마리아와 신적인 존재인 성령과의 관계에서 태어난 것으로 언급되어 있다. 물론 누가복음 1:34~35에서도 마리아가 동정녀로서 요셉과 아무런 상관없이 성령으로 잉태되었다고 언급되어 있다. "그때 마리아가 '나는 남자를 알지 못하는데[1] 어떻게 이런 일이 있겠습니까?' 하고 말했습니다. 천사가 대답했습니다. '성령이 네게 임하시고[2] 지극히 높으신 분의 능력이 너를 감싸 주실 것이다."[3] 그러나 누가복음에는 마태복음에서처럼 요셉이 결혼하기 전에 성령으로 잉태되었다는 분명한 언급이 나오지 않는다.

마태복음의 예수의 탄생 이야기에서 볼 수 있는 두드러진 특징 중 하나는 성령에 의한 마리아의 예수 잉태이다. 그래서 마태복음에서는 약혼자인 마리아의 뜻밖의 임신에 요셉의 의심까지 암시되어 있다. 예수가 마리아와 요셉 사이가 아니라 마리아와 성령 사이에서 태어났고, 그래서 요셉이 마리아의 잉태에 대하여 의심 혹은 의혹을 갖고 파혼하려 했다는 이야기는 예수의 처녀 탄생 이야기를 전하는 누가복음에서도 볼 수 없는 점으로, 오직 마태복음에서만 읽을 수 있다. 이런 내용이 오직 마태복음에만 나오는 이유는 무엇일까? 그리고 마태복음 저자만이 기록한 이 내용의 배경은 무엇일까? 그런데 바로 이와 비슷한 내용이 외경 문서인 에녹1서의 노아의 탄생 이야기에 나오고, 그 이야기와 많은 연관성을 보여주고 있어서,[4] 혹시 그 문서의 영향을 받은 것은 아닐까 하는, 또는 마태복음이 기록될 당시 이미 유대인들 가운데 하늘의 신들과 땅의 여인들 간의 결혼과 잉태에 관한 이야기들이 잘 알려져 있었던 것은 아닐까 하는 생각을 해보게 된다.

우선 에녹서에 나오는 천사들의 타락에 관한 이야기가 마태복음에 와서

---

1) 누가복음 1:34에서 마리아가 "나는 남자를 알지 못하는데(ἄνδρα οὐ γινώσκω;) 어떻게 이런 일이 있겠습니까?"라고 말할 때 사용된 헬라어 동사 γινώσκω는 헬라적 사고에서 머리로, 지식으로 "아는"(to know) 것을 뜻하는 것이 아니라, 히브리적 사고에서 몸으로, 경험으로 "안다"(to know)는 것을 뜻하며, 따라서 남녀 간의 성적 관계를 의미한다. 똑같은 동사가 똑같은 의미로 마태복음 1:25에서도 사용되었다.
2) "임한다"는 헬라어 동사 ἐπέρχομαι는 사도행전 1:8에서도 "(성령이) 임한다"는 의미로 사용되었다.
3) "감싸 준다"는 헬라어 ἐπισκιάζω는 누가복음 9:34와 사도행전 5:15에서도 사용되었는데, "여하간 누가가 이 단어를 hieros gamos로 이해될 것으로 의도했다는 암시는 전혀 없다." Cf. Fitzmyer, *The Gospel According to St. Luke*, p. 351.
4) 아래의 내용은 Amy E. Richter의 논문, "Unusual Births: Enochic Traditions and Matthew's Infancy Narrative"를 요약한 것이다. 이 저자는 2012년에 *Enoch and the Gospel of Matthew*(Princeton Theological Monograph Series. Eugene, Ore.: Pickwick, 2012)를 출판하기도 했다.

는 그 천사들의 타락으로 인한 결과에 대해 예수가 와서 다시 복구하는 것을 보여주는 자료들로 이용되고 있는 듯하다. 에녹1서에 나오는 천사들의 타락에 관한 이야기의 기본 내용은 다음과 같다. 천사들은 하늘에 거주하면서 하나님을 보좌하고, 피조물들의 역할을 감독하며, 의인들을 지키는 역할을 하는데, 이 땅의 여인들과 결혼하기 위해서 그만 하늘과 땅의 경계를 범하였고, 그 결과 여인들은 인간들과 다른 피조물들에 대항하여 폭력과 살해를 자행하는 일종의 잡종 거인의 조상을 출산하게 되었다. 하나님은 천사장들을 보내어 그 천사들을 벌주게 했고, 악과 폭력이 난무하는 이 땅을 홍수로 깨끗이 쓸어버리게 하였다. 비록 그 잡종 거인들은 멸망하기는 했지만, 그들의 영들(spirits)은 "큰 심판"이 있을 때까지 계속 인류에 재앙을 가져다 줄 것이다.

마태복음의 탄생설화에 보면, 예수의 탄생으로 인해서, 에녹서에서 천사들의 타락으로 생겨난 결과가 뒤집혀지고 있다. 마태에 의하면, 예수의 탄생으로 인해 천사들이 타락하여 생겨난 죄악이 교정되고 있다. 아니 그 죄악들로부터 그의 백성들이 구원을 받게 되었다(마 1:21). 다음과 같은 점을 살펴본다면, 우리는 마태의 탄생설화 배후에 에녹서에 나오는 천사들의 이야기가 있음을 알게 된다. 마리아의 잉태에 대한 요셉의 의심, 그리고 계시를 통해 마리아가 임신한 것은 성령에 의한 것이라고 그 의심을 풀어주는 일 등이다. 중요한 점은 태어난 아이가 하늘(성령)과 땅(마리아)의 산물, 그것도 에녹서와는 달리 성령(하늘)과 마리아(땅) 간의 성적인 관계가 없이도 태어난 산물이라는 점이다. 만약 마태가 마태복음을 기록할 당시에 성령을 천사와 같은 하늘의 존재와 동일시하는 전통이 있었다는 사실을 염두에 둔다면, 우리는 에녹서와 마태복음 사이에 유사점(parallels)과 함께 중요한 차이점도 발견하게 된다.

첫째로, 마태복음의 족보 가운데서 마리아가 "다섯 번째 여인"(마 1:16)이란 점에 주목할 필요가 있다. 마태의 족보에서 요셉과 마리아와 예수가 언급될 때에, 족보의 패턴이 달라지고 있다는 사실은 이미 많은 학자들이 지적한 바 있다. 즉 족보에 거론된 다른 사람들의 경우는 모두 "낳았다"(aorist active of ἐγέννησεν, 〈from γεννάω, "fathered," "begot"〉) 동사의 주어가 되고 있다. 예를 들어, 마태복음 1:2에 보면, "아브라함이 이삭을 낳았고, 이삭은 야곱을 낳았다"는 식으로 기록되어 있다. 그런데 마태복음 1:16에서 요셉과 마리아와 예수의 이름이 언급될 때에는 앞에서 반복되어 오던 패턴, 즉 "누가 누구를 낳았다"는 패턴이 깨지고 있다. 요셉은 "낳았다"는 동사의 주어가 아니라 목적어로 언급되고 있고, 그의 아버지 야곱이 주어로 언급되고 있다. 그러나 그 다음 문장에 나오는 남자는 예수인데, 이 경우에는 "낳았다"는 능동태 동사가 아니라, 수동태 동사인 "ἐγεννήθη(aorist passive)"가 사용되었다. 이른바 "하나님을 뜻하는 수동태("divine passive")"인데, 마태복음 1:20, 2:1 그리고 2:4에서도 사용되었으며, 그 의미는 "태어났다"는 뜻이다. 이렇게 마태복음 1:16에서 "하나님을 뜻하는 수동태"가 사용됨으로써 족보 가운데서 마리아의 남편으로 등장하는 요셉이 사실상 태어난 아기 예수와는 아무 관련이 없는 것처럼 분리되고 있다. 실제로 "그리스도라 불리는 예수"는 "마리아로부터" 태어났다(ἐξ ἧς ἐγεννήθη Ἰησοῦς ὁ λεγόμενος Χριστός, 마 1:16)고 기록되어 있다. 요셉이 "마리아의 남편"으로 불리고 있기는 하지만, 요셉이 아들의 아버지로 언급되고 있지는 않다. 그리고 "하나님을 뜻하는 수동태"의 사용으로 인해서 예수 탄생의 배후에 신적인 존재가 개입되었다는 사실이 암시되어 있다.

둘째로, 태어난 이 아이는 과연 누구의 아들인가에 대해 생각해 보기로 하자. 비록 요셉이 "낳았다"는 말에 있어서는 그의 조상들의 경우와 달랐지만, 한 가지 다른 점에서는, 즉 태어난 아이에 대한 "의심"이란 점에서는 비슷한 점을 갖고 있다. 요셉은 자기와 약혼한 마리아가 자신과 전혀 성적인 관계가 없었는데도 임신한 사실을 알게 되었다. 요셉은 의인이라서 그리고 마리아에게 공개적으로 부끄러움을 당하지 않게 하려고 조용히 파혼하려 했다(마 1:19). 결국 요셉은 두 가지 생각을 하고 있었던 셈이다. 하나는 약혼녀인 마리아가 임신한 사실에 대한 생각이었고, 다른 하나는 어떻게 약혼녀 마리아가 임신하게 되었는가 하는 생각, 아마도 다른 남자에 의해서 임신했을 것이라는 생각일 것이다. 그러나 독자들은 요셉이 아직 모르고 있는 사실, 즉 마리아가 성령에 의해 잉태되었다는 사실을 알고 있다(ἐν γαστρὶ ἐχουσα ἐκ πνεύματος ἀγίου, 마 1:18). 이것이 바로 마태가 그의 족보 가운데서 "하나님을 가리키는 수동태"를 통해 밝히려고 했던 첫 번째 주장이다. 그러나 요셉으로서는 자기의 약혼녀가 자기에게 신의를 지키지 못했다고 믿었을 것이다.

요셉은 분명히 이 아이가 자기의 아이는 아니라고 확신했기 때문에 약혼녀가 성적으로 신의를 지키지 못했다고 의심했을 것인데, 이 점과 관련해서, 특히 과연 아이의 아버지는 누구인가 하는 문제와 구원자의 탄생이라는 점에서 에녹1서와 비슷하다는 사실에 주목하고자 한다. 에녹1서에 노아의 아버지 라멕과 그의 아내 이야기가 나오는데, 마리아와 요셉의 이야기와 비슷하다. 노아의 탄생 이야기는 에녹1서 106~107에 나온다. 창세기 5:28~29에 노아의 탄생이 언급되어 있지만, 에녹서의 본문은 창세기에 나오는 짧은 본문을 확대한 것으로 생각된다. 에녹1서에 보면, 라멕은 결혼했고, 그의 아내는 아들 노아를 낳았다. 그런데 아이는 아주 이상한 모습과 격에 맞지 않는 능력을 가지고 태어났다. 노아의 몸은 "눈보다 더 희었고 장미보다 더 붉었으며 노아의 머리털은 모두 하얗게 흰 양털과 같았고 곱슬머리였다"(에녹1서 106:2). 노아는 영광스런 모습을 갖고 있었고, 노아의 눈은 태양빛처럼 빛났다. 비록 새로 태어났지만, 일어서서 하나님을 찬양할 수 있었다(에녹1서 106:2~3).

태어난 어린 노아를 보고 라멕은 자기 아이가 아니라고 두려워했다. 그는 아이가 천사들 중 하나가 자기 아내를 임신시켜 낳은 자식이라고 의심했다(에녹1서 106:5~6). 아이의 이상한 모습과 성질을 어떻게 달리 설명할 수 있겠는가? 전에 천사들이 지상의 여인들과 성적인 관계를 맺었다는 사실과 그로 인해서 이상한 자손이 생겨난 사실을 알고 있었기 때문에, 라멕은 그의 아내가 타락한 천사와 불순한 관계를 맺었다고 믿었다. 그러나 마태복음에 나오는 예수의 탄생 이야기에서와 마찬가지로 독자들은 라멕이 알지 못하는 것을 알고 있었다. "그녀는 라멕으로부터 잉태하여 아이를 낳았다"(에녹1서 106:1). 그런데 라멕은 여전히 상황의 진실을 모른 채, 므두셀라에게 가서 그에서 이상한 아이의 아버지가 정말로 누구인지 에녹에게 물어보게 하였다(에녹1서 106:4~7).[5]

에녹은 므두셀라에게 그의 손자의 기원과 운명에 대해 많은 정보를 주었다. 에녹은 노아가 라멕의 아이이며, 다른 어느 천사의 아이가 아니라고 일러주었다(에녹1서 106:18). 더 나아가 에녹은 므두셀라에게 다가올 홍수에 대해 알려주었다(에녹1서 106:15). 노아가 천사들에 대한 심판 중 어떤 역할을 하게 될지에 대해서 그리고 그가 이 땅의 부패로부터 땅을 깨끗하게 할 것이라고 알려준다(에녹1서 106:17). 또 에녹은 므두셀라에게 "이 아이는 의롭고 흠 없는 자가 될 것이며"(에녹1서 106:18), 이 아이의 이름은 노아가 되어야 한다고 말했다. 그는 또 그 이름의 의미까지 밝혀주었다. "그는 너의 남은 자가 될 것이고, 그로부터 너는 남은 자를 찾게 될 것이다"(에녹1서 106:18). 또 다른 어원이 107:3에서 주어지고 있는데, 곧 "이 땅을 멸망으로부터 구원할 자"이다. 므두셀라는 다시 이 정보를 라멕에게 전해준다(에녹1서 107:3).

에녹1서에서는 일련의 사자들(messengers)이 라멕에게 하늘 존재들이 알고 있는 것을 알려준다. 그러나 라멕은 하늘 영역으로부터 지상으로의 계시가 없어서, 상황에 대해 전혀 확신하지 못하였다. 하늘의 비밀을 알 수 있는 특권을 가진 에녹은 므두셀라에게 누가 라멕에게 실제로 일어난 일에 대해 말해주었는지 알려준다. 노아란 아이가 특이한 성품을 가졌지만, 그의 아비 때문은 아니다. 노아는 단지 사람의 아이일 뿐이며, 라멕이 그의 아비라고

---

5) 창세기 5:25~29에 보면, 므두셀라가 187세에 라멕을 낳았고, 라멕은 182세에 노아를 낳았다.

에녹은 므두셀라에게 말해 준다. 노아의 이상한 외모는 라멕의 아내인 비테노시(Bitenosh)의 부정(unfaithfulness)을 의미하는 것이 아니라, 도리어 노아의 "신적인 미모"를 의미하며, 하나님이 지정한 역할을 하는 사람에게 어울리는 외모라는 것이다.

그러나 요셉의 경우에, 그도 의심을 갖고 있기는 했지만, 마리아의 아이가 초자연적인 기원을 가진 것으로는 의심되지 않았다. 마태복음에서는 마리아가 잉태한 아이의 아버지가 하늘의 존재라는 암시도 없다. 요셉은 아내의 배신 정도로만 알았을 것이다. 그러나 라멕의 경우처럼, 하늘의 계시로 아비가 누구인지를 밝혀준다. 천사가 요셉에게 꿈에 나타나 그에게 이 아이는 성령으로 말미암은 것이라고 알려준다(마 1:20). 노아의 경우와 마찬가지로, 이 아이도 하나님이 지정하신 목적과 임무를 갖고 있다. "그는 자기 백성을 그들의 죄에서 구원하실 것이다"(마 1:21). 라멕의 경우와 마찬가지로 요셉은 하늘의 사자가 지시한 대로 아이에게 이름을 붙여주어야 했다. 그 이름은 아이가 갖고 있는 구원의 역할을 의미하고 있다(마 1:21). 라멕과 요셉 모두 그들의 아내가 잉태한 아이들에 대해 의심을 가졌다. 그리고 둘 다 모두 아이의 기원과 목적에 대해 하늘 사자로부터 정보를 받는다.

이처럼 마태복음의 탄생설화는 에녹1서의 노아의 탄생 이야기와 비슷한 점을 갖고 있다. 그러나 한 가지 중요한 차이점이 있다. 라멕은 그의 아이(노아)가 하늘의 기원을 갖고 있는 것으로 의심했다. 그러나 노아는 실제로 그렇지는 않았다. 요셉은 예수를 인간 마리아와 하늘의 존재 간의 결합으로 태어난 것으로 의심하지는 않았다. 그러나 예수는 실제로 그러했다. 또 다른 중요한 차이는 마태의 탄생설화에서는 예수의 잉태와 관련하여 성적인 관계가 어떤 역할을 했다는 아무런 언급도 없다. 마리아는 "성령으로 말미암아 아이를 잉태하기 위해서" 하늘의 존재와 성적인 관계를 가진 적이 없다. 또 마리아는 자기와 약혼한 요셉과 성적인 관계를 가진 적도 없다. 사실상 마리아의 잉태와 관련하여 요셉과 마리아 사이에는 아무런 성적인 관계가 없었음이 분명히 드러나고 있다. 요셉은 "주의 사자가 명한 대로 마리아를 아내로 맞아들였으나, 아들을 낳을 때까지 요셉은 마리아와 아무런 부부관계를 갖지 아니하였다"(οὐκ ἐγίνωσκεν αὐτὴν, 마 1:25). 따라서 마태복음의 탄생설화에는 아기 예수는 사실상 지상의 인간과 하늘의 존재 간에 생겨난 산물이다. 사실상 땅의 존재와 하늘의 존재 간의 결합을 통해 태어난 자이다. 예수는 땅과 하늘의 경계를 초월한 자이다. 그러나 두 영역의 존재들 간에 아무런 성적인 관계가 없이도 태어난 자이다. 결국 예수의 존재는 하늘과 땅 간의 결합(mix)이며, 두 영역 간의 경계를 초월한 자이다. 그 점이 바로 "하나님이 우리와 함께 계시다"라는 뜻을 가진 "임마누엘"이란 그의 이름에 잘 반영되어 있다.

다음으로 마태복음의 탄생설화에서 성령 잉태 이야기와 더불어 아주 중요한 의미를 갖고 있는 "임마누엘" 곧 "하나님이 우리와 함께 계시다"라는 말씀이 마태복음에서 갖는 의미에 대해 살펴보기로 하자. 마태는 예수의 이름을 "임마누엘"이라고 불렀는데, 곧 하나님이 우리와 함께 계시다는 뜻이다. 예수에게 이런 이름을 붙임으로써 마태는 나중에 예수가 성장하여 공생애 활동에 임했을 때에도, 구체적으로 하나님이 우리와 함께하신다는 점을 예수가 사역하는 동안에 있었던 사건들을 통해 구체적으로 보여주고 있다. 그 본문 가운데 하나가 혈루병 여인이 예수께 나아와 그의 옷단을 만지는(τοῦ κρασπέδου τοῦ ἱματίου αὐτοῦ) 이야기(마 9:20~22)이고, 다른 하나는 게네사렛 지방의 많은 병자들이 예수께 나와 그의 옷단이라도 만지게(τοῦ κρασπέδου τοῦ ἱματίου αὐτοῦ) 해달라고 청해서 예수의 옷단을 만지는 사람마다 고침을 받았다고 전해주는 이야기이다(마 14:34~6). 이 두 본문에 나오는 "옷단(κρασπέδον)"이란 민수기 15:38~39와 신명기 22:12에서 명령한 바와 같이, 이스라엘 사람들이 옷을 입을 때 그들의 옷단 귀에 매다는 술(the tassels)을 가리킨다. 옷단에 매다는 이 "술(the tassels)"은 이스라엘 백성들의 정체를 거룩한 백성으로 상기시키며, 동시에 그 백성들로 하여금 하나님의 계명을 기억하게 하는 데 구체적으로 도움이 되는 것이었다.

그러나 스가랴 8:23에 보면, 이 "술"은 종말론적인 의미를 갖고 있으며, 모든 나라가 하나님께 예배하기 위해 예루살렘에 오게 될 때를 가리킨다. "만군의 여호와가 이와 같이 말하노라. 그날에는 말이 다른 이방 백성 열 명이 유다 사람 하나의 옷자락을 잡을 것이라(ἐπιλάβωται τοῦ κρασπέδου ἀνδρὸς Ἰουδαίου; LXX). 곧 잡고 말하기를 하나님이 너희와 함께하심(ὁ θεὸς μεθ' ὑμῶν ἐστιν; LXX)을 들었나니 우리가 너희와 함께 가려 하노라 하리라 하시니라." 스가랴서에서 옷자락(the tassels)을 잡는다는 것은 모든 나라들이 하나님께서 유대인들과 함께하신다는 것을 종말론적으로 인식한다는 것을 의미한다.

마태는 스가랴가 언급한 유다 사람 하나를 아주 문자적으로 그리고 구체적으로 마태복음 9:20~22와 14:36에서 그들이 만진 유다 사람(ἀνδρὸς Ἰουδαίου)으로 해석하고 있다. 마태의 본문에서 혈루병 여인이 예수의 옷단을 만지는 자신의 행동의 의미를 충분히 인식하지 못했을 수도 있었지만, 예수는, 그리고 마태는 그녀의 행동의 의미를 잘 알고 있었던 것으로 보인다. 그래서 마가의 본문(막 5:30)에서는 예수가 "누가 내 옷을 만졌느냐?"고, 누가의 본문(눅 8:45)에서는 "누가 나를 만졌느냐?"고 다른 사람들을 향해 묻는데, 마태의 본문에 보면, 예수는 여인이 그녀의 믿음 때문에 자기의 옷단을 만진 것을 알고는 그녀에게 직접 말씀을 하신다. 비록 그 여인은 자신의 행동의 의미를 몰랐을지라도, 예수는 그녀가 한 행동의 의미를 잘 알고 계셨다는 말이다. 예수는 스가랴가 예언한 바와 같이, 그리고 혈루병 여인이 행동으로 증거한 바와 같이, 임마누엘, 곧 하나님이 우리와 함께하신다는 의미를 그대로 드러낸 것이다. 그런데 마태는 14:36에서도 다시금 똑같이 많은 사람들이 예수의 옷단을 만져 고침을 받았다는 이야기를 전해주고 있다.

마태는 혈루병 여인의 이야기와 게네사렛 병자들의 이야기를 통해서 옷단을 만지는 이야기를 소개하고 있다. 제일 먼저 혈루병 여인이, 나중에는 게네사렛 땅의 많은 병자들이 그의 옷단을 만진 유대인과 이방인들이었다. 예수에게서 임마누엘(God with us)이 현실적으로 실현되고 있다. 그런데 스가랴서에서와 같이 "그날에," 즉 "미래에" 실현될 것이 아니라, 마태복음에서는 지금 곧 현재에 실현되고 있는 것으로 증거되고 있다. 마태의 탄생설화에서 처음으로 밝혀진 임마누엘이란 예수의 정체와 그 의미가 예수의 공생애 활동에서 그대로 현실로 드러나고 있는 것이다.

다른 한편으로 마태가 소개하는 "옷단을 만지는 이야기" 두 개, 곧 혈루병 여인의 이야기와 게네사렛 땅 병자들의 이야기를 민수기 15장과 신명기 22장의 "옷술"을 마지막 날에 있을 "임마누엘"과 연결시켜 해석하는, 앞의 해석과는 다른 해석을 제시하는 견해도 있다. 가령 플레처-루이스(Crispin H. T. Fletcher-Louis)는 에스겔서에 나오는 전승을 이용해서 "옷술" 사건의 의미를 달리 밝힌다. 그의 주장에 따르면, 예수는 자신을 하나님의 영광이 육체적으로, 즉 인간의 형태로 나타난 종말론적인 대제사장으로 보았다. 그래서 예수의 옷단을 만진 혈루병 여인과 게네사렛 병자들이 고침을 받은 것 자체를 하나님의 거룩하심과 접촉하여 생겨난 결과로 해석하고 있다. 그의 이런 해석의 근거는 에스겔 44:19에서 나온다. 그 구절에 의하면, 제사장들은 제사를 마치고 성전 바깥뜰 백성에게 나갈 때는, 제사장으로 봉사할 때 입는 옷을 벗어 거룩한 방에 두고, 다른 옷을 입고 나가야 하는데, 그것은 백성을 거룩하지 않게 하기 위함이었다. "그들이 바깥뜰 백성에게로 나갈 때에는 수종드는 옷을 벗어 거룩한 방에 두고 다른 옷을 입을지니 이는 그 옷으로 백성을 거룩하게 할까 함이라"(겔 44:19). 다른 말로 한다면 제사장이 입은 옷의 거룩함이 접촉에 의해서 전염될 수 있다는 말이다.

옷을 만짐으로써 거룩함을 "붙잡을" 수 있다는 생각은 출애굽기 30:29에서도 나타난다. 그 구절에 의하면, 제사장의 옷을 포함하여 성전에서 성별하기 위해 기름을 바른 모든 것들이 지극히 거룩한 것으로 구별되었기 때문에, "이것에 접촉하는 것은 모두 거룩하리라"(출 30:29)고, 여호와가 모세에게 말씀하셨다.

　이런 관점에서 본다면, 예수께 나아와 그의 옷을 만진 혈루병 여인과 게네사렛 병자들은 분명히 그의 옷이, 심지어 그 옷단까지도 지극히 거룩하여, 그 옷단을 잡기만 해도 그 거룩함을 붙잡을 수 있다고 믿었던 것이란 해석이 가능하다. 따라서 혈루병 여인이나 게네사렛 병자들은 예수의 옷단을 만짐으로써 하나님의 거룩함에 직접 접촉되어, 즉 임마누엘을 통해서 병 고침을 받은 것으로 이해될 수 있다고 보는 것이다.

제5장

이방인 백부장의 종을 고쳐준 이야기
(마 8:5~13)

누가복음 7:1~10에도 거의 같은 이야기가 소개되고 있는 것으로 보아 마태의 본문은 마태와 누가가 공동으로 사용한 문서 자료인 Q 자료에서 나온 것으로 생각된다. 그래서 두 본문 간에는 다음과 같은 유사점이 나타난다. 첫째로, 누가와 마태 모두 이 사건의 무대는 "가버나움"이다(마 8:5; 눅 7:1). 둘째로, 병 고침을 원한 사람이 누가와 마태 모두 이방인 "백부장"이었다(마 8:5; 눅 7:2). 셋째로, 누가와 마태 모두에서 백부장은 "예수께서 내 집에 들어오시는 것을 감당치 못하겠으니 말씀만 하옵소서"라고 겸손을 표시하고 있다(마 8:8; 눅 7:6~7). 넷째로, 누가와 마태 모두 예수는 백부장의 이런 반응과 태도를 보시고는 "이스라엘 중에서는 이만한 믿음을 만나보지 못하였다"(마 8:10; 눅 7:9)라고 백부장의 믿음을 칭찬하셨다. 다섯째로, 누가나 마태 모두 예수와 병자 자신의 만남이 없는 상태에서 예수가 말씀으로만 병자를 고치셨다. 원거리 치료라는 점에서 공통점을 보여주고 있다.

마태의 본문과 누가의 본문이 같은 자료에서 나온 같은 이야기라서 많은 공통점을 보이고 있지만, 두 본문 간의 차이도 아주 분명하다. 우리는 그 차이점들을 통해서 마태가 누가와 달리 어떤 점에 더 관심을 갖고, 어떤 점을 더 강조하고 있는지, 그래서 마태의 본문 이야기에 나타나는 그의 독특한 신학적 관점이 무엇인지 알아볼 필요가 있다.

첫째로, 마태 본문과 누가 본문 간의 차이 중 예수의 병 고침이 필요했던 사람이 마태복음에서는 백부장의 "아들("παῖς," son)"이지만, 누가복음에서는 "종("δοῦλος," servant)"이다. 물론 헬라어 단어 "παῖς"가 "어린아이(child)", "아들(son)", "종(servant)"을 다 의미하기는 한다. 이 단어는 "아들"이나 "종" 어느 것으로도 번역될 수 있다. 그래서 우리말 성서에서도 흔히 "종"으로 번역되어 있다. 그러나 마태가 "백부장의 병든 παῖς"라고 말할 때는 오직 "παῖς"란 단어만 사용한 반면에(마 8:7, 8, 13), 백부장이 권위의 관계에 대해 말할 때, 즉 주인과의 관계에서 말할 때에는 "종" 또는 "노예"를 뜻하는 "δοῦλος"란 단어를 구별하여 사용했다(마 8:9). 마태가 백부장의 병든 종을 가리키기 위해서 "δοῦλος"란 단어를 사용하지 않고 일관되게 세 번씩이나 "παῖς"란 단어를 사용한 점을 고려할 때, 그것은 병든 사람이 "종"이 아니라 백부장의 "아들"이라는 증거로 보아야 할 것이다. 이런 점에서 마태의 본문에서 "παῖς"를 "아들"이라고 번역하여 해석한 울리히 루츠(Ulrich Luz)의 판단이 옳다고 생각된다.[1] 비록 누가가 본문 중 7:7에서 "παῖς"란 단어를 한 번 사용하기는 했지만, 누가는 7:2, 3, 10에서 계속 "종"을 가리키는 "δοῦλος"란 단어를 사용하고 있기 때문에, 누가의 본문에서는 고침을 받은 사람이 "종"이었다고 보는 것이 옳을 것이다. 더구나 누가의 본문에 의하면, 백부장의 "종"이 "병들어 거의 죽게 되었다"고 했는데, 마태 본문에서는 "아들"이 중풍으로 "괴롬을 당하고 있다"고만 했을 뿐, 거의 죽게 될 지경이라는 언급은 없다.[2]

---

1) Cf. Ulrich Luz, *Matthew 8~20: Commentary*(Hermeneia—A Critical and Historical Commentary on the Bible, Minneapolis: Fortress Press, 2001), p. 8.
2) 이 차이는 누가복음에서 백부장에게 베풀어진 주님의 은혜가 마태복음의 경우보다 훨씬 더 크다는 점을 더 드러내주는 효과가 있다고 생각된다. 마태복음에서 "중풍병으로 괴롬을 당하고 있는 아들"을 고쳐준 것보다는 누가복음에서 "거의 죽게 된 종"을 고쳐준 경우가 백부장의 입장에서는 더욱 고마운 일이었을 것이기 때문이다.

둘째로, 누가복음에서는 백부장이 예수께 직접 나아가기를 주저하고 있다. 그래서 백부장이 자기 대신에 "유대인의 장로 몇 사람"을 예수에게 보내 자기 종을 고쳐달라고 부탁을 한다. 그러나 마태복음에서는 오히려 예수가 이방인에게 가서 고쳐주는 것에 대해 주저하는 것으로 나타난다. 물론 마태복음 8:7에서 예수가 백부장의 직접적인 도움 요청을 받고는 곧바로 "내가 가서 고쳐 주리라"고 말씀하심으로써 이방인 백부장의 요청에 대해 주저함 없이 응대하시는 것처럼 번역한 성서 번역본이 있기는 하다. 더구나 예수의 이 말씀은 마태복음에만 나오며, 평행 본문인 누가복음에서는 찾아볼 수 없다. 따라서 누가의 경우, 백부장이 예수께 직접 나아가 병 고침을 요청하지 못하고, 자기 대신에 "유대인의 장로 몇 사람을" 보낸 점이나, 그들이 예수께 백부장의 요청을 들어주어야 할 이유를 길게 설명하고 있는 점만을 본다면, 마태복음의 예수가 마치 이방인에 대해 더 적극적이고도 즉각적인 의지를 갖고 있는 것처럼 보이기도 한다.

그러나 마태복음의 경우에도 예수가 이방인에게 나아가 도움을 주는 것에 대해 상당히 주저하며 조심스런 태도를 보이고 있는 것으로 해석된다. 루츠는 백부장의 요청을 예수가 일단 "거부했다"고 지적한다. 그 이유는 "유대인으로서 예수가 이방인의 집에 들어갈 수 없었기 때문이라"고 말한다.[3] 이런 해석은 루츠가 마태복음 8:7의 원문을 선언문으로(즉, "내가 가서 고쳐 주리라") 번역하여 읽지 않고, 질문형으로 번역하여 "내가 가서 고쳐주어야 하나?"("Shall I come and heal him?")라고 읽었기 때문이다.[4] 마태복음 8:7의 헬라어 원문의 대문자 사본에는 본래 띄어쓰기와 구두점 표시 등이 전혀 없기 때문에 사실상 선언문으로의 번역이나 질문형으로의 번역이 모두 다 가능하다.[5] 그러나 루

---

3) Cf. Ulrich Luz, *Matthew 8~20*, p. 10.

4) Ulrich Luz, *Matthew 8~20*, p. 8.

5) 이런 경우의 다른 예를 하나 든다면, 마가복음 14:41에서 우리말 성서 개역개정의 경우 "이제는 자고 쉬라. 그만 되었다"라고 명령형으로 번역했지만, 우리말 성서 새번역의 경우, "아직도 자느냐? 아직도 쉬느냐?"라고 질문형으로 번역했다.

츠는 후자의 번역을 택했다.6)

그가 질문형으로 이해하고 번역한 데에는 두 가지 이유가 있다. 하나는 8:7에서 문장의 주어인 "내가("ἐγώ")"란 인칭대명사가 문장의 서두 첫 단어로, 즉 강조의 위치에서 사용되고 있는데 이것은 질문형으로 이해할 때에만 의미가 통하기 때문이다. 다른 하나는 본문의 이야기와 비슷하게 이방 여인인 가나안 여인의 딸을 고쳐주는 이야기(마 15:21~28)에서도 예수는 처음에 이방 여인의 요구를 배척했기 때문이다.7) 루츠의 번역에 따라서 8:7을 읽을 경우, 본문의 의미는 "내가 유대인으로서 어떻게 이방인의 집에 들어가 고쳐줄 수가 있나?"라는 의미가 된다. 루츠는 마태복음에서 예수가 다른 복음서들에서보다 훨씬 더 율법에 충실한 분으로 소개되고 있기 때문에 이런 번역과 이해가 더 옳다고 보았다. 따라서 루츠에 의하면, 예수가 처음에는 이방인과의 접촉에 대해 주저 혹은 거부하는 태도를 보였지만, 백부장의 놀라운 믿음을 보고 끝내 예수가 가서 고쳐주는 것으로 기록되어 있다는 것이다. 루츠에게서 이 백부장은 "예수가 유대인으로서 반대하고 거부했음에도 불구하고 포기하지 않았던 이방인," 믿음으로 예수의 반대와 거부를 끝내 극복한 이방인이었던 셈이다.

그런데 마태복음에서는 이처럼 "백부장"이 예수께 직접 나아와 종을 고쳐달라고 간청하는 데(마 8:5) 비해, 누가복음에서는 백부장이 예수께 직접 나아와 고쳐달라고 부탁하지 못하고, "유대인의 장로 몇을 보내어" 간청하고 있다(눅 7:3). 누가복음에서는 백부장이 예수와의 직접적인 만남이나 대면에 대해 주저하고 있는 것처럼 보인다. 그래서 유대인 장로들이 백부장을 대신해서 예수께 나아와 간청하고 있다. 누가가 이처럼 마태복음과 달리 유대

---

6) 영어 번역본들 중 대부분은 선언문으로 번역했지만, E. v. Rieu, *The Four Gospels*는 U. Luz와 마찬가지로 "am I to come and heal him?"이라고 질문형으로 번역했다. Cf. Curtis Vaughan(General editor), *The New Testament from 26 Translations*(Zondervan Publishing House, 1967), p. 30. 필자도 이 질문형 번역이 헬라어 원문의 의미에 더 가깝다고 생각한다.

7) Ulrich Luz, *Matthew 8~20*, p. 8, n.1.

인 장로들을 내세워 예수께 종의 치료를 부탁하는 형태로 본문을 기록한 이유는 무엇일까? 누가의 이 같은 기록은 일반적으로 이방인에 대한 선교가 실제로 예수의 공생애 활동 중에는 없었고, 그의 죽음과 부활 이후에, 즉 사도행전에서 그의 제자들에 의해 비로소 시작되었다는 역사적 사실을 고려했기 때문으로 보인다.[8] 누가가 마태나 마가와 달리 예수가 이방인인 가나안 여인을 만나 그의 딸을 고쳐준 이야기(막 7:24~30; 마 15:21~28)를 자기 복음서에서 소개하지 않은 것도 예수의 공생애 중에 예수가 실제로 이방인을 직접 만난 일이 없었다는 역사적 사실을 의식했기 때문일 것으로 생각된다. 누가에게서 예수는 마태복음 10:5~6에서 열두 제자들을 선택하여 파송할 때, 그들에게 "이방인의 길로도 가지 말고 사마리아인의 고을에도 들어가지 말고 오히려 이스라엘 집의 잃어버린 양에게로 가"고 명령하신 분으로 기억되었기 때문일 것이다. "유대인들에게는 예수가 직접 나아가지만, 이방인들에게는 오직 제자들이 전해주는 그의 말씀을 통해서만 나아가신다"[9]라는 것이 누가의 일관된 생각이었던 것으로 보인다.

셋째로, 마태복음의 경우와 달리, 누가는 백부장이 그 "종"을 사랑할 뿐만 아니라 "(유대) 민족을 사랑하고 또한 (유대인을 위하여) 회당을 지어준"(눅 7:5) 사람이라고, 즉 유대인들에 대해서, 그리고 유대교에 대해서 아주 호의적인 인물이라는 점을 강조한다. 유대교 장로들은 이 예수께 와서 이 백부장이 예수의 은혜를 받을 만한 자격이 있다고, 그래서 "이 일을 하시는 것이 이 사람에게는 합당하니이다"(눅 7:4)라고 말한다. 그런데 백부장은 자기는 예수를 자기 집에 모실 자격이 없다고, 그래서 "주여…내 집에 들어오심을 나는 감당치 못할 줄을 알았나이다. 말씀만 하옵소서"(눅 7:6~7)라고 말한다. 유대 장

---

8) F. Bovon은 누가복음에서 백부장이 직접 예수 앞에 나오지 않은 이유에 대해 다음과 같이 설명한다. "하나님께서 이방인들이 기독교 메시지를 받아들일 주요 대상으로 예정하셨지만(cf. 행 28:28), 그 목표는 오로지 구원 계획의 적절한 과정 가운데서만, 즉 오순절 이후에만 달성될 것이다." Cf. *A Commentary on the Gospel of Luke 1:1~9:50*(Minneapolis: Fortress Press, 2002), p. 265.
9) E. Ellis, *The Gospel of Luke*(The New Century Bible Commentary, Grand Rapids: Eerdmans, 1987), p. 117.

로들은 이 백부장의 "자격 있음"을 강조하는데, 정작 백부장 자신은 자신의 "자격 없음"을 고백한다. 이런 대조적인 기록이 오히려 이 백부장의 겸손과 믿음을 더 잘 드러내고 있다.

로마 백부장에 대한 누가의 이런 호의적인 묘사는 로마와의 정치적 우호 관계를 잘 유지하며 과시하려는, 그래서 로마 세계를 향한 복음 전파를 보다 효과적으로 수행하려는 정치적 변증의 관심에서 나온 것으로도 생각된다. 누가가 사도행전 10장에서 소개하는 또 다른 백부장인 고넬료에 대해서도 아주 호의적으로 묘사하고 있는데,10) 이런 점이 누가의 주요 특징 가운데 하나이기도 하다. 샤론 린지(Sharon H. Ringe)는 그의 누가복음 주석에서 특히 누가복음 7장에 나오는 "백부장에 대한 묘사가 사도행전 10:1~2에 나오는 백부장 고넬료에 대한 묘사와 아주 비슷하다"는 점을 지적하고 있다.11) 두 사람 모두 로마 제국에 봉사하는 이방인 백부장들이며, 두 사람 모두 유대 공동체와 아주 가까운 사이였다. 두 사람 모두 "하나님을 경외하는 사람들(God-fearers)"이었기에 누가복음 7장의 백부장은 "유대 백성들을 사랑하고 그래서 그들의 회당을 지어주기도 했으며"(눅 7:5), 사도행전 10장의 백부장은 "유대 백성들을 많이 구제하고 늘 하나님께 기도하는 생활을 하고 있었다"(행 10:2). 백부장 고넬료가 사도행전 10장에서 세례를 받고 교회의 일원이 된 것이, 여기 누가복음 7장에서는 로마의 백부장이 예수를 직접 만나지 않고서도 예수로부터 병 고침을 간구하고 은혜를 입는 것의 예표가 되고 있는데, 이것은 그 이후 세대의 모든 기독교인들이 예수를 직접 만나지 않고서도 예수로부터 은혜를 입는 것을 가리키는 것으로 생각된다.

넷째로 마태는 누가의 경우보다 백부장의 "믿음"을 더 강조하는 것으로

---

10) 예수의 십자가 처형을 지휘한 로마 백부장이 예수의 죽음을 보고, "이 사람은 참으로 의로운 사람이었다"(눅 23:47)라고 기록한 것이나, 사도행전 10:2에서 백부장 고넬료를 가리켜 "그는 경건하여 온 집안과 더불어 하나님을 경외하며 백성을 많이 구제하고 하나님께 항상 기도하는 사람이었다"고 기록한 것, 그리고 사도행전 27장에 나오는 백부장 율리오가 "바울을 친절히 대해주며 친구들에게 가서 대접을 받을 수 있도록 허락했습니다"라고 기록한 것들도 마찬가지이다(cf. 행 27:3).

11) Cf. Sharon H. Ringe, *Luke*(Westminster John Knox Press, 1995), p. 99.

보인다. 마태는 누가와 마찬가지로 "내가 진정으로 너희에게 말한다. 지금까지 내가 이스라엘 사람들 가운데서 이런 믿음을 본 일이 없다"(마 8:10)라는 말을 통해 백부장의 믿음을 강조했다. 그러나 그 말씀 이후에 다시금, 누가와는 달리, 백부장을 향해서 "가라, 네가 믿은 대로 될 것이라"(마 8:13)라는 말을 첨가하여 백부장의 "믿음"을 다시 한 번 강조한다. 마태가 이렇게 두 번씩이나(마 8:10, 13) 백부장의 "믿음"을 강조하는 데 대해, 헬드(H. J. Held)는 "마태는 이런 식으로 백부장의 믿음에 대한 예수의 말씀을, 믿음이 있는 이방인들에게는 메시아의 잔치에 들어갈 수 있는 길이 열린다는 약속을 하고 계신 것으로 해석해 주고 있다"라고 말한다.12) 마태의 경우, 백부장이 비록 이방인이기는 하지만, 그의 믿음이 어느 이스라엘 사람의 것보다 컸기 때문에 하나님의 은혜를 입을 수 있었고, 또 하나님 나라의 잔치에 참여할 수 있었다는 것을 가르친다면, 누가의 경우에는 백부장의 믿음 때문에 그의 종을 고쳐주었다는 데 강조점이 있기보다는, 오히려 예수의 공생애 첫 설교에서도 밝혀졌듯이, 이방인에게 은혜를 베푸는 것이 하나님의 뜻이요 예수의 의지라는 점을 더 강조하는 것이라고 해석할 수 있다.

다섯째, 마태는 이 이적 이야기의 결론으로 "너희에게 이르노니 동 서로부터 많은 사람이 이르러 아브라함과 이삭과 야곱과 함께 천국에 앉으려니와 그 나라의 본 자손들은 바깥 어두운 데 쫓겨나 거기서 울며 이를 갈게 되리라"(마 8:11~12)는 말씀을 첨가하여 믿음을 가진 이방인들이 천국에 들어가고, 믿음이 없는 이스라엘 백성들이 오히려 쫓겨난다는, 소위 "유대인의 배척과 이방인의 환영"이라는 주제를 드러내고 있다. 마태가 보이는 "친이방적 경향(the pro-Gentile tendency)"13)의 보다 구체적인 표현이라고 말할 수 있다. 그러나 누가는 이 말씀을 오히려 완전히 다른 문맥에서(눅 13:28~30) 소개

---

12) H. J. Held, "Matthew as Interpreter of the Miracle Stories," in: G. Bornkamm, G. Barth and H. J. Held, *Tradition and Interpretation*(Philadelphia: The Westminster Press, 1963), p. 196.
13) Cf. Ernest L. Abel, "Who Wrote Matthew?" *NTS* 17, p. 142; K. W. Clark, "The Gentile Bias in Matthew," *JBL*(1947), p. 165~172.

하는 반면에, 이 이야기와 관련해서는 곧바로 나인 성 과부의 죽은 아들을 살리는 이적을 연결하여 편집함으로써, 예수의 연속된 이방인 사역에 대한 관심을 드러내고 있다.

마태에게 예수는 이방인의 피를 받아 태어난 분이다. 그리고 태어났을 때 맨 먼저 동방으로부터 온 이방인 박사들의 경배를 받았던 분이다. 그런 마태복음의 예수가 그의 공생애 활동을 시작하면서 맨 처음 직접 만난 이방인이 바로 본문에 나오는 백부장이다. 그러나 이때는 아직 열두 제자들이 선택되기 전이었고, 열두 제자들을 향해서 "이방인의 길로도 가지 말고 사마리아 고을에도 들어가지 말라"고 말씀하기도 전이었다. 따라서 이 경우는 예수가 개인적으로 이방인을 만나는 첫 번째 시도였다고 볼 수 있다. 이런 점에서 예수가 이방인을 처음 만나는 본문의 이야기는 마태복음에서 아주 중요한 의미를 갖는다. 그리고 예수와 이방인의 첫 만남은 마태복음에서 상당히 긍정적으로 소개되고 있다. 예수가 이방인 백부장의 종을 고쳐주심으로써 이방인에게 은혜를 베풀어 주었을 뿐만 아니라, 예수 자신이 이방인 백부장의 믿음을 보고 상당히 놀라서 "지금까지 내가 이스라엘 사람들 가운데서 이런 믿음을 본 일이 없다"라고 칭찬하셨기 때문이다.

이런 긍정적인 첫 만남이 이방인과의 두 번째 만남, 곧 마태복음 8:28~34에서 가다라 지방14)에서 살던 두 명의 귀신 들린 사람과의 만남과 함께 15:21~28에서 가나안 여인과의 세 번째 만남이 가능하게 되었고, 또 그런 경험들을 통해서 예수는 승천하실 때, 드디어 제자들에게 "너희는 가서 모든 족속을 제자 삼으라"는 이방 선교, 아니 세계 선교 명령을 주신 것으로 생각된다.

---

14) "The region was Gentile, as evidenced by the herd of pigs, which would not be found in Jewish territory." Cf. R. H. Gundry, *Matthew: A Commentary on His Literary and Theological Art*(Grandrapids: Eerdmans, 1982), p. 157.

제6장

"세베대 아들의 어머니" 이야기
(마 20:20~28)

　복음서의 기록을 보면, "예수의 어머니"란 문구는 네 복음서 전반에 걸쳐서 아주 여러 번 나온다.[1] 누가복음에서 세례 요한의 탄생 이야기와 관련하여 예외적으로 엘리사벳이 "그(=세례 요한)의 어머니"로 언급되기도 하고(눅 1:60), 예수의 십자가 처형을 멀리서 지켜보던 여인들 중 한 사람으로 "야고보와 요셉의 어머니"가 등장하기도 한다(막 15:40; 마 27:56).[2] 그러나 이들 이외 복음서에서 예수의 공생애 사역과 관련하여 예수의 제자들이나 다른 어떤 사람들과 관련하여 어느 누구의 어머니가 언급된 경우는 오직 마태복음뿐이다, 그것도 "세베대 아들의 어머니"란 문구가 두 번 언급된 것(마 20:20; 27:56)이 전부이다. 그런데 마태가 그의 복음서에서 "세베대 아들의 어머니"

---

1) 마태복음에서 7번(12:46, 47, 48, 49, 50; 13:55; 20:20), 마가복음에서 5번(3:31, 32, 33, 34, 35), 누가복음에서 7번(1:43; 2:33, 48, 51; 8:19, 20; 12:53), 요한복음에서 6번(2:1, 3, 5, 12; 19:25, 27).
2) 여기서 언급되는 "야고보와 요셉의 어머니"인 마리아는 예수의 어머니와 자주 동일시된다. 마태복음 13:55에 보면 예수의 형제들 가운데 "야고보와 요셉"이 언급되고 있는 데다가, 요한복음 전승에 의하면, 분명히 예수의 모친이 십자가 처형 현장에 있었던 것으로 전해지고 있기 때문이다. Cf. W. D. Davies and Dale C. Allison, *Matthew: A Shorter Commentary Based on the Three-volume International Critical Commentary*(T & T Clark International, 2004), p. 351.

를 등장시킨 두 경우 모두, 그가 사용한 문서 자료인 마가복음의 평행 본문 자료에서는 "세베대 아들의 어머니"란 언급이 전혀 나오지 않는다. 그렇기 때문에 이 두 곳에서 모두 "세베대 아들의 어머니"란 문구를 첨가하여 등장 시킨 것은 마태의 의도적인 편집 작업의 결과라고 생각할 수밖에 없다.

우리는 먼저 마태복음에서 "세베대 아들들의 어머니(ἡ μήτηρ τῶν υἱῶν Ζεβεδαίου)"란 문구가 등장하는 두 장면에 주목하면서, 그런 문구를 사용하 여 "세베대 아들의 어머니"를 등장시킨 마태의 의도와 목적이 무엇인지를 알아보고자 한다. 마태가 그 문구를 사용한 두 장면 중, 첫 번째 본문은 예수 가 제자들을 데리고 예루살렘으로 올라가는 도중에 "세베대 아들의 어머니" 가 예수 앞에 나아와 자기의 두 아들을 주님의 나라에서 각기 주님의 오른편 과 왼편에 앉게 해달라고 부탁하는 이야기(마 20:20~28)이다. 두 번째 본문은 예수가 예루살렘에 입성하여 체포되고 심문당한 후 십자가 위에서 마지막 숨을 거두는 순간에 "막달라 마리아"와 "야고보와 요셉의 어머니 마리아"와 함께 "세베대의 아들들의 어머니"가 멀리서 예수의 최후 순간을 지켜보는 이야기(마 27:55~56)이다. 두 본문은 모두 마태복음에서 예수의 수난과 관련 하여 아주 중요한 본문이다. 왜냐하면 한편으로 전자는 예수가 1차 수난 예 고(마 16:21)와 2차 수난 예고(마 17:22~23)에 이어 마지막으로 세 번째 수난 예 고(마 20:18~19)를 통해서 자신이 "십자가에 못 박도록" 넘겨질 것을 말씀하신 직후에 소개되고 있고, 다른 한편으로 후자는 예수가 수난 예고를 했던 말씀 그대로 "십자가에 못 박히는" 처형 장소 바로 직후에 소개되고 있기 때문이 다. 결국 이 두 본문은 마태복음에서 예수가 예루살렘에 입성한 후 사람들의 손에 넘겨진 채 체포되고 심문당하고 처형당하는 예수의 수난 이야기 전체 를 샌드위치시키고 있는 셈이다. "세베대 아들의 어머니"가 등장하는 이 두 본문 이야기가 이토록 중요한 문맥에서 소개되고 있다는 점에 먼저 주목해 야 한다.

1. 두 맹인의 눈을 뜨게 해준 이야기(마 20:29~34)와의 관계

　마태복음에서 "세베대 아들의 어머니"가 등장하는 첫 번째 본문 이야기는
예수의 3차 수난 예고 직후에 소개되고 있으면서 동시에 예수가 여리고에서
두 맹인을 고쳐주는 이야기와 연결되어 편집되어 있다. 마태는 그의 복음서
20:20~28과 20:29~34에서 그의 문서 자료인 마가복음의 순서를 그대로 따라
서 "세베대의 두 아들 야고보와 요한"이 예수께 나아와 주님의 우편과 좌편
영광의 자리를 요구한 이야기(막 10:35~45)와 예수가 여리고에서 디매오의 아
들 바디매오란 맹인의 눈을 뜨게 해준 이야기(막 10:46~52)를 나란히 편집하
여 소개하고 있다. 그러나 마태는 마가복음이 소개하는 이 두 이야기를 나란
히 소개하면서도 두 이야기 모두에서 몇 가지 중요한 편집적 수정을 가하였
다. 그중에서 가장 중요한 것은 바로 마가복음 자료에 등장하는 "세베대의
두 아들 야고보와 요한"을 "세베대 아들의 어머니"로 수정한 것과, "바디매
오"란 맹인 한 사람을 "두 사람의 맹인"으로 수정하여 바꾼 것이다.

　첫째로 마태가 이처럼 편집 과정에서 마가복음 자료와 달리 "세베대의 두
아들 야고보와 요한"을 "세베대 아들의 어머니"로 수정한 의도는 흔히 마태
가 마가복음에서 부정적으로 많이 소개되는 예수의 열두 제자들을 보다 긍
정적으로 소개하려는 의도 때문으로 생각되어 왔다. 마태는 예수의 열두 제
자들 가운데 하나인 "야고보와 요한"을 자신들의 영광의 자리만을 탐하는
이기적인 사람들로 소개하기를 원치 않았고, 그래서 그들 대신에 그들의 어
머니를 내세워 예수의 제자들의 명예와 권위를 지켜주려고 했다는 것이다.[3]
물론 마태에게 그런 의도가 있었을 것이란 점을 부인할 수는 없다. 그러나

---

3) 마태는 제자들을 늘 "깨닫지 못하는 우둔한 자들"이라고 부정적으로 소개하는 마가와 달리 제자들을 항
　상 "깨달은 사람들"로 소개하고 있다(마 16:12; 17:13 등). 그래서 마태는 마가복음에서 제자들을 가리
　켜 "믿음 없는 자들"(가령 막 4:40)이라고 말한 것을 "믿음이 작은 자들"(마 8:26)이라고 수정하였다. Cf.
　"The mother of Zebedee's sons replaces their names, James and John, lest the request mar
　Matthew's portrait of the disciples as understanding Jesus' teaching," R. H. Gundry, *Matthew: A
　Commentary on His Literary and Theological Art*(William B. Eerdmans: Michigan, 1982), p. 401.

그런 의도 외에도 마태로서는 나중에 예수가 "그의 우편과 좌편에" 두 강도를 두고 십자가에 못 박히는 장면을 목격하는 여인들 가운데 "세베대 아들의 어머니"가 등장한다는 점을 염두에 두었기 때문에, 영광의 나라에서 "그의 우편과 좌편에" 앉기를 바라는 "세베대의 두 아들 야고보와 요한"의 이야기를 "세베대 아들의 어머니"와 "우편과 좌편"이란 공통어를 통해서 서로 밀접히 연결시키려고 했던 것으로 생각된다. 이 점은 아래에서 별도로 상세히 다룰 것이다.

둘째로, 마가복음에서는 맹인 "바디매오" 한 사람(막 10:46)이 언급되었음에도 불구하고, 마태는 그의 복음서에서 "두 사람의 맹인"(마 20:30)으로 수정하였는데, 그 의도가 좀 더 흥미 있어 보인다. 우리는 이 이적 이야기가 세베대의 "두 아들"(마 20:21), 즉 "두 형제"(마 20:24) 이야기 바로 뒤에 소개되고 있는 점에 주목해야 한다. 실제로 마태는 이 문맥에서 "둘"이란 숫자를 연결어로 사용하여 두 이야기를 연결시키고 있다.[4] 마태에게는 "세베대의 아들들" 두 사람이 예수의 십자가 처형에 대한 마지막 수난 예고가 있은 직후에도 어머니를 통해서 주님의 나라에서 우편과 좌편 영광의 자리에 앉기를 요구하는, 영광의 자리에 눈이 멀어 있는 것으로 생각되었을 것이다. 그래서 정작 그 영광의 자리를 요구했던 사람이 "세베대 아들의 어머니"이기는 했지만, 마태복음 20:24에 보면, "열 제자가…그 두 형제에 대하여 분개했습니다"라고 기록되어 있다. 그래서 마태로서는 예수가 "눈이 먼 두 형제"의 눈을 뜨게 해줄 필요가 있었을 것으로 생각했던 것 같다. 따라서 마태복음 20:29~34에서 예수에 의해서 다시 눈을 뜨게 된 "두 사람의 맹인"은 바로 앞 본문에서 "우편과 좌편 영광의 자리"에 눈이 멀어 있었던 "세베대의 두 아들"(20:21)과 "두 형제"(20:24) 이외 다른 사람이 아니라고 보아야 할 것이다. 웨첸(Waetjen)이 "두 제자가 주님의 나라에서 영광의 자리를 추구한 이야기 바로 직후에

---

4) "둘"(2)이란 숫자는 마태복음의 현재 문맥에서 일종의 연결어(catch-word 혹은 key-word)로 사용되고 있다. "두 아들"(20:21), "두 형제"(20:24), "맹인 두 사람"(20:30), "두 제자"(21:1) 등.

예수께서 예루살렘으로 올라가시는 길에 두 사람의 맹인이 나타난 것은 결코 우연일 수가 없다"[5]라고 말한 것은 마태의 의도를 잘 읽어낸 것이라고 생각된다.

마태가 "맹인 바디매오"를 "두 사람의 맹인"으로 바꾸면서 바디매오를 가리켜 "거지"(막 10:46)라고 일컬은 단어를 삭제한 것도 "두 사람의 맹인"이 "거지"가 아닌 "세베대의 두 아들"임을 암시하기 위한 의도로 생각된다. 더구나 마가의 본문에서는 맹인 거지 바디매오가 예수를 부를 때 사용한 세 번의 호칭이 "다윗의 자손 예수여"(막 10:47, 48)와 "선생님이여"(막 10:51)였는데, 마태는 그 호칭을 모두 다 "주여(κύριε)"로 바꾸어 통일시켰다(마 20:30, 31, 33). 마태복음에서 예수를 가리켜 "주여"라고 부르는 사람들은 거의 예외 없이 "제자들"이거나 예수를 믿고 따르는 사람들이었음을 고려할 때, "주여"란 호칭으로 바꾼 것도 이 "두 사람의 맹인"이 "예수의 제자들"임을, 그리고 문맥상 "세베대의 두 아들"임을 암시하는 것으로 보아야 할 것이다. 이런 점을 고려할 때, 마태가 "그들이 예수를 따르니라"(마 20:34)는 말로 이 이야기를 끝내고 있는 것도 "세베대의 두 아들"이 영광의 자리에 눈이 멀었다가, 예수에 의해 눈을 제대로 뜬 후에야 진정으로 예수를 따르는 제자가 될 수 있었음을 말하려고 한 것으로 생각된다.

이와 관련하여 마가 본문(막 10:51)에서 예수가 바디매오에게 "네게 무엇을 하여 주기를 원하느냐?"고 물었을 때, 바디매오는 "선생님이여, 보기를 (ἀναβλέπω) 원하나이다"라고 말했는데, 마태가 그 본문을 수정하여, "너희 소원이 무엇이냐?"라고 묻는 예수의 질문에 두 맹인이 "주여, 눈 뜨기(ἀνοίγω)를 원하나이다"라고 고친 것도 의미 있는 수정 작업으로 생각된다. 마태는 단순히 "보게 되는 것(ἀναβλέπω)", 즉 시력 회복보다는 오히려 영광에 멀었던 "눈을 다시 뜨는 것(ἀνοίγω)", 즉 비전이 더 중요하다고 생각했을 것이

5) "두 제자가 주의 나라에서의 영광의 자리를 요구한 직후에, 예수께서 예루살렘으로 올라가는 길에 두 맹인이 나타난 것은 결코 우연일 수 없다." Cf. H. C. Waetjen, *The Origin and Destiny of Humanness*(Coret Madera, 1976), p. 201.

다. 실제로 이 두 사람의 맹인, 곧 영광에 눈이 멀었던 예수의 두 제자 곧 "세베대의 아들들"인 야고보와 요한이 마침내 눈을 뜨게 되었고, 이후 그들은 예루살렘으로 입성하는 "예수를 따르게 되었다"(마 20:34). 드디어 고난의 십자가를 향해 고난의 성 예루살렘으로 들어가는 예수를 "따르게 되었다." "따랐다"는 의미로 사용된 "ἀκολουθέω"라는 동사가 마태복음에서는 제자직을 가리키는 전문 용어라는 점을 고려한다면, 그들이 영광에 눈이 멀었다가 다시 눈을 뜨고 난 후에야 참 제자의 모습을 갖게 되었다는 의미로 받아들일 수도 있다. 이것이 이 본문을 앞의 본문, 즉 세베대의 아들들의 어머니 이야기와 함께 "제자직에 관한 교훈"으로 읽어야 하는 이유이기도 하다.

2. 예수의 십자가 처형을 목격한 세 여인 이야기와의 관계

마태복음에서 "세베대 아들의 어머니"가 등장하는 두 번째 이야기도 마태가 사용한 문서 자료인 마가복음에도 나오는 이야기이다. 그러나 마가복음에서는 첫 번째 이야기와 마찬가지로 두 번째 이야기에서도 "세베대의 아들의 어머니"란 문구는 전혀 사용된 적이 없다. "세베대의 아들의 어머니"란 문구가 사용된 이 두 번째 이야기의 경우, 마태의 문서 자료인 마가복음에서는 "세베대의 아들의 어머니" 대신에 "살로메"가 언급되고 있다(막 15:40). 언뜻 보기에는 마태가 자신의 문서 자료인 마가복음의 기록 가운데서 "야고보와 요한"(막 10:35)을 "세베대 아들의 어머니"로 바꾸었듯이, 여기서도 "살로메"(막 15:40)를 "세베대 아들의 어머니"로 바꾸어 설명한 것뿐이라고 생각할 수도 있다.[6] "야고보와 요한"이 예수에게 직접 영광의 자리를 요구하는 것보

---

6) 마태가 사용한 전승에서는 "세베대 아들의 어머니"의 이름이 "살로메"였을 가능성도 있다. Cf. W. D. Davies and Dale C. Allison, *Matthew: A Shorter Commentary Based on the Three-volume International Critical Commentary*(T & T Clark International, 2004), p. 531. E. Schweizer도 "세베대 아들의 어머니"와 "살로메"가 "동일한 여인"(the same woman)일 것으로 보고 있다. Cf. *The Good News According to Matthew*(Atlanta: John Knox Press, 1975), p. 518.

다는 오히려 그들의 어머니가 부탁하는 것이 더 적절하다고 생각했기 때문이고, 또 예수가 십자가 위에서 마지막 운명하실 때의 최후 목격자가 "살로메"라고 이름을 밝히기보다는, 예수의 최후 순간을 목격한 세 여인들 중에서 막달라 마리아와 더불어 두 번째 여인인 마리아를 가리켜 "작은 야고보와 요세의 어머니" 마리아라고 표현한 것(막 15:40) 때문에, 바로 이어서 같은 형태와 같은 표현으로 "세베대 아들의 어머니"라고 하는 것이 더 적절하다고 생각했을 수도 있다.

　　그러나 마태가 "세베대의 아들의 어머니"란 문구를 그의 복음서에서 두 번, 그것도 신학적으로 볼 때 전략적으로 아주 중요한 두 곳에서 마가복음 본문에 수정을 가하여 "세베대 아들의 어머니"란 문구를 각각 첨가하고 두 이야기를 연결시키고 있는 것은 아주 의도적이라고 보아야 할 것이다. 마태가 첫 번째로 "세베대 아들의 어머니"란 문구를 사용한 때는 예수께서 자신의 수난에 대한 마지막 세 번째 예고(마 20:17~19)를 말씀하신 직후였고, 마태가 두 번째로 "세베대 아들의 어머니"란 문구를 사용한 때는 바로 그 수난 예고가 구체적으로 실현된 곳, 즉 예수가 십자가 위에서 마지막 숨을 거두며 돌아가신 때였기 때문이다.

　　그렇다면 마태가 이 두 곳에서, 즉 예수의 우편과 좌편 영광의 자리를 요구하는 장면에서, 또한 예수께서 십자가 위에서 처형되는 장면에서, 각각 "세베대 아들의 어머니"를 등장시킨 이유는 무엇일까? 우리는 첫 번째로 "세베대의 아들들의 어머니"가 언급된 때가 예수의 마지막 수난 예고("십자가에 못 박게" 될 일, 마 20:19)가 있은 직후이고, 두 번째로 "세베대의 아들들의 어머니"가 언급된 때는 예수가 예고했던 대로 "십자가에 못 박히는" 십자가 처형이 있은 직후라는 점에 주목해야 한다. 결국 우리는 "세베대 아들의 어머니"라는 두 번에 걸친 언급이 마태복음에서는 십자가 처형에 대한 "예고 장면"에서와 십자가 처형에 대한 "목격 장면"에서 각각 나타나고 있다는 사실을 확인할 수 있으며, 바로 그 점에 주목하고자 한다. 아마도 마태는 "세베대 아들의 어머니"란 문구를 가지고 예수의 십자가 처형 "예고"와 십자가 처형 "현장"을 밀접히 연결시키려는 중요한 의도를 갖고 있었다고 생각된다.[7]

　이런 사실을 염두에 두면서, 마태복음에서 "세베대 아들의 어머니"가 등장하는 두 곳에서 "예수의 우편과 좌편(ἐκ δεξιῶν καὶ εἷς ἐξ εὐωνύμων)"이란 문구가 사용되고 있는 사실(마 20:21; 27:38)에 주목하면, 그것이 결코 우연이 아님을 짐작하게 된다. 오직 마태복음에서만 "세베대 아들의 어머니"란 문구와 "주님의 우편과 좌편"이란 문구가 이 두 곳, 곧 십자가 처형 "예고"와 십자가 처형 "목격" 이야기에 각각 나타나기 때문이다. 마태는 그의 문서 자료인 마가복음의 경우와 마찬가지로 "세베대 아들의 어머니"의 요청과 예수의 답변에서 이미 "오른편과 왼편"(막 10:37; 막 10:40)이란 문구를 두 번 반복시킴으로 독자들의 머리에 그 문구를 강하게 각인시킨 바 있는데, 십자가 처형 현장 이야기에서 다시 똑같은 "세베대 아들의 어머니"와 "주님의 우편과 좌편"이란 문구가 사용된 두 강도들의 이야기를 소개함으로써, 마태는 그 두 이야기를 밀접히 연결시키고 있고, 그런 편집 작업을 통해서 나름 중요한 신학적 교훈을 주려 한 것으로 보인다.

　마태복음 저자가 "예수의 우편과 좌편"이란 문구를 이용하여 세베대 아들의 어머니가 자기 두 아들을 영광의 자리에 앉게 해달라고 부탁한 이야기와, 두 강도가 예수와 함께 십자가에 달려 죽은 이야기를 문학적으로 연결시킨 목적은 무엇일까? 마태가 독자들에게 주려고 한 교훈은 "영광으로 가는 길은 십자가의 죽음으로 가는 길이라"는 점을 보여주려는 것이었다. 즉 고난의 잔을 마시지 않고는 하나님 나라에 들어가는 일은 없다는 점, 곧 영광 이전에 환란이 있고, 부활 이전에 십자가가 있다는 교훈이다. 처음에 "세베대 아들의 어머니"가 그토록 보고 싶었던 것은 그의 두 아들이 하나님 나라에 들

---

7) 이것은 마치 요한복음에서 "예수의 어머니" 마리아가 등장하는 장면이 오직 두 번, 즉 하나는 예수의 공생애 활동 중 첫 번째 표적인 물로 포도주를 만든 이야기이고, 다른 하나는 예수의 십자가 처형 현장 이야기인데, 이 두 장면이 요한복음에서는 예수의 공생애 활동의 알파와 오메가, 곧 예수의 공생애 활동 중 첫 번째 사건과 마지막 사건을 이루고 있는 것과도 비슷하다.

어가 예수의 우편과 좌편에서 영광의 자리에 오르는 장면이었는데, 실제로 나중에 "세베대 아들의 어머니"가 목격한 것은 두 강도가 예수의 우편과 좌편에서 십자가에 달려 죽는 장면이었다.[8]

이 두 본문의 내용을, 이미 복음서 전승을 통해 잘 알고 있는 독자라면 서로 비슷하면서도 다른 두 장면을 쉽게 지나치지는 않을 것이다. 두 장면이 서로 비슷한 형태로 되어 있으면서도, 아주 다른 내용을 대조적으로 보여주고 있기 때문이다. 첫 번째 이야기에서는 "세베대 아들의 어머니"는 많은 무리들의 환호성을 받으며 예루살렘에 입성한 예수께서 장차 주님의 나라에서 영광 가운데 자기의 두 아들을 "그의 우편과 좌편에" 두고 영광스럽게 앉아 있을 장면을 연상하며 그것을 요구하였지만, 두 번째 이야기인 십자가 처형 "목격" 장면에서는 "세베대 아들의 어머니"가 예루살렘 성 밖의 처형장에서 십자가에 달린 예수가 이름이 알려지지 않은 두 강도를 "그의 우편과 좌편에" 두고 죽는 장면을 지켜보는 모습이 부각되어 있다. 이 두 장면을 머릿속에 함께 생각할 경우, 우리는 일종의 아이러니를 보게 된다. 앞에서 "세베대 아들의 어머니"가 자기의 두 아들을 위해 주님의 "우편과 좌편의 자리"를 요구할 때, 그 어머니는 아마도 첫 번째 영광스런 장면을 연상했겠지만, 그때 예수는 아마도 분명히 두 번째 십자가의 장면을 생각하고 계셨을 것이다.[9] 그래서 예수는 "'내 오른편과 왼편에(ἐκ δεξιῶν καὶ εἷς ἐξ εὐωνύμων)' 앉게 하는 일은 내가 할 일이 아니라 내 아버지께서 누구를 위하여 마련하셨든지 그대로 될 것이라"(마 20:23)고, "인자는 섬김을 받으러 온 것이 아니라 섬기

---

8) D. C. Allison, *Studies in Matthew: Interpretation Past and Present*(Grand Rapids: Baker Academic, 2005), pp. 230~232.

9) R. A. Hare도 그의 「마태복음 해석」에서 다음과 같이 비슷한 해석을 제시하고 있다. "예수의 좌편과 우편의 두 강도는 왕의 두 추종자들을 보여준다! 그들은 아마도 예수에게 그의 잔을 기꺼이 함께 마시겠다는 확신을 주었지만, 예수와 함께 죽는 대신에 그를 버리고 도망갔던(마 20:20~23; 26:56) 야고보와 요한에 대한 풍자로 제시되고 있다." Cf. *Matthew: Interpretation*(Louisville: John Knox, 1993), p 320. Ulrich Luz(*Matthaeus*, 4:321)와 Warren Carter(*Matthew and Margins: A Sociopolitical and Religious Reading*, Maryknoll, NY: Orbis, 2000, p. 532)도 "20:21~22에서 야고보와 요한은 예수의 좌편과 우편에 앉기를 원했고, 예수에게 자기들이 그의 고난의 잔을 마시겠다고 확답을 주었다. 그러나 그들은 이런 종류의 장면을 염두에 두었던 것이 아니라서 도망가 버렸다(26:56)."

러 왔고, 많은 사람을 위하여 자기 생명을 대속물로 내주러 왔다"(마 20:28)라고 말씀하신 것이다.

"세베대 아들의 어머니"가 첫 번째 장면인 마태복음 20:20~28에서는 자기의 두 아들이 주님의 영광의 보좌 "우편과 좌편"에 앉을 것을 예상하고 있었는데, 두 번째 장면인 27:55~56에서는 십자가에서 고통당하는 예수의 "우편과 좌편"에 달려 있는 두 강도를 실제로 목격하고 있다. 결과적으로 "세베대 아들의 어머니"가 두 장면에 등장하는 것 자체가 두 이야기 모두가 갖고 있는 아이러니를 드러내 주면서, 예수를 따른다는 것은 "세베대 아들의 어머니"가 생각한 것처럼 영광의 길을 따르는 것이 아니라, 자기 십자가를 지고 따르는 것(마 16:24)이요, 예수와 함께 십자가를 지는 것임을 가르치고자 한 것으로 보인다.

따라서 마태는 "세베대 아들의 어머니"가 등장하는 두 장면 모두에서 마태복음 독자들을 향한 "제자직에 관한 교훈"을 제시하고 있다고 보아야 한다. 첫 번째 장면에서는 예수를 따르면서 "주님의 우편과 좌편"의 영광의 자리에 눈이 멀어서는 안 된다는 교훈을, 두 번째 장면을 통해서는 예수를 따른다는 것은 "자기를 부인하고 자기 십자가를 지는 일"이요, 결국 예수와 함께 "그의 우편과 좌편에서" 십자가에 달리는 길이라는 점을 가르치고자 한 것이다.

제7장

예수의 제자가 되려면
(눅 9:57~62)

　누가는 여행설화를 위한 서론으로 예수가 예루살렘을 향해 올라가는 길에 잠깐 제자들과 함께 사마리아 마을에 들어간 이야기(눅 9:51~56)를 소개하였다. 그리고 바로 직후에, 예수를 따르기 원하는 세 종류의 사람들에게 주는 예수의 세 가지 말씀을 소개하고 있다. 처음 두 종류의 사람들과 그들에게 준 예수의 두 말씀(눅 9:57~60)은 Q 자료에서 나온 것으로 보이며, 그래서 마태복음 8:18~22에서도 평행 본문으로 거의 같은 형태로 나타난다. 그런데 세 번째 종류의 사람과 그에게 준 예수의 말씀(눅 9:61~62)은 누가복음에만 나오는 말씀으로 "누가의 구성"[1]으로 생각된다. 따라서 누가의 본문을 평행 본문인 마태의 본문(마 8:18~22)과 비교해 볼 때 우리는 그 두 본문 사이에 몇 가지 중요한 차이점을 보게 되며, 우리는 이런 차이점을 통해서 마태와는 다른 누가의 독특한 의도가 무엇인지를 찾아내게 된다.

　무엇보다 누가복음과 마태복음에서 이 본문이 소개되고 있는 문맥이 아

---

1) J. Fitzmyer, *The Gospel According to Luke*(New York: Doubleday, 1986), p. 837. "a Lucan composition, influenced by 1 Kings 19:19~21."

주 다르다는 점이다. 마태복음의 경우에는 이 본문이 예수의 갈릴리 사역 중 산상설교에 이어 소개되는 이적 시리즈(마 8~9장)에 편집되어 있고, 특히 광풍 진압 이적 이야기(마 8:23~27)의 서론 형태로 소개되고 있다.[2] 더구나 마태복음에서는 예수를 따르겠다는 두 종류의 사람에 대한 이야기와 광풍 진압 이적 이야기가 모두 각각 "따르다(follow)"는 헬라어 동사 "ἀκολουθέω"에 의해 연결되어 있다(마 8:19, 22, 23). 그래서 현재의 문맥에서 예수의 제자가 되겠다는 두 종류의 사람에 관한 이야기와 광풍 진압 이적 이야기는 "ἀκολουθέω"이란 연결어에 의해 편집된 일종의 "제자직에 관한 시리즈 교훈"이라고 생각된다.[3]

따라서 마태의 경우, 첫 번째 종류의 사람에게는 예수의 제자가 되려면, 자기가 지금 따르고자 하는 예수가 "머리 둘 곳도 없는 분"이라는 점을 고려하여 사전에 충분하고 신중히 심사숙고한 후에 따라야 된다는 교훈을 주고 있고, 두 번째 종류의 사람에게는 예수의 제자가 되려면, 예수를 따르는 일이 가족의 장사를 지내는 일보다 우선순위에서 있어서 마땅히 앞서야 한다는 교훈을 제시한 후에, 세 번째로는 광풍 진압 이적 이야기를 통해서 예수의 제자가 되려면, 예수를 따르는 데 어떤 위험이 있을지를, 즉 "주님, 우리를 구해 주십시오. 우리가 죽게 되었나이다"(마 8:25)라고 말할 정도로, 죽음 바로 직전까지라도 따를 수 있어야 한다는 교훈을 주고 있는 셈이다.[4] 이처럼 마태복음에서는 이 말씀들의 초점이 모두 "제자직(discipleship)"에, 그리고 제자직과 관련된 희생과 위험에 집중되어 있다고 말할 수 있다.

---

2) 예수의 이적 이야기를 연속적으로 10개를 소개하는 문맥에서 예수의 말씀 자료가 소개되고 있는 것은 아주 예외적이며 독특한 일이기 때문에 아주 의도적인 것이라고 생각된다.

3) 이 점은 특히 G. Bornkamm의 편집비평적 연구인 "The Stilling of the Storm in Matthew"(in: G. Bornkamm, G. Barth, H .J. Held, *Tradition and Interpretation in Matthew*(Philadelphia: The Westminster Press, 1963), pp. 52~57과 G. Held, "Matthew as Interpreter of the Miracle Stories"(in: *Tradition and Interpretation in Matthew*), pp. 200~204에서 잘 드러나고 있다.

4) 그래서 G. Bornkamm은 마태복음에서 광풍진압 이적 이야기는 "제자직의 위험과 영광에 대한 케리그마적 예화(a kerygmatic paradigm of the danger and glory of discipleship)"라고 말한다. Cf. G. Bornkamm, "The Stilling of the Storm in Matthew," in *Tradition and Interpretation in Matthew*(Philadelphia: The Westminster Press, 1963), p. 57.

그러나 누가복음에서는 이 본문(눅 9:57~62)이 예수가 갈릴리 사역을 마치고 예루살렘을 향해 여행을 시작하는 부분, 곧 여행 설화(눅 9:51~19:44)의 서두에서 소개되고 있다. 마태복음과는 완전히 다른 문맥에서 소개되고 있는 것이다. 더구나 누가복음에서는 이 본문이 열두 제자들을 전도 파송한 이야기(눅 9:1~6)에 이어서, 특히 칠십인 제자들을 전도 파송하는 이야기(눅 10:1~12) 바로 직전에 편집되어 있다. 따라서 누가복음에서는 예수를 믿고 따른다는 것, 즉 예수의 제자가 된다는 것은 전도 파송 혹은 선교 파송을 위한 일종의 "여행(travel)"이나 "순례(pilgrimage)"5)에 참여하는 것이라고 보는 관점이 더 강하게 드러난다. 그러므로 우리는 누가가 이 본문을 전도 여행 혹은 선교 여행과 관련된 이야기로 이해하여 현재의 문맥에 편집한 것이라고 생각할 수 있으며, 결과적으로 누가의 선교적 관심과 관점을 분명히 보여주는 본문이라고 생각할 수밖에 없다.

그런데 문맥의 차이에 못지않게 우리가 더 관심을 집중해야 할 차이점은 누가의 본문이 마태의 본문과는 다른 형태로 구성되어 있다는 것이다. 첫째로, 마태의 본문에서는 예수를 따르겠다고 나선 "두 종류의 사람"을 전해주고 있다. 첫 번째 종류의 사람은 "율법학자" 중 한 사람으로서, 그는 예수께 나아와 "선생님, 저는 선생님이 가시는 곳이면 어디든지 따라가겠습니다"(마 8:19)라고 말했고, 두 번째 종류의 사람은 "제자" 중 한 사람으로서 예수께 나아와 "주님, 제가 먼저 가서 아버지를 장사하도록 허락해 주십시오"(마 8:21)라고 청했다. 그런데 누가의 본문에서는 마태의 경우와 달리 "세 종류의 사람"이 등장한다. 첫 번째 종류의 사람인 "어떤 사람"은 예수께 나아와 "선생님이 가시는 곳이면 저는 어디든지 따라가겠습니다"(눅 9:57)라고 말했고, 두 번째 종류의 사람인 "다른 사람"(눅 9:59)은 예수를 따르라는 명령에 대해서

---

5) "Luke's conception of the life of faith as a pilgrimage, always on the move(cf. Acts 9:2; 19:9, 23; 22:4; 24:14, 22 where the Christian faith is designated "the Way")." Cf. C. H. Talbert, *Reading Luke: A Literary and Theological Commentary on the Third Gospel*(New York: Crossroad, 1984), p. 113.

"먼저 제게 아버지를 장사하러 가도록 허락해 주십시오"라고 청했고, 세 번째로 등장한 사람인 "또 다른 사람"은 예수에게 "주님, 제가 주님을 따라가겠습니다. 그러나 먼저 집 식구들에게 작별인사를 하게 해 주십시오"(눅 9:61)라고 부탁하였다. 무엇보다도 처음 두 사람에 대한 언급은 마태 본문과 누가 본문에 똑같이 나오지만, 세 번째 종류의 사람에 대한 언급은 오직 누가복음에만 나온다는 점이 다르다. 따라서 세 번째 종류의 사람에 대한 언급은 누가가 별도로 삽입한 부분이라고 생각된다.

이 차이점 이외에 다른 차이점은, 마태의 본문에서는 두 종류의 사람들이 모두 자발적으로 예수를 따르고자 하는 사람들이었다. 그러나 누가 본문의 경우에는 첫 번째 종류의 사람과 세 번째 종류의 사람은 분명히 자발적인 경우이지만(눅 9:57, "선생님이 가시는 곳이면 저는 어디든지 따라가겠습니다"; 눅 9:61, "주님, 제가 주님을 따라가겠습니다"), 두 번째 종류의 사람은 분명히 "나를 따르라"는 예수의 말씀을 듣고 응답한 경우이다. 누가가 마태와 달리 이렇게 두 번째 사람의 경우를 구별한 것은 아마도 예수의 제자가 된 사람들, 특히 누가의 시대에 예수를 따라서 복음 전도에 나선 사람들 가운데에는 자발적으로 따라나선 사람들도 있었지만, 부름에 응답하여 나선 사람들도 있었기 때문일 것으로 생각된다.

그런데 첫 번째 사람에 대한 본문에 관한 한, 누가의 본문과 마태의 본문 사이에는 별다른 차이가 없어 보인다. 예수는 첫 번째 사람을 향해서 "여우도 굴이 있고 새도 보금자리가 있으나 인자는 머리 둘 곳도 없다"(눅 9:58 = 마 8:20)라고 말씀하심으로써, 예수를 믿고 따른다는 생활이 "안주할 집이 없는 상태"의 생활임을 강조하고 있다. 샤론 린지(Sharon H. Ringe)에 의하면, 이 말씀은 예수를 믿고 제자가 되려는 사람들에게 누가가 요구하는 생활 형태가 "안주할 집을 포기하는 생활 스타일(a lifestyle of homelessness)"임을 선포하는 것이다.6) 예수 자신의 삶이 "집 없이 떠돌아다니는 방랑자의 삶(the life

6) Sharon H. Ringe, *Luke*(Westminster Bible Commentary, Louisville: Westminster John Knox

of a homeless wanderer)"7)이 아니었던가? 그런데 누가가 이 말씀을 현재의 문맥인 예수의 여행설화 서두에서 소개하고 있는 점으로 보아, 누가로서는 특히 앞으로 제자가 되어 "하나님 나라를 전파할"(cf. 눅 9:60) 사람들, 곧 복음 전도자들에게 선교사들의 생활 스타일이 어떠해야 하는지를 분명히 보여주려고 한 것이라고 생각된다.

두 번째 사람에 대한 본문에서도 누가는 마태와 중요한 차이를 보이고 있다. 예수를 따라나서기 전에 먼저 "아버지를 장사하러 가도록 허락해 주십시오"(눅 9:59 = 마 8:21)라고 청했던 두 번째 사람을 향해서 예수는 "죽은 자들을 장사하는 일은 죽은 자들에게 맡기라"(눅 9:60 = 마 8:22)고 말씀하심으로써 예수를 믿고 따르는 일이 죽은 자들을 장사하는 일보다도 우선순위에 있어서 더 중요한, 더 우선되어야 할 일임을 강조하고 있다. 여기까지는 누가가 마태와 별다른 차이를 보이지 않는다. 그러나 누가가 마태와 중요한 차이를 보이는 점은 "죽은 자들을 장사하는 일은 죽은 자들에게 맡기라"는 말씀에 이어서 오직 누가만이 "너는 가서 하나님 나라를 전파하라"(눅 9:60b)는 말을 첨가한 점이다. 누가만이 예수를 믿고 따르는 일이 죽은 자를 장사하는 일보다 우선되어야 한다는 점을 강조하면서 동시에 예수를 따르는 일이 곧 "하나님 나라를 전파하는 일"과 연관되어 있다는 사실, 그리고 "하나님 나라를 전파하는 일"이 죽은 자들을 장사하는 일보다 더 중요하고 우선적인 일이라는 사실을 분명히 지적하고 있다는 점이다. 이 말씀과 관련하여 피츠마이어(Fitzmyer)가 "누가의 예수는 이 말을 오직 스승과 제자의 관계에서 말한 것이 아니다"8)라고 지적한 것은 일단 옳게 보인다. 그러나 피츠마이어는 이 말을 단지 하나님나라에 대한 요구가 심지어 일상적인 가족생활을 깨뜨리기까지도 한다는 의미로만 읽었을 뿐, 제자가 되는 일이 "하나님 나라를 전파하는 일"과 연관되어 있다는 선교적인 의미는 전혀 파악하지 못한 것으로

Press, 1995), p. 150.
7) J. Fitzmyer, *The Gospel According to Luke*, p. 834.
8) Fitzmyer, *The Gospel According to Luke*, p. 836.

보인다.

누가는 이미 "하나님 나라를 전파하는 일"이 예수의 사명이며(눅 4:43), 그래서 예수가 제자들과 함께한 일(눅 8:1)이었을 뿐만 아니라, 열두 제자들을 파송하면서 그들에게 명한 일(눅 9:2)이기도 하다는 점을 분명히 밝힌 바 있다. 누가는 제자가 되려는 사람에게 "죽은 자를 장사하는 일은 죽은 자들에게 맡기고, 너는("συ δε")[9] 가서 하나님 나라를 전파하라"(눅 9:60)고 말함으로써 자신의 선교적 관심과 더불어, 특히 예수를 따르는 제자들이 해야 할 구체적인 과제가 무엇인지를 분명히 밝히고 있다. 누가에게서 예수를 믿고 따른다는 것은 "하나님 나라를 전파하는 일"에 나서는 것, 즉 복음 선교에 나선다는 것을 의미하는 것 이외 다른 것이 아니기 때문이다. 누가가 제자가 되려는 세 종류의 사람들에 대한 말씀을 칠십인 제자들의 파송과 연관시켜 그 직전에 소개하고 있는 점에서, 또한 누가가 9:60에서 첨가 삽입한 "하나님 나라를 전파하라"는 말씀이 칠십인 제자들에게 주어진 "하나님 나라가 가까이 왔다고 말하라"(눅 10:9, 11)는 말씀과 문맥상으로 밀접히 연결되고 있다는 점에서도, 누가의 그런 선교적인 의도는 아주 분명해 보인다. 따라서 우리는 이 본문 가운데서 선교사였던 누가의 선교적 관심과 관점을 아주 분명하게 읽게 된다.

마지막으로 누가의 이 본문에서 마태의 것과 아주 다른 중요한 차이점은, 앞에서도 잠깐 지적한 바와 같이, 누가가 세 번째 종류의 사람에 대해 추가로 언급하고 있는 점이다. 누가는 마태와 달리 누가복음 9:61~62에서 다음의 내용을 첨가하고 있다. "또 다른 사람이 예수께 말했습니다. 주님, 제가 주님을 따라가겠습니다. 그러나 먼저 집안 식구들에게 작별 인사를 하게 해주십시오. 예수께서 그에게 말씀하셨습니다. 누구든지 손에 쟁기를 잡고 뒤를 돌아다보는 사람은 하나님 나라에 합당하지 않다." 이 말씀은 오직 누가복음에만 나온다. 그리고 이 말씀은 분명히 열왕기상 19:19~21을 상기시켜 주는 말

---

9) 헬라어 원문에서는 "그러나 너는"이란 말이 강조적으로 사용되었다는 점에도 주목해야 한다.

이기도 하다. 열왕기상 19:20에 보면, 엘리사가 엘리야에게 달려 나와서 "청하건대 나를 내 부모와 입 맞추게 하소서 그리한 후에 내가 당신을 따르리이다"라고 말했고, 엘리야는 엘리사의 청을 받아들여 그를 집으로 돌려보낸다. 그래서 엘리사는 집으로 돌아가 소를 잡아 잔치를 베풀고 난 후에 "일어나 엘리야를 따르며 수종"(왕상 19:21) 들었다. 구약에서 엘리야는 엘리사로 하여금 집으로 돌아가 부모와 인사한 후 따르도록 허락했는데, 누가복음에서 예수는 "먼저 집안 식구들에게 작별인사를 하는 것"을 허락하지 않았다. 여기서도 누가는 예수를 따르는 일이 우선순위에 있어서 집안 식구들에게 작별인사를 하는 것보다 먼저라는 엄중한 사실을, 또한 "예수의 권위가 엘리야의 것보다 훨씬 더 위대하며 하나님 나라의 요구가 더 엄격함"[10]을 강조하고 있는 것이다.

그런데 우리는 여기서 누가가 다시금 구약의 선지자들인 엘리야와 엘리사를 거론하며 상기시키고 있다는 점에 관심을 기울여야 한다. 누가가 그토록 자주 엘리야와 엘리사의 전승을 이용하면서 우리들에게 그들을 상기시키는 이유는 무엇일까?[11] 아마도 그것은 분명히 누가에게 예수는 엘리야와 엘리사와 같은 선지자였기 때문일 것이다. 특히 엘리야와 엘리사가 북부 이스라엘, 곧 사마리아 지역에서 활동하던 선지자였기 때문이기도 할 것이며, 이것은 누가가 사마리아 지역과 이방 지역에 대해 갖고 있는 선교적 관심과 결코 무관하지 않을 것이다. 따라서 누가는 마태가 "제자직에 관련된 말씀"을 소개하는 문맥 속에 편집한 것과는 달리, 현재의 문맥, 즉 예수의 예루살렘 여행설화의 서두에, 특히 칠십인 제자들의 선교 파송 이야기 직전에 편집해

10) F. W. Danker, *Jesus and the New Age: A Commentary on St. Luke's Gospel*(Philadelphia: Fortress Press, 1988), p. 211.
11) 누가복음 4:25~27에서 시돈 지방 사렙다 과부에게 보내진 엘리야와 수리아 사람 나아만에게 보내진 엘리사의 이야기와 이방인들을 위한 두 선지자의 활동이 누가복음 7:1~10에서 예수가 이방인 백부장의 종을 고쳐주고, 누가복음 7:11~17에서 예수가 나인 성 과부의 죽은 아들을 살린 이야기에서 다시 실현된 이야기, 그리고 누가복음 9:54의 다른 사본 증거에서와 같이 "엘리야가 한 것처럼"이 언급된 경우 등등 참조.

넣은 의도는 그의 선교적 관심 때문이었다고, 그래서 마태에서는 "제자직에 관한 말씀"인 것이 누가에서는 "선교에 관한 말씀"으로 소개되고 있다고 보아야 할 것이다.

따라서 누가에게 이 본문이 정말로 "선교에 관한 말씀"이라면, 그리고 "제자가 된다는 것"이 곧 "하나님 나라를 전파하는 일," 곧 "선교사가 된다는 것"을 의미하는 것이라면, 이 본문의 제목도 당연히 "제자가 되려면"보다는 도리어 "선교사가 되려면"이라고 붙여야 옳을지 모른다. 그리고 누가가 본문 가운데서 세 종류의 사람에게 주어진 것으로 전해주는 예수의 세 말씀도 선교사가 되려는 사람들에게 주는 세 가지 규범적인 말씀으로 해석될 수 있을 것이다.

첫째로, 선교사가 되려고 나서는 사람이라면, 굴이 있는 여우나 보금자리가 있는 새와 달리, 예수처럼 "집 없는 방랑자(a homeless wanderer)"가 되어야 한다. 이 첫 번째 말씀은 "너희 중에 누구든지 자기 소유를 다 버리지 않으면 내 제자가 될 수 없다"(눅 14:33)라고 한 예수의 말씀과, 예수가 열두 제자들을 전도 파송하면서 그들에게 "아무것도 가지고 가지 말라"(눅 9:3)고 명한 무소유와 전적인 포기의 정신을 상기시킨다. 머리 둘 곳, 다리 뻗고 누울 곳 등에 연연하지 말아야 한다. "무엇을 먹을까 무엇을 마실까 무엇을 입을까 염려하지 말라"(마 6:25, 31)고 했다. "하늘 아버지께서는 이 모든 것이 너희에게 필요하다는 것을 아시고…이 모든 것을 더하여 주신다"(마 6:32~33)라고 했다. 선교사는 세상에 의존하는 사람이 아니라 전적으로 하나님과 그의 도우심에만 의존하는 사람이기 때문이다.

둘째로, 선교사가 되려고 나서는 사람이라면, 아버지나 가족의 장사를 지내는 일보다도 "하나님 나라를 전파하는 일"(눅 9:60)을 더 우선시할 수 있어야 한다. 예수는 "나보다 아버지나 어머니를 더 사랑하는 사람은 내게 합당하지 않고 나보다 아들이나 딸을 더 사랑하는 사람도 내게 합당하지 않다"(마 10:37)라고 말씀하셨다. 선교사는 세상의 어떤 일보다도 "하나님 나라를 전파하는 일"을 우선하는 사람이기 때문이다.

셋째로, 선교사가 되려고 나서는 사람이라면, 집안 식구들에게 작별인사를 하는 일에 너무 마음을 빼앗겨서는 안 될 것이다. 누가는 이미 "하나님의 말씀을 듣고 행하는 사람들이 모두 다 예수의 어머니요 예수의 형제"(눅 8:21)라고 말한 바 있다. 선교사는 가까운 혈육의 가족만을 바라보는 사람이 아니라, 하나님 나라의 대가족을 내다보는 사람이다. 혈육의 가족에게 작별인사를 하기 위해서 하나님 나라의 대가족과 작별인사를 하는 일은 없어야 할 것이다. 예수가 "쟁기를 잡고 뒤를 돌아다보는 사람은 하나님 나라에 합당치 않다"(눅 9:62)라고 말씀하신 것이 바로 그 때문일 것이다.

제8장

"열두 제자들"을 "사도"로 세우신 예수

(눅 6:12~16)

예수의 열두 제자들 선택과 명단1)을 소개하고 있는 누가복음 6:12~16은 누가가 마가복음 3:13~19를 문서 자료로 사용하여 재구성한 것으로 생각된다. 그런데 마가의 본문을 재구성하는 편집 과정에서 누가는 마가의 본문과 중요한 차이점 두 가지를 드러내 보이고 있다.2) 이런 차이점을 통해서 우리는 마가복음 3:13~19의 자료를 소개하는 누가의 의도가 무엇인지를 알아보기로 하자.

첫 번째 차이점은 누가가 예수께서 열두 제자들을 선택한 목적에 대한 마가의 진술 가운데서 일부를 생략 혹은 삭제한 점이다. 마가복음 3:14~15에 의하면, 예수가 열둘을 선택하여 세우신 목적은 세 가지였다. "(1) 그들을 자기와 함께 있게 하시고, (2) 또 내보내어 말씀을 전파하게 하시며, (3) 그들에

---

1) "열두 제자들의 명단"은 신약성서 중 다음 네 곳에서 소개되고 있다. 마가복음 3:16~19, 마태복음 10:2~4, 누가복음 6:14~16, 사도행전 1:13.
2) Cf. Fitzmyer, *The Gospel According to St. Luke,* p. 615. "The special purpose of the Lucan list can be seen in the omission of the Marcan statement of the purpose of the Twelve and the attribution of title for them, 'apostles,' to Jesus himself."

게 귀신을 쫓아내는 권세를 주시려는 것"이었다. 그런데 누가는 이 구절들 중 첫 번째 목적, 즉 "그들을 자기와 함께 있게 하시기" 위함이란 목적에 대한 기록을 삭제하였다. 누가가 이 첫 번째 목적을 삭제한 이유는 무엇일까? 누가가 나중에 그의 복음서에서 예수께서 열두 제자들을 파송하시는 이야기(눅 9:1~6)를 소개할 때에, 예수께서는 "모든 귀신을 제어하고 병을 고치는 능력과 권세를 주셨고 또 하나님 나라를 선포하게… 하려고 그들을 내보냈다"(눅 9:1~2)라고 말한 점으로 미루어, 누가는 예수가 열두 제자들을 선택한 목적에 대한 마가의 진술 중 나중의 두 가지는 그대로 받아들여 소개하고 있는 것으로 보인다. 그러나 마가가 언급한 첫 번째 선택 목적, 곧 "그들을 자기와 함께 있게 하시기 위해서"(막 3:14)라는 언급은 누가복음 어디에서도 다시 언급된 바가 없다. 따라서 누가가 마가의 이 진술을 삭제한 이유는 분명히 이 첫 번째 목적에 대한 누가의 거부(rejection) 혹은 반발(reaction) 때문이었다고 생각해볼 수 있다. 누가에게는 예수가 열두 제자들을 선택하여 세운 목적 중 하나가 "그들로 자기와 함께 있게 하기 위함"이란 것은 생각할 수도, 받아들일 수도 없었기 때문일 것이다.[3]

누가에게는 예수가 열두 제자들을 선택한 일이 아주 중요한, 아니 아마도 가장 중요한 의미를 갖는 일이었을 것이다. 그 점은 다른 복음서의 기록과는 달리 예수가 오직 열두 제자들을 선택하여 세우실 때에만 "산에 올라가 밤이 맞도록 기도하셨다"라는 언급을 누가가 강조하고 있는 사실에서 어느 정도 확인할 수 있다(눅 6:12). 누가복음에 나오는 이른바 "산상 철야기도"에 대한 언급은 예수가 열두 제자들을 선택하여 사도로 세우는 일과 관련해서만 유일하게 나타난다. "열두 제자들"은 이 땅에 "보내심을 받은" 예수로부터 다시 이 땅으로 "보내심을 받은 일꾼들"이기 때문이다. 그래서 예수는 자신의 "능력과 권세"를 그들에게 그대로 주었던 것으로 기록되어 있다(눅 9:1).

3) Fitzmyer는 이 점에 대해 다음과 같이 주장한다. "For Luke these special disciples were not simply to 'be with him'(Mark 3:14), but they were to be his 'emissaries'(apostoloi, i.e., persons sent out), indeed, even witnesses to him." Cf. *The Gospel According to St. Luke*, p. 615.

그런데 누가에게서 예수가 열두 제자들을 선택한 목적은 누가복음 9:1~2에서는 분명히 볼 수 있으나, 마가복음 3:14와는 약간 달리, "모든 귀신을 제어하고 병을 고치는 능력과 권세를 주고 또 하나님 나라를 선포하며 병을 고치게 하려고 그들을 '보내시기("ἀπέστειλεν," sent out) 위해서'였다." 마가복음에서는 열두 제자들이 선택된 목적 중 첫 번째 목적이 "예수와 함께 있게 하기 위해서"라고 기록되어 있는데, 누가복음에서는 그들이 선택된 목적은 오직 "하나님 나라를 선포하며 병을 고치게 하려고 '보내시기' 위해서"라고만 기록되어 있다. 누가에게 열두 제자들은 결코 "예수와 함께 있는 사람들," 즉 예수의 곁에 머물러 있는 사람들이 아니라, 오히려 "예수로부터 보내심을 받은 사람들," 즉 예수를 떠나 예수께서 보내는 곳으로 떠나가야 하는 사람들이었다.

바로 이 점과 관련해서 우리는 누가가 열두 제자들의 선택에 관한 본문을 구성할 때, 마가의 본문과 다르게 기록한, 중요한 차이점 하나를 더 보게 된다. 그것은 복음서 기자들 중 오직 누가만이 예수가 "열둘을 택하여 그들에게 사도(ἀπόστολος)라는 이름을 주셨다"(눅 6:13)라고 강조하는 점이다. "사도"란 단어를 유일하게 한 번 사용한 마태는 "열두 제자들"과 "열두 사도들"을 거의 동의어로 사용할 뿐이다(참고. 마 10:1~2, "예수께서 열두 제자들을 자기 앞에 부르셨는데… 열두 사도의 이름은 이러합니다"). 그러나 오직 누가만이 "예수께서 제자들을 부르시고, 그중에서 열둘을 택하여서, 그들에게 사도란 이름을 주셨다(whom he named apostles)"(6:13)라고 기록하였다. 잘 알려진 바와 같이 "사도"는 본래 "보내심을 받은 자"라는 뜻이다.[4] 누가는 다른 복음서들과 달리 "제자들" 중에서 선택된 "열둘"에게 특별히 "사도들"이란 명칭을 붙여줌으로써 열두 제자들이 "보내심을 받은 자"로서 갖고 있는 특별한 선교적 과제와 사명을 더 강조하고 있다. 복음서 중에서 누가복음에서만 "사도"

---

4) Cf. 요한복음 13:16, "내가 진실로 너희에게 이르노니 종이 주인보다 크지 못하고, 보냄을 받은 자(ἀπόστολος)가 보낸 자(πέμψαντος)보다 크지 못하다."

란 말이 "열두 제자들"을 가리키는 명칭으로 사용되고 있는 이유도 바로 여기에 있는 것으로 보인다.5)

더구나 누가는 "ἀποστέλλω"란 동사를 자주 "εὐαγγελίζομαί"란 동사와 연결시켜 사용함으로써, "보냄을 받은 자들"의 주요 역할이 "복음 혹은 기쁜 소식을 전파하는 일," 혹은 "하나님 나라를 선포하는 일"(눅 9:2)이라는 점을 분명히 드러내고 있다. 제자들 가운데서 "사도"라 칭함을 받은 자들이 해야 할 가장 중요한 일이 "복음을 전파하는 일," 혹은 "하나님 나라를 선포하는 일"과 같은 "선교적 사명"이라는 점을 누가는 분명히 밝히고 있는 셈이다.

누가에게 "사도들"은 결국 "보내심을 받아" 복음을 전하며, 하나님 나라를 선포하는 "선교사들(missionary)" 이외 다른 사람들이 아니다. 그래서 누가에게서 "사도들"은 결코 "열두 제자들"만을 가리키는 명칭이 아니다. 누가는 사도행전에서 바울과 바나바에게도 "사도"란 명칭을 붙이고 있다(행 14:3, 14; 15:2). 그것은 그들이 "열두 제자들"과 마찬가지로 안디옥 교회로부터 "보냄을 받은 사람들," 곧 "선교사들(missionaries)"이기 때문이다(행 13:2~3). 따라서 만일 우리가 누가의 의도에 충실하게 이해하고자 한다면, 헬라어 단어 "ἀπόστολος"를 영어로 그대로 음역하여 "apostle," 곧 "사도"라고 번역하기보다는 그 본래의 의미를 따라서 "사자(使者, emissary)" 혹은 "선교사(missionary)"로 번역하는 편이 더 옳을 것으로 생각된다.6)

---

5) "사도"란 명칭이 복음서에서는 마가복음에서 2번, 마태복음과 요한복음에서 각 1번 사용되었고, 누가복음에서만 6번 사용되었다(6:14, 9:10, 11:49, 17:5, 22:14, 24:10). 그러나 요한복음에서 1번 사용된 13:16에서는 헬라어 "ἀπόστολος"가 "열두 제자들"을 가리키는 용어가 아니라, "보낸 사람"과 대칭되는 "보냄을 받은 자"라는 어원적인 의미로 사용되었다.

6) Fitzmyer도 "ἀπόστολος"란 헬라어를 라틴어로 번역할 때 "missus" 혹은 그와 비슷한 단어로 번역하지 않고, 단순하게 "apostolus"라고 음역한 것을 가리켜 "후대 기독교인들의 실수(the failure of later Christians)"라고 언급하고 있다. Cf. *The Gospel According to St. Luke*, p. 617.

제9장

나인 성 과부의 아들을 살린 예수

(눅 7:11~17)

이 본문의 이야기는 오직 누가복음에만 나온다. 따라서 이 이야기는 누가의 특수 자료에 속하는 것으로서, 누가의 특별한 관심을 반영하는 이야기라고 보아야 할 것이다. 그런데 누가는 이 이야기를 예수가 "병들어 죽게 된"(눅 7:2) 백부장의 종을 살려준 이야기 바로 뒤에 편집하여 소개하고 있다. 이런 문맥 설정도 아주 의도적인 것으로 보인다.[1] 누가는 누가복음 7:1~10에서 예수가 병들어 "죽게 된" 백부장의 종을 살려준 이야기를 소개한 직후에, 바로 이어서 7:11~17에서는 예수가 이미 "죽은 자"[2](7:12, 15)인 나인 성 과부의 아들을 살려준 이야기를 소개하고 있기 때문이다. 누가가 이방인 백부장

---

1) 누가가 이 이야기를 현재의 문맥에서 백부장의 종을 고쳐준 이야기와 나란히 편집한 의도 가운데에는 누가가 그의 복음서 전반에 걸쳐서 그리고 사도행전에 있어서까지 남자와 여자, 혹은 남자의 이야기와 여자의 이야기를 나란히 평행시켜 소개함으로써 남자와 여자 간의 평등성을 드러내려는 의도와도 연관이 있는 것으로 설명된다. 실제로 누가는 그의 복음서에서 다음과 같이 소개하고 있다. 사가랴와 엘리사벳(눅 1장), 요셉과 마리아(눅 2장), 시므온과 안나(눅 2:25~38), 사렙다 과부와 수리아 나아만 장군(눅 4:25~27), 가버나움의 백부장과 나인 성의 과부(눅 7:1~17), 바리새인 시몬과 죄 많은 여인(눅 7:36~50), 겨자씨 가진 남자와 누룩을 가진 여인(눅 13:18~21), 100마리 양을 가진 목자와 10개의 은전을 가진 여인(눅 15:3~10), 침상에 누운 두 남자와 맷돌질하는 두 여인(눅 17:34~35) 등등.
2) 누가복음 7:12에서는 헬라어 동사 완료형으로 "τεθνηκώς"("has died")란 단어가, 누가복음 7:15에서는 헬라어 명사 "ὁ νεκρὸς"("the dead man")란 단어가 사용되었다.

의 종을 고쳐준 이야기를 소개하면서 마태가 사용한 표현인 "중풍병으로 집에 누워 몹시 괴로워"(마 8:6)하는 종이란 문구 대신에 "병들어 죽게 된"(눅 7:2) 종이란 표현을 사용한 것도, 누가로서는 예수가 "병들어 죽게 된" 백부장의 종을 고쳐준 이야기와, 예수가 과부의 이미 "죽은" 아들을 살린 이야기를 나란히 연결시켜 편집하기 위한 의도 때문으로 생각된다. 즉 누가는 "죽게 된 자"와 "죽은 자"를 살리신 이야기를 나란히 편집하여 소개함으로써 예수를 죽게 된 자와 죽은 자 모두를 살리시는 분으로 증거하고자 했을 것이다.

더구나 누가는 이 이야기 가운데서, 그의 복음서에서는 처음으로 예수를 "주(the Lord, "κύριος")"라고 표현하고 있는데(눅 7:13),3) 예수에 대해 "주"라는 명칭을 사용함으로써, 누가는 그의 독자들을 뒤이어 소개되는 이적에 대해 준비시키고 있다. 즉 누가의 공동체에서 사용하는 성서에서는 물론이고, 복음서에서도 자주 "주님"이란 명칭으로 호칭되는 그 하나님과 마찬가지로 예수도 생명과 죽음에 대한 권세를 갖고 계신 분이라는 사실을 증거하고자 했던 것으로 생각된다.

누가가 현재의 문맥에서 예수가 다만 병든 자를 고쳐주시는 분일뿐만 아니라 "죽게 된 자" 혹은 "죽은 자"까지도 살려주시는 분임을 강조하고자 하는 것은 예수를 "오실 이," 곧 메시아로 전하고자 하는 의도와도 연관된 것으로 생각된다. 왜냐하면 본문의 이야기에 바로 뒤이어서 누가는, 세례 요한의 제자들이 예수께 나아와 "오실 이가 당신입니까?"(눅 7:19)라는 질문을 제기하자 그 질문에 대해 예수가 "가서 너희가 보고 들은 것," 곧 "맹인이 보고 절뚝발이가 걷고 나병환자가 깨끗해지고 귀머거리가 듣고 죽은 사람이 살아난(νεκροὶ ἐγείρονται)" 것을 전하라고 대답하시는 이야기(눅 7:22)를 소개하고 있기 때문이다. 결국 이 본문은 현재의 문맥에서 예수가 병자들을 고치며 죽은 사람을 살려내는 메시아라는 사실을 증거하기 위한 준비 작업으로 소개

---

3) 비록 누가복음 2:11에서는 천사의 입에서, 5:8, 12에서는 베드로의 입에서, 7:6에서는 백부장의 입에서 각각 "κύριος"란 호칭이 사용되었지만, 누가복음의 저자가 예수를 가리켜서 "κύριος"와 동일시하면서 사용한 첫 사례는 누가복음 7:13이다.

된 것처럼 보인다. 누가는 이렇게 예수께서 메시아로 오셔서 하신 일 가운데 구체적인 실례로 "죽게 된 자"를 고쳐주신 일뿐만 아니라, "죽은 사람"까지도 살리신 일에 대한 이야기를 소개함으로써 예수가 "오실 이" 곧 메시아이심을 증거하고 있다고 볼 수 있다.

누가가 백부장의 종을 고친 이야기에 뒤이어 나인 성 과부의 죽은 아들을 살린 이야기를 연결시켜 편집한 이유를 다음과 같은 각도에서 이해할 수도 있다.[4] 즉 앞의 이적 이야기에서는 남자(=백부장)가 예수에게 사람들(=유대 장로들)을 보내 도움을 요청하였다. 그런데 이 이적 이야기에서는 여인(=과부)이 다만 아들의 장례 행렬을 따르고 있을 뿐이다. 따라서 첫 번째 이야기에서는 예수가 구체적인 도움 요청을 받고 응답한 것이지만, 두 번째 이야기에서는 예수가 아무런 요청을 받지 않았음에도 과부의 슬픔과 필요에 대응하기 위해 스스로 이니시어티브를 취한 것으로 소개되고 있다. 이 점은 하나님이, 기도와 간구가 있을 때 응답하시는 분이기도 하지만, 비록 기도와 간구가 없더라도, 구하기 전에 필요한 것을 미리 아시고 주시는 분이라는 성서 말씀을 상기시켜 준다.

또 첫 번째 이야기에서는 예수가 백부장의 집으로 직접 찾아가지 않았다. 그런데 두 번째 이야기에서는 예수가 장례 행렬로 친히 다가가(눅 7:14, "προσελθών"), 관에 직접 손을 대심으로써 스스로 부정해지는 것을 택했다. 첫 번째 이적이 "병 고침의 이적(a miracle of healing)"이라면, 두 번째 이적은 "부활의 이적(a miracle of resurrection)"이다. 앞의 이적이 백부장의 믿음에 근거한 것이라면, 뒤의 이적은 예수의 동정과 사랑에 근거한 것이다. 이 점은 예수가 꼭 믿음이 있을 때에만 이적을 베푸시는 분이 아니라는 것을 보여준다.

마지막으로 두 이적 이야기의 지리적 배경도 의미가 있어 보인다. 두 이적은 모두 갈릴리에서 일어났다. 첫 번째 이적은 가버나움에서, 두 번째 이

---

4) Justo L. Gonzalez, *Luke*(Belief: A Theological Commentary on the Bible, Westminster John Knox Press, 2010), p. 97.

적은 나사렛 근처인 나인 성에서 일어났다. 첫 번째 이적 이야기를 통해서
예수는 자신의 능력을, 한동안 예수 사역의 중심지였던 가버나움으로부터
이방인 로마의 백부장의 집으로까지 확대한다. 두 번째 이적 이야기를 통
해서도, "예수께서 행하신 이야기가 온 유대와 그 모든 주변까지 퍼져나갔
다"(눅 7:17)라는 말에서 볼 수 있듯이, 예수의 활동 범위가 유대 땅에만 한정
된 것이 아니라 그 주변 곧 이방 땅으로까지도 확대된다는 점을 보여주고 있
다. 예수의 사역이 "로마 사람에게" 그리고 "온 유대와 그 모든 주변에" 퍼졌
다는 것은 누가의 관심이 유대를 넘어 로마에까지 미치고 있음을 보여주는
것이라고 생각된다.

그러나 우리가 본문 이야기에서 정말로 주목해야 할 점은 누가가 7:1~17
에서, 예수가 이방인 백부장에게 은혜를 베풀고(눅 7:1~10) 과부에게 은혜를
베푼 이야기(눅 7:11~17)를 나란히 연결하여 편집하고 있다는 사실이다. 이 점
이 중요한 이유는, 두 이야기가 연결 편집됨으로써 누가가 예수의 공생애 첫
설교를 통해서 이미 강조한 바 있는 사실, 곧 이미 구약에서도 이방인 수리
아 장군에게, 그리고 이방인 사렙다 과부에게 하나님의 은혜가 베풀어진 바
있다는 사실을 우리에게 상기시켜 주기 때문이다. 구약에서 수리아 나아만
장군에게 베풀어진 은혜가, 여기서는 로마의 백부장에게 베풀어지고 있고,
구약에서 사렙다 과부에게 베풀어진 은혜가, 여기서는 나인 성 과부에게 베
풀어지고 있다. 비록 나인 성 과부가 사렙다 과부의 경우처럼 이방인 과부는
아니지만, 그러나 누가는 예수가 나인 성 과부의 아들을 살린 이적 이야기를
소개할 때, 의도적으로 구약에서 엘리야가 이방인 사렙다 과부의 아들을 살
린 이적 이야기(왕상 17:8~24)와 거의 같은 형태로 구성함으로써 나인 성 과부
의 이야기를 사렙다 과부의 이야기와 동일시하고 있다.

첫째로, 두 이야기는 모두 과부의 죽은 아들을 살려주는 이야기이다. 사
렙다 과부의 죽은 아들은 선지자인 엘리야에 의해 다시 살아났고, 나인 성
과부의 죽은 아들은 선지자이신 예수에 의해 살아났다. 둘째로, 사건이 일어

난 장소가 두 이야기 모두 거의 똑같은 문장으로 기록되어 있다. 열왕기상 17:10에선 "저가…성문에 이를 때에…(when he come to the gate of the city)"라고 했는데, 누가복음 7:12에서도 "저가…성문에 이를 때에(as he drew near to the gate of the city)"라고 기록되어 있다. 셋째로, 열왕기상 17:23에서 엘리야가 "그 아이를…그 어미에게 주었다(delivered him to his mother)"라고 기록되어 있는데, 누가복음 7:15에서는 예수가 "그를 어미에게 주셨다(he gave him to his mother)"라고 기록되어 있다. 마지막으로, 엘리야가 사렙다의 과부를 처음 만날 때나, 예수가 나인 성 과부를 처음 만날 때나 거의 똑같은 문구로 표현되어 있다(왕상 17:9, "behold…widow"; 눅 7:12, "behold…widow").

따라서 이와 같은 유사점들은 누가가 본문의 이야기를 구성할 때 분명히 열왕기상 17장에 나오는 엘리야의 이야기를 문학적인 모델로 사용한 증거라고 생각되며,[5] 누가가 7:1~17에서 백부장의 종을 고쳐준 이야기와 나인 성 과부의 죽은 아들을 살린 이야기를 나란히 연결시켜 기록한 것은, 분명히 누가가 예수의 공생애 활동의 첫 설교를 통해서 강조한 바 있는 엘리야와 엘리사의 사역, 곧 그들이 수리아 나아만 장군과 사렙다 과부에게 은혜를 베푼 구약 전례가 예수의 사역에서 구체적으로 다시 실현되고 있다는 점을 보여주기 위한 의도 때문이라고 생각된다. 더구나 누가는 이야기의 결론 부분에서 "사람들이 모두 두려움에 싸여 하나님을 찬양하며 '우리에게 큰 예언자(a great prophet)가 나타났다' 하고 말했다"(눅 7:16)라고 전함으로써, 예수를 "큰 예언자," 곧 "다시 나타난 엘리야(Elias redivivus)"로 증거하고 있다. 피츠마이어는 본문에서 예수를 "큰 예언자"와 동일시하며(눅 7:16a), 엘리야 이야기를 암시하고 있는 것(눅 7:15)으로 미루어, 누가는 분명히 이 사건을 이용하여 예

---

5) T. L. Brodie는 누가복음 7장에 나오는 나인 성 과부의 아들을 살린 예수의 이적 이야기가 열왕기상 17장에 나오는 사렙다 과부의 아들을 살린 엘리야의 이적 이야기의 모방이라고 말한다. Cf. "Towards Unravelling Luke's Use of the Old Testament: Luke 7:11~17 as an Imitation of I Kings 17:17~24," *NTS* 32(1986), pp. 147~167. Fitzmyer는 나인 성 과부의 이야기를 열왕기하 4:18~36에 나오는 이야기, 곧 엘리사가 수넴 여인의 아들을 살린 이야기와 연관성 혹은 유사성이 있음을 지적한다. Cf. *The Gospel According to Luke*, p. 656.

수를 "다시 나타난 엘리야(Elias redivivus)"로 소개하려는 의도를 갖고 있었다고 말한다.[6]

누가가 이처럼 엘리야와 엘리사 선지자에 대해 남다른 관심을 갖고 예수를 특히 엘리야와 엘리사와 같은 예언자로 소개하는 이유는, 무엇보다도 그들이 주로 북부 지역인 사마리아 지역에서 활동하던 선지자들이었기 때문이고, 또한 이것이 사마리아에 대해 갖는 누가의 남다른 관심 때문이기도 할 것이다. 사마리아 지역에 대한 누가의 이 같은 관심이 궁극적으로 누가의 이방 지역에 대한 관심과 밀접히 연관되어 있다는 점을 고려할 때, 우리는 누가가 7:1~17의 본문을 통해서, 마치 엘리야와 엘리사가 수리아 나아만 장군과 시돈의 사렙다 과부에게 은혜를 베풀었듯이, 예수도 이방인 백부장과 나인 성 과부에게 은혜를 베풀고 있다는 사실을, 그래서 예수의 공생애 첫 설교 메시지에 반영된 이방인 선교에 대한 비전이 그의 공생애 사역 가운데서 실제로 실현되고 있다는 사실을 보여주려 했다는 생각을 피할 수 없다.

이런 점에서 피츠마이어가 말한 바와 같이 "이 이야기는 '하나님은 외모로 사람을 가리지 않는 분이어서 그를 두려워하고 의를 행하는 사람이면 어느 나라 사람이든지 다 받으시는 줄 내가 참으로 깨달았습니다'라는 사도행전 10:35를 예증하며 예고하고 있다"[7]고도 볼 수 있다. 따라서 우리는 이 본문이 백부장의 종을 고치신 이야기와 연결되어, 예수의 공생애 첫 설교 메시지의 선교 비전, 즉 누가의 이방인 선교에 대한 관심을 잘 드러내는 본문 가운데 하나라고 생각하지 않을 수 없다.

---

6) Fitzmyer, *The Gospel According to Luke*, p. 656. Sharon H. Ringe도 "누가가 예수를 엘리야와 엘리사 전통의 예언자로 묘사하고 있다"라고 주장한다. Cf. *Luke*, p. 101.
7) Fitzmyer, *The Gospel According to Luke*, p. 650.

제10장

요한복음은 "영적인 복음서"인가

초대 교부 가운데 한 사람인 알렉산드리아의 클레멘트는 다음과 같은 취지의 말을 남겼다. "요한복음은 '육적인 것들'에만 관심을 집중하는 초대 주석들을 보충하여 '영적인 복음서(a spiritual Gospel)'를 쓰려는 것이 목적이었다." 그의 이 말 때문에 많은 요한복음 연구자들은 오랫동안 공관복음이 역사적 사실에 충실한 기록을 남기려고 한 반면에, 요한복음은 역사적 사실보다는 오히려 그런 사실이나 사건에 대한 영적인 의미를 전하는 데 더 치중한다고 생각해 왔다. 그러나 이런 생각은 오늘날에 와서 많은 도전을 받게 되었다. 복음서 기자들은 모두 역사적 예수에 관한 정확한 역사적 기록을 전해 주려고 한 사람들이 아니며, 예수의 역사(history)나 전기(biography)를 기록하려고 한 사람들이 아니라, 예수에 관한 과거의 역사적 전승들을 가지고 각자 자신들이 처한 상황에서 기독교인 독자들을 신앙적으로 지도하려고 한 일종의 설교자들이었다는 인식이 지배적으로 나타났기 때문이다. 비록 요한복음 저자가 "오직 이것을 기록함은 너희로 예수께서 하나님의 아들 그리스도이심을 믿게 하려 함이요, 또 너희로 믿고 그 이름을 힘입어 생명을 얻게 하려 함이라"(요 20:31)고 말함으로써 자신의 기록이 역사적인 목적의 글이 아니라 신앙적인 목적의 글임을 분명히 밝히고 있지만, 복음서의 기록 목적과 의도를 밝히는 "그와 같은 진술은 마태복음, 마가복음, 그리고 누가복음에도 똑같이 잘 적용될 것"[1]이다. 도리어 최근의 연구 경향은 요한복음이 공관복음에 비해서 더 정확한 역사적 정보를 제공하고 있다는 점을 받아들이고 있다.[2]

필자는 여기서 특히 요한복음에 나오는 두 본문, 즉 "겟세마네 동산에서 기도하신 예수"와 "광야에서 시험받으신 예수"의 이야기를 통해서 요한복음의 기록이 공관복음의 기록보다 더 역사적 사실에 가깝고, 공관복음의 기록이 요한복음의 기록보다 더 신앙적인 목적으로 발전된 형태(dramatization)를 보이고 있다는 점을 지적하고자 한다.

1. 겟세마네 동산에서 기도하신 예수 이야기

예수가 십자가의 고난을 앞두고 겟세마네 동산에서 번민하며 기도했다는 이야기는 공관복음서 모두에 나온다(막 14:32~42; 마 26:36~46; 눅 22:40~46). 그러나 요한복음에서는 그런 일이 있었다는 데 대해서는 아무런 언급도 하지 않은 채, 예수가 "기드론 골짜기 건너편에 있는 동산"에서 가룟 유다가 데리고 온 사람들에 의해서 체포되었다는 이야기만을 전해줄 뿐이다(요 18:1~12).[3] 일부 복음서 연구자들은 겟세마네 동산에서 기도하신 예수에 관한 이야기를, 부활절 이후에 기독교 공동체가 신도들을 가르치기 위한 교육

---

1) John Marsh, *The Gospel of St. John*(Penquin Books, 1979), p. 17.
2) Cf. R. E. Brown, *New Testament Essays*(New York: Doubleday, 1968), pp. 187ff. 특히 p. 187, n.1 에 보면, 이런 견해를 갖고 있는 학자들과 그들의 연구 목록이 소개되어 있다.
3) 공관복음의 경우, 예수는 겟세마네 동산에 들어가 기도하셨고, 기도를 마칠 즈음에 가룟 유다와 함께 나타난 유대 종교 지도자들의 무리들에게 체포된 것으로 기록되어 있는데, 요한복음에서는 17장에서 예수가 하나님께 긴 기도, 그러나 예수의 수난과 그것에 대한 번민과 관련된 기도가 아닌 요한 공동체의 하나 됨을 위한 기도를 드린 후에, 18:1에서 겟세마네 동산으로 들어간 것으로, 그리고 거기서 가룟 유다의 무리들에게 체포된 것으로 기록되어 있다.

의 목적으로 만들어낸 이야기(an invention of the Christian community after the resurrection)라고 주장한다.[4] 그러나 겟세마네 동산의 이야기가 비록 설교적인 혹은 교육의 목적을 위해 구성된 것이라고 하더라도 아무런 역사적 근거도 없이 만들어진 순수한 창작이라고 보기는 어렵다. 예수가 죽음을 앞두고 번민하는 그런 약한 모습을, 그리고 주님이 그렇게 번민하며 기도하고 있는데 제자들이 잠들어 있었다는 기록, 즉 예수와 그의 제자들의 허약하고 부정적인 모습에 대한 기록을 초대교회가 아무 근거도 없이 만들어냈다고만 보기는 힘들기 때문이다. 더구나 공관복음 전승 이외에도 초대교회에는 겟세마네 동산의 이야기를 반영해 주는 것으로 생각되는 말씀이 전해지기 때문인데, 곧 "그가 육으로 계시던 때에 자기를 죽음에서 구원하실 수 있는 분을 향하여 크게 부르짖고, 눈물을 흘리시며 간구하며 탄원하셨다"(히 5:7)라는 말씀이다.

그러나 겟세마네 동산의 이야기가 어느 정도 역사적 사실에 기초해 있다 할지라도 겟세마네 동산의 예수에 대해 전해 주는 공관복음서 본문 기록들 자체는 각 복음서 기자들이 자신들의 복음서 기록 목적에 부합되게, 그리고 독자들의 신앙적인 교육과 지도를 목적으로 상당한 편집적인 손질 과정을 통해 기록한 본문이라는 사실에 대해서도 부인하기 어렵다. 공관복음서 본문 기록들 상호간에 차이점들이 너무나 크기 때문이다. 아마도 가장 큰 차이로 지적되는 것은 누가복음의 경우 "1막극(one act drama)" 형식, 즉 예수가 제자들로부터 떨어져서 기도하고 제자들에게로 다시 돌아온 것이 한 번만 있었던 사건으로 소개되고 있는 데 비해서, 마가복음과 마태복음에서는 "3막극(three acts drama)" 형식, 즉 예수가 제자들로부터 세 번 떨어져서, 세 번 기도하고, 세 번 제자들에게 돌아와서, 세 번 제자들이 잠들어 있는 것을 발견하는 형식으로 기록되어 있다는 점이다.

---

4) 가령 R. Bultmann은 그의 저서 *History of the Synoptic Tradition*(New York: Harper & Row, 1963), p. 267에서 이 이야기를 가리켜 "본래는 완전히 전설적인 성격의 개인적 이야기"라고 말하기도 했다.

이런 차이점을 두고 우리는 누가의 기록이 보다 본래적인 것이라고 생각하기 쉽다. 그러나 1막극 형태와 3막극 형태 중 어느 것이 더 본래적인 것이냐 하는 문제를 떠나서, 우리는 마가와 마태가 전해 주는 보다 본래적인 설명을 누가가 어느 정도 수정했다는 사실을 알 수가 있다. 예를 든다면, 한편으로 누가는 예수가 겟세마네 동산에서 심히 고민하며 슬퍼했다는 마가복음 14:33과 마태복음 26:27의 기록을 삭제했고, 예수가 제자들을 향해 "한 시간도 깨어 있을 수 없더냐?"(막 14:37; 마 26:40)라고 말씀하신 것도 삭제했고, 예수가 제자들을 보면서 "마음에는 원이로되 육신이 약하도다"(막 14:38; 마 26:41)라고 말씀하신 것을 "제자들이 슬픔을 인하여 잠들었다"(눅 22:45)라는 말로 바꾸었다. 다른 한편으로는, 천사들이 예수께 나타나 힘을 도왔다는(눅 22:43) 말과 예수가 기도할 때 "땀이 핏방울 같이 되었다"(눅 22:44)라는 말을 더 첨가하였는데, 이것은 오히려 마가복음의 본래 기록에 없던 내용을 덧붙인 것으로 생각된다.

겟세마네 동산의 이야기를 누가의 1막극 형태와 달리 3막극 형태로 전해 주는 마가와 마태의 본문들 간에도 서로 많은 차이점이 드러난다. 가장 두드러진 것 중 하나는 마가복음 본문의 경우, 예수가 세 번 가셔서 기도했다는 점만이 암시되어 있을 뿐인데, 마태는 아주 명시적으로 세 번 기도하신 것으로, 그리고 그 기도 내용까지 세 번에 걸쳐 소개하고 있다.

> **마가복음** 14:36, "아빠 아버지여 아버지께는 모든 것이 가능하오니 이 잔을 내게서 옮기시 옵소서. 그러나 나의 원대로 마시옵고 아버지의 원대로 하옵소서."
> **마가복음** 14:39, "다시 나아가 동일한 말씀으로 기도하셨다."
> **마가복음** 14:41, "세 번째 오사."(라고만 되어 있다.)

그런데 마태는 다음과 같이 세 번 가셔서 하신 기도의 내용을 소개하고 있다.

> **마태복음 26:39**, "내 아버지여, 만일 할 만하시거든 이 잔을 내게서 지나가
> 게 하옵소서. 그러나 나의 원대로 마시옵고 아버지의 원대로 하옵소서."
> **마태복음 26:42**, "다시 두 번째 나아가 기도하여 이르시되, 내 아버지여, 만
> 일 내가 마시지 않고는 이 잔이 내게서 지나갈 수 없거든 아버지의 원대로
> 되기를 원하나이다(γενηθήτω τὸ θέλημά σου)."[5]
> **마태복음 26:44**, "세 번째 같은 말씀으로 기도하셨다."

마가가 누가와는 달리, 그리고 나중에 마태가 마가를 따라, 예수가 겟세
마네 동산에서 세 번 가셔서, 세 번 기도한 것으로, 즉 3막극 형식으로 기록
한 것은 아마도 베드로가 예수를 모른다고 세 번 부인한 것에 맞추기 위한
것으로 추정된다.[6] 사실상 베드로가 예수를 세 번 부인할 것이라는 예언이
이 본문의 앞에서 소개되고 있고(마 26:34), 베드로가 실제로 예수를 세 번 모
른다고 부인하는 이야기가 이 본문 뒤에 기록되어 있어서(마 26:69~75), 문맥
상으로 겟세마네 동산에서 예수가 "세 번" 기도하신 것이 베드로가 예수를
"세 번" 모른다고 부인할 것에 대한 예언의 말씀과 실제 사건 사이에 샌드위
치되어 있기에 그런 추론이 가능하다.

다음으로 누가복음 22:41에 의하면, 예수는 오직 한 번, "그들(모든 제자들)
을 떠나 돌 던질 만큼 가서" 기도했다고 기록했는데, 마가복음 14:32와 마태
복음 26:36에 보면 예수가 첫 번째로는 "제자들에게… 너희는 여기 앉아 있
으라"고 말씀하시고, 두 번째로는 베드로와 야고보와 요한을 데리고 더 가시

---

5) 이 기도 문구는 마태의 "주기도문"(마 6:9~14)에서 세 번째 간구문으로 제시되고 있는 "γενηθήτω τὸ θέ
λημά σου"(마 6:10)와 정확히 일치한다. 그래서 누가의 주기도문(눅 11:2~4)에는 나오지 않는 마태의 이
간구문이 예수의 겟세마네 기도문으로부터 빌려온 것이라는 주장이 자주 제기되었다.
6) "Perhaps a standardization based on a parallel to the three denials by Peter has caused the
Mk-Mt three acts formulation." Cf. Raymond E. Brown, *New Testament Essays*(New York:
Doubleday & Company, 1968), p. 249.

다가 다시 그 세 제자들을 향해 "너희는 여기 머물러 깨어 있으라"(막 14:34; 마 26:38)고 말씀하신 후에 "조금 나아가사" 땅에 엎드려 기도하신 것으로 기록되어 있다. 따라서 마가와 마태의 기록에는, 예수는 누가의 기록에 비해서 제자들로부터 이중으로 멀리 떨어져 기도하신 것으로 되어 있다. 더구나 모든 공관복음의 기록은 예수의 제자들, 심지어 가장 가까운 세 제자들까지도 겟세마네 동산에서 예수께서 기도하시는 동안 잠들어 있었다고 전해 주고 있다.

그렇다면 이 제자들은 예수가 겟세마네 동산에서 어떤 모습으로 어떤 기도를 드렸는지 어떻게 알 수 있었을까? 물론 예수가 나중에 부활 이후에(겟세마네 동산 이후에 제자들은 예수가 십자가에 죽을 때까지 다시 예수와 함께 지낸 시간이 없었기에) 겟세마네 동산에서 있었던 일에 대해서 말해 주었을 가능성이 없는 것은 아니지만, 이건 상상에 지나지 않을 뿐이다. 광야 시험 이야기와 마찬가지로 실제로 예수가 자신에게 개인적으로 있었던 일을 나중에 제자들에게 이야기해 준 다른 실례가 없기 때문이다. 따라서 우리는 겟세마네 동산의 이야기에 대한 공관복음서의 기록들 상호 간에 많은 차이점이 나타나는 점 이외에도, 복음서 기자들이 자기들 나름 자유롭게 문서 자료를 수정하여 기록한 점들로 미루어, "겟세마네 동산의 예수"에 관한 기록 자체가 정확한 역사적 정보를 제공하려는 목적으로 기록된 것이 아니라 도리어 신앙적인 교육과 설교를 목적으로 기록된 것이라고 생각하게 된다.

이런 생각을 하면서 우리는 다음과 같은 질문을 제기해 보게 된다. 즉 공관복음서 모두에 기록되어 있는 겟세마네 동산에서 기도하신 예수의 이야기가 요한복음에만 나오지 않는 이유는 무엇일까? 요한복음 저자는 이 전승 자료에 대해 전혀 들은 바도, 아는 바도 없었기 때문일까? 그러나 요한복음을 전체적으로 주의 깊게 살펴보면, 우리는 공관복음에 소개된 겟세마네 동산의 이야기에 해당하는 이야기들을 여기저기서 단편적으로 찾아볼 수가 있다.

첫째로, 마가와 마태는 각각 겟세마네 동산의 이야기 마지막 부분에서 예수는 "때(hour)가 왔다"라고 기록하고 있다(막 14:41; 마 26:45). 그리고 마가복음 14:35에 보면, 예수는 "이 때가 자기에게서 지나가기를 구했다." 복음서에서 이 "때"라는 단어는 예수의 수난의 때를 의미하는 아주 중요한 단어이다. 그런데 요한복음에서 이 "때"라는 단어는 예수의 수난과 관련하여 열 번 정도 사용되고 있다.[7]

둘째로, 이 "때"와 관련하여 요한복음에서 예수의 번민과 고민이 나타나고 있다. 종려주일에 헬라 사람들이 예수를 만나 뵙기 위해서 왔을 때, 예수께서 그들에게 "인자가 영광을 받을 때(hour)가 되었다"(요 12:23)라고 말씀하신 후에, 요한복음 12:27에서 예수가 "지금 내 마음이 괴로우니 무슨 말을 하리요"라고 말하면서 겟세마네 동산에서 했던 고민과 번민의 말씀을 하고 있다. 여기서 또 "아버지여 나를 구원하여 이때를 면하게 하여 주옵소서"라고 기도한다. 그러면서도 "내가 이를 위하여 이때에 왔나이다"라고 기도한다. 즉 요한복음 12:23의 "인자가 영광을 얻을 때가 되었다"라는 말은 마가복음 14:41의 "때가 왔도다" 및 마태복음 26:45의 "보라. 때가 가까이 왔다"라는 말과 같은 것이고, 요한복음 12:27 "지금 내 마음이 괴로우니 무슨 말을 하리요"는 "내 마음이 심히 고민하여 죽게 되었다"(막 14:34; 마 26:38)라는 말과 거의 같은 것이다. 그리고 요한복음 12:27의 "내가 이를 위하여 이 때에 왔나이다. 아버지여, 아버지의 이름을 영광스럽게 하옵소서"는 마가복음 14:36의 "아빠 아버지여… 나의 원대로 마시옵고 아버지의 원대로 하옵소서"와 같은 뜻으로 이해할 수 있다.

요한복음 12:28~30에 보면, 예수가 "아버지의 이름을 영광스럽게 하옵소서"라고 기도했을 때, 하늘로부터 "내가 이미 영광스럽게 하였고 또다시 영광스럽게 하리라"는 음성이 들려왔는데, 이때 무리 가운데 어떤 사람들은 "천사가 그에게 말하였다"(요 12:29)라고 기록되어 있다. 이것은 누가의 겟세

<hr />

7) 요한복음 2:4; 4:21, 23; 5:25, 28; 7:30; 8:20; 12:23, 27; 13:1; 16:25, 32; 17:1.

마네 동산 이야기에서 천사가 하늘로부터 내려와 예수를 도왔다는 말을 상기시켜 준다.[8]

또한 마가와 마태의 겟세마네 동산 이야기는 "일어나라 함께 가자. 보라. 나를 파는 자가 가까이 왔느니라"는 말로 끝난다. 그런데 바로 이 말씀이 요한복음에서는 예수의 마지막 만찬 장면에서 나온다(요 14:30~31). "이 세상의 임금이 오겠음이라. …일어나라. 여기를 떠나자 하시니라." 마가와 마태는 "(나를) 파는 자(즉 유다)"를 언급하고 있는 것이 흥미롭다. 그런데 요한복음에서는 "(예수를) 파는 자"는 사탄인데, 요한복음 13:2에 보면 유다의 마음속에 예수를 팔아넘길 생각을 심어준 것이 바로 사탄이었다.[9] 따라서 요한복음이 "일어나라. 여기를 떠나자"는 말씀을 "이 세상의 임금"(요 14:30)과 연관시켰을 때, 우리는 공관복음서의 겟세마네 동산 이야기에서 "나를 파는 자가 가까이 왔다"라고 말한 것과 크게 다르지 않음을 보게 된다.

마지막으로 요한복음 18:11에서도 우리는 겟세마네 동산 이야기와 또 다른 유사성을 찾아보게 된다. 예수가 겟세마네 동산에서 체포되는 장면에 대한 요한의 기록을 보면, 베드로가 대제사장의 종의 귀를 칼로 베었을 때, 예수는 베드로에게 "그 칼을 칼집에 꽂으라"(요 18:11; 마 26:52)고 말한 후에, "아버지께서 내게 주신 이 잔을 내가 어찌 마시지 않겠느냐?"라고 말했다. 공관복음서에서는 예수가 겟세마네 동산에서 기도하실 때 "아버지여, 이 잔을 내게서 지나가게 해 주옵소서"(막 14:36; 마 26:39; 눅 22:42)라고 간구한 것으로 기록되어 있다. 그리고 오직 마태복음 26:42에서만 예수는 두 번째 간구문에서 "만일 내가 마시지 않고는 이 잔이 내게서 지나갈 수 없거든, 아버지의 원대로 되기를 원하나이다"라고 기도한 것으로 기록되어 있다.

이런 점들로 볼 때, 공관복음의 겟세마네 동산의 이야기와 요한복음 12장

---

8) 실제로 C. K. Barrett은, 요한복음 12:29의 천사는 겟세마네 동산에서 누가가 언급한 천사에 대한 회상이라고 보고 있다. Cf. *The Gospel According to St. John*(London: SPCK, 1956), p. 355.
9) 누가도 사탄과 가룟 유다를 동일시하고 있다(cf. 눅 22:3).

(특히 23절, 27~30절)의 내용 간에는 많은 평행 본문이 나타나고 있는 것으로 보인다. 이런 유사점에 대해 우리는 어떻게 평가할 것인가? 첫 번째 가능성은 공관복음의 기록이 보다 역사적인 데 비해서 요한복음은 같은 사건을 여러 곳에서 여러 목적으로 분산시켜 소개하는 것이라고 볼 수도 있다. 그러나 우리가 생각할 수 있는 또 다른 가능성은 오히려 요한복음의 기록이 보다 역사적인 모습에 가까운 데 비해서 공관복음의 기록은 예수의 공생애 중 여러 곳에서 여러 번 있었던 예수의 기도나 번민을 하나로 묶어서, 하나의 이야기, 즉 누가는 1막극 형태로, 마가와 마태는 3막극 형태로 구성하여 소개하는 것이라고 생각할 수도 있다. 즉 요한복음의 기록이 실제의 역사에 더 가깝고, 공관복음의 기록은 좀 더 신학적으로 혹은 설교적으로 드라마화(化)된 형태라고 생각하는 것이 더 옳을 것이다.

2. 광야에서 시험받으신 예수 이야기

예수께서 공생애 활동 초기에 광야에서 사탄에게 시험을 받았다는 이야기는 공관복음 모두에서 전해지고 있다(막 1:12~13; 마 4:1~11; 눅 4:1~13). 그러나 세 복음서가 다 같은 내용으로 되어 있는 것은 아니다. 가장 최초에 기록된 마가복음에선 예수가 광야에서 시험을 받았다는 이야기만 간단히 전해 주는 데 반해서(막 1:12~13), 마태복음과 누가복음에서는 예수가 사탄으로부터 받은 세 가지 시험을 비교적 상세하게 소개하고 있다(마 4:1~11; 눅 4:1~13).[10] 일반적으로는 마가복음의 간단한 광야 시험 이야기가 나중에 마태복음과 누가복음에서 확대 발전된 것으로 보지 않는다. 또한 마태복음과 누가복음의 비교적 길고 상세한 내용을 마가가 간단히 축소시킨 것으로도 보지 않는다. 보다 일반적으로는 마태와 누가가 마가복음의 본문과는 상관없이, 마가복음이 아닌 문서 자료인 Q자료에서 공통적으로 광야 시험 이야

10) 세 복음서에 나오는 "시험 설화"의 공통점은 "광야," "40일," 그리고 "시험" 뿐이다.

기를 인용하여 소개하는 것으로 보고 있다. 그러나 마태와 누가의 본문 사이에도 적지 않은 차이가 있다. 따라서 복음서 기자들은 예수의 광야 시험 이야기를 각자 나름 자신의 신학적 의도와 기록 목적에 맞추어 소개하고 있음이 분명해 보인다. 이처럼 세 본문 간에 일치하지 않는 차이점이 많기 때문에 이 본문의 이야기가 실제의 역사적 사실에 근거한 기록이 아니라,[11] 신앙적인 혹은 설교적인 교훈을 주기 위해 신학적으로 드라마화해 놓은 것(theological dramatization)이란 주장이 일찍부터 제기되어 왔다.[12] 이런 주장의 근거로는 구체적으로 다음과 같은 점이 지적되었다.

첫째, 공관복음서 간에 내용의 일치점이 없다. 더구나 제일 먼저 기록된 것으로 알려진 마가복음에는 마태와 누가처럼 세 가지 시험 내용에 대한 언급이 전혀 없다. 마태와 누가의 경우에도 시험의 순서가 서로 일치하지 않는다.[13]

둘째, 예수의 광야 시험은 예수께서 공생애 활동에 나서기 전에 개인적으로 겪은 사건이며, 그의 제자들을 선택하기 전에 있었던 사건이라서 어떠한 목격자나 증인이 있을 수 없는 사건이다. 그렇다고 예수께서 나중에 제자들에게 자신의 과거 경험담을 이야기해 준 것으로 생각할 수도 없다. 그와 같은 다른 예가 전혀 없기 때문이다.

셋째, 본문의 내용 자체도 너무나 인위적이다. 즉 예수가 사탄의 요구에 번번이 성서 구절을 암송함으로써 응수하는 것이라든가, 특히 출애굽 때 이스라엘 백성이 모세에게 "인도되어" "광야에서" "40년" 동안 "시험" 받았다는 이야기와 용어나 주제 면에서 너무나도 유사한 것 등이 그러하다.

따라서 이 이야기는 실제의 역사적 사실에 근거한 이야기라기보다는 오

---

11) "Our text is not a pictorial presentation of Jesus' experiences, also not the report of a vision." Cf. Ulrich Luz, *Matthew 1~7: A Commentary*, trans. by Wilhelm C. Linss(Minneapolis: Augsburg, 1989), p. 184.
12) Fitzmyer는 그의 누가복음 주석에서 예수의 광야 시험 장면들은 "a unified literary composition dominated by a theological reflection"이라고 말한다. Cf. *Luke*, p. 509.
13) 마태복음에서의 두 번째 시험과 세 번째 시험이 누가복음에서는 순서가 뒤바뀌어 소개되고 있다.

히려 교훈적인 혹은 설교적인 목적을 가진 신학적 구성이라고 보는 관점이 훨씬 더 설득력이 있다.

그러나 예수의 광야 시험 이야기가 완전히 "무로부터의 창조"(creatio ex nihilo)가 아니라면, 오히려 요한복음 6~7장의 이야기 속에, 예수의 광야 시험 이야기에 대한 믿을 만한 역사적 근거가 있는 것으로 생각되기도 한다.14)

첫째, 요한복음 6:15, "예수께서 사람들이 와서 자기를 억지로 데려다가 임금으로 모시려는 것을 아시고 혼자서 다시 산으로 물러가셨습니다." 이 말씀은 예수가 오천 명의 무리들을 배불리 먹인 직후에 나온 기록이다. 공관복음서에서는 예수가 무리들을 배불리 먹인 이후에, 먼저 그의 제자들을 배에 태워 떠나보내고 무리들을 해산시킨 것으로 기록되어 있다(막 6:45; 마 14:22). 왜 제자들과 무리들을 급히 떠나보내고 해산시켰는지, 그 이유에 대해서는 아무런 설명도 없다. 요한복음에서만 어떤 일이 있었는지에 대한 설명이 나온다. 무리들은 예수가 행하신 이적, 곧 무리들을 배불리 먹인 사건을 보고는 억지로라도 예수를 왕으로 모시려고 했다. 예수께서는 무리들의 이런 시도를 뿌리치셨다. 분명히 그 이유는 자신이 이 세상 나라와는 아무런 상관도 없기 때문일 것이다(요 18:36). 기본적으로는 거의 똑같은 사건이 요한복음의 종려주일 사건에서 다시 일어났다. 무리들이 종려나무 가지를 들고 예수를 맞으며, "이스라엘의 왕에게 복이 있으라"(요 12:13)고 외쳤다.15) 그러나 예수는 나귀를 타고 오신 것뿐이다. 그의 행동은 백성들로 하여금 사가랴의 약속, 즉 정치적인 왕이 아니라 평화와 구원의 왕으로 오신다는 예언을 상기시키기 위한 것이었다.

비록 무리들이 예수를 세상의 왕으로 만들려고 시도하였다는 요한의 이

---

14) R. E. Brown, *New Testament Essays*(New York: Image Book, 1965), pp. 259~264.
15) 평행 구절인 마가복음 11:10에서는 "호산나, 주의 이름으로 오시는 이여, 복이 있으라. 다가오는 우리 조상 다윗의 나라여, 복이 있으라. 지극히 높은 곳에 계신 하나님, 호산나," 그리고 마태복음 21:9에서도 "호산나, 다윗의 자손이여, 주의 이름으로 오시는 이에게 복이 있으라. 호산나, 지극히 높은 곳에 계신 하나님이시여"라고 되어 있을 뿐 "왕"에 대한 언급은 없다.

런 이야기 속에 "사탄"이 구체적으로 언급된 바는 없지만, 요한의 사상으로는 이런 것들이 예수를 이 세상의 왕으로 만들려는 사탄적인 유혹으로 생각되었을 것이다. 그런데 공관복음의 광야 시험 이야기에 보면, 마태의 세 번째 시험과 누가의 두 번째 시험에서 우리는 예수를 정치적인 왕으로 만들려는 비슷한 시도를 보게 된다.

둘째, 요한복음 6:26~34. 무리들이 광야에서 배불리 먹은 다음 날, 그들은 다시 예수를 찾아왔다. 그들은 더 이상 일하지 않고서도 그처럼 배불리 먹을 수 있게 되기를 바랐다. 그들의 조상이 매일 광야에서 만나로 배불리 먹지 않았던가? 만약 예수께서 제2의 모세라면 그때보다 더 좋을 것이 아니겠는가? 예수께서 그들에게 하신 말씀, 즉 "너는 썩을 양식을 위하여 일하지 말고 영원한 생명에 이르게 하는 양식을 위하여 일하라"(요 6:27)는 말씀은 분명히 신명기 8:3을 상기시키고 있다. "너를 낮추시며 너를 주리게 하시며 또 너도 알지 못하며 제 조상들도 알지 못하던 만나를 네게 먹이신 것은 사람이 떡으로만 사는 것이 아니요 여호와의 입에서 나오는 모든 말씀으로 사는 줄을 네가 알게 하려 하심이니라." 비록 요한이 신명기 8:3을 정확히 인용한 것은 아니지만, 예수가 그들의 조상이 만나를 먹고도 죽었다고(요 6:49), 그러니 "썩을 양식을 위해 일하지 말고 영원한 생명에 이르게 하는 양식을 위하여 일하라"(요 6:27)고 말할 때, 예수는 실제로 그 구절에 대해 언급하신 것이 분명해 보인다.

그런데 우리는 마태복음과 누가복음의 첫 번째 시험에서 사탄이 돌로 떡을 만들라고 시험하는 비슷한 이야기를 보게 된다. 예수가 마태복음 4:4에서 사탄에게 대답하신 말씀이 바로 신명기 8:3이고 하나님의 말씀과 떡을 대립시킨 것이었다. 물론 요한복음에서 구체적으로 사탄이 등장하는 것은 아니지만, 생명의 떡과 죽음에 이르는 떡 간의 대립은 요한복음에서 생명을 주시는 하나님의 영역과 살인자요 시험자인 사탄의 영역 간의 대립으로 나타나고 있다.

셋째, 요한복음 7:1~4. 장막절 이전까지는 예수의 형제들이 예수를 믿지 않았고, 그래서 예수를 향해서 "이 지방을 떠나 유대로 가서 네가 하는 큰 일을 거기 있는 제자들에게 보여라. 세상에 알려지기를 바라면서 숨어서 일하는 사람이 어디 있느냐?"라고 조롱하였다. 갈릴리 지방에서만 이적을 행하지 말고, 보다 많은 추종자들을 얻고자 한다면 예루살렘에 올라가 거기서 세상을 향해 자신을 널리 크게 드러내라는 말이다. 이 도전은 기본적으로 마태의 두 번째 시험 그리고 누가의 세 번째 시험의 내용과 아주 비슷하다. 마태복음과 누가복음에서도 "예루살렘"에 가서 성전 꼭대기에서 뛰어내려도 아무런 상함을 받지 않는 그런 이적적인 장관을 보이라고 요구하고 있기 때문이다. 요한복음 7:7에 보면, 예수는 이런 조롱을 요한 사상에서 사탄의 영역인 악한 세상과 연관시키고 있다.

마태복음과 누가복음에 나오는 세 시험 장면과 요한복음 6~7장에 나오는 성서 구절들 간의 연관성(paralleling)은 아주 흥미로울 뿐만 아니라 주목할 만한 일이 아닐 수 없다. 마가복음에서는 단지 "예수가 사탄에게 시험받았다"라는 말뿐이었는데, 마태와 누가가 나중에 예수께서 실제로 그의 생애 중 당했던 시험들, 즉 우리가 요한복음에서 읽을 수 있는 그런 시험들을 가지고 세 가지 시험으로 드라마화한 것은 아닌가 하는 질문을 던지게 된다. 그리고 요한복음의 기록이 보다 역사적 진실에 가까운 것이 아닌가 하는 생각을 해 보게 된다. 물론 요한복음의 기록이 공관복음에 나오는 광야 시험 설화의 직접적인 자료(prototypes)라고 말할 수는 없더라도, 요한복음의 기록은 분명히 사탄과 예수 간의 갈등과 투쟁이 어떠했는지에 대한 본보기를 보여준다고 말할 수는 있을 것이다. 더구나 마태복음과 누가복음이 신학적으로 발전된 교훈으로 구성되어 있다는 점을 고려할 때, 요한복음의 기록이 좀 더 역사적 사실에 가까운 것이라는 생각을 버리기는 쉽지 않아 보인다.

제11장

물로 포도주를 만든 이야기

(요 2:1~11)

요한복음에서는 예수가 갈릴리 가나에서 물로 포도주를 만든 이적이 예수의 공생애 활동 중 첫 번째 이적으로 소개되고 있다. 그러나 요한복음에서는 공관복음에서처럼 "이적("δύναμις")"이란 용어는 나오지 않는다. 이 말 대신에 "표적("σημεῖον")"이란 단어를 사용한다. "표적"을 가리키는 "세메이온(σημεῖον)"란 헬라어가 영어에서 "sign"으로 번역되고 있는 점에서도 알 수 있듯이, "표적"은 이적 사건 자체를 가리키기보다는 그 사건의 의미(significance)를 가리킨다. 그래서 실제로 본문에서도 예수가 어떻게 물로 포도주를 만들었는지, 또는 그 결과에 대해 주변 사람들이 얼마나 놀라 경탄했는지에 대해서는 아무런 언급이 없다. 따라서 우리는 본문에서 물이 포도주가 되었다는 기적적인 사건에 관심을 기울이기보다는 이 이적의 의미, 즉 이 이야기를 통해서 요한복음 저자가 독자들에게 주려고 한 메시지에 더 관심을 기울여야 할 것이다.

요한복음에서 또 한 가지 독특한 점은 요한복음 저자만이 물로 포도주를 만든 이적을 가리켜 "첫 번째 표적"(요 2:11)이라고 하고, 왕의 신하의 아들을 고쳐준 이적을 가리켜 "두 번째 표적"(요 4:54)이라고 그 순서를 밝히고 있는 점이다. 그렇다고 요한복음 저자가 어떤 이적이 세 번째 것인지, 예수의 공생애 활동 중에 있었던 이적들의 역사적 순서를 밝히고 있는 것도 아니다. 따라서 요한에게서 예수의 이적들의 역사적 순서가 중요한 의미를 갖는 것으로 생각되지는 않는다.

더구나 요한복음 2장의 "첫 번째 표적"과 4장의 "두 번째 표적" 사이에서, 이미 예수께서 유월절 동안 예루살렘에서 여러 혹은 많은 "표적들("τὰ σημεῖα")"을 행하셨던 것으로 언급되어 있고(요 2:23), 3장에서도 니고데모가 예수께 나아와 "당신이 행하시는 그런 이적들("τὰ σημεῖα")을 아무도 행할 수 없습니다"(요 3:2)라고, 여러 이적에 대해 말하기 때문에 4장에 언급된 "두 번째 표적"이란 말이 역사적 혹은 연대기적인 의미에서 꼭 두 번째 표적을 가리키는 것이 아니라는 점도 분명해 보인다. 오히려 요한이 "첫 번째 표적"과 "두 번째 표적"을 모두 "갈릴리 가나에서 행하신"(요 2:11; 4:46) 이적이라고 단서를 붙이고 있는 것으로 보아서는 이 "첫 번째"와 "두 번째"란 문구가 본래부터 요한이 이용했던 「갈릴리 가나의 이적 수집록」에 붙어 있던 것이라고 생각해 볼 수 있다. 즉 요한이 말하는 첫 번째와 두 번째 이적은 「갈릴리 가나의 이적 수집록」에서의 순서일 뿐이고, 예수께서 다른 곳에서 행하신 이적들, 또는 공생애 활동 전체에서 행하신 이적들 중 첫 번째와 두 번째를 가리키는 말은 아닐 것으로 생각된다. 더구나 다른 복음서에서는 다른 이적들이 예수의 공생애 활동의 첫 번째 이적으로 소개되고 있기 때문에 요한복음에만 나오는 이 "첫 번째," "두 번째"란 말을 꼭 예수의 공생애 전체의 관점에서 역사적이며 연대기적 의미로 생각할 필요는 없어 보인다. 요한이 정확한 역사를 기록하려고 의도한 사람도 아니기 때문이다.

따라서 우리는 이 이적 이야기가 과연 예수의 공생애 활동 중 첫 번째 것이냐 아니냐에 대해 관심을 기울일 것이 아니라, 이 이적 이야기를 예수가 행하신 "첫 번째 표적"으로 소개하고 있는 복음서 저자의 의도가 무엇인지에 대해서 관심을 기울여야 할 것이다. 복음서 기자들이 각자 복음서를 기록할 때, 그들은 자신들의 복음서를 기록하는 의도와 목적을 분명히 밝히는 데 가장 중요하다고 생각되는, 그래서 제일 먼저 소개하고 싶은 이적 이야기를 첫 번째 이적으로 부각시키는 것이라고 보는 것이 사실에 가장 가까울 것이다.[1] 따라서 복음서 저자가 어떤 의도와 목적을 가지고 이 이적 이야기를 소개하는지 그리고 이 이야기를 통해서 전하려는 메시지가 무엇인지에 대해 더 관심을 기울이고자 한다. 이것은 곧 요한복음 저자가 이 이야기를 그의 복음서에서 첫 번째 표적으로 제일 먼저 편집한 의도가 무엇인지, 혹은 이 첫 번째 표적 본문의 신학적 메시지를 묻는 질문과 직접 관련되기도 한다. 복음서 기자들은 예수의 모든 이적 이야기들을 처음부터 다 기록하려고 했던 사람들이 아니라(요 21:25 참조), 예수의 이야기들 중에서 오직 자신의 기록 목적과 의도에 맞는 것만을 기록한 사람들이다. 따라서 다른 공관복음서 기자들이 이 포도주 이적 이야기를 소개하지 않은 반면에 요한복음 저자만이 이 이적 이야기를 자신의 복음서에서, 그것도 복음서 서두에서 첫 번째 이적으로 소개한 데에는 그 나름의 중요한 목적과 의도가 있었을 것이다. 그렇다면 요한복음 저자는 이 이적 이야기를 통해서 독자들에게 말하고자 한 것은 무엇일까? 이 이적 이야기를 통해서 전하려고 한 그의 메시지는 무엇이었을까?

앞에서도 언급한 바와 같이 우리는 "예수의" 이적 이야기 자체, 혹은 이적 사건 자체에 관심을 갖기보다 "복음서 저자의" 이적 이야기에, 특히 이 이적 이야기를 통해 전하려고 한 "복음서 저자의" 메시지에 관심을 기울여야 한다. 이런 전제를 갖고 본문을 읽을 경우, 우리는 이 이적 이야기 본문의 일차적 강조가 물이 포도주로 변했다는 데, 즉 이적 사건 자체에 있지 않다는 것을 알게 된다. 우리는 본문에서 물이 언제 어떻게 포도주로 변했는지 이적

1) 각 복음서 기자들이 그들의 복음서에서 첫 번째로 소개하고 있는 이적들의 차이와 그 의도를 알아보기 위해서는 김득중, "예수의 첫 이적을 통해 본 복음서들의 신학," 「주요 주제를 통해서 본 복음서들의 신학」(서울: 한들출판사, 2006)을 참고할 것.

자체에 대한 묘사가 전혀 없다는 점을 알 수 있다. 본문에 보면 예수께서 다른 이적을 행할 때처럼, 명령으로 혹은 말씀으로 물이 포도주가 되라고 명한 적이 없다. 요한복음 2:8에 보면 예수는 일꾼들에게 "항아리에 가득 채워진 물을 떠서 잔치 맡은 이에게 가져가라"고 말씀할 뿐이다. 요한은 본문에서 "이적"이란 용어 자체도 사용한 바가 없다. 이 이적 본문 가운데서 정말로 중요한 것은 나중 나온 포도주의 맛이 먼저 나온 포도주의 맛보다 훨씬 더 좋았다는 것이다. 그래서 연회장이 신랑을 불러 "사람마다 먼저 좋은 포도주를 내고 취한 후에 낮은 것을 내거늘 그대는 지금까지 좋은 포도주를 두었도다"(요 2:10)라고 말한다. 본문의 서두에 보면 예수께서 잔칫집에 도착한 순간에 포도주가 떨어졌다. 그리고 예수께서 도착한 이후 예수의 말씀에 따라 내놓은 포도주가 먼저 내놓았던 포도주보다 훨씬 맛있어서 손님들이 놀라고 있다. 예수께서 새 포도주를 준비해서 간 것도 아니었다. 이미 현장에 있던 여섯 개의 돌 항아리, 그것도 유대인의 정결 예법에 따라 준비해놓은 돌 항아리에 채워진 물을 변화시켜 먼저 나온 포도주보다 더 맛있고 좋은 포도주를 내놓았다. 요한복음 저자가 2:11에서 "예수께서 이 첫 번째 표적(sign)을 행하여 그의 영광을 드러냈다"라고 말한 사실을 보더라도 이 본문의 이야기는 이적 이야기 본문으로보다는 오히려 "예수의 영광을 드러내기 위한"(요 2:11) 표적으로 해석되어야 할 것이다.

그렇다면 요한복음 저자는 예수의 영광을 드러내고자 이 이야기를 통해서 무엇을 증거하고 있는가? 이 본문의 주요 강조점은 분명히 먼저 나온 포도주보다 나중 나온 포도주가 훨씬 맛있다는 점이다. 그렇다면 요한복음 저자에게 "먼저 나온 포도주"는 무엇이고, "나중 나온 포도주"는 무엇을 의미하는가? 그리고 나중 나온 포도주가 먼저 나온 포도주보다 훨씬 더 맛있다는 말은 무엇을 뜻하는가? 요한복음 저자에게 이것은 먼저 나타난 유대교보다 나중에 예수를 통해 나타난 기독교가 훨씬 더 질적으로 우월하다는 것을 말하는 것 이외에 아무것도 아니다. 따라서 이 이적 이야기는 먼저 나온 유대교가 결국은 나중 나온 기독교에 의해서 대치(代置)될 수밖에 없다는 점을 유대교를 향해서 증거하는, 초대 기독교, 아니 요한 공동체의 변증으로 해석되어야 할 것이다.

이런 의미에서 스몰리(S. Smalley)는 다음과 같이 말한다. 본문 가운데서 손님 중 하나가 "'그대는 지금까지 더 좋은 포도주를 두었도다'라고 말한 것은 물을 변화시켜 포도주로 만들었다는 이적 이야기에서 이적적인 요소를 한층 강화하는 것은 사실이지만, 물이 포도주로 변했다는 증거로서 꼭 필요한 것은 아니다. 그러나 이 논평은 여기서 지금 바야흐로 상징화되고 있는 그리고 이미 시작된 새 시대의 우월성을 부각하는 수단으로 쓰려는 요한의 목적에 비추어볼 때 꼭 필요한 것이다."[2] 그는 더 나아가 가나에서 물이 포도주가 된 이적 이야기의 중심점은 물과 포도주의 대조(9절)와 연관을 갖고 있으면서도, 먼저 나온 "덜 좋은 포도주"와 나중 나온 "더 좋은 포도주"를 대조하는 데 있다는 점을 강조한다. 다시 말해서 새 포도주인 기독교가 옛 포도주인 유대교와 어느 정도 연속성을 갖고 있음에도 불구하고 전자가 후자를 궁극적으로 완전히 대치하였다는 점에 이야기의 강조점이 있다"라고 말한다.[3] 그래서 그는 "요한이 한 비유로부터 이적을 창작해낸 것이 아니라 도리어 한 이적으로부터 비유를 창작해낸 것이다"라고 말하기도 한다.[4] 물로 포도주를 만든 예수의 이적 이야기를 가지고 요한은 좋은 포도주가 나쁜 포도주를 대치했다는 것을, 즉 기독교가 유대교를 대치했다는 것을 증거하는 비유로 만들어냈다는 말이다. 따라서 이 본문 이야기는 이적 이야기로 읽히기보다는 오히려 비유 이야기로 읽혀야 할 것으로 보인다.

실제로 요한복음이 기록될 당시 기독교는 점차적으로 유대교를 대치하고 있었다. 그래서 요한은 이 본문 이야기를 통해서 예수가 옛 종교를 새 종교

2) Stephan S. Smalley, *John: Evangelist and Interpreter*(Greenwood: The Attic Press, 1978), p. 178.
3) Smally, *John*, p. 177.
4) Smally, *John*, p. 178.

로 대치했다는 것을, 그리고 나중에 나온 것이 훨씬 더 좋다는 것을 증거하고자 했던 것으로 생각된다. 요한복음 저자가 그의 복음서 서두에서 이 이야기를 예수의 첫 번째 표적으로 소개하는 이유가 바로 이것이다. 요한복음을 기록하는 주요 목적 가운데 하나가 당시 유대인들뿐 아니라 모든 사람들에게 "예수가 그리스도요 하나님의 아들이심을 믿게 하기 위한 것"(요 20:31)이기 때문이다.

따라서 이 본문의 이야기는 복음서 기록 당시 유대교와 기독교 간의 종교적 논쟁 속에서 나중 나온 기독교 신앙이 먼저 나온 유대교 신앙보다 훨씬 더 좋다는,[5] 그래서 먼저 나온 유대교가 나중 나온 더 나은 기독교에 의해서 대치될 수밖에 없다는 것을 주장하며 증거하는 첫 번째 "표적(sign)"으로 읽어야 한다. 요한복음 연구가인 브라운(R. E. Brown)의 해석도 크게 다르지 않다. 그는 이 이적 이야기의 중심이 기독론에 있다고 말하면서, 요한의 사상에서는 분명히 "대치(代置, replacement)"에 대한 강조가 있다고 주장한다.[6] 그에 의하면 이런 요한복음 저자의 의도는 이 이적 이야기 본문의 전후 문맥을 통해서도 분명히 드러나고 있다. 즉 요한복음 저자는 이 이적 이야기를 소개하기 직전에 이미 요한복음 1장에서 세례 요한이 예수에 의해서 "대치"되고 있다는 것을 말한 바 있다. 세례 요한이 먼저 왔지만, 그는 뒤에 오시는 분의 신들메를 푸는 것도 감당 못할 사람이다. 뒤에 오시는 예수가 먼저 온 세례 요한보다 앞선 분이요, 더 훌륭한 분이다. 먼저 온 세례 요한은 빛에 대해 증거하러 온 것뿐이고, 뒤에 오신 분이 실제로 세상의 빛이다. 그래서 세례 요한 자신도 예수 그리스도를 가리켜 "그는 흥하여야 하겠고 나는 쇠하여

5) Cf. "The first 'sign'···is probably intended to be a symbolic portrayal of the way in which Jesus is able to turn the tasteless water of Judaism(2:6) into the rich wine of Christianity." H. A. Guy, *A Critical Introduction to the Gospels*(London: Macmillan, 1955), p. 133.

6) R. E. Brown, *The Gospel According to John*(New York: Doubleday Press, 1980), p. 104. C. H. Dodd도 같은 견해를 밝히고 있다. "이 표적은 예수의 오심으로 인해서 종교의 옛 질서가 새 질서에 의해서 대치 혹은 지양된다는 진리를 나타내고 있다. 그런고로 첫 번째 이적은 이미 율법이 모세에 의해 주어졌으나, 은혜와 진리는 예수를 통해서 주어졌다는 진리를 상징하고 있다." Cf. *The Interpretation of the Fourth Gospel*(Cambridge University Press, 1980), p. 299.

야 하리라"(요 3:30)고 말하고 있다.

더구나 요한복음 저자가 이 첫 번째 이적 이야기에 뒤이어서 곧바로 예수의 성전 숙정 이야기를 소개하는 데서도 "대치"의 사상은 더욱 분명히 드러난다. 즉 요한이 성전 숙정 본문을 다른 공관복음서와는 달리 예수의 공생애 활동 초기에, 특히 물로 포도주를 만든 첫 번째 표적 이야기와 연관시켜 바로 뒤에 소개한 이유는, 먼저 나온 포도주가 나중 나온 더 맛있는 포도주에 의해 대치되듯이, 먼저 있었던 유대교의 성전 예배가 나중 나온 더 훌륭한 예수의 부활 신앙에 의해 대치된다는 것을 계속해서 강조하려는 목적에서였다. 그래서 요한은, 아니 요한복음 저자만이, 예수께서 성전을 숙청하시면서, "이 성전을 허물어라. 그리하면 내가 사흘 만에 다시 세우리라"(요 2:19)고 말씀하셨다는 점을 강조하고 있다. 유대교의 성전 제사 제도가 먼저 나온 맛없는 포도주라면, 예수 그리스도의 부활 신앙은 나중에 나온 더 맛있는 포도주에 비유되고 있는 것이다.

이런 점에서 예수의 첫 번째 표적으로 알려진 이 이적은 요한복음 저자에게는 하나의 이적 이야기라기보다는 기독교 신앙의 우월성을 가르치기 위한 일종의 비유 이야기라고 보는 것이 옳을 것이다. 결국 요한복음 저자는 복음서를 기록할 당시 유대교 당국, 회당 당국과의 메시아 논쟁 가운데서 예수를 메시아로 믿고 고백하는 자신들의 신앙과 종교가 먼저 있었던 유대교보다는 더 온전한, 더 훌륭한, 더 질적으로 우수한 신앙이며 종교라는 변증을 벌이던 상황에서, 자신의 변증에 가장 적절하다고 생각되는 이 이적 이야기를 예수의 첫 번째 표적으로, 그래서 그의 복음서의 첫 번째 메시지로, 아니 전체 복음서의 전주곡으로 선택했다고 보아야 한다. 다시 말해서 갈릴리 가나 혼인 잔치에서의 이적을 그의 복음서에서 첫 번째 표적으로 소개한 목적과 의도는 복음서 기자가 복음서를 기록할 당시에 기독교가 유대교로부터 분리되어 독립하면서 유대교 혹은 유대교인들과의 신앙적 논쟁 가운데서 기독교의 우월성을 강조하기 위해서, 혹은 기독교가 유대교를 완성하며, 유대교를 대치하는 새롭고 더 나은 종교임을 가르치며 선포하기 위해서는 이 이적 이야기가 다른 어느 것보다도 가장 적합했고 적절했기 때문일 것이다.

제12장

요한복음의 7개의 "표적들"과
7개의 "I am… 말씀들"

요한복음에서도 공관복음서에서 볼 수 있는 예수의 "이적 이야기"를 읽을 수 있다. 그러나 요한복음 저자는 "이적"이란 말을 사용하지 않고, 대신에 "표적"이란 말을 사용하고 있다(cf. 요 2:11; 4:54 등등). 무엇이 다를까? 요한은 왜 다른 용어, 즉 "표적"이란 단어를 사용하는 것일까?

공관복음에서 "이적"을 가리키는 단어는 본래 헬라어로 "δύναμις"로서 "능력"을 가리키는 말이다. 예수의 행위 중 하나님의 능력, 혹은 초인간적이며 초자연적인 능력을 보여주는 행위를 "이적"이라고 생각하게 된 것이다. 그런데 요한복음에선 예수의 이적 이야기를 소개하면서 "표적(헬라어로는 "σημεῖον," 영어로는 sign)"이란 단어를 사용하고 있다.[1] 요한복음 저자로서는 하나님의 능력을 보여주는 예수의 이적 이야기가 갖고 있는 내용 자체보다도, 그 이적 이야기가 갖고 있는 "의미(sign-ificance)" 혹은 그 이적 이야

---

[1] 헬라어 "σημεια"는 요한복음에서 모두 17번 나오는데 주로 복음서 저자 자신이 20:30에서 사용한 의미로, 다시 말해서 예수께서 제자들 앞에서 행하신 주요 행적, 사실상 예수를 메시아와 하나님의 아들로 믿게 하기 위한 이적의 의미로 사용되고 있다. 그래서 여기서도 "이적"과 "표적"이란 말을 같은 의미로 사용하기로 한다(물론 헬라어에서는 두 용어가 다른 단어로 사용되어 있다).

기를 통해 전하려는 메시지가 더 중요하다고 생각했기 때문일 것이다.

1. 요한복음에 소개되고 있는 7개의 표적들[2]

공관복음 전승 가운데에는 상당히 많은 예수의 이적 이야기들이 포함되어 있다. 최초의 복음서인 마가복음에서만 18개가 전해지고 있고, 그 후에 마가복음을 문서 자료로 사용하여 기록된 마태복음과 누가복음에서는 마가복음에서 전해지지 않은 이적이 여러 개 더 소개되고 있다. 그러니까 예수께서 십자가에서 돌아가신 이후 초대교회에서는 수많은 예수의 이적들이 구전으로 전해지고 있었던 것으로 생각된다. 예수의 표적이나 행적은 너무 많아서 그것을 낱낱이 다 기록했다가는 이 세상 어느 곳에라도 쌓아둘 곳이 없을 것이라는 요한복음 저자의 말에서도 우리는 그 점을 확인할 수 있다(요 21:25). 그런데 요한은 그의 복음서를 기록할 때, 그가 알고 있던 예수의 수많은 이적 혹은 표적들 가운데서 오직 다음과 같은 일곱 개의 표적만을 골라서 소개하고 있다.

(1) 물로 포도주를 만든 표적(요 2:1~12)

(2) 왕의 신하의 아들을 고친 표적(요 4:46~54)

(3) 베데스다 연못에서 38년 된 병자를 고친 표적(요 5:1~9)

(4) 5,000명을 먹인 표적(요 6:1~15)

(5) 물 위를 걸으신 표적(요 6:16~21)

(6) 날 때부터 맹인이었던 청년을 고친 표적(요 9:1~7)

---

2) R. T. Fortna는 요한복음에 이 7개의 이적들 이외에 21장에 나오는 이적적인 고기잡이를 계산하여 모두 8개의 이적 이야기가 나온다고 본다. Cf. *The Gospel of Signs*, p. 100. 다른 한편 M. Girard는 "물 위를 걸으신 이적" 대신에 19:34에 나오는 "예수의 옆구리에서 피와 물이 쏟아진 사건"을 이적으로 생각하여 7개의 이적을 말하고 있다. Cf. "La Composition structurelle des sept signes dans le quatrieme evangile," *SR* 9(1983), pp. 315~323.

(7) 나사로를 살린 표적(요 11:1~44)

이 일곱 개의 표적들 중에서 5,000명을 먹인 이적(요 6:1~15)과 예수께서 바다 위를 걸으신 이적(요 6:16~21), 두 가지를 제외하고 나머지 것은 모두 오 직 요한복음에서만 읽을 수 있다. 요한만이 선택하여 소개하고 있는 요한의 특수자료라는 말이다. 그렇다면 적어도 요한이 그의 복음서를 기록하면서 7 개의 "표적" 이야기만을 기록하였을 때는 상당히 의도적인 목적을 가지고 있 었을 것이다. 요한복음 저자가 예수께서 이 일곱 개의 표적들 이외에 "다른 많은 표적들"(요 20:30)을 더 행하셨음을 잘 알고 있었음에도 불구하고 오직 이 7개의 표적만을 골라서 그의 복음서에 기록한 이유는 무엇일까?

2. 요한복음에 소개되고 있는 7개의 "I am…" 말씀들

요한복음에 소개되고 있는 7개의 표적 이야기와 더불어 "7개의 'I am…' 말씀들(the seven I am sayings)"이 소개되고 있는 점에 주목할 필요가 있다. 모 두 다 요한복음에만 나오는 예수 자신의 말씀들이기 때문이다. 오직 요한복 음에만 나오는 이 7개의 "I am…" 말씀들은 모두 예수가 자신의 정체와 역할 을 밝히기 위해서 사용한 말씀이란 점에서 아주 중요한 의미를 갖는다.[3]

(1) "나는 생명의 떡이다"(요 6:35,48; cf. 6:51)

(2) "나는 세상의 빛이다"(요 8:12; 9:5)

(3) "나는 (양의) 문(門)이다"(요 10:7, 9)

(4) "나는 선한 목자이다"(요 10:11, 14)

(5) "나는 부활이요 생명이다"(요 11:25)

3) 요한복음에서만 예수가 그 일곱 단어를 가지고 자신의 정체에 대한 정의를 내리고 있는데, 이와 비슷하게 오직 요한 문서에서만 "spirit", "light", "love"란 단어를 가지고 하나님의 정체에 대한 정의를 소개하고 있는 것도 특이하다. "God is the spirit"(요 4:24), "God is light"(요일 1:5), "God is love"(요일 4:8, 16).

(6) "나는 길이요 진리요 생명이다"(요 14:6)

(7) "나는 참 포도나무이다"(요 15:1, 5)

"나는 …이다(I am…, 헬라어로는 "ἐγώ εἰμι…")"라는 형식으로 예수의 정체와 역할을 밝히고 있는 중요한 7개[4]의 말씀은 오직 요한복음 저자에 의해서만 기록되어 있다. 예수의 이런 중요한 말씀들이 다른 복음서에서는 전혀 나타나지 않는데, 오직 요한복음에서만 나타나는 이유는 무엇일까?

여기서 우리는 요한이 그의 복음서에서 주로 자신만이 선택한 7개의 표적 이야기를 골라서 기록한 것이 혹시 그의 복음서에서만 나오는 7개의 "ἐγώ εἰμι…" 말씀과 어떤 연관성이 있는 것은 아닐까 생각해 보게 된다. 실제로 7개의 "ἐγώ εἰμι…" 문구들이 모두 예수의 정체를 밝히고 있다는 점에서 "기독론적인 목적"을 갖고 있는데, 요한복음에 나오는 7개의 "σημεῖα"(표적들)도 모두 "예수를 그리스도요 하나님의 아들로 믿게 하기 위한"(요 20:31) 것들이란 점에서 기독론적 목적을 갖고 있는 것이 분명하기 때문이다. 그렇다면 혹시 이 7개의 표적들이 7개의 "ἐγώ εἰμι…" 말씀들을 예증하는 예화이며, 반대로 7개의 "ἐγώ εἰμι…"의 말씀은 7개 표적의 의미를 밝히는 요약적인 진술은 아닐까?[5] 이 문제와 관련해서 우리는 일곱 개의 표적을 하나씩 집중적으로 살펴보기로 하자.

3. 7개의 "표적"과 7개의 "나는 …이다"란 말씀의 관계

---

4) 7이란 숫자가 우연일 수도 있지만, 유대교 전승에 익숙한 사람이라면 의도적으로 "완전수"를 의미하는 것으로 받아들일 수 있다.

5) S. S. Smalley도 "일곱 표적들"과 "일곱 ἐγώ εἰμι 말씀들" 간의 연관성에 대해서 지적한 바 있다. 그러나 그는 요한복음에 나오는 일곱 이적들로 물 위를 걸으신 이적을 생략하고, 대신에 21장에 나오는 153마리의 물고기를 잡는 이적을 계산하고 있다. Cf. *John-Evangelist and Interpreter*(The Paternoster Press, 1978). pp. 90~92. 하지만 요한복음 21장이 후대의 첨가 본문이라는 점을 염두에 둘 때 Smalley의 이론에는 문제가 있는 것으로 생각된다.

1) 나사로를 살린 표적과 "나는 부활이요 생명이다"라는 말씀

요한복음에 나오는 일곱 개의 표적들 중 마지막 일곱 번째 표적, 곧 예수께서 나사로를 살린 표적부터 하나씩 살펴보기로 하자. 요한의 이 일곱 번째 표적 이야기는 다른 공관복음서에서 평행 본문을 찾아볼 수 없는 요한의 특수자료에 속한다. 그리고 이 표적 이야기는 요한복음에서 "구조상 아주 핵심적인 위치"[6]에 편집되어 있다. 중요한 것은 요한복음의 전반부가 나사로의 부활 이야기로 끝나고 있고, 후반부는 예수의 부활 이야기로 끝나고 있어 두 개의 부활 이야기가 요한복음 안에서 구조적으로 서로 대칭을 이루고 있다는 점이다. 이런 이유 때문에 전반 끝부분에 나오는 나사로의 부활 이야기는 요한복음의 후반 끝부분에 나오는 "예수 자신의 부활을 위한 일종의 리허설"[7]로 생각되기도 했다. 그리고 요한복음 저자는 그의 복음서 전반부 끝부분에 편집한 나사로의 부활 이야기를 통해서 독자들에게 그의 복음서 후반부 끝부분에 나오는 예수의 부활 이야기를 미리 상기시켜 주고자 했다고 해석되었다. 이처럼 나사로를 살린 표적은 그 편집 위치에서 드러나는 의도 때문에 요한복음에서 아주 중요시될 수밖에 없다.

그런데 요한복음 저자는 실제로 나사로를 살리는 표적 이야기 가운데서 예수의 입을 통해서 직접 "나는 부활이요 생명이라"고 선언하고 있는데, 이것 역시 아주 의도적인 것으로 보인다. 이 문구를 통해서 복음서 저자는 예수가 다만 죽은 자를 부활시키며 생명을 주시는 자(the Giver of life)일 뿐만 아니라, 그 자신이 바로 부활이요 생명임을 선포하고자 했고,[8] 바로 그런 목적을 위해서 이 표적 이야기를 구체적인 예화 형태로 소개하고 있는 것으로 보인다. 그렇다면 요한복음 저자에게서 나사로를 살린 이적과 "나는 부활이

---

6) B. Lindars, *The Gospel of John*(New Century Bible Commentary), 2 vols(Grand Rapids: Eerdmans, 1982), p. 378
7) Lindars, *The Gospel of John*, p. 382.
8) 이런 의도는 5,000명을 먹인 표적 가운데서 예수는 다만 떡을 주시는 분(the Giver of the bread)일 뿐만 아니라 그 자신이 생명의 떡임을 강조하는 데서도 나타나고 있다.

요 생명이라"는 말씀은 내용적으로 불가분리의 관계를 갖고 있을 뿐만 아니라, 전자가 후자의 말씀을 소개하기 위한 문학적인 틀로 이용되고 있다고 보아야 할 것이다. 나사로를 살린 "표적"과 "나는 부활이요 생명이라"는 말씀이 모두 요한복음에만 나오는 특수 자료라는 점이 그리고 그 표적 이야기와 그 말씀이 하나의 이야기 전체 속에서 소개되고 있다는 점이 그 사실을 더욱 잘 뒷받침해 주고 있다.

2) 날 때부터 맹인이었던 청년을 고친 표적과 "나는 세상의 빛이라"는 말씀
　여섯 번째 표적은 예수께서 날 때부터 맹인이어서 빛을 보지 못했던 청년의 눈을 뜨게 해주어 빛을 보게 해주는 이야기이다. 물론 다른 복음서에서도 예수께서 맹인을 고쳐주는 이적 이야기는 더러 소개되고 있다(막 8:22~26에서 벳새다의 장님, 막 10:46~52에서 바디매오 장님을 고쳐주는 이야기 등등). 그러나 다른 복음서에 나오는 맹인 치료 이적들의 경우는 결코 날 때부터 장님이던 사람이 눈을 뜨게 되어 그가 평생 처음으로 빛을 보게 되는 이야기가 아니다. 그리고 마가나 마태의 경우 맹인의 눈을 뜨게 해주는 이적 이야기를 소개하는 의도와 목적은 주로 맹인이 눈을 뜨게 되는 것이 메시아 시대의 표적이기 때문이며, 따라서 예수가 메시아임을 증거하려는 목적과 관련된다(마 11:5; cf. 사 61:1).
　그런데 오직 요한복음에서만 맹인은 날 때부터 장님이어서 빛을 본 적이 없는 상태에서 예수를 만나 처음으로 이 세상의 빛을 보게 되는 이야기로 구성되어 있다. 더구나 요한복음 저자는 이미 맹인의 눈을 고쳐주는 이 표적 이야기를 소개하기 직전에 "나는 세상의 빛이다("I am the light of the world)"라는 예수의 말씀을 소개하였고(요 8:12), 또 이 표적 이야기를 소개하는 가운데서 다시금 "나는 세상의 빛이다"(요 9:5)라는 말씀을 반복해서 강조하고 있다. 그러니까 맹인의 눈을 뜨게 해주는 표적 이야기와 "나는 세상의 빛이라"는 예수의 말씀은 문맥상으로나 구조상으로, 그리고 문학적으로나 신학적으

로 불가분리적으로 밀접히 연관되어 있는 셈이다. 더구나 요한은 이 표적 이야기에 뒤이어 다시 "영적인 맹인"에 관한 설교 말씀(요 9:35~41)을 소개하고 있다.

그렇다면 요한복음 저자에게서 예수는 다만 빛을 보지 못하는 사람의 눈을 뜨게 해주는 분일뿐만 아니라 그 자신이 세상의 빛임을 전하는 것이 주요 목적이었다. 그래서 그 점을 독자들의 마음속에 심어주기 위해서 날 때부터 빛을 보지 못했던 사람을 고쳐주어 처음으로 세상의 빛을 보게 해주는 표적을 소개하고, 그 이야기에 "나는 세상의 빛이라"는 말씀을 삽입하여 예수를 "세상의 빛"으로 강조하고 있는 것으로 보아야 한다. 그렇다면 예수께서 맹인의 눈을 뜨게 해주어 빛을 보게 해준 이 표적 이야기는 "나는 세상의 빛이라"는 말씀을 선포하기 위한, 예수가 세상의 빛이심을 전하기 위한 직접적이며 구체적인 예화로, 그리고 그 말씀을 증거하기 위한 문학적인 틀로 이용되고 있는 것이라고 생각된다.

3) 물 위를 걸으신 표적과 "나는 선한 목자이다"라는 말씀

다섯 번째 표적인 물 위를 걸으신 표적 이야기가 언뜻 보기에는 "ἐγώ εἰμι…" 말씀과 아무런 관련이 없는 것처럼 보이기도 한다. 그러나 이 표적 이야기 가운데서 예수께서 직접 제자들에게 "ἐγώ εἰμι"(요 6:20)라고 말씀하고 계시다는 사실에 우선 주목해야 한다. 더구나 평행 본문들(막 6:45~52; 마 14:22~33)에서는 예수께서 제자들을 보내시고, 혼자 기도하시고, 제자들이 역풍을 만나 고통당하는 것을 보고 그들에게 나아오는 형태로 되어 있다. 그러나 요한복음에서는 이 표적 이야기가 제자들이 밤에 바다로 내려가 배를 타고 가버나움으로 건너가려고 했다는 말로 시작되고 있다(요 6:16). 요한복음에서 제자들은 마치 목자 없는 양처럼 자기들끼리만 배를 타고(요 6:17) 가버나움으로 가다가 바다 한가운데서 "큰 바람과 사나운 물결"(요 6:18)을 만나 바다 여행이 어렵게 되었다. 그런데 그때 예수께서 그들에게 걸어오시고 그들이 예수를 배 안으로 영접함으로써 그들은 무사히 "가려던 땅에 이르게" 되었다(요 6:21).

요한의 본문에는 분명히 다른 공관복음의 평행 본문들과 다른 점이 있다. 그중 가장 중요한 것은, 공관복음의 경우 이 이야기는 제자들이 그들에게 다가온 예수를 통해서 바다의 폭풍 때문에 당한 고통(cf. "괴로이 노 젓는 것", 막 6:48; 마 14:24, "물결로 인하여 고난을 당하는 것")으로부터 구원을 받는 구원의 이적이다(실제로 마 14:30에서 제자들은 예수를 향해 "주여 구원하소서"라고 외치고 있다). 그런데 요한복음의 경우에는 제자들이 바다 한가운데서 당한 고통에 대한 언급이 전혀 없으며, 따라서 폭풍의 바다로부터 구원받았다는 언급도 없다.[9] 요한복음에서는 이 표적이 제자들이 폭풍의 바다로부터 구원받은 이적 이야기가 아니다. 오히려 요한복음에서의 강조점은 예수가 물 위를 걸어 제자들에게 나아오심으로써 제자들이 탄 배가 이적적으로 "곧" 목적지에 도달했다는 점이 강조되고 있다(요 6:21). 결국 요한복음에서는 "이적적인 도착,"[10] 혹은 "도착의 이적"[11]이 결론에서 강조됨으로써 제자들이 예수를 통해서 자기들이 가려던 목적지에 무사히 갈 수 있었음이 강조되고 있다.

그렇다면 요한복음 저자에게 이 표적은 "나는 선한 목자이다"(요 10:11, 14)란 예수의 말씀을 증거하기 위한 표적으로 가장 적절하다고 생각되었을 수 있다. 왜냐하면 이 표적 본문에서 예수는 제자들을 큰 바람과 사나운 물결에도 불구하고 그들이 가려는 곳에 무사히 이를 수 있도록 인도해 주시는 선한 목자, 곧 "잔잔한 물가로 인도하시는" 선한 목자로 나타나고 있기 때문이다.

4) 5,000명을 먹인 표적과 "나는 생명의 떡이다"라는 말씀

---

9) "…제자들의 고통에 대한 언급이 전혀 없다. 따라서 위험의 주제도 이 본문에서는 아무런 역할도 하지 못한다…. 결론(21절)에서도 폭풍을 잔잔케 했다는 설명이 전혀 없다." Cf. Bultmann, *The Gospel of John*(Philadelphia: The Westminster Press, 1971), pp. 215~216.
10) R. T. Fortna, *The Gospel of Signs*(Cambridge University Press, 1970), p. 66.
11) R. Bultmann, *The Gospel of John*, p. 216.

네 번째 표적인 5,000명을 먹이신 표적 이야기도 다른 공관복음서에 평행 본문을 갖고 있다. 그렇기 때문에 다른 공관복음 본문들과 많은 유사점을 보여준다. 그러나 차이점도 적지 않다. 그런 차이점들 중에서도 특별히 중요한 것은 오직 요한복음에서만 이 표적 이야기에 뒤이어 "생명의 떡"에 관한 설교 말씀이 주어지고 있다는 점이다. 요한복음에서 거의 모든 표적 이야기들이 뒤에 나오는 설교 말씀을 소개하기 위한 서론으로 소개되고 있다. 요한에게서 이 표적 이야기는 그 뒤에 나오는 하늘로부터 내려오는 "생명의 떡"에 관한 설교 말씀을 소개하기 위한 수단에 지나지 않는다고 보아야 하며, 결국 요한복음 저자에게 이 표적 이야기는 예수를, 하늘로부터 내려와 세상에 생명을 주는 "생명의 떡"으로 소개하려는 의도로 편집된 것으로 보아야 할 것이다.

더구나 요한만이 이 표적 이야기의 결론 부분에서, 백성들이 이 이적 때문에 예수를 "예언자"로 고백하면서 예수를 왕으로 모시려고 했기에 예수께서 무리를 피해 산으로 떠났다는 말이 나온다(요 6:14~15). 요한복음 저자는 이 표적 이야기를 소개하면서 예수를 단지 "예언자"로만 알고, 또 그를 "왕"으로만 인식하는 것에 대해 거부하고 있음이 분명하다. 그래서 예수는 백성들을 떠나 홀로 산으로 들어가셨다고 기록되어 있다. 요한복음 저자는 예수께서 5,000명이나 되는 무리들을 배불리 먹인 이 표적 이야기를 통해서, 예수는 다만 예언자나 왕이 아니라 그 이상의 존재임을 증거하려고 했던 것으로 보인다. 그래서 요한은 이 표적 이야기에 이어서 우리를 배부르게 해주는 썩을 양식보다는 영생에 이르게 하는 양식, 곧 하늘로부터 내려와서 세상에 생명을 주는 하나님의 떡(요 6:33)에 관심을 가지라는 말씀을 전하고 있다. 그리고 그런 문맥 가운데서 "내가 생명의 떡이다"(I am the bread of life, 6:35)라는 예수의 말씀을 소개한다.

다른 공관복음에서도 모두 5,000명을 먹인 이적 이야기가 소개되고 있지만, 그 이적 이야기와 관련해서 "나는 생명의 떡이라"는 예수의 말씀을 전하는 복음서는 오직 요한복음뿐이다. 요한만이 5,000명을 먹인 이적을 소개하는 가운데 "나는 생명의 떡이라"는 예수의 말씀을 삽입함으로써, 예수는 단순히 이 세상의 "예언자"나 "왕"이 아니라 하늘로부터 내려온 생명의 떡(요 6:51), 곧 우리를 영원히 살게 해주는 생명의 떡임을 증거하고 있다. 즉 요한은, 그리고 요한만이 무리들을 먹이신 이적 이야기를 가지고 예수가 무리들을 먹인 "떡"이 "생명의 떡"이며, 예수가 바로 그 생명의 떡임을 증거하려고 했던 것으로 생각된다.

5) 38년 된 병자를 고친 표적과 "나는 (양의) 문이라"는 말씀

세 번째 표적, 곧 예수께서 베데스다 연못에서 38년 된 병자를 고친 표적도 오직 요한복음에만 나온다. 그리고 이 표적도 언뜻 보기에는 예수의 "ἐγώ εἰμι…" 말씀과 아무런 관련이 없어 보인다. 그러나 본문에 보면, 그 병자는 물의 동함을 인하여 고침을 받은 것이 아니라 예수를 통해서 고침을 받았다. 그런데 요한복음 저자는 그 병자가 고침을 받은 연못이 "예루살렘에 있는 양의 문 곁에" 있는 못이었다는 점을 지적한다(요 5:2). 따라서 요한복음 저자가 "예루살렘에 있는 양의 문 곁에" 있는 베데스다란 연못에서 예수가 병자를 고쳤다는 표적을 소개하면서, 의도적으로 "나는 양의 문이라"는 예수의 말씀을 염두에 두었을 것이라고 생각할 수 있다. 예수가 "나는 양의 문이라"(요 10:7)고 말한 직후에 "누구든지 나를 통하여 들어오면 구원을 얻는다"(요 10:9)라고 했는데, 38년 된 병자야말로 양의 문 곁에 있는 베데스다 연못에서 "양의 문"이신 예수를 통해서 구원을 받은 사람이 아닌가? 그렇다면 요한복음 저자가 이 표적 이야기를 골라 소개한 이유는 예수를 양의 문으로 증거하려는 의도 때문으로 생각할 수 있을 것이다.

6) 왕의 신하의 아들을 고친 표적과 "나는 길이요 진리요 생명이라"는 말씀

두 번째 표적은 왕의 신하의 아들을 고친 표적이다. 이 표적 이야기는 공

관복음에 나오는 백부장의 종을 고친 이적 이야기와 상당히 비슷하다. 그래서 평행 본문으로 해석할 수도 있다. 그러나 차이점 또한 많기 때문에 똑같은 자료를 그대로 사용한 것으로 생각되지는 않는다. 분명히 요한은 자기 나름의 목적과 의도가 있어서 자유롭게 변형시켜 소개한 것으로 보아야 한다.

이 표적 이야기는 요한복음에만 나오는 "ἐγώ εἰμι…" 말씀들 중 어느 것과 관련이 있는 것일까? "나는 길이요 진리요 생명이라"는 말씀이 아주 포괄적인 묘사이기에 다른 어떤 표적들과도 연관이 있을 수 있다. 그렇지만 그 말씀은 특별히 두 번째 표적과 그 표적 직전에 나오는 4장의 설교 말씀과 밀접히 연관된 것으로 생각된다. 왜냐하면 비록 요한복음 4장에서 사마리아 여인과의 대화 가운데서 나타나기는 하지만, 이 두 번째 표적 이야기가 소개되기 직전에 예수께서는 분명히 "ἐγώ εἰμι"이란 문구를 직접 사용하여, 사마리아 여인에게 "너와 말하고 있는 내가 그이다(ἐγώ εἰμι, ὁ λαλῶν σοι)"라고 자신의 정체를 밝힌 바 있으며(26절), 또한 자신이 나누어줄 "생명"(14절)과 "진리"(23, 24절)에 대해서도 말씀하고 계시는데, 이 두 번째 표적에서 예수는 "거의 죽게 된" 왕의 신하의 아들을 찾아가 그가 "살 것임"(요 4:50)을 말씀하시면서 실제로 그를 생명으로 이끌어 주고 있기 때문이다. 왕의 신하의 아들에게서 예수는 생명에 이르는 "길"이었을 뿐만 아니라 그가 곧 "생명"이었다.[12] 따라서 "나는 길이요 진리요 생명이라"는 예수의 말씀은 예수의 표적들 중 두 번째 것 곧 왕의 신하의 아들을 고친 표적과 연결된 말씀으로 생각하는 것이 옳을 것이다.

7) 물로 포도주를 만든 표적과 "나는 참 포도나무이다"라는 말씀

첫 번째 표적은 물로 포도주를 만든 표적이다. 이 표적도 오직 요한복음에만 나온다. 따라서 요한은 이 표적 이야기를 그의 복음서 서두에서, 특히

---

12) C. H. Dodd도 그의 책 「요한복음 해석」에서 두 번째 표적인 왕의 신하의 아들을 고친 표적은 죽음과 멸망의 위협으로부터 생명을 구해 주는 이야기이며, 따라서 이 표적 이야기에서는 "생명"이 주제일 수 있다고 말한다. Cf. *The Interpretation of the Fourth Gospel*(Cambridge University Press, 1980), p. 319.

예수의 공생애 활동 시작 부분에서 특별한 목적을 위해서 소개한 것으로 보인다. 물론 그 목적 중의 하나는 분명히 "예수를 하나님의 아들 그리스도로 믿게 하기 위한 것"(요 20:31)인데, 이 표적 결론 구절에서 요한복음 저자는 이 표적 때문에 "제자들이 예수를 믿었다"(요 2:11)라고 증거해 주고 있다.

요한복음 저자에게서 이 표적은 예수를 믿게 하기 위한, 아마도 "나는 참 포도나무이다"라는 말씀을 통해 예수의 정체를 소개하기 위한 표적으로 소개되었을 것이다. "포도주"란 단어와 "포도나무"란 단어의 연관성 때문만은 아니다. 요한복음 저자는 그의 복음서에서 다른 복음서에서는 읽을 수 없는 예수의 말씀, 곧 "나는 포도나무요 너희는 가지이니…너희가 내 안에 있고 내 말이 너희 안에 있으면, 무엇이든지 원하는 것을 구하라. 그대로 이루어질 것이다"(요 15:5, 7)라는 말씀을 소개하고 있다. 그런데 첫 번째 표적 이야기에 보면 결혼 잔치에서 포도주가 떨어졌을 때, 예수의 모친이 예수에게 "포도주가 떨어졌다"고 알렸고 일꾼들에게는 무엇이든지 그가 하라는 대로 하라고 일렀다. 예수께서는 주변 상황이 포도주를 원한다는 것을 아시고, 항아리에 물을 채우고 그 물을 떠서 가져다주라고 명령했고, 그들이 그대로 했을 때 더 맛좋은 포도주, 그들이 과거에 전혀 맛볼 수 없었던 질 좋은 포도주를 맛볼 수 있었다. 예수를 통해서다. 예수는 과거 유대교보다 더 좋은 은혜와 축복을 주시는 분이다. 유대 백성들은 하나님의 포도원에서 자란 포도나무들이다. 그런데 하나님은 이제 참 포도나무인 예수를 통해서 이제까지 유대교가 주지 못했던 더 맛있는 포도주를 맛보게 해주었다. 그래서 예수는 참 포도나무이고, 그 포도나무에서 난 포도주가 유대교가 주던 포도주보다 더 맛있는 포도주이다.

결국 요한복음 저자가 다른 공관복음 저자들과 달리 오직 7개의 표적들만을 소개한 이유는 예수의 수많은 표적들 중에서도 예수의 정체를 드러내 주기 위해서 저자가 사용하는 7개의 "ἐγώ εἰμι…" 말씀들의 의미를 적절히 예증해 줄 수 있는 표적만을 골랐을 것이다. 다른 말로 한다면, 요한은 예수의 많은 표적 이야기들 가운데서도 자기가 증거하려는 예수의 정체와 역할의 의미를 잘 드러낼 수 있는 표적 이야기 일곱 개만을 골라 소개한 것으로 보아야 할 것이다. 스몰리(S. Smalley)가 요한복음에 나오는 일곱 표적은 요한이 소개하는 7개의 "ἐγώ εἰμι…" 말씀들에 대한 "계시적인 주석(a revealing commentary)"이라고 말한 점도 바로 그런 사실을 잘 지적해 준다고 생각된다.[13]

13) Smalley, *John-Evangelist and Interpreter*, p. 90.